数字化转型与数字治理

张晓　著

電子工業出版社
Publishing House of Electronics Industry
北京·BEIJING

内 容 简 介

本书在梳理和反思数字化转型和数字治理现状的基础上，以马克思主义政治经济学中有关生产力与生产关系的经典理论为指导，将数字化转型与数字治理之间的互动关系作为切入点，详细解读了数字经济时代的数字化转型和数字治理挑战，提出了数字化转型和数字治理的创新思路，以期走出一条科学思想与人性光辉共同闪耀的数字繁荣之路。其中，在数字化转型方面，基于“技术-社会”互构视角提出了“技术动力”与“结构调适”的数字化转型机制；在数字治理方面，基于当前的治理挑战和治理需求提出了数字治理“三位一体”体系框架。

此外，本书还对数字化转型和数字治理的未来发展进行了展望。

图书在版编目（CIP）数据

数字化转型与数字治理 / 张晓著. —北京：电子工业出版社，2021.12
ISBN 978-7-121-42430-4

Ⅰ. ①数…　Ⅱ. ①张…　Ⅲ. ①信息经济－经济发展－研究－中国　Ⅳ. ①F492

中国版本图书馆 CIP 数据核字（2021）第 242377 号

责任编辑：孙杰贤　特约编辑：田学清
印　　刷：涿州市般润文化传播有限公司
装　　订：涿州市般润文化传播有限公司
出版发行：电子工业出版社
　　　　　北京市海淀区万寿路 173 信箱　邮编：100036
开　　本：720×1 000　1/16　印张：23.25　字数：379 千字
版　　次：2021 年 12 月第 1 版
印　　次：2025 年 1 月第 4 次印刷
定　　价：80.00 元

凡所购买电子工业出版社图书有缺损问题，请向购买书店调换。若书店售缺，请与本社发行部联系，联系及邮购电话：（010）88254888，88258888。

质量投诉请发邮件至 zlts@phei.com.cn，盗版侵权举报请发邮件至 dbqq@phei.com.cn。

本书咨询联系方式：（010）88254268。

序言一

互联网从诞生到现在已走过半个多世纪，中国全功能接入互联网也有20多年了。伴随互联网发展起来的5G、物联网、大数据、云计算、人工智能、区块链和工业互联网等技术推动了社会数字化转型——互联网与实体经济深度融合，数字产业化和产业数字化双轮驱动，智慧城市和电子政务同步发展。可以说，信息技术作为推动产业发展的新引擎和经济增长新支柱的作用日益显著。

数字平台作为大众参与的平台在发展中难免鱼龙混杂，网络空间也成为各方极力想占有的“舞台”。5G的到来加速了视频自媒体的发展，各种视频自媒体内容生产的门槛进一步降低。网民虽被赋权但其自律性不高，受众虽变为传播者但其并不具备相应的媒介素养，再加上互联网的匿名性，这些因素不可避免地给整个传媒环境带来一定的混乱。现有的以平面信息和人际传播为主的信息检索技术及内容审核机制，难以满足5G时代以立体信息传播为主的数据管理和审核需求。

首先，数字世界与现实世界一样需要治理，但数字世界不仅是现实世界的镜像，而且数字技术所孕育的新业态又催生或强化了新的应用场景。数字治理面临很多新挑战，在理论层面、技术层面、法规层面和实践层面的研究都还处于起步阶段，数字治理在国际上也是新兴学科。其次，数字治理不仅是技术问题和管理问题，也是法制建设、内容建设和教育引导的问题。再次，数字治理不仅是主管部门的使命，也是企业的社会责任，需要网民大众的参与、自律及社会监督。总之，数字治理政策性很强，其复杂性和重要性不言而喻。

本书作者专注于数字化转型和数字治理的研究，阅读了大量文献，调研了国内外数字化转型和数字治理的案例，重点研究了技术社会学、网络生态理论、协同治理理论和整体性治理理论，从技术、经济、文化、政治等维度，以及理念、组织、行为3个层次对数字治理的综合体系和实施路径做了深入剖析，提出了关于数字治理的创新思路。目前，国内外关于数字化转型和数字治理的专著很少，尤其是对于中国这样的数字大国，具有中国特色的数字治理更是一个新命题，本书做了很好的探索。希望本书的出版能够提高企业与大众对数字化转型的认识，对数字治理的重视。相信在习近平新时代中国特色社会主义思想指引下，中国的数字治理实践一定能凝练出新的理论和成功经验，从而营造数字化发展的良好生态，更好地支撑我国经济社会高质量发展。

中国工程院院士

序言二

数字化转型和数字治理是一个世界级前沿课题。可以说，数字时代仍然处于“青年时期”，仍然伴随着许多成长的希冀、困惑和烦恼。数字化转型集技术创新、商业应用、监管改革和国际合作等关系到人类命运与共的重大问题于一体，引起了多学科理论工作者和实践者的兴趣，并得到了相关人士的关注。“数字化转型与数字治理”正是一个恰逢其时的研究选题。

20 世纪 80 年代末至 90 年代初，互联网商业化、国际化的呼声很高，并在全球范围内掀起了“互联网飓风”。以美国为例，其历经了 120 余个月的长期经济增长，直到 2001 年 3 月“纳斯达克泡沫破灭”。根据新增长理论的主要创立者、2018 年诺贝尔经济学奖获得者 Paul Romer 的分析，美国这波经济增长主要得益于互联网大规模普及后所带来的灵活的宏观经济政策、自由竞争的市场经济和持续活跃的企业技术创新。谁抓住了互联网应用和创新的机遇，谁就引领了经济增长；相反，谁错失了互联网应用和创新的机遇，谁就与经济增长失之交臂。站在新的历史起点，回顾这段历史，我们不仅可以看到近几十年来全球资本市场市值位列前 10 强的公司逐年被以互联网为主营业务的公司所替代，而且那些抓住了互联网创新和发展机遇的国家，其本土的互联网公司也成为全球资本市场上的翘楚。比如，我国互联网公司在全球资本市场市值位列前 10 强的公司中就占有 4 席（阿里巴巴、腾讯、美团和京东）。

诚然，人类社会发展已经迈进 21 世纪 20 年代，以互联网为代表的数字技术的创新和发展日新月异。21 世纪前 20 年，我们先后见证了数字技术创新和发展应用一个个峰回路转的拐点。物联网、云计算、移动互联网、社交网络、大数据及人工智能等一项项以数据为核心要素的创新，不仅集聚了巨额的数字资产，而且开启了经济发展的新形态——数字经济。《数字化转型与数字治理》契合了技术创新、数字经济和数字治理这个“三位一体”的主题。

丰富的商业实践呼唤着理论总结和政策靶向。《数字化转型与数字治理》在互联网技术创新、治理及翔实案例的基础上，凝聚了数字经济时代治理的多个维度。同时，本书从“技术-社会”互构视角出发，并对数字化转型的技术驱动、社会变化和制度创新等数字化转型演进机制层层展开分析，梳理了数字治理面临的风险问题，并进一步归纳了数字治理应该着力的方向和重点。其整体设计在于理念、组织和行为的统一，并为治理框架赋予了一定的可操作性。技术之维聚焦物联网、云计算、大数据及人工智能等技术和应用；经济之维则着力于数字化、网络化、智能化所驱动的经济业态转型和数字经济发展；生态之维致力于构造由不同主体、环境及各种信息系统构成的智能系统；还有文化之维、社会之维和治理之维，其中治理之维将以上维度叠加起来，从而呈现出各个维度相得益彰、不可偏废的图景。

本书作者曾先后在国家信息化专家咨询委员会、工业和信息化部、国家互联网信息办公室、中国互联网络信息中心等单位工作，也曾在世界银行经济合作与发展组织（OECD）有过历练，参与过世界银行“发展门户”和经合组织的数字经济发展等项目，具备内外兼修的国际视野和理论素养。近年来，本书作者也曾参与了筹备世界互联网大会，参与数字中国、数字政府和数字社会的实践。正是这些难能可贵和不可多得的工作和学习经历，使得本书作者能够以高度的热情和敏锐的观察力将中国特色与国际经验、实践与理论融会贯通，奉献给广大读者独特的观察问题的视角及面对数字治理所带来的新挑战所开具的“处方”。

相信《数字化转型与数字治理》不仅可以为读者带来阅读的愉悦，而且可以带来“从实践中来，到实践中去”的启发式思想。毕竟，从实践中总结发现规律，在理论探索中融入鲜活的案例，保持理论与实践相融合、双螺旋上升，这其中蕴藏着理论创新的勇气和治理变革的力量。希望本书的出版，能启发和丰富数字化转型这一议题的讨论，开启我国数字治理的新时代。

是为序。

国家互联网信息办公室原信息化发展局局长

现网信军民融合局局长

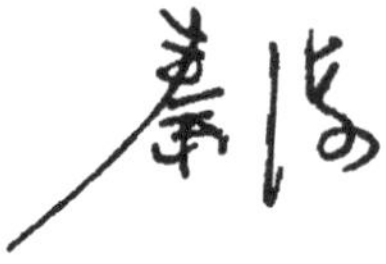

序言三

互联网起源于 20 世纪 60 年代末，美国国防部高级研究计划署建设的阿帕网（ARPAnet），最初主要用于军事研究领域，后来逐渐分化为军用、民用两部分。20 世纪 90 年代初，世界互联网蓬勃发展，互联网在欧美国家已经开始普及，联网的计算机数量超过 100 万台，商业应用开始萌芽，Web 技术、浏览器相继出现，互联网在电子邮件、资料检索、客户服务等方面的巨大潜力也开始显现。然而，在中国这片广袤的大地上，对于打开国门看世界的中国科研人员来说，这项世界领先的科技成果陌生而新奇；随后，他们对于接入互联网的需求开始变得十分迫切。再等下去，中国的科学界就会成为信息孤岛，被世界所隔绝。但在当时的环境下，在政治、经济、科技、政策等层面，都存在诸多的困难。面对重重阻碍，中国互联网的先驱者毅然踏上接入世界互联网的艰辛征途，并最终在 1994 年 4 月 20 日实现了与国际互联网的全功能连接，互联网正式进入中国。可以说，中国互联网的发展是根据科研学术界的需求而提出和推动的。

20 多年来，中国互联网经历了波澜壮阔的发展历程，为我们呈现了一幅在信息技术驱动下，数字化与经济社会整体融合、持续演进的宏大图景，这远远超出中国互联网最初仅服务于科学研究领域的设想。1997 年 11 月，中国互联网络信息中心发布的第 1 次《中国互联网络发展状况统计报告》显示：截至 1997 年 10 月 31 日，中国共有联网计算机 29.9 万台，上网用户数 62 万个。此时，中国互联网发展处于起步阶段，还有大量的人口、诸多的行业领域没有接入互联网。然而，互联网的发展将不再是孤立的应用增长，而是整个数字经济社会的融合发展，数字经济将体现新兴信息技术的巨大影响，反映最新的商业发展模式，彰显网络科技的创新魅力，代表新经济的发展方向，并且创造大量的行业机会。中国互联网络信息中心最新发布的第 48 次《中国互联网络发展状况统计报告》显示：截至 2021 年 6 月，中国网民规模已经达到 10.11 亿人，互联网普及率达 71.6%。以互联网大数据为核心的数字经济，形成移动支付、互联网精准营销、个性化定制、视频直播等新经济形态，在优化经济结构、带动产业转型升级等方面的作用日益凸显，为新旧动能转换注入强大动力，成为数字赋能的重要途径，中国已经从“互联网普及率提升”阶段转换到“数字驱动发展创新”阶段。

与此同时，随着互联网在社会生活中发挥越来越大的作用，互联网的负面效应也开始显现，尤其是近年来网络负面事件的增多，很多人开始对互联网的作用产生怀疑。而互联网平台企业则以生态化和复杂网络的呈现方式，打破传统产业及所属行业划分的界限，对传统商业模式加速重构，与传统经济管理制度之间的矛盾不断加剧，导致较为严重的行业冲突和社会问题。网络空间资源和权利在政府、企业、用户、社会组织等不同阶层、不同区域、不同参与主体之间的合理划分与有效配置问题也日益突出，使得数字经济时代的各类矛盾冲突相互交织。数字治理已经成为一项涉及政治、经济、社会、文化等多因素、多领域的系统工程，受到政府、企业和社会各界的高度关注，《数字化转型与数字治理》一书的出版恰逢其时。本书提出的数字化转型内生演进机制、数字治理制度设计与路径选择，不仅体现了应对治理机制所涉及参与主体的复杂性、涉及产业范围的广泛性，也体现了数字化转型的历史性和变革性。这不仅关系到数字经济的蓬勃发展，涉及网络空间合理秩序的构建，更事关国家治理体系和治理能力的现代化。

本书基于经济学、管理学、社会学、生态学等交叉学科理论，以数字化转型的历史缘起为出发点，提出在数字时代背景下数字治理的转型问题，将逻辑推理与事实论证相结合，使得该项研究兼具理论深度和现实意义。

中国科学院计算机网络信息中心

前　言

一、研究的历史缘起

习近平总书记在第二届世界互联网大会的讲话中指出:“以互联网为代表的信息技术日新月异，引领了社会生产新变革，创造了人类生活新空间，拓展了国家治理新领域，极大提高了人类认识世界、改造世界的能力。”在过去短短几十年的历程中，由于互联网等信息技术发展，在全球范围内掀起了数字化转型的浪潮。抢占数字化时代的战略先机，加快推动国家数字化转型，实现跨越式发展，已经成为大国间战略博弈的重要内容和必然选择。各主要国家纷纷抓住机遇加速产业转型升级，以数据为关键生产要素，开启数字化转型进程，并向智能化迈进。

伴随大数据、物联网、云计算、区块链、人工智能等新技术的发展，技术潜藏的伦理与法律问题、数据等新型生产要素的确权与安全风险、数字平台发展的规范与监管责任等挑战不断涌现，成为社会普遍关注，数字治理需求应运而生。尽管不同领域的问题千差万别，但看似各异的问题之间并非相互割裂，其纷繁复杂背后存在一定的共性，反映了信息技术革命驱动下人类社会进入深度数字化转型过程所必然遇到的整体性变革需要—这也是本书聚焦“数字化转型与数字治理”的核心要义。

通常，对数字治理有两种理解：一种是“用数字治理”，即将数字技术当作一种工具开展经济社会治理；另一种是“对数字治理”，即将数字化转型当作我们所处的客观世界，针对处于转型阶段的经济社会中普遍关注的问题展开治理讨论。而对后者的整体关注正是本书探讨的初衷。而开展数字治理，我们首先应了解所处的时代背景和变革趋势，对数字化转型进程进行观察，努力探寻其中的关键规律和要素。数字化转型征程充满未知与挑战，各种风险和数字失衡相伴而行，数字治理应运而生，两者相辅相成，缺一不可。

二、研究的时代背景

回首中国互联网20多年的发展，经过顺势而为、奋勇直追，我们走出了一条具有中国特色的数字化发展道路。这背后既有对时代的洞见和认知，也有拥抱数字化积极进行数字化转型的智慧和远见：数字化转型不仅代表了经济发展范式的转变，也推动了社会形态的深度变革。

一方面，信息技术在经济社会发展中的作用已经从提升效率和劳动生产率的辅助角色上升到占生产力的中心位置，与农业、制造业等传统产业加速融合，而数据驱动、平台经济、在线协同等特征已经使数字经济发展方式不同于传统时代的经济发展方式。另一方面，信息技术改变着生产关系，推动政府、企业、社会在内的社会关系和社会形态的整体性变革。人类社会形态加速向网络化、扁平化、微粒化转变，政府、企业、社会群体均成为公共决策的重要参与者，社交网络实现了不同个体和群体之间的高度互联互动，个体的网络举动可能影响整个社会系统的平衡和稳定。此时的社会是复杂系统，治理之道应坚持对象与方法相一致的原则，以复杂逻辑应对这样一个复杂、多变的社会系统。

本书将这种新的社会形态界定为“数字社会”，它是信息社会发展的初级阶段。数字社会极具技术驱动特征，并第一次出现了海陆空天物理世界之外的网络空间。人类社会在物理空间的大多数行为以“数据”的形式体现出来，构建了全面映射并逐步走向“数字孪生”，并通过“数据”的复杂行为再对人类社会产生影响。同时，数字世界又具有“温度”和“情绪”：互联网的技术特征使其天然具备自由表达、平等对话、理性批判等精神，成为变革社会结构、影响社会治理规则的重要力量。相较于制度赋权或行政赋权、资本赋权，网络赋权更贴近民众，能赋予民众更多的信息表达权，这使得数字社会在技术理性发展的同时兼具温度、感性与情绪。

在此背景下，数字化转型的兴起既赋予了数字治理全新的语境和内涵，数据赋能使得治理体系和治理能力建设现代化具有了不可或缺的基础，同时也对数字治理提出前所未有的挑战和要求。例如，当前数字治理面临的一个突出问题是数据流动跨越了建立在行政区划边界基础上的传统治理体制和职能边界，这一基本问题的解决不仅需要数据权属或替代方案的解决，更有赖于组织变革与制度创新。另一方面，在数字化转型过程中，新经济范式带来的巨大冲击和新业态的监管挑战，无章可循且需要认知方式的不断迭代，很难再沿用工业时代的流水线式的管理和思维，而社会结构、制度框架也将随着信息技术的变化而持续互动演进，期间相伴文化和习俗的力量。可见，在数字化转型背景下的数字治理变革，已经成为推动国家治理体系和治理能力现代化进程中的重要命题。

利用马克思主义政治经济学中有关生产力与生产关系的经典理论，本书将“数字化转型与数字治理”之间的互动关系作为切入视角。一方面，信息技术革命只有影响了经济社会发展的基础范式，才可能对作为上层建筑的社会形态和国家治理产生重大冲击；另一方面，数字化转型正在成为我国乃至全球的主要经济形态和未来趋势，分析由数字化发展带来的数字治理挑战议题兼具理论研究和实践改革的双重价值。正因为如此，本书将数字化转型作为研究数字治理的背景与起点，又将数字治理作为数字化转型的手段与路径，两者在事实上形成了数字时代的动力体系和演进机制。

三、研究的意义和脉络

卡尔·波兰尼在《大转型》一书中揭示了市场与社会相互影响的复杂关系。同样，本书着眼于数字化转型与数字治理研究，事实上也体现了“技术-社会”之间的互动，以及“发展”与“治理”之间的互动与影响。

首先，作为经济发展新形态，数字化转型客观上需要治理体系的变革与重构，以适应新的经济发展规律并确保经济健康可持续发展。通过变革政府治理、推动制度创新，数字治理将为激发数字经济创新动能提供助力，为化解数字化转型过程中的不确定性风险提供保障。其次，数字化的快速发展将带来全新的社会风险，无论是劳动者的就业权益还是公民个人的数据隐私权，都可能受到技术迭代与业态创新的冲击，而数字治理无疑是确保公共利益的重要屏障，同时也是维系底线。最后，考虑到数字化的经济社会天然具有全球化特征，数字治理将不局限于国内，而将成为数字时代全球治理的重要组成部分。因此，为争取全球治理规则的话语权，我们同样需要在国内抓紧开展数字治理前瞻性研究，加强数字治理制度创新设计，加快建立能够适应和推动数字化转型并能妥善应对风险的新治理体系。

正是基于上述 3 个方面的价值分析，本书聚焦数字化转型与数字治理开展研究。从理论意义看，不同国家的数字化转型具有不同的特征，各国现实情况不同，对相关问题的立场、理解也有较大的差异，这也意味着我国不能对国外的治理理论单纯地采取“拿来主义”的方式，必须批判性地吸收借鉴，形成具有中国特色的数字治理理论框架，更好地服务于国家治理体系，实现治理能力现代化。

从实际意义看，中国已成为当之无愧的数字大国，抓住机遇对中国数字化转型及治理理论开展整体研究，既对相关领域的制度建设具有借鉴意义，也有助于我们向网络强国目标迈进。需要指出的是，技术与经济社会相互依存，两者必须协调发展。我们必须坚持“两条腿”走路，既要发挥技术优势，也要保证技术不被滥用，这需要社会数字化转型就绪度的提升。

本书并非聚焦于数字化转型过程中特定、具体问题的治理机制和模式，而是从整体性视角，明晰数字化转型与数字治理之间的互动关系。本书主要研究逻辑如下所述。

首先，从“技术-社会”互构视角，提出“技术动力”与“结构调适”的数字化转型机制，指出技术发展引起社会结构的变化，进而要求对制度创新和权力结构进行调适。

其次，从5个维度总结了数字化转型的发展现状和问题特点，并从数字场景下个体与群体、空间与权力变化的视角，提出“线上-线下”双重社会的割裂与融合、“政府-企业-社会”互动与博弈等数字失衡问题，是技术与社会的发展不同步等原因造成的。

最后，面对相关治理需求，构建“发展与治理”并重的数字治理体系框架，提出数字治理需要构建“三位一体”的治理体系，即打系列“组合拳”。这套治理体系既需要考虑问题切入、分层设计，也需要加强重点行动，并始终将数据治理作为主线，从而形成整体设计中理念层、组织层和行为层3个层次的协调联动、有序互动。

数字化转型绝非一日之功，数字治理也非一时之力，发展与治理有机耦合、彼此促进，才能形成经济社会发展的长期动力。本书通过对当下数字化转型和数字治理现状进行总结和反思，对数字化未来图景进行展望，以期在把握数字化脉络的基础上，寻找推动其健康可持续发展的解决之道。

目　录

第一章

顺势而为——
数字化转型战略步伐开启

自18世纪末以来，历次全球政治经济格局的变迁证实，大国崛起的关键在于抓住重大科技革命和产业变革带来的窗口机遇，抢先占据发展的制高点。当前，信息通信技术蓬勃发展，新一轮科技革命和产业变革加速推进，国际社会围绕网络空间的竞争和博弈方兴未艾，数字化转型成为影响全球治理体系和国际力量对比的重要因素。抢占数字时代的战略先机，加快推动国家数字化转型，实现跨越式发展，已经成为大国间战略博弈的重要内容和必然选择。

从“五大观念”看中国数字化的发展机遇

历史观：新一轮历史机遇开启跨越式发展新征程

纵览人类历史，不难发现，人类社会的每一次革新和进步、文明中兴和国家强盛都与技术创新、生产力变革息息相关。历史上，荷兰抓住海上贸易、英国抓住工业革命、美国抓住现代科技先后成为世界强国，而一直具有经济实力和文化优势的中国却与这些重大发展机遇失之交臂。在明代，郑和7次下西洋，成为“大航海时代”的先驱，比麦哲伦、哥伦布、达·伽马等欧洲航海家要早半个多世纪，但遗憾的是，中国并没有真正“走出去”，反而在此后的多年内处于闭关锁国、故步自封的状态。与此同时，荷兰、英国、美国则抓住航海大发展的机遇，陆续接棒海权，创造了国家的繁荣。当工业革命席卷欧洲时，英国抓住机遇，实现跨越式发展，而处于康乾盛世、手工业和农业高度发达时期的中国则陷入马克思所说的“奇异的对联式悲歌”之中，又一次错过从农业时代向工业时代转型的重大机遇。可见，当历史出现大变局、进入转型期时，我们应当变则变，否则昔日的辉煌很可能成为最大的负累。

20世纪80年代，阿尔文·托夫勒在《第三次浪潮》中将人类社会划分为3个阶段：农业社会、工业社会和信息社会。从农业社会到工业社会，再到基于数字技术的网络化的信息社会，体现了技术的进步和生产力的提高，不断推动新时代的到来。自20世纪90年代以来，互联网的崛起加快了数字社会的形成，为亿万网民带来新的便利和幸福，信息社会逐渐呈现出大网络、大连接、大系统的趋势。伴随信息通信技术的蓬勃发展，数字技术与其他新兴技术、传统工业和服务业交叉融合，引发了新一轮科技革命和产业变革，对经济社会和国家的发展产生了深刻的影响。线上与线下的边界逐渐消失，信息社会的初级阶段——数字社会正在向我们走来。信息化、网络化中的世界进一步向全面数字化转型，向智能化迈进。

当前，数字化转型已成为影响国家间博弈和国际力量对比演化的关键因素。各国高度重视并积极部署数字化转型工作，我国已系统谋划并做出战略布局，就信息化发展、网络安全、信息基础设施升级、网络空间治理等问题进行了系列谋划和部署，旨在抓住数字化转型的历史机遇，掌握发展主动权，力争在新一轮技术革命中抢占先机，使经济社会的快速发展和国家实力的显著提升得以继续。

安全观：第五域空间拓展加剧国家安全战略竞争

从空间角度看，互联网开辟了人类活动的新疆域——网络空间，并使其成为继陆、海、空、天四大空间之外的第五域空间。福柯指出，空间在任何形式的公共生活中都极为重要；空间在任何的权力运作中都非常重要。麦金德的陆权论、马汉的海权论、杜黑的空权论及奥伯格的天权论都描绘了空间拓展与权力扩张之间的密切关系。如今，伴随互联网、物联网等的诞生与发展，网络空间成为人们工作和学习、企业生产经营、国家内政外交的新平台，也成为各种资本角逐、权力斗争的新场域。

一方面，由于网络的强渗透性，网络空间对陆、海、空、天形成全方位的覆盖，政府、军队、企业、机构及个人等各种力量开始向网络空间集中和叠加，并对网络空间进行重构，使网络空间逐步成为集政治、军事、经济、文化、外交等多维度利益于一身的力量体系。另一方面，随着信息通信技术在经济社会发展中所发挥作用的日渐增强，经济民生、社会生活各领域都可以在网络空间中找到映射或延展，在一定程度上扭转了“网络空间是虚拟空间”的论断，特别是“互联网+”的发展使网络开始真真切切地成为现实世界的重要组成部分。在网络空间中，主权国家在现实社会中所开展的国家治理、经济发展、社会协同、文化交流、军事拓展、外交合作等种种行为均已如火如荼地展开。尤其在传统领域国家博弈日益加剧的背景下，迁移到网络空间的政治抹黑、外交施压、军事威慑、渗透攻击等主权国家行为层出不穷，这些行为在加剧国家间网络关系紧张的同时，给全球治理带来全新的挑战。

由此，各国纷纷出台国家网络空间安全战略，围绕网络空间国家利益、主权安全的博弈和斗争逐步成为国家间竞争和博弈的热点领域，提高数字治理话语权和国际影响力、强化网络空间的军事威慑、加强国内网络安全防护和构筑网络空间主权保障体系等，也正成为越来越多国家的共同选择。国家网络空间安全战略稳定对于网络空间和平与发展具有重要意义，安全与战略稳定永远是国之底线。

发展观：第三次技术浪潮助推网络空间迅速崛起

互联网带来的变化和改变是渐进式的、碎片化的和微粒化的，单个物品或人的活动轨迹可以被记录、被追踪、被还原，整个社会进入以单个个体为粒度的“微观世界”。网络的这一“去中心化”特征对原有的“中心-边缘”结构造成极大的冲击，尤其是对传统文化的思维产生了巨大的影响，加快了社会文化的改变及中西方文明的融合。与此同时，包括地域界线、国籍界限等在内的众多限制被打破，社会阶层可以实现快速转变，改变了人们的很多历史观和价值观，形成了新的、网络化的社会关系。可以说，信息技术催生的“第三次浪潮”，极大地改变了传统社会的文化和关系，构建了一个与物理空间平行的网络空间。

在网络空间这一平行世界中，信息技术的快速发展推动了网络的普及。网络具有小世界和无标度的特征，将陌生人通过彼此共同认识的人连在一起，呈现明显的异质性。例如，哈贝斯用“公共领域”这个概念来描述网络：网络是一个全景式的公共领域，每个人都表现出对“新奇信息”的渴望，每个人都是事件的消费者。随着自媒体的兴盛与发展，碎片化的信息充斥网络空间。去中心化、全球化、无标度、隐匿性，网络传播的这些特征和优势，在方便人们联系、加速信息传播，以及推动世界成为一个“人人可以发声、人人可以参与”的“地球村”的同时，使现实社会中存在的丑恶现象、罪恶行为和其他负面事项找到了一个全新的“无拘无束”的“自由空间”。欺诈、赌博、谣言、恐怖主义等有害信息也借助网络空间大肆传播，给国家治理和社会稳定带来新的挑战。

这些都需要我们以发展的眼光去看待网络技术变革带来的弊端和益处。

我们既要看到网络空间的相关问题是现实问题的映射，又要认清网络技术在放大问题、扩散风险方面所发挥的关键性作用；既要运用传统思维加强线下问题疏导和治理，又要顺应互联网的发展、创新规律，善用互联网思维治理触网问题；既要发挥政府在数字治理中的主导作用，又要广泛吸纳行业、企业、研究团体、个人等民间力量参与网络发展和管理，实现数字治理的“全民参与”和多元协同。

全局观：五位一体发展战略助力中国梦伟大进程

从发展角度来看，以移动互联网、物联网、云计算、大数据、人工智能等为代表的信息技术，持续渗入传统经济社会的方方面面，构建了数字基建、数字经济、数字社会、数字政府、网络文化五位一体的发展战略，为中国数字化转型带来源源不断的动力，不断加快实现中国梦的伟大进程。

在数字基建方面，“新基建”建立在数字化、网络化、智能化基础上，相对于传统基础设施建设更具科技元素、数据元素和智能元素，是基于信任和安全的新一代基础设施建设，已成为夯实数字化转型的基础，揭开了文化和经济社会全面数字化转型的序章。在数字经济方面，信息化在培育新动能、探索供需对接新路径、助力产业链升级等方面，为经济发展提供了深层动力和关键支撑。同时，数据催生新产品、新业态、新模式。通过分析和应用大数据，数据要素的价值被不断挖掘，资源配置效率不断得以提升；同时，围绕数据从创造、收集、加工到应用延伸形成新的产业链，有效促进专业化分工，提升全要素生产率。在数字社会方面，互联网促进灵活就业，助力民生服务，不断提升社会福利，释放数字红利。在数字政府方面，新型公共服务和社会治理的发展机遇期已然开启。从共享单车绿色出行到交通预测精准调控，大数据让各级政府的“大脑”变得更加“智慧”，让办事更加高效、便利，让扶贫变得更加精准、精细，让生态保护变得更加心中有数。在网络文化方面，互联网成为社会正能量的传播渠道，成为不同群体之间沟通、交流、互动的产物，成为亿万网民的精神家园，成为数字文明的表征。

围绕满足人民的美好需求，数字化转型提升了亿万网民的幸福感和获得感。在“十四五”规划开局之年，我国将开启全面建设社会主义现代化国家的新征程，向第二个百年奋斗目标迈进。处于重要历史交汇点的中国，面对新使命、新阶段、新机遇，将进一步贯彻“以人民为中心”的战略，不忘初心，众志成城，向着实现数字中国的美好明天奋勇前行。

治理观：互联网全球治理变革体现共治共享

近年来，国内、国际上，新技术新业态迭代加速，互联网与社会生活、经济发展、国际竞争的关系愈发紧密，一个新的数字社会已经形成。在现实世界问题数字化的同时，数字社会也产生了许多新的问题。网络谣言、网络诈骗、网络黄赌毒、网络暴力等乱象时有发生，网络空间主权、数据跨境流动、全球数字鸿沟等问题亟待回应。由于网络空间互联互通的属性，网络空间治理天生就是一个全球治理议题。要解决这些新问题新需求，就必须依靠全球各方的共同参与、共同合作。习近平总书记在第二届世界互联网大会上提出构建网络空间命运共同体理念，指出:“网络空间是人类共同的活动空间，网络空间前途命运应由世界各国共同掌握。各国应该加强沟通、扩大共识、深化合作，共同构建网络空间命运共同体。”

互联网精神的核心是开放共享，网络空间的本质是互联互通，谱写网络空间命运共同体的未来，需要合力、秩序和信任，这些都离不开数字治理。然而，如果脱离了国情和文化等来讨论数字治理，数字治理就会变成无源之水、无本之木。从历史机遇到空间安全，从数字社会的崛起到大国博弈，中国数字化发展秉持“和合文化”精神，反对零和博弈思维，致力于创造全球融合的数字化共生世界。在中国文化和价值的指引下，数字治理也应当践行“公善”的伦理价值，集合各主体的力量，通过共生、共商、共治，实现共享、共赢、共荣。

网络空间问题和发展需要共治共享。我们在数字社会中共同生活，面临共同的网络威胁，需要共同协商和应对。正如郝叶力将军所言，共生的价值观解决的是“治理理念”的问题，共同的安全观解决的是“治理依据”的问题，共商的治理观解决的是“由谁治理”的问题，共赢的发展观解决的是“如何治理”的问题，构成了完整的治理链条。构建网络空间命运共同体、推动网络发展、造福全球亿万网民是中国发出的倡议。但这不只是中国一方的责任，还需要各国政府、各方力量的共同参与，需要国际社会的广泛响应和积极支持。笔者期待全球各国和各方力量秉持开放精神、包容胸怀，共同致力于国际网络问题的治理和公正网络秩序的构建，共同铸就一条通往人类繁荣的共生之路、共治之路和共享之路。

从“五大方面”回顾2020年的中国数字化进程

2020年是不平凡的一年，在党中央的坚强领导下，我国有力、有序、有效统筹疫情（新型冠状病毒肺炎疫情，以下简称新冠肺炎疫情）防控和经济社会发展工作，率先推动复工复产，成为全球唯一实现经济正增长的主要经济体，国内生产总值首次突破百万亿元，其中，数字经济作为有力抓手，发挥了重要作用。

温度：数字化转型创造智慧新生活

党中央、国务院高度重视互联网抗疫、数字化战疫。2020年2月，习近平总书记主持召开了中央全面深化改革委员会第十二次会议，会议鼓励运用大数据、人工智能、云计算等数字技术，在疫情监测分析、病毒溯源、防控救治、资源调配等方面更好发挥支撑作用。在党和政府的号召下，各方积极利用新技术、新手段、新模式，为疫情防控做出了积极贡献。

健康码促进多方协同，数字化抗疫成为全国标配。全国一体化在线政务服务平台推出的健康码在疫情防控中发挥了有力的支撑作用，超过9亿人申请了健康码，使用次数超过400亿次。健康码有效连接了政府、企业和网民，促进了后台业务协同和政企数据共享，大大提高了我国政府的数字化应急能力和在线政务服务能力。扫码出行成为常态，客观推动了非网民向网民的转化。

超10亿人共享在线社区，数字化生活成为主流方式。截至2021年6月，我国的网民规模达10.11亿人，移动用户占绝大多数，这些网民构成了全球最大的数字社区。大量“非接触”经济形式兴起，网红电商、直播带货快速崛起。与此同时，一些非网民不会使用健康码、不会在线支付、不会在线购票等问题引起各方的关注。实现包容性增长，关注信息无障碍和适老化问题，成为未来数字化包容性发展的一个重要方向。

深度：数字化转型构建产业新格局

硬技术迎来政策机遇，数字产业化推动创新发展。推动高质量发展的核心是技术创新，核心技术发展和数字产业化是排头兵。2020 年 3 月，国家出台“新基建”政策，拉开数字化转型大幕。2020 年 8 月，国务院印发《新时期促进集成电路产业和软件产业高质量发展的若干政策》，进一步优化集成电路产业和软件产业的发展环境。2020 年 9 月，中国人民银行表示正在稳步推进数字人民币的研发试点工作。

供给侧结构性改革持续加速，产业数字化提供关键驱动。数字技术改造成为新旧动能转换的“催化剂”，传统产业转型升级进入实质阶段，制造业转型升级是产业数字化的“主战场”。2020 年，国家相关部委陆续发布《关于推动工业互联网加快发展的通知》《工业互联网标识管理办法》等文件，将工业互联网作为国家先进制造产业的重点突破方向。其中，数据新要素的作用备受关注，数字赋能传统产业，提升了我国经济应对复杂国际形势的韧性。

力度：数字化转型加强社会新治理

互联网助力脱贫攻坚，数字化下沉惠及贫困地区。贫困地区通信“最后一公里”被打通，农产品通过电商平台走出大山，一些农村网红通过直播等形式实现脱贫致富。2020 年，电商实现对 832 个贫困县全覆盖，远程医疗实现国家级贫困县县级医院全覆盖，全国中小学互联网接入率达 99.7%。截至 2021 年 6 月，我国农村网民规模为 2.97 亿人，农村地区互联网普及率达 59.2%，城乡数字鸿沟进一步缩小。

互联网法规逐渐完善，数字治理优化网络生态。2020 年，《中华人民共和国民法典》《中华人民共和国数据安全法（草案）》《网络安全审查办法》相继出台，为保护个人信息、保障数据安全、保护个人隐私提供了法律依据。网络综合治理能力不断提升，针对网络内容、网络小贷、电商直播等新兴互联网服务相关领域的法律制度逐步完善。同时，平台企业的反垄断问题被提上日程，2021 年 2 月，国务院反垄断委员会印发《国务院反垄断委员会关于平台经济领域的反垄断指南》，预防和制止互联网平台经济领域垄断行为将成为重要方向。

韧度：数字化转型应对国际新形势

全球供应链复杂多变，经济双循环助力防范风险。我国政府与企业积极完善产业生态系统，加强芯片、操作系统等供应链领域的攻关，以实现对外部封锁的“突围”。同时，我国启动以国内大循环为主体、国内和国际双循环相互促进的发展格局，积极推进国际数字贸易发展，更高层次地融入全球产业体系分工，我国大量企业布局新能源汽车和智能手机等高新科技产业与综合制造业，进入全球供应链上游。

数字化竞争日益激烈，共同体理念推动全球变革。有专家表示：“中美经济竞争的核心正在向数字经济集中。”围绕人工智能、数据治理、5G 网络安全、知识产权、数据安全等，中美之间未来的数字经济竞争和规则之争将愈演愈烈。数字进程将成为各主流国际治理机构讨论的重要话题，各国对网络空间命运共同体的感知将进一步增强。

气度：数字化转型开启发展新篇章

虚实相融形成新空间，智慧城市增强公众获得感。新型智慧城市建设让更多百姓受益。通过物联网、人工智能等多种技术形成的数字孪生城市，将城市映射到网络空间，为城市进行数字画像，让城市可以实现虚拟化管理并实现线上线下互动，由此形成物理维度上的实体世界与信息维度上的虚拟世界虚实交融、同生共存的格局。

数字族群催生新文明，数字社会构建扁平化世界。伴随社交媒体的发展和信息流动的加速，虚拟身份爱好者形成了数字族群。传统社会关系从原来受制于血缘、地缘的紧耦合，慢慢趋于松耦合，社会结构也变得更加扁平。弹性就业、自主就业的兴起，孕育着新的发展机遇，信任成为当前数字社会的稀缺资源。

2020 年已然过去，因为抗击新冠肺炎疫情，它会是人类历史上极不平凡的一年。而中国为抗击新冠肺炎疫情做出的巨大贡献，包括以健康码为代表的数字化应用带给人们的温暖、信心和力量，也举世瞩目、备受称赞。前行的路我们充满期待，数字助力高质量发展，数字助力美好生活，让我们一起翻开数字化转型新的篇章！

从“四大分类”探寻数字化发展之规律

预测型定律：预测发展趋势

摩尔定律：预测微型处理器将变得低廉。每 18 个月，集成电路上可容纳的元器件的数目就翻一倍，计算机等 IT 产品的性能就翻一番。类似地，反摩尔定律提出相同性能的计算机等 IT 产品，每 18 个月价钱就会降一半。

吉尔德定律：预测未来网络将变得低廉。运算性能的增长速度主要是由摩尔定律决定的，而主干网带宽的增长速度至少是运算性能增长速度的 3 倍，所以主干网带宽的增长速度大概是每 6 个月增长一倍。这使得网络费用在未来可能降为零。该定律还提出最为成功的商业运作模式是价格最低的资源将会被尽可能地消耗，以此来保存最昂贵的资源。

梅特卡夫定律：预测未来网络的巨大外部效应。某消费者对某种商品的需求量随着其他人购买数量的增加而增加，此为外部正效应；反之则为外部负效应。梅特卡夫定律认为网络价值同网民数量的平方成正比，即网络外部效应随着网民数量的增加而呈现指数级增长。

库伯定律：预测未来无线数据通信的大爆发。频谱效率每 30 个月就要翻一番，即在指定无线电频谱中传递的信息量每两年半就翻一番，这表明了无线数据通信的大爆发。

库兹韦尔的奇点理论：预测纯人类文明将终结于 2045 年。奇点是指人类与其他物种（物体）的相互融合，即计算机智能与人脑智能兼容的那个时刻。库兹韦尔的奇点理论认为，到 2045 年，奇点就会出现，由于计算机的计算能力剧增和其成本骤减，计算机所创造的人工智能的数量将是当今存在的所有人类智能数量的大约 10 亿倍。

解释型定律：解释发展现象

安迪-比尔定律：解释 IT 产品由耐用品变成消耗性产品的原因，即硬件提高的性能很快会被软件消耗掉。这是对 IT 产业中软件和硬件升级换代关系的一个概括。

边际收益递增规律：解释互联网规模经济的产生原因。互联网信息产品生产复制的可变成本几乎可以忽略不计，且生产复制的数量一般不受自然能力的限制，即产量增多带动收益增多，而成本并没有随之增多，呈现边际收益递增规律。

强反馈效应与锁定转移：解释互联网马太效应的产生原因。随着越来越多的消费者采用某种消费模式，对每个消费者来说，新商业运作模式都会变得越来越有价值。该消费模式不断得到推广与普及，从而产生正反馈和锁定现象。反之，随着消费者放弃采用该消费模式来消费，该消费模式逐渐失去价值，负反馈将占主导地位，最终使那些坚持使用的顽固者陷入困境，从而被迫支付更高的转移成本。

基因决定定律：解释企业转型失败的原因。某企业在一个领域特别成功，当开拓新领域时，会不自觉地用原来的做事方法及思维方式去应对新市场；成熟的企业一旦有新业务和原来的传统业务冲突，通常采用的策略就是牺牲新业务，让转型多了隐形的屏障，这就是很多企业转型失败的原因。

描述型定律：描述发展特点

721 法则和流量不等值定律：描述互联网市场格局的特点。当某个领域发展成熟后，市场份额排名第一的企业占据着 60%～70%的市场份额，制定该领域的游戏规则。市场份额排名第二的企业占据着稳定的 20%～30%的市场份额，剩下的市场参与者共占 10%的市场份额。流量不等值即市场份额排名第二的企业的价值可能不及市场份额排名第一的企业的 1/10，其他参与者更少。

描述网民心理与网络传播现象的相关定律：罗密欧朱丽叶效应，即一个人内心所激发出的心理抗拒，是网络舆论应对与引导中常见的现象（类似超限效应下的逆反心理）；回音室效应，即网民会固守在符合自己偏好的信息与意见的圈子中，各种圈子之间相互隔绝甚至对立，促使信息得以极化和放大，一些意见相近的声音被不断重复；乐池理论，即网民注意力和网络传播力的大小往往并不是由事件的重要性决定的，而是由事件的戏剧性程度决定的；羊群效应，描述网民个体的跟风从众心理；首因效应，描述网民个体在接受网络信息的过程中，通过最先输入的信息对客体以后的认知产生的影响作用；踢猫效应，即网民的负面情绪一般会沿着等级和强弱组成的社会关系链条依次传递。

引导型定律：引导发展方式

达维多定律和诺威格定律：引导互联网企业的发展路径。英特尔公司的前任副总裁威廉·H. 达维多认为，企业如果要在市场上占据主导地位，就必须不断更新产品，第一个开发出新一代产品。彼得·诺威格则提出当一个企业的市场占有率超过50%以后，就不要再指望在市场占有率上翻番了，即一个居于市场主导地位的企业不能盲目追求市场占有率，而是要不断开拓新的财源（如新市场、新盈利模式），才能保持经久不衰。

从“五大不同”看中西方数字化发展的文化差异

在风起云涌的全球数字化浪潮中，中国互联网20多年的发展堪称乘风破浪，走出了一条具有中国特色的数字化发展道路。这背后除了在技术和市场方面的奋勇直追，我们还感受到一种生生不息的文化动力，它成为数字化转型“中国方案”之思想底蕴。中国在数字化发展进程中一直保持和合气度，走出一条在“竞争文化”背景下与西方国家数字化发展不同的道路。需要说明的是，在不同场景、不同国家、不同议题上有所差异，不能一概而论，且随着时间推移，情况在不断发展和变化。西方国家内部也不完全一致，这里仅作简要比较和说明。

中西方国家数字化发展的五大不同

一是中国的规划更长远，西方国家的法规更完善。中国引入互联网相对较晚，根据实际情况，立足顶层设计和长远规划，在为新技术、新产业、新业态、新模式留出发展空间的同时，与时俱进地完善法律法规并逐步加强规范和监管。西方国家大多以物权为基础，欧洲国家等西方国家由于历史文化背景因素对个人隐私极为重视，在部分领域已经形成较为完善的法律体系并在互联网领域一脉相承，总体监管强度、处罚力度更大。

二是中国重“本土适应性”，西方国家重“标准一体化”。不管是政策措施、技术应用还是产品投放，中国都不会照搬其他国家的经验，特别是考虑到国土面积大，各地区的基础条件差别较大，对于新技术、新模式，中国一般先开展试点探索，在获得经验后再全面推广。各地通常也在国家的宏观指导下，根据地方产业特点进行本地化探索和创新，因地制宜，形成发展特色。西方国家，特别是欧洲国家的市场割裂，标准不一，实现数字化项目的壁垒高，因此欧洲国家主张《数字化单一市场战略》，倾向于统一标准，并努力将自己的标准推广到全世界，推动市场一体化发展。

三是中国的“信任经济”受欢迎，西方国家的“信用经济”更成熟。中国基本的社会单元是“家”，信任由血缘、地缘而生，由此熟人社交盛行。网红电商直播、社区团购等在人与人的口口相传之中实现价值转化和信任传递，成为中国互联网经济的一大特色。西方国家基本的社会单元是个体，人与人之间的关系是契约关系，西方国家通过契约关系建立和维护的“信用经济”与中国的“信任经济”不同。

四是中国的企业注重“应用型模式创新”且注重“打造生态”，西方国家的企业注重“技术型创新”且注重“全球化扩张”。中国的互联网企业以线上平台推动线上线下融合，应用承载多元化的国计民生需求，借助庞大的用户基础实现价值释放，同人民生活和消费场景的捆绑更为紧密，并逐渐发展形成生态体系。西方国家的互联网企业大多采取聚焦单一领域市场的全球化战略，技术强、全球化扩张意识强，国际竞争布局早，在战略扩张的同时受到反垄断政策措施的制约较多。

五是中国主张命运共同体建设，部分西方国家鼓吹网络空间军备竞赛。中国注重自身发展，努力缩小数字鸿沟，扎实推进网络扶贫行动，让全民共享互联网发展红利；推动构建网络空间命运共同体，遵循“共建共治共享”的原则，尊重各国，求同存异，并积极介绍最佳实践经验，欢迎各国共同搭乘数字经济发展快车，让数字红利释放惠及全人类。部分西方国家对于网络空间的认知偏向军事化，且推己及人，力图打造先进网络武器和网络作战部队，在网络空间引发军备竞赛，给全球网络安全带来风险和挑战。

中西方国家数字化发展的文化根源

在“和合文化”或“竞争文化”的影响下，中西方国家的数字化发展既体现出思维方式的差异，又反映出哲学文化层面的结构性差异。

数字经济发展：家族文化与契约文化

中国重家族文化，西方国家重契约文化。长期以来，中国人基于血缘和地缘建立起信任、亲情和人情关系，形成根深蒂固的家族制度，家族文化在中国文化中占据重要地位。家族构成社会生产的基本单元，自然演化为人缘取向性质的差序格局，为中国代表性的社会结构注入人情味。西方国家很早就形成以个人为中心的团体格局，需要借助各种形式的契约来规范和保证信用，基于契约精神的信用制度在市场经济发展中发挥重要作用。因此，中国的“信任经济”受欢迎，西方国家的“信用经济”更成熟。

中国长时间采用家庭手工作坊的生产方式，西方国家则受近代产业革命的影响较多。中国的家文化源远流长，中国自古以来以家为本，长期推行重农抑商政策，处于较为古朴的农业社会，实行以家庭为单位、以男耕女织为主的生产方式。在近代，西方国家经历了工业革命浪潮，大规模机器生产取代了手工劳动，西方国家形成与之相适应的组织生活和社会生活，为数字化发展奠定了相应的生产基础和组织基础。因此，中国因为地广人多、数字化发展不均衡，更注重“本土适应性”；西方国家的产业组织发达，更注重“标准一体化”。

数字创新创造：农耕文明与海洋文明

中国传统文化基于农耕文明，受儒家文化的影响，推崇中庸之道；西方国家基于海洋文明，崇尚冒险精神。由于所处地域狭小，基于海洋文明的国家都具有很强的开拓精神和危机意识。因此，中国互联网企业的本地化发展较为常见，同时通过打造和谐生态体系，加快融入整个经济社会；西方国家的互联网企业的全球化意识领先，同时由于语言、风俗等跨文化挑战较小，可以实现迅速扩张并不断提升国际竞争力。也就是说，中国重本土生态、重协作，西方国家重全球扩张、重逐利。

中国在数字化创新上表现为为美好生活而创造，西方国家提倡为自我实现而创新。中国互联网发展于由温饱到小康的历史性跨越时期，互联网应用成为推动满足人民美好生活需求的有力工具。截至目前，很多西方国家已达小康甚至富裕水平，更有条件追求高层次的自我实现需求，年轻人追求自我展示的意愿更强。同时，经过工业革命电力、机械动力、蒸汽动力等重大科技创新，西方国家在工业发展中积累的颠覆创新能力更强，催生了很多原发性的技术创新。因此，中国互联网在前一阶段表现为“应用型模式创新”丰富，西方国家的互联网“技术型创新”领先。应当看到，伴随中国互联网的发展和年轻一代的成长，中国互联网颠覆式创新的能力和动力将大大增强。

数字政策取向：重礼依法与重法依理

中国文化重礼依法，西方国家重法依理。礼是一种自发的秩序，其影响到个人层面的秩序和诉求是向里用力。中国人遵守人伦礼俗，做人凭良心，讲究自省和克己。西方人习惯向外用力，做事凭法律，强调无法律即无行政，偏向构建的秩序，注重法律制约和法律监督的严格执行。中国实行发展与规范并重，政府在加强监管的同时，积极引导互联网行业自律，强调平台自治责任并发挥社会监督作用，可谓重礼依法、礼法并重、德法并举；西方总体实行依法从严监管制度。此外，欧洲国家和美国在此方面亦有不同。相对而言，欧洲国家的监管更为严格，美国的监管更偏向实用主义。

中国文化重整体分析特殊性，西方国家重具体分析普遍性。在“天人合一”思想的影响下，中国强调整体性，讲究对众多认识对象加以全面的综合，并挖掘其特殊性。西方国家的“主客二分”思想更注重个体性，强调对认识对象的具体分析，并发现普遍性，如“头痛医头，脚痛医脚”。相对而言，中国的数字发展战略、规划着眼于顶层设计，宏观政策层面的部署更多，中国在创新实践方面大多先试点再推广；西方国家的法律细则和标准化先行，西方国家注重将法律细则和标准上升为国际可操作的通用规则和具体标准。

数字国际合作：同舟共济与零和博弈

中国的“和合文化”提倡统一性，西方国家的“宗教文化”提倡唯一性。

中国的传统文化提倡“天下一体”“民胞物与”“兼济天下”，强调世界的整体性、统一性，提出“四海之内若一家”的主张。西方国家在“宗教文化”唯一性的影响下，形成以斗争为基调的征服哲学，致力于改造和改变世界。这是中国人与西方人人生价值观的根本区别，也是中西方国家数字化发展进程和创新故事的不同起点。此外，中国强调“顺应天时”，更讲究尊重客观规律循序渐进。事实上，中国互联网 20 多年的发展历程，从成长期的以发展为主，到繁荣期的发展与治理并重，再到现阶段的加快数字化转型，都是顺应内在发展需求、统筹外在因素的因势而谋、应势而动，确实是客观务实、循序推进的。

中国倡导同舟共济，西方国家主张零和博弈。儒家文化以孔子伦理为准则而远离宗教，提倡家和万事兴，富有和平精神。中华民族热爱和平，对于其他民族也非常尊重。因此，中国主张构建网络空间命运共同体，部分西方国家推动网络军事化，导致网络军备竞赛风险加大，将国家与国家之间的关系视为封闭系统中的严格竞争、赢者通吃，将网络空间视为第五作战空间，导致网络攻击武器扩散、网络情报收集规模持续增加；同时，阻碍网络空间规则的制定，造成国际网络安全的结构性困境。

中国数字化发展的策略建议

近年来，习近平总书记多次就文明交流互鉴做出重要阐述，强调要“以文明交流超越文明隔阂，以文明互鉴超越文明冲突，以文明共存超越文明优越”，指出一条人类文明和谐共生之路。在中华民族伟大复兴和世界百年未有之大变局的历史交汇点上，从文化角度看世界发展，以哲学思维促数字繁荣，不忘本来、吸收外来、面向未来，可形成独具特色的数字化发展“中国方案”，在互联网“地球村”和全球网络空间新格局建设过程中奏响“中国之声”。

文化自信、凝聚力量，激活传统文化时代价值

“根本固者，华实必茂。”我们要顺势而为，充分重视、积极践行中华民族自身文化价值，以坚定不移的文化自信获得更基本、更深沉、更持久的力量：坚持发展与规范并重，激发数字潜能；坚持总体国家安全观，完善基础设施、信息数据等网络安全保障；坚持务实进取，从市场、资本和人才等多方面驱动和提振创新活力；坚持人类命运共同体理念，推动各国各地区人民

搭乘数字经济发展快车。

取长补短、为我所用，汲取国际社会发展经验

“择善从之，不善改之。”我们要以兼收并蓄的态度汲取其他文化的养分，谋求共同发展，为全球数字化转型提供助力。要深入研究西方国家的法律监管和标准化案例，完善我国数字化发展政策体系；借鉴西方国家的跨国组织建设，引导企业和专家“走出去”，加强海外经营合规管理；加强与世界各国在产业发展、技术研发、变革创新等方面的互补合作；充分研判互联网发展的关键问题和理念异同，深度参与互联网全球治理架构。

开拓进取、自力更生，把握数字化发展新机遇

“艰难困苦，玉汝于成。”未来，世界将通过物联网实现万物互联，这与中华传统的“和合”理念不谋而合，也为中国数字化发展提供了新机遇。我们要传承和弘扬“两弹一星”精神，把爱国之情、报国之志和奋斗之姿融入数字化建设中，守正创新、砥砺前行。同时，核心技术是大国重器，我们要突破核心技术发展，参与全球供应链，抓住机遇，发挥文化优势，特别是新型举国体制优势，扎扎实实加强自主创新，掌握数字化浪潮发展的主动权。

和而不同、谋求共识，积极参与引领全球治理

“得道多助，失道寡助。”一方面，我们要在政府部门的引导下，充分挖掘行业协会、智库组织的力量，加强中西方国家的交流互通，避免思维上的板结效应和文化上的屏蔽效应，拓展更宽领域、更深层次、更高水平的国际合作。另一方面，在广泛参与国际规则制定的同时，我们要注意其背后利益、文化的差别，讲好中国故事、化解文化矛盾、打击文化侵略、寻求价值共识，制定和争取有利的国际规则，提升中国数字化发展之软实力。

从文化视角看，数字化发展进程一方面体现出中西方国家不同的路径模式选择；另一方面反映出数字经济的多种可能性、开放性和普惠性为全球带来发展新机遇。事实证明，中国互联网的发展不搞闭关锁国、贸易保护，秉持着“和合文化”的思想内涵，走出了一条共同发展、共同繁荣之路。另外，中西方国家的文化存在差异并不意味着要形成两个互联网。选择不同的发展路径，更重要的是理解其背后的经济社会差别，尊重文化多样性，尽可能求同存异，增进各国之间的互信与合作。各国应超越“文明冲突论”，在多元中求共识、在差异中求会通，促进全球数字经济的“共建共享、共赢共荣”，推动全球网络空间的“美美与共、天下大同”。

本章小结

本章围绕“数字化转型战略步伐开启”这一主题展开。

关键词：顺势而为。

当前，我们处于人类社会从工业社会走向信息社会的大背景下，信息技术的发展深刻影响和改变着政治、经济、文化、社会、军事、外交等各个领域，这一改革将横扫人类生活的各个角落，抓住机遇主动作为，成为时代的必然选择。各国纷纷顺应趋势、把握机遇，制定数字化转型战略，其根本目标是提升国家竞争力、促进经济增长和社会发展。这也是历史上首次，人类生产生活开始从线下迁移到线上，从物理空间拓展到虚拟的网络空间，从现实社会走向虚拟与现实融合的数字社会，从物理世界走向数字世界，开启了数字化转型的战略步伐，信息社会的一个初级阶段——数字社会正在向我们走来。

中国顺应数字化转型的大趋势，全功能接入互联网，并主动拥抱数字化转型的战略机遇。特别是在经历了2020年抗击新冠肺炎疫情和复工复产这一“大考”之后，数字化呈现出极强的生命力、创造力和驱动力。由于中西方国家的文化、历史等背景不同，中西方国家呈现不同的数字发展理念和价值选择，中国走出一条与西方国家数字化发展不同的道路，而构建网络空间命运共同体就是要求同存异，寻找最大公约数，探求人类发展的共同福祉。

转型既是机遇又是挑战，因此从理论和实践两个方面出发，梳理数字化转型过程中的问题，探索其根源及解决路径就显得尤为迫切和必要，这也是撰写本书之初衷。

第二章

格物致知——数字化转型的内生演进机制

信息技术是社会变革的根本动力。如果说农业时代的经济特征是男耕女织、田园牧歌，工业时代的经济特征是工厂林立、机器轰鸣，那么数字时代的经济特征则是万物互联、数据驱动。数字时代呈现出与农业时代、工业时代完全不同的经济特征。

信息技术决定了当今社会和未来社会的走向，创造了人类生活的新空间，拓展了劳动生产新场域，引领着社会结构的新变革。从动态发展的视角来看，技术与社会的互构是始终推进数字化转型的深层动力，数字化转型在二者的相互作用、相互影响中向前迭代，形成数字化发展演进的内生机制。

第一节　数字化转型的分析框架

“技术-社会”互构论是本书的基本分析框架。技术社会学是一门非常年轻的分支学科，在 20 世纪 80 年代才形成主要的理论和经验研究纲领。有些学者通过对电动汽车技术、自行车技术、现代生育技术等的考察，研究了技术与社会之间的互动关系。技术社会研究包括技术决定论和社会建构论两个典型的理论，前者指向技术对社会的影响这一向度，而后者指向社会对技术的影响这一向度。本书选择从信息技术或数字技术的视角来探讨技术与社会之间的相互影响，以此分析数字社会发展演变的机制和规律。

技术决定论

技术决定论是经典技术哲学的核心问题。技术决定论有多种表现形式，如技术自主论、媒介决定论、技术统治论。洛伦佐・C.辛普森指出要“谈到什么是技术哲学的核心问题”，就要辨识技术“究竟是指一种具有动态机制的自治现象，还是指一个总体完全服从于人类需要的价值中立的工具之集合”。

国内技术哲学研究通常根据对技术发展的态度，认为技术乐观主义与技术悲观主义共同呈现了技术决定论这一主题。西方技术史学家做出了“强技术决定论”与“弱技术决定论”的划分，其划分依据并非技术的绝对自主性/相对自主性程度，而是哲学上的强决定论和弱决定论。《决定论的困境》指出，强决定论认为决定论与自由意志不可兼容，弱决定论则认为二者可兼容。布鲁斯·宾伯不承认技术决定论有强弱之分，进一步提出一种三维的分类研究，包括规范性表述、律则性表述和非意愿后果表述，只有满足既是技术的，又是决定的双重标准的律则性表述，才是严格的技术决定论。马克思主义技术观不是技术决定论。莎莉·怀亚特也不认可弱决定论，她认为“即便技术决定论已经被 STS（科学、技术、社会）理论的分析者视为一种拙劣的模型，由于它仍是大多数社会行动者的普遍信念，因此也应该得到研究和认真对待”，表达了对局限于技术维度批判和忽视“辩护性”决定论的不满，呈现出话语分析纲领的反身性色彩。

技术决定论是重要的“技术-社会”关系理论，回答了两个维度的问题：一是解释社会变迁的动力，即技术变迁必然导致社会变迁，决定历史进程；二是解释技术自身变迁的动力，即技术是自主发展的，由独立于社会的内在逻辑所决定。

社会建构论

传统技术政策中的“供给偏向”（技术决定论）容易造成技术与经济社会发展脱节并陷入技术控制困境。社会建构论引入一种非确定性的技术变革模式，指出技术的社会选择在很大程度上决定了技术的社会影响。它是与技术决定论不同的新视角。

首先，建构主义认为技术过程与社会过程不可分割，技术不是按其内在逻辑发展的，而是社会的产物。其次，建构主义强调技术的群体关联性，不同的社会群体对一项技术会有不同的理解、不同的解释、不同的选择路径，有时候会受偶然事件的影响；在强调群体关联性的基础上，还会强调技术的文化关联性。关注技术的社会性方面是建构主义的技术观的一大贡献。社会建构论强调社会因素在技术发展中的作用，但并不等于社会决定论。

社会建构论希望更多人能够注重技术与社会的关系，把握技术的适度性和适宜技术的可能性，使用社会建构论指导自己正确地利用技术，并解决目前诸如人口、生态、能源、和平等全球性问题，促进技术哲学的深入研究和发展。

“技术-社会”互构论

“技术-社会”互构论认为技术与社会是互相建构的，在二者的相互作用之下形成技术和社会现有的状态，因此我们既要承认技术决定社会发展，又要承认社会对技术的制约。当然，从某种意义上来说，技术决定论和社会建构论并不是相互冲突的，二者研究的视角不同，技术与社会相互影响，共同推动社会进步，因此“技术-社会”互构论通常会强调存在反馈机制，并指向二者的调适和平衡。技术与社会的互构的反馈并不是一种原地循环，而是一种向前发展演变的反馈。

相比于技术决定论和社会建构论，本书更认同技术与社会的互构对数字化转型与数字治理的推动作用。信息技术对社会发展具有革命性作用，引发从技术设施到数字经济，再到社会、政治的变化，但同时涌现出大量问题。数字治理是一种反馈机制，通过制度创新来推动社会的变化，从而推动迈向信息社会的发展。

第二节　数字化转型的技术动力

数字化转型的原动力：信息技术

法国著名学者雅克·埃鲁认为技术通常是先于科学的，如蒸汽机是依赖充分的技术准备而诞生的。科学的进步通常对应着某一种技术和技术组合的改进与进步，失去强大的技术手段，科学就难以获得进步。相反，在科学进步停滞时期，即使没有科学的进步，技术也同样能够在独立的技术系统中保持延续性的进步。因此，技术的发展完全独立于科学，能够将科学引入新的研究方向。在这种意义上，技术在科学中处于核心地位。

信息技术是社会变革的根本动力。曼纽尔·卡斯特认为，信息技术就是社会，是信息技术导致了资本主义社会的重构。虽然这种说法看似绝对，但无论如何去理解信息技术对社会的决定性作用也许都不为过。在人类经历的几次重大的技术革命中，计算机革命和信息革命所带来的社会变迁力量最为明显。

从 1946 年世界上第一台电子计算机埃尼阿克（ENIAC）诞生，到 1969 年阿帕网（ARPAnet）出现，再到如今覆盖全球的互联网；从 1945 年冯·诺依曼提出的冯·诺依曼结构，到 2006 年埃里克·爱默生·施密特提出的云计算概念，再到如今云网端的全新架构，计算、存储、通信三大基础能力不断增强，推动信息技术实现突破和演进。

任何一项技术都有生命周期。在工业时代，技术迭代和扩散的速度都相对较慢，颠覆性也不强。在数字时代，在摩尔定律的作用下，从互联网到移动互联网，从 2G、3G 到 4G、5G，信息技术的迭代周期变短，颠覆性增强，这为后进国家“弯道超车”提供了机会。由于信息传递速度加快、范围变广，技术扩散速度也加快，即便先进国家无法长久享受既有的技术红利，也必须不断加强技术研发力度。美国 Gartner 公司每年均发布技术成熟度曲线，预测包含信息技术在内的技术发展趋势和潮流，如图 2-1 所示。

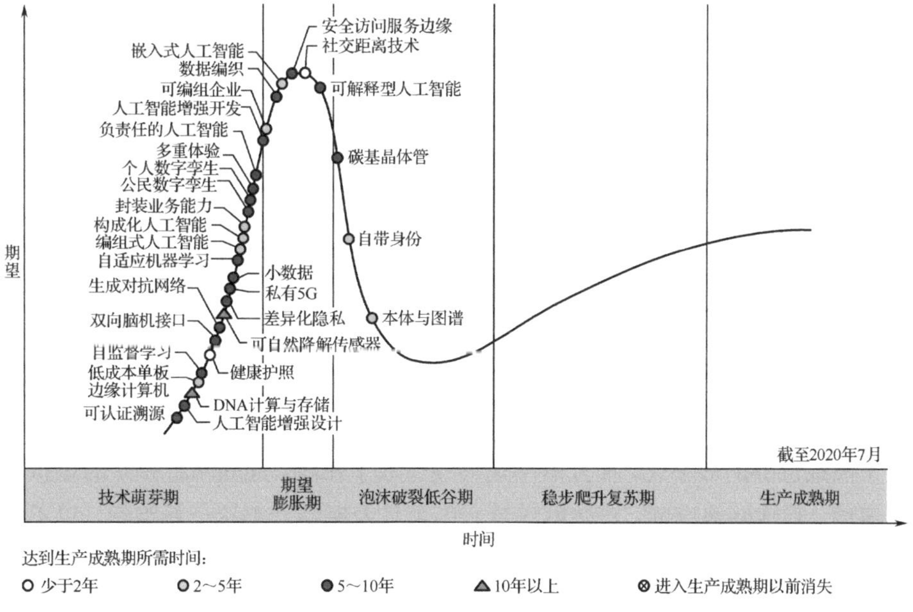

图 2-1 Gartner 公司发布的 2020 年度新兴技术成熟度曲线

资料来源：Gartner

自20世纪90年代起，互联网开始走向商业化，信息技术衍生网络应用，不断丰富人类网上活动的内容和形式，移动互联网、大数据、云计算、物联网、人工智能、虚拟现实、3D打印、区块链、量子计算等一系列技术演进，结合模式创新，催生各式各样的新业态，商业周期变短，推动数字经济不断向前发展。

信息技术与其他技术的融合应用，是数字时代新技术、新业态、重大发展创新的基础。从信息技术对社会的改变过程来看，是信息技术推动了网络基础设施建设，带来了数字经济的蓬勃发展，引发了公共服务的在线提供，迎来了数字政府的治理方式的变革。信息技术是引发这一场信息革命的根本动力，而互联网则推动数字化转型入口的形成。

数字化转型的入口：连接与在线

根植于信息技术的网络，已成为现代社会的普遍技术范式。计算机的发明创造出虚拟空间，为人们提供了新的活动空间。网络空间是人们通过互联网开展信息交流、社会交往和参与各种活动形成的社会空间，是一个流动的虚拟空间，脱离于具体场所且边界难以限制。网络空间包括节点，节点之间通过连接进行能量互动。

连接并不是这个时代独有的产物，自古以来，只要具备一套共同的“编码”体系，就可以形成相应的连接。例如，从原始社会到现代社会，人们之间连接的信息媒介从声音、书信演变为电报、电话、广播、电视机、计算机和互联网，未来人们也有可能利用各种智能化的设备传递语言和文字。

受以互联网为代表的信息技术驱动，数字时代的连接有别于以往的时代，是数字化转型的入口，其关键是在线。我们原本处于离线社会，传统计算机解决了离线世界的数字化，而互联网把离线变成了在线。互联网将独立的虚拟空间连通，形成网络空间，产生网民这一新群体及网络社群这一新组织。以不同应用目的为导向，形成了交易型、社交型、信息型、生产型和服务型等不同类型的连接（见表2-1），它们构成了主要的互联网数据流量入口。例如，企业通过互联网与广大消费者之间建立了连接，实时收集、分析数据并在线互动，更为精准地捕捉市场需求。因此，互联网促进信息生成、传播、存储方式的在线化，使信息流动由高度集中控制向分布式转变，形成一个开放的、共享的、多元的在线社会。区别于农业社会和工业社会，数字社会是基于互联网连接而成的实时在线系统。

表 2-1 网络中连接的类型

类 型	典 型 模 式
交易型连接	电子商务、数字贸易、移动支付等
社交型连接	社交网络、网络论坛等
信息型连接	网络搜索、门户网站、网络新闻媒体等
生产型连接	工业互联网、工业物联网、众包众筹等
服务型连接	政务服务、智能服务、共享交通等

在线是数字化转型的入口：数字化转型最重要的是要解决全方位、持续的在线的过程，全方位、持续的在线的过程也是一个数据自动生成、有序流动、驱动创新的过程。对数据而言，其产生是因为某种场景的应用，是与用户交互的结果。在线让数据的价值变得容易实现，如果没有在线数据，没有在线的计算，很多创新和发展就难以实现。例如，节日期间的出行数据可以很好地影响城市的管理和人群的疏导。而数据如果没有在线，就无法发挥作用。

有连接自然就会有断层。连接是数字化转型的入口，断层则是数字化转型的调整。断层是负向的连接，断层是一个地质学概念，是指“地壳构造板块相互挤压和冲撞而在地壳表面形成的断裂”，在社会学中也有所应用，如人口断层，最典型的是人口分布的胡焕庸线，还有群体断层、人才断层、观念断层、市场断层、文化断层等，如数字鸿沟也是一种断层。

任何事物都有两面性，存在从量变到质变的过程。对于连接和断层，我们均需要把握合理尺度，需要保持整个网络空间的战略稳定，总体而言，需要保证信息的流动性，毕竟在线的数据才有价值，流动的数据才有价值。如果连接不充分，信息流动不足，网络空间的连接节点过少而使得网络价值无法充分发挥，难以发挥最大的网络效应，就会导致数字化转型步伐放慢；如果信息流动过快，超过社会的发展和可控范围，就有可能给准备不足的社会带来很多困扰，甚至使其失控。强硬地实施断层是极端情况下的举措，大多数时候我们应保证网络空间数据有序、持续的流动发展平衡状态。

数字化转型“技术侧”的三大特征

基于技术决定论和技术的社会形成论，对数字社会的特征，我们可以从“技术侧”和“社会侧”两个视角进行观察。本节从“技术侧”进行观察，本章第三节从“社会侧”进行观察。

实时在线化

全球近一半的人口已经成为登陆数字社会的“新移民”，开启线上与线下的互动。“未来，无论是醒着还是睡着，你的每分每秒都是在线的。”伴随着互联网普及率的提高，尤其是移动互联网的渗透，在线已成为人们日常学习、工作和生活的常态。在线使原本的线下公民变为在线的网民，个人、企业和政府均可以通过互联网更迅捷地建立连接，实现信息和数据的传递。

根据数据资源网站 Statista 的调研，在过去几年里，人们用智能手机上网的时长大幅增长。截至 2021 年 6 月，我国网民的人均每周上网时长为 26.9 小时（见图 2-2）。这仅指的是使用智能手机上网的时间，如果将后台运行时间也包括在内，只要没有缺电、欠费和关机，就可以说在移动互联网时代，人们是时时在线的。伴随在线，越来越多的企业开始争夺网民的在线时长，“注意力经济”兴起，在知识爆炸的数字社会中，注意力资源已经成为十分稀缺的经济资源。

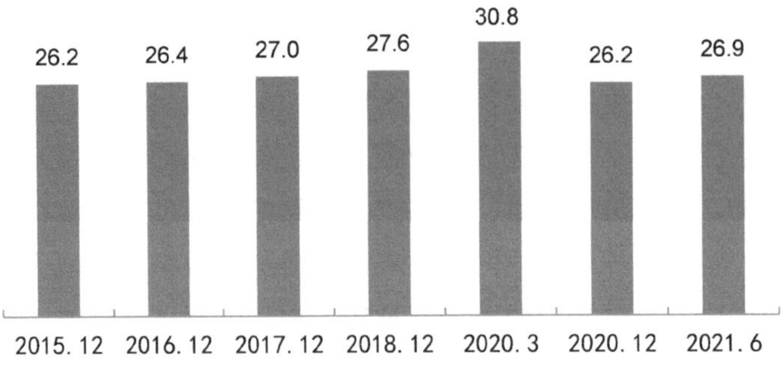

图 2-2　我国网民的人均每周上网时长（单位：小时）

资料来源：CNNIC

自20世纪90年代互联网商业化以来，企业就开始积极拥抱互联网，虽然2000年的互联网泡沫给互联网行业带来沉重的打击，但无论是互联网企业还是传统企业，其数字化、在线协同的步伐都从未停止，如今接入互联网成为企业经营的基本条件。以中国为例，截至目前，全国使用互联网办公的企业比例已接近100%。

不仅个人和企业广泛应用互联网，政府也是如此。政府运用数字和网络技术推动电子政务发展，推动政府网站信息公开和政务服务平台在线服务，政府运行方式、决策模式和治理模式发生重大变化，在线成为数字社会区别于传统社会的典型特征。

值得注意的是，伴随数字化转型的深入发展，个人、企业和政府部门至少要保持全方位、持续的在线过程。特别是对企业而言，面对数字化转型挑战，全量、全要素、全流程、实时在线已经成为大势所趋。

业务数据化

随着在线和信息技术的普及应用，一切应用的结果都体现为数据。未来几年，5G将会迅速渗透到生活的方方面面，5G网络的本质是无线连接，连接将产生高价值的海量关键数据，大数据将开启爆发式增长的“飞跃期”。世界经济论坛曾发布报告指出，如今的大数据潮，可以与19世纪旧金山的“淘金潮”和20世纪得克萨斯的“石油潮”相媲美，大数据将成为数字时代的新“石油”。

人类认识世界、改造世界就是数据生产、获取、洞悉、决策和执行的数据流过程。与传统资源不同的是，伴随人类的生产生活，数据源源不断，不会因为使用而失去价值，而是越关联使用越能发挥价值。数据优势成为核心竞争力和综合软实力，决定着国家在信息经济中的地位、命运和可持续发展能力。从互联网到移动互联网，再到万物互联，一切生产生活都将逐渐实现数据化。

由于在线压缩了时空，数据作为信息载体大大提高了社会整体的运行效率。信息借助各种类型的终端及无处不在的网络，能迅速抵达社会的“神经末梢”，距离不再是主要的问题，任务可以被迅速地下达，决策可以被迅速地做出。在农业和工业时代，政府颁布和实施一项政令，需要通过层层传达才能到达基层群众，此过程可能需要花费数月时间，尤其是在一些边远地区；而在数字时代，凡是网络覆盖的地方，政令几乎都可以瞬间抵达，边际成本几乎为零，社会运行效率得到很大提高。由于信息跨越层级的传递和实时抵达，基层的治理方式可能发生巨大变化，而传统层级政府也面临新的组织变革的挑战。

生产智能化

人工智能在经济社会的各个领域中都得到日益广泛的应用，成为数字社会技术和产业发展的重要方向。例如，搜索的革新。过去人们用文字进行搜索，现在可以用图像、语音进行搜索，当人们看到一株不认识的植物时，可以拍一张照片并上传进行搜索；当人们听到音乐时也可以使用类似的方式进行搜索。这是过去用文字进行搜索无法描述和说清楚的。不仅是搜索，很多在过去不可能的事情现在都因为智能技术的存在而变得可能。

智能化将改变生产生活场景，全面提升人们的数字生活体验。智能设备和机器人在生产、科学实验等极端天气和高危行业高危场景中被大量使用，人工智能也将给制造、物流、金融、交通、农业、营销、医疗、通信等领域带来深刻的变革。服务机器人将越来越多地替代人工应用于人类生活中，在儿童、老人、病人、残障人士的生活中扮演重要的看护、服务和陪伴角色。

军用机器人将广泛应用于军事和国防科学技术研究与生产，以辅助军人进行情报收集、协调作战、战争防御等。智能家居将改变家庭娱乐、教育、消费的方式，可穿戴设备的发展将推动虚拟世界与物理世界相互融合，全面提升人们娱乐的体验与感受。一言以蔽之，人工智能将无处不在，成为数字社会的重要发展特征。

第三节　数字化转型的结构调适

不同时代的劳动生产方式比较

关于社会发展阶段，西方学者尝试从生产技术的角度划分人类社会的历史阶段。美国学者丹尼尔·贝尔将人类社会划分为前工业社会、工业社会和后工业社会；美国未来学家阿尔文·托夫勒认为人类社会经历了3次文明浪潮，相应出现农业社会、工业社会、信息社会的更替发展；美国未来学家、社会预测学家约翰·奈斯比特根据社会信息化的程度，将人类社会划分为农业社会、工业社会、信息社会3个发展阶段。

约翰·奈斯比特认为，美国从1956年开始进入信息社会，因为这一年，在美国历史上，从事技术、管理和服务工作的白领工人人数第一次超过蓝领工人人数，这就意味着美国的大多数人已经从事信息生产活动，而不是物质生产活动。而进入信息社会的重要标志之一是从事信息生产活动的人数超过从事物质生产活动的人数，这也是信息社会区别于农业社会和工业社会的本质特征之一。当然，当前对于信息社会存在不同的判断标准，如一些国内学者提出我国当前已经进入信息社会的初级阶段。

生产过程是社会结构的核心。劳动生产方式的变化，带来社会分工和组织方式的变化，进而逐步形成不同的社会角色，不同的社会角色拥有不同的权力、地位、职责，并固化为制度。

传统的农业社会基于血缘、地缘关系，人们围绕自然村落而居，劳动也围绕大自然等物质资源。人类小范围生存导致数千年来持续存在着“十里不同音、百里不同俗”现象，交通、通信、经济等都较为落后，发展非常缓慢。在农业社会中，人类之间的家族关系较为稳固，交通、通信的延迟性导致难以形成信息的及时交流，商业也欠发达。固定的社会意识在千年内基本不变，形成自发的社会道德、公共意识等，人们的思想相对淳朴。农业社会形成极为鲜明的地域文化，如北方和南方、东部和西部，直到如今，这些地域造成的文化差异也还存在。

伴随工业化的进程，工厂出现了，许多农民离开农村进入工厂。罗纳德·英格尔哈特提出，到了工业社会，工厂的出现导致劳动分工加速出现，人们的社会地位往往是由其学历和职位决定的，知识变得重要，国民的普遍意识都是必须接受良好的教育，工厂文化和厂区家属之间的社交关系开始形成。农民进入工厂，围绕工厂集聚形成了生活的配套服务，进而出现了城市。工业时代使得地域分工极为鲜明，跨国企业也大量出现。

进入数字时代，智能手机的发明和移动互联网的兴起将人类的现实需求与网络行为高度耦合，构建了全面映射，人类社会首次出现了新的空间——网络空间，出现了大量虚拟场景和在线经济生活特征，这和农业社会、工业社会的物理空间和生产方式完全不同。在进入万物互联时代后，网络变得泛在、智能，成为奔向信息社会的基础设施，数字孪生已经走入城市发展与治理之列。

从生产方式看，云网端成为基础设施，数据成为生产资料，计算成为公共服务，在线计算驱动创新。由于互联网的发展带来连接，通过应用产生大量实时在线数据，相比于工业社会以物质和原材料作为生产资料，数据成为数字时代新的生产资料。云网端代替“铁公基”成为数字时代的基础设施，特别是“新基建”为大规模数字化转型提供了基础设施。“上云”成为企业的普遍行动。“上云”的本质是利用互联网，是在线的数据存储和计算。云计算和电力一样成为数字时代国家基础设施的一部分，计算结果以服务的方式通过互联网被提供给用户，计算成为在线的过程，“算力”成为数字生产力，数据通过云计算驱动创新和智能发展。工业经济和数字经济的区别如表2-2所示。

表 2-2　工业经济和数字经济的区别

区　别	工 业 经 济	数 字 经 济
基础设施	铁公基	云网端
生产工具	机械工具	智能工具
生产资料	物质和原材料	数据、数字化内容
分工方式	线性分工	平台/网络协作、在线聚合
生产方式	标准化、规模化	定制化（更大、更优、更低）
主要关注	生产	人
变化速度	渐进	跃迁

从生产的组织方式看，相比于过去工业经济时代的流水线的生产方式，数字时代的大规模跨地域网络化生产协同成为可能。如果说工业时代是批量生产，那么数字时代则围绕消费者的需求实现了批量化的个性化，定制成本越来越低，通过协同等手段实现了更大、更优、更低，即更大规模、更优品质和更低成本。

如果说工业经济更关注生产本身，那么数字经济则更多地关注人的需求。工业经济是一种“慢经济”，市场、技术、产业变化相对较慢；数字经济则是“快经济”，新技术、新模式、新业态快速涌现。

在工业时代，技术、市场、产业的发展相对稳定，是一种渐进式的发展，在全球范围内形成了以跨国企业为代表的世界500强企业。进入数字时代，网络化生产协同实际形成跨地域的资源整合，形成更大规模的生产能力，使得技术和市场出现跨地域的规模突变和跃迁成为可能。

从社会的就业结构看，在数字时代，人们习惯通过即时通信、社交网络等方式工作，如全球几十万人可以在云网端上在线协同，打造一个同步生产体系。从工作内容看，社会的就业结构也将发生很大变化，出现弹性就业、自主就业和拥有多种身份标签的“斜杠青年”（拥有多重职业和身份的多元生活的人群），如在新冠肺炎疫情期间，很多人已经习惯了在线办公。而未来人类的工作也将呈现两极化：一方面是从事知识和信息的生产活动的人数将大大增加；另一方面是从事劳动服务的人数也将增加，而很多实物生产场景已经由机器替代，由高度机械化和自动化的智能工具来完成。

从社会效率看，互联网的出现进一步提高了信息流、物流、资金流这三大生产基本连接工具的效率。而这三大生产基本连接工具每次的技术突破，都将产生革命性的社会影响，具有划时代的意义。例如，基于网络技术的现代物流、基于数字技术的移动支付及无处不在的数据流，成为人类生产生活的基本支撑。信息技术促进三大生产基本连接工具之间紧密联系，共同产生了时空压缩效应，它们的演进和升级不断扩大连接的广度、加深连接的深度，推动社会不断发展变化。

从社会交往看，诸如地域界线、国籍界限等众多的限制被打破，社会阶层可以实现快速转变。一些人群特别是年轻人，通过大胆创新、积极创造获得了成功，对人们的思想产生了巨大的冲击，也起到了一定的示范作用。人们的生产生活空间虽然在本地，但是不同地域的人们可以毫无差别地进行工作、生活和娱乐，围绕新的生产方式和共同的爱好形成新的圈层和社会关系，未来具有不同爱好的人群将越来越多地寄居网上，跨地域、跨文化的圈层会越来越多，新的网络交往方式将不断形成。

进入数字时代，信息在网络空间快速流动，生产生活的在线和协同引发了组织方式广泛而深刻的变化，产生了网络化的社会结构。这种变迁在某种意义上表现为数据的流动：围绕劳动生产，数据从点到线到面再到网，由此建立各个地区、行业、主体之间的数据流动，把割裂的主体相互连接起来，形成一个在线的巨型数据系统和运算体系；在数据流动驱动决策的同时，改变了社会结构，促进了社会分工和新的社会关系的形成，制度、法律、规则都将相应调整，并进一步促进生产力发展，推动人类社会向前发展。

需要说明的是，在不同情境下，术语的使用不同，我们需要予以区分。例如，信息社会是站在不同角度对后工业社会的理解。信息社会已经成为相对农业社会、工业社会的固定术语。本书提到的数字社会是从数字化角度出发，观察经济、社会、文化的全面转型的，当前我们所处的数字社会是信息社会的初级阶段。

此外，我们也有必要对数据和信息进行区分。数据和信息之间既密切联系，又有区别。数据是对客观事物属性的记录，是信息的具体表现形式。数据在经过加工处理之后，就成为信息；而信息需要经过数字化转变成数据，才能被存储和传输。数据是信息的表现形式和载体，可以是符号、文字、数字、语音、图像、视频等。信息是数据的内涵，信息加载于数据之上，对数据进行解释。

数字化转型“社会侧”的三大特征

结构扁平化

在进入数字社会后，大到一个国家，小到一个企业，均在向扁平化的方向发展。借助信息技术和网络技术，信息可以在组织的不同层级间传递和共享，而不必自上而下地层层下达或者自下而上地逐级报告，从而大大减少了组织结构的层级。

《世界是平的》一书描述了 21 世纪初期全球化的过程，并指出这种快速的改变是通过科技进步与社会协定的交合而产生的。通过人与人之间的结构博弈，互联网导致了社会的扁平化。

传统治理结构建立在科层制的基础上，信息传递效率慢；信息在庞大的层级传递过程中很容易失真和扭曲，不仅提高了治理和管理成本，还产生了失灵。数字社会的扁平化结构决定了国家和企业必须告别金字塔式的传统治理和管理模式，建立适合扁平化结构的新的治理模式。

复杂网络化

互联网采取的是去中心化的结构，由此产生的网络空间也因为互联网的这一特征而沿着去中心化的方向发展，权力被分散。在艾伯特·拉斯洛·巴拉巴西和邓肯·瓦茨及史蒂夫·斯托加茨分别发现了网络的无标度和小世界特征，并在世界著名的《科学》和《自然》杂志上发表了他们的发现之后，网络世界的复杂性就受到学界更加广泛的关注。

在连接与断层的共同作用下，数字社会成为一个动态演进的复杂网络系统，具有小世界等特征。人类社会演变经历了从简单扁平化、垂直化再到复杂扁平化的过程：首先是在点与点之间建立关系，如氏族部落；然后进化到线性关系，通过层层的科层体制建立关系，呈金字塔结构，如城邦和国家；最后是网状关系，网络丰富了社会关系建立的渠道，一些原本必要的节点可能被绕过，呈现小世界网络特征，即陌生人由彼此共同认识的人而连接。《大连接：社会网络是如何形成的以及对人类现实行为的影响》表达了“相距三度之内是强连接，强连接可以引发行为；相距超过三度是弱连接，弱连接只能传递信息”的规律。

此外，数字社会形成的社交网络遵循无标度等网络特征，表现为各个节点之间的连接状况具有严重的不均匀分布性，少数节点拥有极多的连接，而大多数节点只有少量的连接，如在电商、社交网络、在线搜索、在线视频、外卖等领域形成的事实垄断格局。类似地，复杂网络遵循幂函数分布特征，如网络“大 V”成为少数的重要节点。美国物理学家艾伯特-拉斯洛·巴拉巴西通过对网络结构的研究发现，人类网络结构非常特殊，20%左右是网络超级节点，这些超级节点接入社会 80%的资源。

社会微粒化

互联网已渗透到人们生活的方方面面，而变化和改变是渐进式的、碎片化的和微粒化的，单个物品或人的活动轨迹可以被记录、被追踪、被还原，整个社会进入以单个个体为粒度的“微观世界”。

在数字社会中，信息技术极大地促进了文化、知识、信息的传播，为人们充分表达意愿提供了技术条件，提高了民众的民主意识。我们可以从生活经验中观察到，煤炭被粉碎得越小，与空气的接触面积越大，氧化越充分，越有利于燃烧，释放出的能量也越大。数字社会趋于微粒化，每个个体的潜能可能在和互联网的活动中被放大，其复杂程度会呈现指数级增长，蝴蝶效应发生的可能性也在增大。在传统社会中，个体的影响力比较有限；但在进入数字社会之后，任何一个人受到不公，经过互联网的传播及舆情的发酵，都可能引发整个社会的"情绪风暴"。

网络空间的"情绪"与文化认同

价值认同必须以实现文化认同为基础。文化认同的核心是价值认同。也是因为技术的发展，伦理和道德成为更重要的判断，人工智能自不必说，科幻电影中的人和机器无法分清也许终有一日会成为现实。而价值和文化的作用远非如此，它们能在很大程度上决定数字化转型的成败。

从个体角度看，如前文提到的，数字社会在"社会侧"呈现出结构扁平化、复杂网络化和社会微粒化的特征，整个社会进入以单个个体为粒度的"微观世界"。通常，从个体角度看，网民犹如一盘散沙，散布在网络空间的各个角落，而在实际网络中，人们已经围绕爱好、同学、同乡、亲友、家长等共同特征形成了一个个群体，如微信群，这种在线社群已经成为在线社交的一个基本特征，成为人们联络聊天、分享心情、发表观点的重要平台。

从群体角度看，网民呈现出以下行为特征：一是具有共性纽带，表现为具有共同的兴趣，或持相近的观点，或有共同的目标，由此形成不同的文化圈层，将现实生活中可能并不认识或相关的人连在一起，通过社交网络进行交流；二是规模与成员具有不稳定性且难有硬约束，入群与退群是完全自由的、随意的，极少有约束，成员的归属感大多不强，因此流动性较大，受群的吸引力和活跃度的影响，群的规模可能急速扩大，也可能迅速缩小；三是通常存在意见领袖，意见领袖是群中保持较高活跃度的少数网民，他们具有一定的影响力，能够制造和引导话题，在群体震荡中发挥凝聚作用；四是网民群体延续了一般群体的特征，最典型的就是从众心理，即使有不同的意见，也不愿意和其他人保持不同，且很多时候容易受到其他网友意见的影响；五是许多线上的交流代替了线下的真实接触与互动。社交网络一方面扩大了我们的交友范围，可以让我们和陌生人迅速建立联系、即时通信，另一方面也让个体显得更孤独，线下社会显得更为人情淡漠，毕竟人们没有那么多时间和精力去线下进行面对面的深度交流。

社会群体是构成社会的基本单位之一，对社会群体的心理和行为进行研究，对分析群体事件有重要意义，尤其在当今中国社会正在经历巨大的转型发展阶段的背景下。

一方面，借助互联网这个新工具，由于虚拟空间的隐匿性，群体情绪可能被操控和放大。古斯塔夫·勒庞认为，一旦群体形成，其成员个性便消失，取而代之的是“受群体精神统一律的支配”，可能出现盲目的跟风、偏执的狂热、无责任感的冲动，即群体极化现象。

另一方面，网络空间的“情绪”尤其值得关注。在网络空间中，网友通过评论、点赞等方式，使其情绪得到一定的释放，相比于工业时代的厂房等实体场所，网络空间显得更加感性和生动，有着民意的回应和“情绪”的变化。网络空间绝不是一个仅由技术规则构建和制约的空间，其中充满了人文色彩和价值的追寻，因此对于网络空间的治理绝对不能仅从代码、软件等技术角度进行，人文关怀与情感关注也尤为重要。

群体的文化认同和圈层之间的互动成为网络空间的社交主流。于个体而言，伴随线下交流减少，网民作为“孤独”的个体逐渐形成了线上的“文化圈层”：既能够满足其倾诉和表达自我的需要，能够一吐为快，又可以寻求更多认同，以及对于某些事物的共识和共鸣。由于人具有同理心，网民在网络空间中进行互动（如评价和发表观点）时，经常会在无意间推己及人，网民的情绪可以相互传染。

当人们的生活水平提升、生产效率提升、知识的产出量大大提升时，人类的精神诉求会更加强烈，圈层如同组织内的一个非正式组织，其作用越来越重要，而基于文化和价值认同更能形成网络空间整体的凝聚力。以认同为核心，能够维持群体团结的共有观念，这对于一个群体尤为重要。

整个社会有强烈的互动交往和信任诉求可以推动一个更具有价值凝聚力、更具有信任和秩序的社会的形成。技术固然很重要，但无形的文化和价值是引领人们内心的灯塔。越是碎片化的社会，越需要价值凝聚。相比于工业时代的社会，数字社会不仅更弹性、更智慧、更个性化，还更温暖、更感性、更有同理心和凝聚力。

第四节　数字化转型的制度演进

科学技术的生产力决定了网络与之相适应的制度、规则和文化。网络通过制度创新，反作用于社会结构和技术应用，从而推动技术进一步革新和发展。在此背景下，已有的传统公共管理背景下的制度规则和文化价值均遭受了不同程度的挑战，主要原因如下。

数字化转型的新空间与新权力

信息技术对社会的改变，除了围绕劳动生产的生产关系重构，还有网络空间新权力的形成，以及权力的流动和主体力量的变化。

交往是社会的展开形式，权力是社会的支配力量，当超越地理区隔的网民通过网络进行连接，并建立起新的认同感时，就产生了新的权力结构。“权力一直以来都落在国王军属和统治精英的手中，人们把它定义为将一个人的意志强加给其他人，并改变其行为的能力，如今这种权力再也不适合我们的现实了，权力无处不在。”权力变化的背后是对网络和数据等关键资源的掌控能力发生了变化。

网络空间新权力的形成

曼纽尔·卡斯特在《网络社会的崛起》中提道：“流动的权力优先于权力的流动。”在网络空间中，权力并不是凭空产生的，其来源也不唯一。权力的背后是对网络空间中的信息、关键资源、核心技术、主要群体和重要规则等的掌控能力，反映的是权力主体的实力或影响力。尽管网络空间看似是“虚拟的”“抽象的”，但其中的权力不是虚无缥缈的，而是“实在的”“具体的”。

资源赋权

网络空间不是纯粹的虚拟空间，它架构在网络基础设施之上，是虚拟空间与现实空间的结合体，即虚拟-现实空间。网络基础设施具有确定的地理分布，可能分属于不同的国家和地区，如根域名服务器、海底电缆、骨干架构、互联网交换节点、数据中心等遍布全球，由不同主体所有或控制。从这个角度看，网络空间显然并非无国家属性，而具有地缘政治意义。由于资源分布不均衡，不同主体拥有的权力大小也不相同。

例如，在互联网发展之初，大量技术标准掌握在科学界、民间技术社群中，而这些代码规则实际影响互联网的底层逻辑和发展。由于定义了互联网的基本协议，民间技术社群是在互联网发展之初最具有话语权的力量：通过代码拥有规制互联网的权力。

除网络基础设施本身外，其上承载或沉淀的数据也具有强大的赋权能力。在大数据时代，在线数据也是关键资源，谁掌握更多、更优质的在线数据，在计算能力和算法的支持下，谁就有可能更准确地认识世界、洞察未来，从而做出更有效的决策。对个体和企业而言如此，对国家而言更是如此。在线数据同样依托网络基础设施，由于后者本身分布不均衡，而且在线数据也并非对等地双向流动，不同主体掌握的数据资源不均衡，在线数据对其赋权的能力也有大有小。

技术赋权

谁掌握核心技术，谁就能够在网络空间中占据制高点。例如，技术高超的黑客有能力在网络空间中畅通无阻，“自由”进出机密系统；技术领先的企业可以主导行业规则，制造各种技术壁垒和市场垄断的机会；技术先进的国家可以凭借技术势差，进行威慑甚至网络打击。在条件具备的情况下，互联网的发展能够在国家和社会之间相互进行赋权和改造。

由于起步时间不同、发展水平各异，不同国家和地区之间可能存在代际的技术差距，无法在短时间内跨越。习近平总书记指出，“互联网核心技术是我们最大的‘命门’，核心技术受制于人是我们最大的隐患”，足以说明技术赋权对于技术后进国家的重要性。网络空间资源具有禀赋性，在一定程度上受制于地缘，相对来说是“静态”的；相较之下，技术在网络空间中是通行的，可以说是“动态”的。理论上技术可能被任何主体掌握，技术赋予的权力也存在一定变数，尤其在关键技术出现重大变革之时，“弯道超车”不失为后进国家获取网络空间权力的一个重要途径，成为企业、国家的竞争焦点。

网络赋权

对网络空间而言，网民及联网设备的数量也能够反映权力主体的分量。在网络空间中，中国同样具有明显的人口规模优势。网民多，在线数据就多，就可以为大数据、人工智能等的发展提供丰富的“养料”。正是基于庞大的网民群体，中国互联网企业在全球强势崛起，中国成为当前能与美国相媲美和抗衡的数字经济大国。

网络更加扁平化、去中心化的特征，给了人们一种信息权，人们借助社交媒体等网络平台，通过一个个生动的表情符号，可以迅速得到不同群体的认同。信息通过网络空间流动，跨越了传统社会结构中的屏障，形成一种新的连接。信息权使得原先并不具备权威属性的群体，借助信息的流动获得了一种新的权力。

“得民心者得天下。”社会的力量是在网络交流中汇聚起来的，当现实生活中有重大事件发生时，网民的声音成为左右舆论的重要力量。不少国家都在推行网络问政，如中国政府网通过“我向总理说句话”渠道来倾听网民的声音。作为群体的网民，因为网络赋权，成为网络空间一股不容忽视的强大力量。

制度赋权

物理空间已形成了较为成熟的治理体系，按照国内和国际通行的惯例及相关法律规范，为各主体赋权。要建立秩序、统一的网络空间，同样要形成相应的制度体系，对各权力主体进行授权和约束。

制度的形成是后天的，受资源、技术和网络及其他权力来源的影响；但它一旦形成，就会反过来对这些权力来源进行强化。谁掌握了国内或国际公认的网络空间规则，占有主动权，谁就掌握了其中的权力。例如，围绕现行法律在网络空间中的适用性，各国分歧较大。有的国家通常认为现行规则适用于网络空间，不需要制定新的规则，且希望进一步明确武装冲突法适用于网络空间。有的国家则认为有必要针对网络空间的特征制定新规则，且不赞同明确武装冲突法适用于网络空间，认为如此则会加速网络空间军事化。中国、俄罗斯等国家希望通过联合国平台，更加民主、透明地制定网络空间国际规则。因此，制度成为网络空间中权力争夺的重点。

网络空间权力的流动

“权力从未确定位置，它从不在某些人手中，从不像财产或财富那样被据为己有。权力运转着。”总体而言，网络空间中权力的流动有多种可能性，这里仅列出部分，不排除因为网络空间不确定性带来的特殊事件的影响。

一是技术革新。网络空间不是一潭死水，而具有时空加速的特征，信息技术始终是最具活力的发展动力。技术创新、产业发展都有可能引起网络空间中权力的洗牌和快速流动，任何既定优势都难以永远保持下去。从互联网到移动互联网再到万物互联，从个人计算机到智能手机，从 2G、3G、4G 到 5G，从 IPv4 到 IPv6，从网站、浏览器到各类应用，从键盘的文字输入到麦克风的语音输入等，我们可以发现，在数字时代，科学技术的更迭速度很快。企业如果在技术升级换代时没有实现成功转型，就会逐渐失去原本拥有的影响力，权力就会转移到新兴业态。

例如，区块链技术具有去中心化的特征，或将对未来网络空间中的权力流动起到革命性的影响。去中心化的导向是分权自治，通过构建共识机制和防伪机制等，在安全得到保障的情况下，能更好地提高效率和实现公平。区块链技术与“互联网+”一样，可以广泛应用于金融、证券、审计、医疗、公证、版权、社交等众多领域，对经济社会产生多方面的影响，也将打破网络空间中原有的权力格局。

二是利益驱动。在网络空间中，未知远远大于已知，对利益的追逐会驱动网络空间中权力的争夺一直持续下去。权力和利益是一对孪生体，对于利益的追求驱使网络空间中权力的流动。进入数字时代，财富开始向网络空间集中和转移，权力流动也与之相伴。作为一种新的经济形态，数字经济创造的财富将远远超过农业经济及工业经济的总和。在利益尤其是经济利益的驱动下，企业在网络空间中展开了激烈的权力争夺战，试图拥有更多的用户，抢占更大的发展空间。

近年来，大量互联网跨国企业、独角兽企业迅速成长并拓展市场，成为行业巨头，引领行业发展。例如，美国的亚马逊、Facebook、谷歌，以及中国的阿里巴巴、腾讯、百度等互联网企业，在残酷的竞争中胜出后，分别掌握了网购、社交和搜索三大平台入口，拥有了强大的权力，同时通过持续的创新衍生出有利于自身发展的商业模式，带来了源源不断的财富。

三是安全驱动、偶然事件等。安全是一国之底线，国家的主权受到侵犯，必然会带来权力的流动和利益格局的重塑。伴随网络空间中违法犯罪行为的增多，有的黑客实施破坏性攻击，如“勒索病毒”造成严重了破坏；有的国家或企业借助强大的技术能力在设备、软件中安装“后门”窃取情报，如“棱镜门”事件，局部的权力也会因此而改变。

例如，美国政府和企业凭借强大的信息资源和技术实力，相当于拥有最强大的“权力”。例如，在“斯诺登”事件被爆料以后，美国又被爆出“棱镜门”事件。美国在全球大范围内进行网络监听，侵犯了用户隐私，对欧盟领导人的监听，使得欧美之间原先对于数据自由流动的趋同立场分道扬镳，欧盟由此在2015年废止了双方关于跨境数据自由流动互认的《欧美隐私盾》协议，并在之后通过《通用数据保护条例》（GDPR）等一系列条例重申数字主权。

此外，包括中国、俄罗斯、巴西及联合国在内的国家和国际组织，共同反对美国的一些网络霸权做法，联合打击黑客的网络犯罪行为，保障各个国家的主权和人民的权利，这也必然影响网络空间中权力的流动。

数字化转型的主体力量之竞合

网络空间是一个流动空间，政府、企业、社会均为重要参与者，它们在互动与博弈中引发了社会结构和相互力量的复杂变化。

伴随网络空间新权力的形成和权力的流动，网络通过赋权社会，使得传统社会的科层制、中心化的组织方式逐步呈现去中心化等特征。在这一演进过程中，互联网技术以开放式架构为基础，使得每个在线的网民、组织都成为一个平等、开放的节点，通过各种网络传播平台、各种信息符号进行连接，形成新的权力结构和社会阶层。

权力不对等的改变

进入数字社会，权力的流动带来主体之间力量的对比变化。

政府：管理更加透明并接受全方位社会舆论监督，简政放权的步伐大大加快，从传统管理向现代治理转变的步伐加快，权力相对有所削弱。

企业：特别是平台企业，已经开始扮演公共承运人的角色，承担提供与人们生活密切相关的公共或准公共产品和服务的责任，其权力由此得到了提升，社会的声音也被放大。

社会：网民作为一个群体，其声音通过网络赋权被扩大了，在网络舆论场中形成一股强大的力量，其作为权力主体的力量也在不断增强。除了网民，社会力量还包括各种第三方力量，如媒体、技术社群等。

尽管如此，政府仍是国家和数字社会中最主要的权力主体。总体而言，国家承担最重要的治理责任，对外参与国际竞争和国家安全保障，对内保护公民的合法权益，加强行业监管，缩小数字鸿沟，维护公平。平台企业凭借技术和资源，在数字社会中的权力得到提升，但也意味着需要承担更大的责任，特别是需要扮演公共承运人的角色，应与政府共同参与对数字社会问题的治理，让权力得到合理的发挥。网民同样要合理利用权力，做负责任的个体，不能滥用个体权力。

信息不对称的弱化

在数字社会中，信息即权力的特征尤为明显。由于互联网具有开放性的特征，知识分享盛行，网络搜索为弱化信息不对称提供了重要的工具，人们可以很方便地在网络上查询各种信息资源，网络覆盖了学习、生活和工作的方方面面。企业的经营及产品信息也在企业网站及相关渠道上传播，总体上趋于更加透明。以前如果一个人刻意隐瞒，那么我们很难了解其个人信息。但在数字时代，我们通过大数据分析就可以实现精准的人物画像，因为个体在互联网上的行迹可以被追溯、被还原。

由于信息不对称的弱化，个体的权力和社会的声音得以放大。公众已经越来越习惯于通过互联网“围观”和得到答案。特别是围绕权力的运行，舆论的呼声对于政府工作的透明度、公正性、效率都提出极高的要求，当面对一些热点事件时，如果政府不主动发声，就会有来自各种渠道的声音和猜测，真相可能被掩埋，部分网民情绪失控可能带来难以想象的后果。伴随社会监督力量的明显增强，政府应创新治理方式，加大信息公开力度，使权力运行更加透明。

需要注意的是，尽管信息不对称在数字时代有所弱化，社会的声音放大，但信息失真的可能性也变大了，可能我们看到的只是别人“希望我们看到的”，“信息茧房”加固了我们根深蒂固的想法，或者真相可能被湮没在众声喧哗中；或者有一天我们会怀疑自己看到的不过是一部部“黑客帝国”系列的电影；或者“看似正常的现实世界实际上似乎被某种力量控制着”，我们所看到和感受到的不过是一种“数字幻象”，虚拟与现实已无法分清。

未来，数字孪生的世界是否会再映射和影响现实社会？谁又能说完全没有可能呢。信息越来越多，我们有时却因为过多的碎片化信息而难以做出选择和判断。

利益不一致的协调

政府、企业和社会作为不同的主体，具有一些共同的目标，如共同促进社会稳定、经济繁荣、生态友好等。但其利益也存在不一致性，各有侧重。在政府层面，首要目标是维护政权的安全和稳定，保障经济社会的良好运行，为人民谋幸福。这一目标的实现离不开企业和社会的支持。在企业层面，重要目标是求发展，在激烈竞争中生存下来，创造和积累财富。这一目标的实现离不开政府的支持和社会的认可。在社会层面，重要目标是使个体的合法权益不受到侵犯，使个体过上幸福的生活，并努力实现人的全面自由发展，这需要政府和企业共同提供保障。

这 3 个主体利益不一致的协调在数据治理导向方面表现得尤为明显，三方权益必须统筹协调。

政府对于数据安全具有底线思维的要求，安全和稳定于一国而言是第一位的。

企业具有发展诉求，更多地希望将数据看作资产，通过数据流通，盘活并利用资产，但数据流通有可能带来安全问题。

社会中的个体有保护隐私的诉求，既需要保护个人隐私，又希望得到企业提供的便利服务（享受便利服务通常需要让渡一部分隐私，如位置信息）。同时，个体有理由要求其数据在被第三方使用之前经过脱敏处理，而且能从中有所收益。

当然，所有的关系并不是绝对的和非此即彼的，往往你中有我、我中有你，实际情况可能相当复杂。然而，其中涉及的数据治理必须明确权属关系，3 个主体必须加强统筹协调。

数字化转型的制度创新与变革

《制度变迁的理论》一书认为，制度创新的过程是制度失衡与制度均衡的交替变化过程，即制度的动态变化与发展过程。在制度均衡状态下，对现存制度的改革，不会给改革者带来更大的利益，因此这时不会出现制度创新的动机和力量。但如果因外界条件发生变化，或市场规模扩大，或生产技术发展，或一定利益集团对自己的收入预期发生改变等，而出现了获取新的潜在利益的机会，就可能再次出现新的制度创新，之后又达到制度均衡状态。在制度学派经济学家看来，制度不断完善的过程，就是这样一种周而复始的、从制度失衡到制度均衡的动态变化与发展过程。

伴随数字社会的到来，一方面，信息技术的广泛应用提高了生产效率，信息技术会得到进一步的推广；另一方面，由于具有创造性的崭新的信息技术的出现，生产关系、连接结构、权力结构等必然受到前所未有的挑战，新的空间出现。在人类几千年的发展中，都未曾出现这样一个真实互动的虚拟空间，不仅和现实世界相互映射，还在不断影响现实世界。虽然各方做了大量探索，但在互联网出现的短短的几十年中，我们唯一能确定的是它的革命性和不确定性。

制度创新的核心内容是社会政治、经济和管理等制度的革新，是支配人们行为和相互关系的规则的变更，是组织与其外部环境相互关系的变更，其直接结果是激发人们的创造性和积极性，促使人们不断创造新的知识、合理配置社会资源，使社会财富源源不断地涌现，最终推动社会进步。

良好的制度环境本身也是创新的产物，其中很重要的就是创新型政府。只有有了创新型政府，才会形成创新型制度、创新型文化。卡斯特认为，国家在技术与社会的互动中扮演着关键性角色，国家与社会的关系决定了技术的发展，国家的干预、指导及所形成的政策和制度是技术创新的土壤，决定技术的发展方向。

作为数字时代的制度创新，最为典型且可见的是关于数据治理的相关制度：数据是数字化转型这个躯体的血液，其基础性作用不言而喻，而完善、先进的治理规则和制度不仅是进一步释放数据潜能的重要推动力，还是驱动创新发展的突破口。

然而，当前一个突出的矛盾是数据流动跨越了建立在行政区划边界基础上的传统治理体制机制，而现有治理机构条块分割的监管方式无法满足数据的跨边界有序流动要求。这一基本问题的解决不仅有赖于数据权属问题的解决，还有赖于组织变革与制度创新。只有基本的组织协同和整体合力问题得到解决，才能保障数据的有序流动，使得管理有依据、流通有规则、发展有保障。毫无疑问，制度创新才是解决之道。

总体而言，数字社会仍处于初期阶段，人们对其治理的规律认知还不够，也许暂时还只能十分生硬地套用工业社会的治理方法去治理数字社会。鉴于网络空间的不确定性与动态变化，对于新技术、新规则、新资源的治理不能一蹴而就，与之相适应的法律、制度、文化等规范也需要不断探索、不断迭代和得到反馈，以确保治理沿着正确的方向进行。这个正确的方向就是真正解决了制度的瓶颈问题，释放了生产力，促进了数字化转型的健康、有序、可持续发展。毕竟，发展才是硬道理。

在一个技术大变革的时代，也许伟大的创新起初看起来只是不值一提的微小的举动。但毫无疑问的是，创新前行势在必行。

至此，由于连接结构变化、社会主体的权力调适和制度创新，数字化转型进一步反作用于信息技术，释放信息技术的创新驱动力，形成“技术-社会”互构的闭环。“技术-社会”互构视角下数字化转型的演进机制如图 2-3 所示。

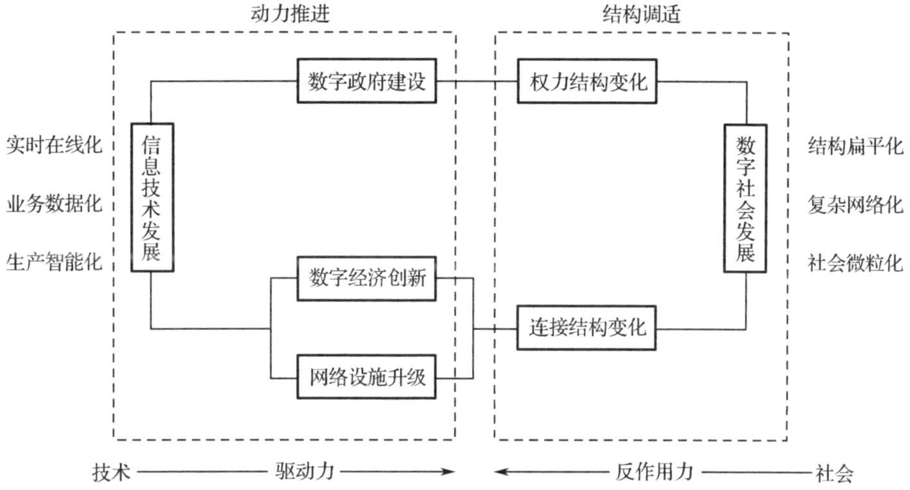

图 2-3 “技术-社会”互构视角下数字化转型的演进机制

第五节　数字化转型的演进机制

信息技术既是推动信息革命的根本动力，又是推动经济社会数字化转型的根本动力。信息技术带来连接和在线，带来网络空间的不确定性。数字社会呈现出实时在线化、业务数据化、生产智能化，以及结构扁平化、复杂网络化、社会微粒化的特征，它们分属于“技术侧”和“社会侧”，也就意味着数字化转型必然受到技术和社会两股力量的影响。数字化转型主要是在以信息技术发展为主的驱动力，以及社会结构调适的反作用力的共同作用下发展演进的，如图 2-4 所示。

从“技术-社会”互构视角出发，数字化转型演进是从“技术—结构—制度”的自下而上的作用过程；制度创新需要通过数字治理等一系列创新来完成，进而反作用于信息技术，释放生产力，推动数字化转型向前发展。

在技术层面，如本章提到数字社会的双侧特点，在“技术侧”，数字化转型打造“智能世界”。在互联网及相关技术从最初的窄带发展到宽带的普及，再到移动互联网、大数据、云计算等技术的发展过程中，根本是信息基础设施的建设带来了连接和在线，这一切的改变，最重要的过程和结果均是数据的生成和流动。在线让各种场景的生产生活沉淀下来海量数据，数据是数字经济的血液，其核心功能在于驱动经济社会创新。由于信息技术对信息流、物流、资金流的极大改善，时空犹如被压缩，距离不再是问题，任务可以被迅速地下达，决策可以被迅速地做出，信息能瞬间抵达全社会的“神经末梢”，整个社会的确如小小的村落一样，运转大大加速。与此同时，伴随数据的爆发，一切产品都将向智能化迈进，信息技术从信息基础设施到数字经济发展，再到社会逐层渗透的脉络，构成了数字化转型的动力机制。

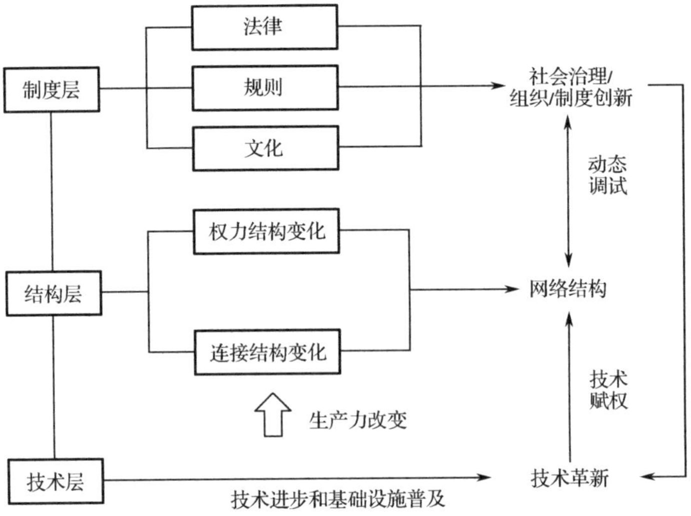

图 2-4　数字化转型的演进机制

在结构层面，由于技术的渗透和设备的普及，在社会群体中产生了连接和断层的双面效应，产生了流动的权力和权力的流动，通过新资源和新赋权，形成新的权力结构和社会阶层。数字世界是一个复杂的网络，具有小世界和无标度的特征，陌生人由彼此共同认识的人而连接，呈现明显的异质性。网络给社会带来的变化和改变是生产组织方式和生活方式的变化，是社交网络的兴起，以及单个物品或人的活动轨迹可以被记录、被追踪、被还原，整个社会进入以单个个体为粒度的“微观世界”。网络通过赋权社会，使得传统社会的科层制、中心化的组织方式逐步呈现扁平化、网络化的社会结构。传统社会下社会治理过程中政府包揽一切的状况在改变，企业和网民的力量在上升，特别是个体可能抓住新的发展机遇迅速发展，新的权力结构使得政府、企业、社会均成为数字治理的重要主体参与者。在“社会侧”，数字化转型放大“微观世界”。

在制度层面，科学技术的生产力决定了网络与之相适应的制度、规则和文化。网络通过制度创新，反作用于社会结构和技术应用，从而推动技术进一步革新和发展。数字化转型的发展规律和动力机制，需要与之相适应的上层建筑和治理体系。由于信息技术还在不断发展而且变化很快，多元化治理主体之间的关系、规则、资源、认知会一直处于变动中，具有相当大的不确定性和多种治理模式建构的可能性。而网络化的社会结构对传统的治理体系、架构和制度规则安排都提出新的要求，制度层需要根据数字化转型演进的结构变化进行逻辑调整和重构，从而形成一个动态调适的生态治理体系，实现技术、结构和制度层面的融合协调发展。

由此，数字化转型形成“动力机制—结构调适—制度创新”的闭环，其过程也表现为一种数据的生成、流动和驱动创新的过程。在此期间，权力的流动改变了不同场景、不同主体、不同层级之间的连接，重要的过程和结果均是数据的生成和流动。

本章小结

本章围绕“数字化转型的内生演进机制”这一主题展开。

关键词：格物致知。

本章从“技术-社会”互构视角对数字化转型进程进行观察。

从“技术侧”看，伴随信息技术的大量发展和应用，以及互联网、物联网等的广域覆盖，整个社会的实时在线化、业务数据化、生产智能化的程度不断加深，表现为源源不断的数据驱动创新，从而打造“智能世界”。从“社会侧”看，数字社会呈现出结构扁平化、复杂网络化、社会微粒化的特征，整个社会进入以单个个体为粒度的“微观世界”。

基于以上视角，本章从结构调适和演进框架出发，挖掘数字化转型的内生演进机制。总体来看，数字化转型的演进主线是“技术—结构—制度”（过程一）自下而上的推动作用，具体而言，信息技术是数字时代创新发展的根本动力，围绕信息技术的发展发生了新的劳动分工、社会结构等方方面面的变化。通过连接和在线，网络本身复杂、多层次而快速发展演进的灵活性被激发，网络空间形成新的权力和权力的流动，不同主体之间的关系被重塑，相关制度体系也面临变革和优化。在制度层逐步形成与信息技术的发展和社会结构相适应的制度、规则和文化，并通过反馈不断调整、固化，达到均衡。

通过数字治理，形成数字化反馈机制，表现为制度创新和反作用于生产力，从而形成“技术-社会”互动的闭环。而这一机制也是数字化转型的内生演进机制，是伴随数字化转型自然形成和演进的规律。

本书后续将进一步讨论由于与新技术革新相适应的软性制度滞后于技术应用和生产变化，出现技术应用、社会结构变迁和制度文化之间的断裂，由此反映在社会“发展—冲突—治理”（过程二）的不断迭代过程中，这些过程也表现为一种数据生成、流动和驱动创新的过程（过程三），从失衡到均衡的过程。而这几个过程的统一，就是从“技术-社会”的互构视角出发，数字化转型与数字治理的互动过程。

第三章

兼容并济——数字化转型进程切面观察

人类发展史就是劳动者发挥聪明才智，不断制造新的劳动工具，去认识自然、适应自然和改造自然的过程。人类数字化的发展转型也遵循这样的过程：从信息技术出现到信息基础设施的建设，进而渗透到经济领域、社会领域等。随着信息技术的发展，生产力的跃迁成为社会形态演进的根本动力，整个社会的组织形态和治理方式都将产生质的变化。

当然，这一进程并非完全线性发展，也不是割裂过程。数字基础、数字经济、数字政府、网络文化及生态治理，这五个维度共同构成数字化转型的重要方面，它们彼此渗透、相互交融，勾勒出一幅充满生机的数字化转型图景，也构成数字化生存中的不同生态。这些图景像一幅画卷，在我们面前徐徐展开，而不同生态更是相互交融，形成了一幅和谐均衡的数字图景。

第一节　数字基础：数字化转型的支撑力

信息基础设施是数字化转型的先决条件

网络服务的普及是数字化转型的基础，而底层网络和应用端设备的普及为信息技术大范围应用创造了条件。在数字化发展初期，网络设备成本较高，由于连接设备和服务能力有限，无法通过信息资源的集成带来社会交往、服务模式、产业格局的改变。随着信息技术的革新、网络设备成本的降低和设备便利性的提升，一方面网络设施服务形成了网络化，通过连点成线、连线成网形成了资源的规模效应；另一方面有更多主体接入网络，从而构建起数字化转型的信息基础设施架构。

为促进产业发展，基础设施建设需要先行。保罗·罗森斯坦·罗丹最早提出基础设施这一概念，并将基础设施界定为社会管理资本。社会管理资本包括电力、交通及通信在内的所有基础产业，可以为其他产业部门创造良好的投资环境，对工业化进程起着决定性的作用，是整个国民经济发展的先行资本。2009 年 2 月 17 日，美国总统奥巴马签发了《美国经济刺激计划》，其中就包括 72 亿美元的美国宽带建设资金，这笔宽带建设资金将用于宽带技术普及计划（BTOP）和宽带网扩建升级计划（BIP）。此后，各国政府都开始推动宽带建设，正是因为基础设施的建设，才使得数字社会的无障碍连接成为现实。从 2.5G 到 4G、5G，在各国政府的推动下，上网人数大幅度增加，互联网应用不断普及，互联网已经成为人类发展的重要基础。

我国在 2013 年印发《“宽带中国”战略及实施方案》，宽带网络是新时期我国经济社会发展的战略性公共基础设施，宽带网络的发展对拉动有效投资、促进信息消费、推进发展方式转变和小康社会建设具有重要支撑作用。同时，为了促进互联网的发展和普及，政府推动降费，鼓励电信企业降低资费水平，推出流量不清零、流量转赠等服务。政府通过加快高速宽带网络建设，促进提速降费，既能改善人们生活，又能降低创业创新成本，为“互联网+”行动提供有力支撑，拉动有效投资、培育发展新动能。

截至 2020 年年底，我国已经建成全球规模最大的光纤网络和 4G 网络，固定宽带家庭普及率 96%，移动宽带用户普及率达 108%，全国行政村、贫困村通光纤和 4G 比例均超过 98%。5G 网络速度和规模居全球第一，建成 5G 基站 71.8 万个，5G 终端连接超过 2 亿部。“十三五”期间，网络提速降费力度不断扩大，固定宽带和手机流量平均资费水平相比 2015 年下降幅度超过 95%，平均网络速度提升 7 倍以上，信息基础设施建设加速推进，夯实数字化发展转型基础。

互联网普及率提高与全球网民快速增长

自 20 世纪 90 年代互联网走向商业化之后，全球网民数量开始快速增长，互联网普及率不断提高。

据国际电信联盟发布的相关报告，2010 年之后，移动互联网快速发展，加速向人类的生产生活全面渗透，并在 2012 年后进入中速增长期。从 3G、4G 到方兴未艾的 5G，智能手机和移动互联网的双重发展，对全球网民增长有着重要的推动作用。据互联网世界统计（IWS）发布的报告，到 2020 年第二季度末，全球互联网用户总数达到 48.3 亿个，约占全球总人口的 62.0%，即全球超过 6 成的人成为网民。全球各地区网民规模如图 3-1 所示。

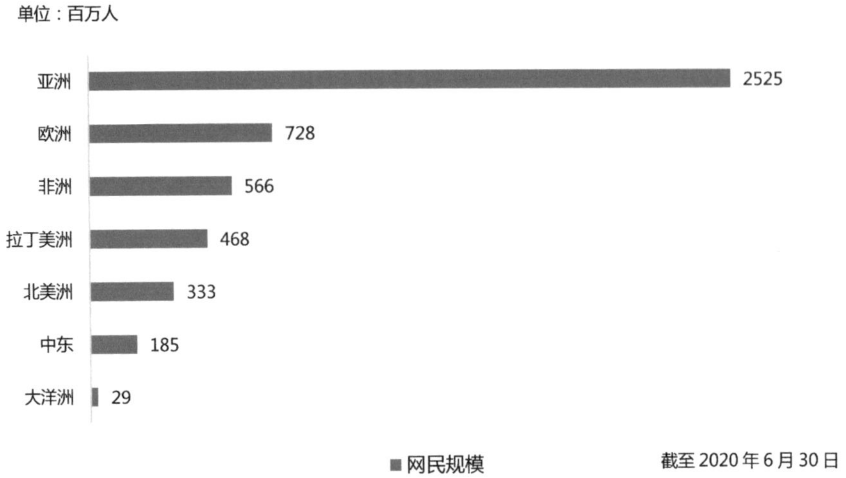

图 3-1　全球各地区网民规模（单位：百万个）

资料来源：互联网世界统计

国际电信联盟指出，网民数量的增长主要归因于互联网宽带基础设施的普及，其中移动宽带已经覆盖了全球 84%的国家和地区，信息通信技术的连通性和使用率不断提高，全球各地区互联网普及率如图 3-2 所示。智能手机价格的大幅度降低，也鼓励人们使用互联网，这意味着各类互联网服务能够吸纳更多的用户。对于发达国家来说，互联网已经成为社会日常运作的必备一环，人们不仅接入互联网，更重要的是与互联网实现高度“融合”。

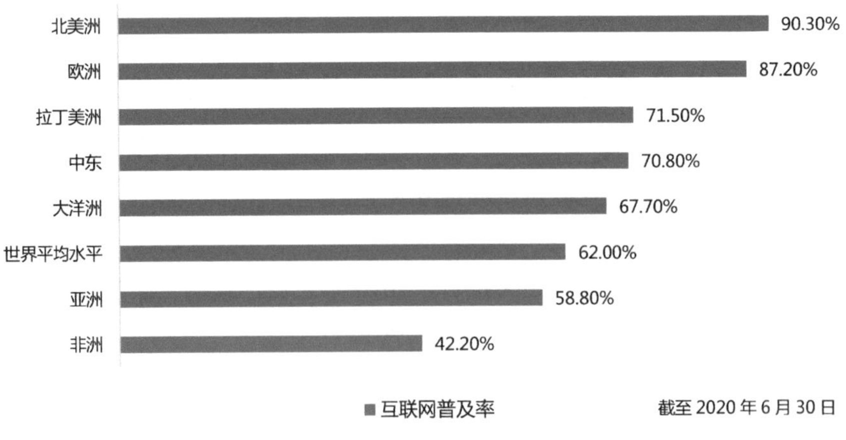

图 3-2　全球各地区互联网普及率

资料来源：互联网世界统计

移动互联网的普及加速了数字社会的发展演化进程。近年来，随着移动电话特别是移动宽带的发展，移动互联网普及率呈现爆发式增长。随着移动宽带 3G、4G 及 5G 网络的全面覆盖，新一代移动技术的引入加快了网民接入的速度，现在已经开始主导基础电信服务的提供，促使全球范围内更多的人进入数字社会。2013 年以来，移动宽带业务增长迅猛，全球移动宽带用户的比例已经超过 50%，发达国家的移动宽带普及率接近 100%，许多移动用户甚至已经开始使用 LTE 终端或者功能更加强大的通信终端，推动互联网和网络服务接入水平不断提高。随着移动网络速度的提高、网络使用成本的下降、网络技能教育的深入，年轻一代人自带互联网基因，并将互联网作为基础的生活工具。

截至 2021 年 6 月底，我国网民规模居全球第一，互联网普及率上升至 71.6%，近 10 亿个网民在线形成庞大的“数字社会”。信息技术的发展与网络基础设施的普及所带来的影响，将最终体现在经济和社会形态方面，后文将对此进一步阐述。

“新基建”开启全面数字化转型

2020 年 4 月，国家出台关于“新基建”相关政策，其范围被正式界定为信息基础设施、融合基础设施、创新基础设施三个方面，涵盖十五大行业板块，强调“上云用数赋智”。国家通过致力于打造充满科技和数字元素的新型基础设施，推动数字红利释放，开启全面数字化转型。

“新基建”的必要性

“新基建”的定位是数字时代的“信息高速公路”。工业经济时代，生产要素通过铁路、公路等物理道路流转，“铁公基”是基础设施的主要组成；数字经济时代，数据成为新的生产要素，计算成为新的生产力，“云网端”等新一代基础设施构建起生产要素流转的虚拟“高速路”。从生产关系的角度看，数字时代的基础设施带来强连接，导致组织分工方式发生变化，从而带动了互联网企业的崛起；从生产力的角度看，个性化、定制化、敏捷柔性生产更多体现出“以人为本”，推动规模经济转向范围经济。

“新基建”的核心是夯实“数字化”发展基础。“新基建”是从数字化出发，将基础设施建立在数字化、网络化、智能化的基础上，相对于传统基础设施建设，更具科技元素、数据元素和智能元素，是基于信任和安全的新一代基础设施建设。“新基建”的重点在于，数字经济发展和传统产业智能化转型升级同步和深度融合，这从根本上不同于分散、异步、低效的传统 IT 系统建设。

“新基建”的意义在于，揭开经济社会全面数字化转型的序幕。“新基建”为未来万物互联时代做准备，激活数字经济新动能，有力支撑现代化经济体系建设和经济高质量发展。同时，释放数字红利，加快各领域数字化转型和智能化发展。可以说，“新基建”是数字时代基础设施智能化转型升级的前提条件。

“新基建”的着力点

一是建立安全泛在的万物互联。5G 作为“新基建”的“领头雁”，不管是从承接未来的产业规模，还是从对新兴产业所起的技术作用来看，都是值得期待的。当今社会，移动互联的发展已经远远超过了人们的预期，将人和人、人和商品、人和服务等连接到一起。下一步，5G 技术将实现全方位、立体、高速和安全的连接，把移动互联升级到更具想象空间的万物互联。未来基于 5G 创新，以及 5G 和人工智能、大数据等技术的结合，将引发众多行业变革，为全球新一轮产业发展带来机遇。

二是推动全业务流程上云。区别于传统 IT 基础设施烟囱式的建设，“新基建”首先是要系统上云，完成规模化在线的第一步。随后，基于新型基础设施的在线化，核心业务甚至全流程的在线化也将成为现实。2020 年年初受到新冠肺炎疫情的影响，许多工作、生活、场景转移到了线上，在线应用已经得到蓬勃发展：约 8 成网民在购物，9.5 成的网民在看网络视频，一半的网民在接受在线教育，还有超过 3/4 的网民在使用在线政务服务。未来，除了网民，“新基建”将推动企业生产、社会公共服务等全流程上云。上云将成为“新基建”区别于传统基础设施建设的一个关键动作。

三是引导跨界发展，助力产业升级。“新基建”可以带动更广泛领域形成数字经济与传统经济跨界融合的新增长点。当前，欧美国家正在争夺高端制造业，低端制造业在向东南亚流出，我国在人口红利渐渐消失的情况下，更需要抓住“新基建”机遇，加快高端制造、生物医药、能源互联网等跨界融合式创新。“新基建”还可以推动产业界的跨界融合。在第四次工业革命中，人工智能、自动驾驶汽车和物联网等技术将逐步融入人类生活。在机器可能拥有智能的前提下，“数字世界、物理世界和生物世界之间的差距正在缩小，技术的变化比以往任何时候都要快”。

四是推动企业级服务快速增长。“新基建”不仅是一次基础设施的升级，更是一次产业革命的升级，是从消费互联网走向产业互联网的一个关键举措，将大范围推动企业级的应用落地，最终推动现代产业体系的建立。我国的数字经济已经有一定的基础，但主要集中在消费互联网领域，即面向终端消费者提供服务。新一轮的基础设施建设所支持的数字经济领域，在涵盖消费互联网的同时，也将包括生产环节，即面向产业互联网提供服务，从而促使企业级业务蓬勃发展。随着我国的消费升级和工业改造，新零售、大交通、大文化、大健康等领域都呈现蓬勃发展的势头，不断推动产业互联网的发展，为企业级数字化转型注入强劲动力。企业级数字化、智能化转型可以提升我国整体产业的实力，打造现代产业体系。

“新基建”所需的软环境

一是要素环境：释放数据新要素动能。数据作为当前最活跃的要素，是推动“新基建”激发更大社会经济效益的“活水”。数据是整个经济流动的血液，驱动智能和创新，支撑并带动“新基建”所承载的产业升级。当前，数据要素市场化配置尚处于起步阶段，在数据确权、开放、流通、交易等方面仍存在诸多瓶颈和制约，数据资源全要素流通还不够通畅。国家要通过技术和制度双重发力，寻找数据自由流动、开发利用与数据安全保护之间的动态平衡点，激活公共数据价值，创新数据要素治理模式，进一步激发数据在拉动我国经济社会高质量发展中的乘数效应。

二是产业环境：搭建创新合作平台。“新基建”将推动更多传统产业的数字化转型，这一进程需要跨界合作，需要更加开放融合的产业生态。平台以极低的成本将碎片化的能力和资源整合起来，推动生态协作和共享发展，如阿里巴巴、腾讯、百度各自建设生态体系，加强内部协作，并激活微经济。对于更大范围和公共层面的创新和研发而言，需要以国家之力来推动。通过建设全球创新网络，搭建面向未来新一代科研的基础设施，提升整体面向产业的公共研发能力，孵化产生更多的跨界融合应用，推动更多的传统产业乘上“新基建”所构筑的“高速赛道”，从而推动规模经济和范围经济的融合，加快新、旧发展动能转换。

三是需求环境：拓展应用场景和需求。“新基建”需要新的需求场景来落地。5G、“云网端”将加速各行各业数字化转型进程，需要更多的新应用场景、新建设模式和新商业模式来落地，从而推动产业进入正向循环。5G、工业互联网、区块链的应用场景的拓展，将推动“新基建”的落地。数字化转型是由技术牵引开启的，但最终取决于社会对数字化的就绪度。经过许多年的信息化发展，我国已有近 10 亿个网民，但依然有庞大的人口缺席数字社会。因此，我国需要提升社会数字化就绪度，积极创造应用场景和需求，推动更广泛的群体接触互联网、使用互联网，享受数字红利。

四是制度环境：梳理调整现有规则和政策。“新基建”推动了全面的数字化转型，带来更加扁平化的社会结构和更加松散灵活的新型组织结构。智能终端、智能设施、工业智能在开启全面智能化的同时，也带来新一轮安全风险，对传统的信用体系、治理模式等软环境提出了更高的要求。数字时代需要与之相对应的制度、规则和标准，需要开启新认知、凝聚新共识、构建新治理体系，通过进一步激发制度优势，完善政策环境，将“新基建”带来的技术红利与制度和政策红利相碰撞，推动建立有序、有活力的治理新秩序。

“新基建”的发展前景

一是提振经济，发挥数字化长效赋能作用。首先，“新基建”投资将直接拉动经济。数据显示，预计到 2025 年，5G 网络建设投资累计将达到 1.2 万亿元。此外，5G 网络建设还将带动产业链上下游及各行业应用投资，预计到 2025 年将累计带动超过 3.5 万亿元投资。其次，“新基建”将有效刺激消费。“新基建”需要靠消费落地。在新冠肺炎疫情背景下发展起来的新消费需求，如网购、云课堂、远程医疗及病情筛查、在线办公等，需要 5G 等高速、可靠的数字化基础设施的支撑，从而有望形成对投资-消费的双向促进，不断提升投资效益。最后，“新基建”将优化地方债务状况。相对传统基建而言，“新基建”的投资回报率普遍较高。数据表明，“新基建”年化回报率为12.5%～21.6%，大幅高于传统基建项目的3.3%～5.4%。此外，还可以借助一系列政策工具，通过5G使用、无人汽车等消费政策进一步拉动需求，不断提升投资回报，优化地方债务状况。

二是优化结构，优化资源配置。首先，数据要素助力形成范围经济效应。数据作为新型的生产要素，具有对其他要素效率倍增作用。数据要素的自由流动将提高技术流、资金流、人才流和物资流的效率，各类要素共同融入经济价值创造过程，通过发挥要素优势形成范围经济效应，并不断促进数字经济规模增长。其次，数字算力、算法优化资源配置。随着“新基建”投入的加速，数据中心将成为计算力的重要存在方式，同时云计算、边缘计算、泛在计算等底层基础支撑算力不断提升，为海量数据的实时处理提供保障；基于人工智能、数字孪生等基础技术的算法技术持续发展，化解复杂系统的不确定性，进而实现资源的优化配置。在数据互通、算力和算法不断成熟的基础上，对前台稳定通用模块进行“沉降”，对后台可变、可调取的要素进行“提取”，强化“中台”这一“中央厨房和处理工厂”，推动需求与资源的快速匹配迭代，以更低的变更成本、更强的数据灵活性、更快的反应速度对创新进行响应，提高数据等生产要素的流转效率，加快产业变革升级速度。

三是助力民生，提升社会福利，释放数字红利。首先是带动就业。“新基建”将以“一业带百业”，带动产业上下游投资和产业链的进一步扩展，并衍生出如数据标识等新的就业领域。与此同时，新型基础设施建设，以及建设后期的维护、运作都需要劳动力，最终将促进社会就业。其次是推动公共服务发展。“新基建”不仅包括信息化基础设施的投入，还包括基于原有基础设施进行数字化改造，将带动城际轨道、道路建设、城市电力等多个领域的基础设施数字化转型升级，进而促进物流、交通、市政等公共服务的发展。

中国网民发展状况与整体结构特点分析

随着互联网在各个群体中的不断渗透，网民在整体人口中的占比和影响力日益提升，已经逐渐成为社会的主流力量。从1997年到2021年6月，中国网民数量从 62 万个增长至 10.11 亿个，规模居全球之首；互联网普及率从 0.03%增长至 71.6%，超过世界平均水平的 65.6%。20 多年来，网民结构的不断优化和互联网普及率的持续提升是我国互联网惠及全民的真实写照。

一是在数量普及方面，手机网民增长对于网民数量增长的贡献很大。从数字化转型发展历程来看，在中国实现全功能接入互联网最初的 3 年，只有少量的科技工作者、科研技术人员能够上网； 1997—2000 年，中国网民数量呈现翻倍式增长，自 1998 年起连续 3 年增长率分别高达 238.7%、323.8% 和 152.8%；2009 年以后，移动互联网成为网民增长的主要动力，在互联网惠及全民的同时，使得人们的年龄、学历、收入分布更加均匀。1997—2021 年中国网民规模如图 3-3 所示。

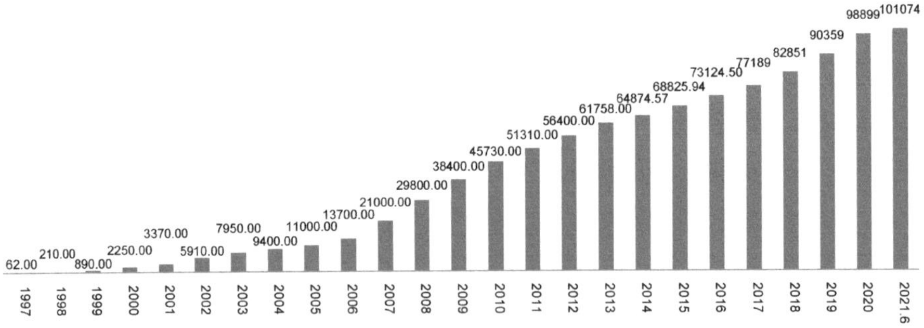

图 3-3　中国网民规模（1997—2021 年）（单位：万个）

资料来源：CNNIC

二是在年龄结构方面，中高龄网民越来越多。年轻群体对信息技术的接受能力强，因而在接入互联网的过程中更具优势，中青年一直是构成网民的主力军。中高龄群体在整体网民结构中占比偏低，但得益于移动互联网持续降低的使用门槛，50 岁及以上网民占比从 2011 年起持续增长，到 2021 年 6 月已达 28%，1997—2021 年中国网民年龄结构变迁如图 3-4 所示。但不应忽视的是，我国互联网适老化工作仍具有较大的提升空间。

三是在学历结构方面，中高学历网民占比超过 80%。1998 年 CNNIC 第 3 次调查结果显示，大专/大学本科及以上的网民占比接近 9 成，互联网最先在科研院所孵化出来，最先使用的大多是受过高等教育的科技工作者，以及少数敢于尝试新鲜事物的先行者。随着互联网使用门槛的降低、国民整体素质的提高，以及互联网进课堂、进社区的推进，越来越多中等教育、初等教育及以下的群体能够非常方便地上网，2015 年后这两类群体网民占比已经超过 80%。1998—2021 年中国网民学历结构变迁如图 3-5 所示。

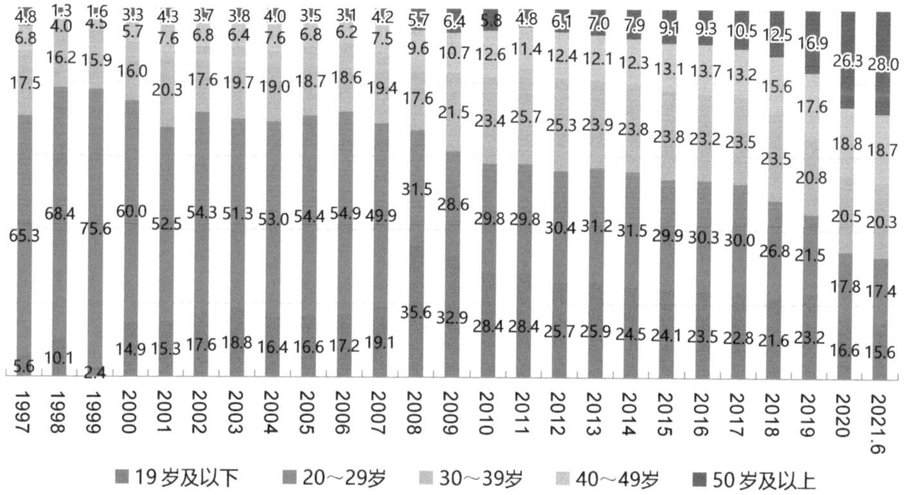

图 3-4 中国网民年龄结构变迁（1997—2021 年）（单位：%）

资料来源：CNNIC

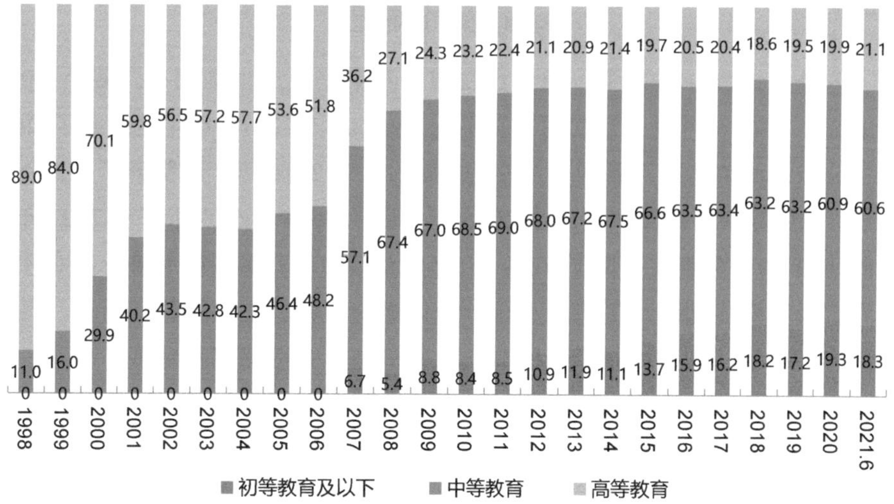

图 3-5 中国网民学历结构变迁（1998—2021 年）（单位：%）

资料来源：CNNIC

四是在性别结构方面，我国已经实现了男女网民数量占比基本相同。从数据上看，1997 年我国网民的男女比例高达 7.13∶1，而这一数字在 2021 年降低到 1.05∶1，与当年全国人口性别比基本持平，1997—2021 年中国网民性别结构变迁如图 3-6 所示。

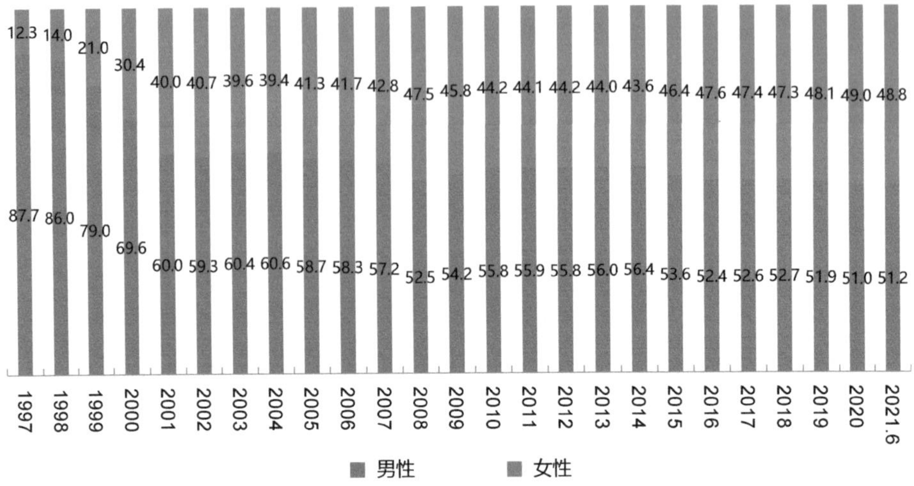

图 3-6　中国网民性别结构变迁（1997—2021 年）（单位：%）

资料来源：CNNIC

五是在地域分布方面，城乡互联网普及率差距进一步缩小。截至 2021 年 6 月，我国农村地区互联网普及率为 59.2%，较 2016 年年底提升了 26.1 个百分点；城镇地区互联网普及率为 78.3%，较 2016 年年底提升了 9.2 个百分点。城乡互联网普及率差距从 2016 年年底的 36 个百分点下降至 2021 年 6 月的 19.1 个百分点，下降了 16.9 个百分点，2016—2021 年中国城乡地区互联网普及率变化如图 3-7 所示。这一变化缩小了城乡之间的数字鸿沟，实现了包容性增长，切实增强了人民群众的幸福感、获得感和安全感。

六是在技能使用方面，不同网民群体之间存在明显差异。研究发现，网民互联网使用技能的高低与其上网设备的丰富程度存在较大相关性。一些受教育水平、收入水平相对较低的新转化网民主要通过手机休闲娱乐，而受教育水平、收入水平较高的群体更可能通过计算机、手机等上网解决工作或学习中的实际问题。截至 2021 年 6 月，网民手机上网的比例高达 99.6%，通过台式计算机上网的比例仅为 34.6%，通过笔记本电脑上网的比例仅为 30.8%。

此外，沟通、娱乐类等轻度互联网应用更容易在用户中迅速普及，通信、网络视频的普及率分别达到 97.3%和 93.4%，而教育、办公类专业应用的普及程度明显偏低，在线教育、远程办公的普及率仅为 32.1%和 37.7%。

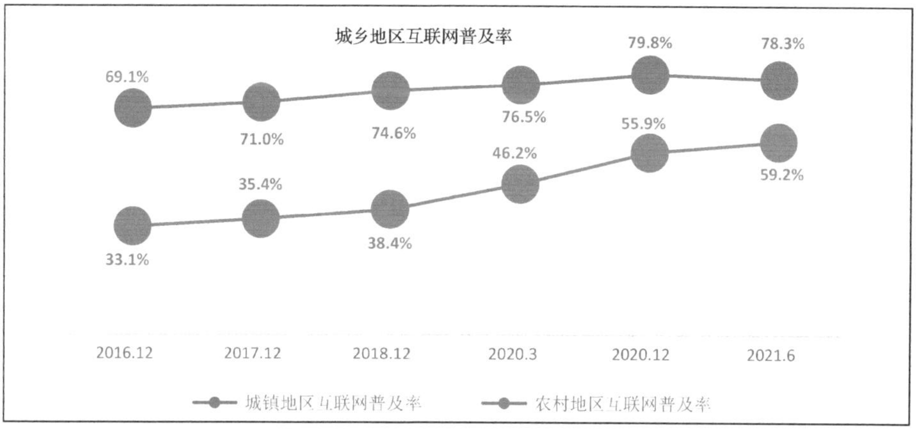

图 3-7　中国城乡地区互联网普及率变化（2016—2021 年）

资料来源：CNNIC

总体而言，经过多年的发展，我国形成了庞大的网民群体，并不断优化网民结构。庞大的市场红利是我国数字经济发展的巨大优势，也为数字化转型做好准备，未来可在以下几方面继续提升。

进一步提高互联网普及率。从我国的情况来看，尽管我国网民规模已位居全球前列，但仍有 4.02 亿人（2021 年 6 月数据）未实现上网，其中 50.9%来自农村地区。根据相关调查，农村非网民不能上网的主要原因并非物质条件不足，而是需要不断普及互联网的基本知识，提高人们的认知水平。

进一步加强网民数字技能培养。随着我国互联网基础设施建设的日益完善，上网资费持续降低，网络接入已经不再是非网民向网民转化面临的主要困难。在这种情况下，网民数字技能的培养应该成为国家、社会迫切关注的问题。

进一步加强数字社会包容性建设。考虑到我国正在经历的老龄化进程及即将到来的老龄化社会，同时考虑到我国有 8000 多万残疾人，国家下一步要聚焦老年人、残疾人等信息无障碍重点受益群体，努力消除“数字鸿沟”，助力社会包容性增长。

进一步巩固农村地区网络扶贫成果。自 2016 年《网络扶贫行动计划》实施以来，我国网络扶贫取得了实质性进展和明显成效。未来国家依然要紧紧围绕“让贫困群众用得上、用得起、用得好”互联网的目标，着力在“深化、巩固、拓展、提升、落实”上下功夫，巩固并拓展网络扶贫成果。

第二节 数字经济：数字化转型的驱动力

数字经济相关政策研究回顾

数字经济泛指基于数字化、网络化、智能化的经济活动。数字经济具有普惠化特征，是继农业经济、工业经济之后的一种新的经济社会发展形态，是全球经济发展的新动能。

从文献角度来看，数字经济（Digital economy）的概念最早出现在 Don Tapscott 出版的《数字经济：智力互联时代的希望与风险》一书中，之后该作者又陆续出版了《数字经济蓝图：在电子商务时代创造财富》等关于数字经济的图书。自 1998 年美国商务部发布《新兴的数字经济》报告以来，数字经济的概念引起了人们的广泛关注。

在 2016 年 G20 杭州峰会上，国际社会在《二十国集团数字经济发展与合作倡议》中就数字经济概念初步达成共识，即数字经济是指将使用数字化的知识和信息作为关键生产要素、将现代信息网络作为重要载体、将信息通信技术的有效使用作为效率提升和经济结构优化的重要推动力的一系列经济活动。

长期以来，各大国际机构围绕数字经济开展研究，其中经济合作与发展组织（OECD）聚焦数字经济发展，形成了系统性的分析框架，并持续发布了若干有全球影响力的研究报告。OECD 对于数字经济的研究从名称上也可以看出，20 世纪 90 年代称之为“知识经济”，21 世纪初称之为“互联网经济”，后来逐步发展到“数字经济”“数字化转型”，其考虑数字化不仅包含经济，还包含社会等全方位的数字化转型，且社会的数字化转型越来越重要并在加速进行。

OECD 关于数字经济领域的研究包括网络安全、基础设施应用、数据、数字创新、消费者隐私保护、法规和监管、人才和技能培训、数字经济评价等多个方面，也涵盖人工智能、区块链、物联网等新技术，其研究的目的是建立一套该领域政策框架和指标体系，收集成员国数据，分析、开展政策评估，并提出相应政策建议。2019 年 1 月，OECD 发布《数字化转型影响的评估框架》，从规模、范围、速度、所有权、资产和经济价值、关系、市场和生态系统七个方面分析了数字化转型对相关领域政策的影响。

通过对 OECD 数字经济系列政策研究发现，其关注的方面和我国 1997 年提出的“国家信息化体系六要素”（信息网络、信息技术和产业、信息资源、信息化人才、信息技术应用、信息化政策法规和标准规范）颇有相似之处，同时可以看出近年来数字经济的趋势变化：网络安全、消费者隐私保护、数据治理、技术伦理、人工智能等问题越来越受重视。

伴随数字化浪潮，各国围绕数字经济发展，纷纷制定发展战略和政策规划，范围覆盖商业创新、生产制造、教育医疗、劳动就业等各领域。有些国家的数字经济战略实际上相当于国家数字化转型战略，旨在提升国家数字竞争力，促进经济发展和社会进步。

尽管各国数字经济发展水平受本国经济水平、互联网接入程度、公民就绪度等多种因素影响，但通常数字化转型伴随着互联网的发展阶段，即互联网、移动互联网、万物互联等发展阶段。但在某些情况下，完全有可能发生跨越式发展。

例如，一些发达国家曾经固定电话普及率高，而更换成本高，因此手机的发展较为滞后。而我国安装固定电话费用较高，导致固定电话普及率不高，反而抓住了移动互联网的发展机遇，大力推动手机等移动终端的普及应用，由此带来产业的跃迁，在移动互联网阶段急追直上。现在在我国，人们甚至能够只携带手机出门便畅通无阻，且能够打车、购物、社交、娱乐、学习、工作，几乎能想到的都能做到，很多公共服务也能通过手机交费，如水电费等。

我国高度重视数字经济发展，在中央政治局第 36 次集体学习、G20 杭州峰会等重大场合，数字经济均被列为重要议题。我国也一直在数字经济方面持续发力，推出国家信息化发展战略，提出网络强国建设目标，实施“数字中国”建设任务，并做出“互联网+”行动计划、宽带中国等系列部署。

中国数字经济的发展与实践

党的十八大以来，党中央高度重视发展数字经济，实施网络强国战略和国家大数据战略，围绕新技术新业态作出了一系列重大决策部署。习近平总书记强调，近年来，互联网、大数据、云计算、人工智能、区块链等技术加速创新，日益融入经济社会发展各领域全过程，数字经济发展速度之快、辐射范围之广、影响程度之深前所未有，正在成为重组全球要素资源、重塑全球经济结构、改变全球竞争格局的关键力量。我国也一直在数字经济方面持续发力，推出国家信息化发展战略，提出网络强国建设目标，实施“数字中国”建设任务，并做出“互联网+”行动计划、宽带中国等系列部署，向全球呈现了中国数字经济的巨大潜能与魅力。

其实，数字化转型并非是一个突然而来的新词，不同视角有不同描述，可以认为是基于信息化、网络化、智能化的融合发展，通过生成实时数据，向智能化方向迈进的一个过程。数字经济也可以描述为基于信息化、网络化、智能化的经济活动。

信息化与互联网的区别

信息化和互联网密切关联，但并非一致。信息化奠定了数字化的基础，而网络化形成了数字化转型的入口，也客观放大了信息化的成效。

首先，“节点”与“连线”的区别。如果说构成网络的基本要素是“节点”和“连线”，那么，信息化则是网络中的“节点”，互联网的作用相当于网络中的“连线”；信息化与自动化紧密相关，如任正非曾提出“工业自动化以后，才可能走进信息化；只有信息化后，才能智能化”，信息化更类似于一个工程自身的自动化、数字化、智能化过程，而互联网强调彼此之间的联系和互动、强调网络的协同。

其次，工程师思维与互联网思维的差别。如果说信息化更多需要项目理念、工程师思维，需要顶层设计、项目管理，项目场景多是业务流程的梳理和数字化，严格规范尽显“高大上”，那么互联网思维则更多是草根思维、接地气，应用多来源于民间且要充分挖掘“人性”。例如，移动互联网时代崛起的数字平台，发展出了与生活场景相关的外卖、网络购物、代跑腿、直播等接地气的平台商业模式。

最后，“渐进式”和“颠覆式”路线的区别。总体而言，技术创新分为两种，一种是渐进式，另一种是颠覆式。对于渐进式创新而言，其发展需要通过大规模的研发投入来实现。例如，芯片制造、光刻机技术等核心技术的发展不是一蹴而就的，需要持续研发投入，产品也需要不断迭代、升级。再如，我们看到的各种软件的升级版，其后面实际有强大的研发支撑。而颠覆式创新，其发展逻辑则完全可能形成与现有技术的差异化发展路线、能以较低成本实现快速突破，实现技术的跃迁和创新。信息技术可以分为三类：通用信息技术、撒手锏信息技术和颠覆性信息技术，其中颠覆性信息技术对于未来有着巨大影响。对于信息化总体而言，其背后的逻辑更多的是遵循一种循序渐进的工匠精神和工程思维，而互联网天然具有颠覆式创新特点，可以在短时间内实现模式等创新和替代，本质上是它改变了人们在信息的获取、拥有、持续、实时和表征等方面的能力，这种改变已经重塑了经济和社会的形态。信息化和互联网的区别如表 3-1 所示。

表 3-1 信息化和互联网的区别

	信　息　化	互　联　网
关系	节点	连线
思维	工程师思维	互联网思维
特点	渐进式发展	颠覆性发展
侧重	侧重单部门自动化	侧重彼此互动、协同
实施	梳理业务流程、收集数据	挖掘人性、设计场景
应用	高大上	草根、接地气
资金来源	多来自项目预算拨付	多来自众筹、投融资等
代表项目	国家金字工程	多元

我们需要对二者进行区分，以便更好地理解社会的变化：既需要理解网络的颠覆性效应带来的快速变化，也需要对核心技术和产业持续投入，加大

研发支持力度。特别是对于认准方向需要集中投入的核心技术，必须举国之力，不惜代价，做好打持久战的准备。

信息化发展的巨大成就

过去，我国在信息技术基础薄弱、核心技术创新能力十分有限的背景下，以信息技术应用为切入口，强调信息化体系六要素（见图 3-8，后加入信息安全改为七要素），特别是强调信息技术的推广应用和产业发展。经过各方长期不懈的努力，我国信息化发展取得了巨大成就，为数字经济提供了强有力的支撑。

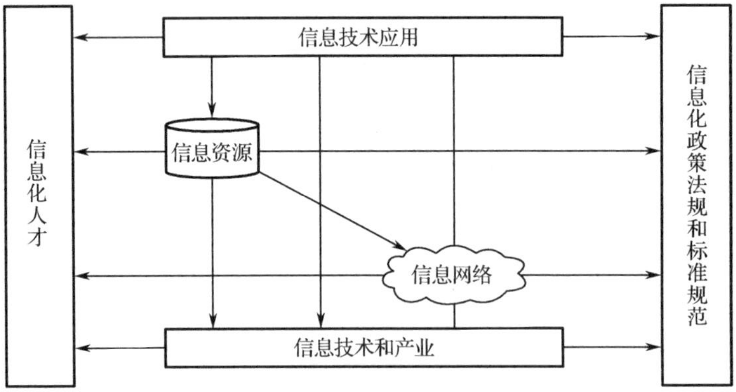

图 3-8　国家信息化体系六要素关系图

资料来源：信管网

简要回顾一些重要节点。1993 年，国家成立了国家经济信息化联席会议，启动了“三金工程”（金桥、金关、金卡），国民经济信息化进程提速。2002 年 8 月，中共中央办公厅、国务院办公厅印发《国家信息化领导小组关于我国电子政务建设指导意见》，规划安排“两网、四库、十二金工程”。以“十二金工程”为标志和起点，金关、金卡、金税、金盾、金宏、金融监管等一系列重大国家信息化应用系统建设并投入使用，信息化进程大大加快。

党的十八大之后，中央网络安全和信息化领导小组成立，统筹协调各个领域的网络安全和信息化重大问题。党中央高度重视信息化发展，加强顶层设计、总体布局，制定实施信息化发展战略、重大规划和战略决策，不断提升安全保障能力。2018 年 4 月 20—21 日，习近平总书记在全国网络安全和信息化工作会议上强调，信息化为中华民族带来了千载难逢的机遇，必须敏锐抓住信息化发展的历史机遇。《国家信息化发展战略纲要》提出“加快建设数字中国”，《“十三五”国家信息化规划》将“数字中国建设取得显著成效”作为我国信息化发展的总目标。可以说，“数字中国”与信息化发展一脉相承，是信息化发展的高级阶段、最新成果和升级版，是新时代的国家信息化，是新时代赋予国家的新使命。

我国信息化建设取得了举世瞩目的成就，信息基础设施实现跨越式发展，高新技术产业快速发展、自主创新能力不断增强，信息化重大工程为国家宏观调控、市场监管和综合治理能力提供了强有力的保障。各地区、各部门在信息基础设施、产业生态、数据资源体系建设方面集中发力，充分发挥信息化在驱动经济转型升级、推动信息惠民、推进国家治理体系和治理能力现代化方面的作用。

在这一过程中，国家始终把技术创新摆在突出位置，通过实施创新驱动发展战略，注重发挥企业等各类创新主体的作用，推出一批关系全局和长远的重大科技项目，集中力量开展颠覆性信息技术、共性技术、前沿引领技术研究，在高性能计算、量子通信、人工智能、云计算、大数据、核心芯片、操作系统、5G、卫星互联网等前沿技术方面取得了突破。例如，在大数据领域，我国相关专利申请量逐年增加，主要互联网公司均已具备自主开发建设和运维超大规模大数据平台的能力。可以说，我国信息化发展的巨大成就为我国数字化转型提供了根本保障和深层动力。

互联网应用的蓬勃发展

从互联网的发展历程来看，最初以军事需要为起点，逐步发展至科研领域、商业领域，数字化进程中的部分重要节点如图 3-9 所示。1994 年 4 月 20 日，中国全功能接入互联网，开启了追赶全球互联网发展的时代征程。此后，中国的网络运营从科研专用向商业机构转变，互联网经过萌芽、快速普及、规范发展等阶段，成为中国重要的信息基础设施，也成为数字化转型的入口。

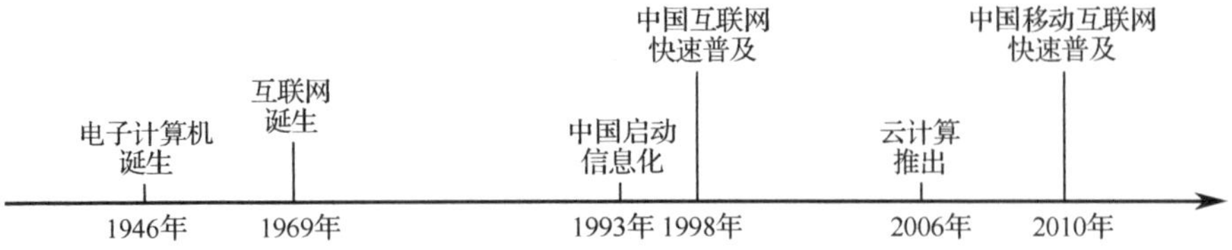

图 3-9 数字化进程中的部分重要节点

国家高度重视互联网的发展，在信息基础设施、网络接入、互联网普及率、市场监管等方面，做了大量卓有成效的努力，电信运营商则肩负起铺设网络的责任，民间则显示出互联网应用和创新的热情，“网民”一词出现且数量快速增长，并顺理成章成为时代的弄潮儿。

经过 20 多年的快速发展，中国互联网产业规模不断扩大，互联网普及率大幅提高，创新应用不断涌现，极大促进了经济和社会的发展。特别是移动互联网发展阶段，中国依靠市场大的优势，商业模式不断创新，涌现出一批充满活力的互联网企业，在全球数字经济发展阵营中备受瞩目。

从数字经济角度，互联网发展大致可以分为以下几个阶段：互联网、移动互联网、万物互联阶段，分别对应不同的典型应用。我国数字经济发展阶段如表 3-2 所示。

表 3-2 我国数字经济发展阶段

时　间	1.0 阶段（1993—2010 年）	2.0 阶段（2010—2016 年）	3.0 阶段（2016 年以后）
阶　段	互联网	移动互联网	万物互联
代表性应用	电子商务、门户网站、搜索引擎	互联网+	人工智能+……
代表性国家	美国	中美两极	中美

第一阶段是互联网阶段，从 20 世纪 90 年代互联网开启商业化进程至 2010 年左右。此阶段，互联网更多被作为信息媒介，电子商务、门户网站、搜索引擎等应用得到了较快发展。

第二阶段是移动互联网阶段，尤其是以“互联网+”为典型代表。随着 2009 年 3G 移动牌照的下发，移动互联网蓬勃发展，展示出极丰富的业态和极强的冲击力。

以“互联网+”为例，2015 年《政府工作报告》中首次提出“互联网+”

行动计划，将“互联网+”提升为国家战略；同年 7 月，国务院印发《关于积极推进“互联网+”行动的指导意见》，得到社会各界的积极响应和广泛实施。响应国家号召，全社会积极践行“互联网+”，加速了互联网与各行各业的融合创新。

在移动互联网阶段，面向民众生活服务类平台快速崛起，即消费互联网得到快速发展。我国在电子商务、移动支付、在线文娱、O2O 等生活服务应用方面遥遥领先，中美从此在全球数字经济层面形成两极，中国实现了从互联网应用模式的追赶到并跑甚至领跑的局面。

这些成绩一方面源于广大劳动人民的辛勤创造，另一方面源于中国的人口红利和市场优势。中国数字化进程正好伴随中国经济的持续快速增长，伴随新兴中产阶级的崛起和消费升级，并得益于国家双创政策等各方面的扶持，而一些互联网企业的成功也激发了年轻一代创业的梦想和热情。

第三个阶段是万物互联阶段，智能化崛起成为当前数字化显著的特征。伴随第四次工业革命，智能产业正在迅速崛起。以“云网端”新一代基础设施为基础、以数据为驱动的人工智能，很可能像曾经的蒸汽机、电力、计算机和互联网一样，对整个人类社会产生革命性的影响。

人工智能将加速数字技术与其他学科及领域的交叉渗透，促进认知科学、生命科学等基础科学的发展，以及和新能源等行业的渗透融合，将释放巨大的产业空间。数字技术不仅夯实基础科学，也将加速向社会等领域渗透，带来新的产业机遇。最重要的是，工业互联网将迎来大发展。围绕 5G 等快速部署，工业互联网、智能制造等都成为重要发展方向，而数字经济与实体经济深度融合，传统产业转型升级将迎来巨大战略机遇期。

数字化生存逐步成为现实，不仅人与人、人与机器、机器与机器，我们生活环境中的万事万物，或许包括我们体内的医用微传感器也会相互对话和互动。智能时代，人不仅要处理人与生命，即人与人的关系，还要处理人与自然（包括能量）的关系，甚至人与宇宙（不同物种、不同文明）的关系，未来值得期待。

互联网的颠覆性效应及本质

传统社会发展的信息成本

信息对称是社会平等的重要标志，也是提升社会生产力水平的关键因素。历史上，由于种种客观原因，信息对称很难实现，具体表现在以下几个方面。

一是信息入口的高成本。在传统的工业社会，人们获取信息的入口从早期的书籍、学校、讲堂等，慢慢扩展至广播、电视、电影等。但是由于条件所限，并非所有人都能平等地获得上述信息入口。在18世纪的北美殖民地，虽然报纸已经开始流行，但是由于每年的订报费要好几英镑，这比普通人一个月的薪水还要多，同时只有有印刷点的几个港口城市和各首府的附近地区才能及时收到报纸，因此当地80%的人几乎不看报纸。此外，高昂的邮费也限制了人们传递信息的能力，例如，1845年北美的邮费高达50美分，而当时的工人一天只挣1美元。即使现在，大部分人也没有订阅报纸的习惯，其中经济是重要的因素之一。

二是信息内容的垄断。长期以来，由于生产力水平低下，从事挖掘自然信息（大自然的发展现状和进化规律）的人集中在少数贵族中，在小范围内共享和传播信息。同样，统治阶级出于统治的需要，对社会信息（人类社会发展过程中形成的语言、文化、法律、风俗，以及时政信息等）的垄断成为其维护统治地位的重要手段。在17世纪的欧洲，从事自然科学研究被看成是贵族的专利，与普通大众无关，研究成果也仅限于在上层社会交流。同时，宗教和皇权的势力还控制着信息发布的源头，他们认为有损于他们统治地位的信息则会毫不犹豫地封杀，支持日心说的布鲁诺和发现血液循环的维萨里被判处死刑是比较典型的例子。

三是信息资源的零散。信息的效用往往体现在它的持续性上，而历史上人们获取的信息常常是零散的、断续的，无法对决策形成有效的支撑。这种信息资源获取的零散性，既有缺乏有效信息存储技术的原因，也有人为主观和客观破坏的原因。早在19世纪初期，美国卫生保健协会（AHCA）就提出设想，将每个病人的患病记录保存下来，以便从历史的身体状况中分析出未来可能得的疾病，但是这种设想在当时的条件下是无法实现的。一方面，患者的流动性很大，在不同的医院留下不同时期的就诊记录，而这些医院的资料是无法共享的；另一方面，医院在保留患者的纸版档案时遇到巨大的困难，海量的资料无法实现长时间的有效存储。

四是信息传递的延时。信息传递技术从早期的烽火台、驿站发展到近代的无线电、电话、电报等，但是信息传递的延时仍然不能避免。这既由于信息的采集无法实时完成，也由于信息采集后无法实时传达给大部分人。信息传递的延时对政治发展的影响尤其明显。在 19 世纪的清朝，皇帝的圣旨传达到其所统治的最远边疆，通过驿站马不停蹄地接力，最快也需要一个月的时间，这导致部分政令的贯彻实施往往延迟数月。信息传递延迟对经济发展的影响也十分巨大，美国、加拿大、澳大利亚等国家历史上都有因为信息传递的延迟，导致洪水、蝗灾等自然灾害没有得到有效应对的例子。

五是信息表征的缺失。信息表征指的是能够用虚拟信息的方式对抽象和客观的东西加以体现的方法。身份和货币等抽象物质是完全没有实体属性的，可以用虚拟信息的方式表达；物品虽然是客观物质，但可以用虚拟显示的方式展现。物质的虚拟信息表征是降低社会发展中能量损耗和减少流程步骤的重要手段。但是，这种虚拟信息表征方式的缺乏导致了大量不必要的浪费，同时阻碍了众多行业的发展。在当今社会发展中，人们必需的各种证件、盖章、签字等本质上都是人的身份验证的属性，各种市场、商店等本质上都是物的身份验证和交易的属性，都可以通过虚拟信息表征的方式实现。

互联网颠覆性效应及原因

近半个世纪以来，信息技术突飞猛进，特别是互联网的出现，在一定程度上解决了上述信息难题，使得一大批传统的行业被颠覆，引发了人人拥抱互联网、行行倡导互联网思维的现象。

一是信息入口的平民化。互联网的出现使得普通大众可以方便快捷地获取信息入口，轻易获取以往需要支付一定费用并通过传统书刊、报纸、杂志媒介，甚至学校、培训机构等信息入口才能获取的信息，在一定程度上解决了工业社会时代信息入口高成本的问题。互联网企业免费为用户提供信息的模式，使得传统的平面媒体阅读群体大面积转移。根据 eMarketer 的报告，美国成年人 2013 年平均每天用在网络和手机非语音业务上的时间是 4 小时 40 分钟，而用在报纸和杂志上的时间仅为 18 分钟和 14 分钟。

二是信息获取的民主化。互联网不仅使得人们可以自由获取信息，还使得人们随时可以将获取的各种信息（自然和社会知识及突发事件信息）在网上分享，这打破了以往只有少数人垄断信息来源的局面。2010 年诺贝尔物理学奖授予英国两位科学家，以表彰他们在石墨烯材料方面的研究。几乎在同一时间，全球各地的人们通过互联网对石墨烯的情况有了详细、全面的了解，这在互联网时代之前是无法想象的。受信息获取民主化冲击较大的可能是政府，以往只有通过政府部门渠道才能了解重大事件的情况一去不复返了，美国“9・11”事件、东南亚海啸、我国汶川大地震等重大事件都是首先在互联网上出现和传播的。

三是离散信息的连续化。长期连续的信息采集和大容量的信息存储，共同促成了社会离散信息的连续化和集中化。连续和集中的信息可以使人们对一些以往难以判断的事情形成清晰的结论，这是当前国内广为关注的网络信贷出现的主要原因。以往银行在放贷时，需要对接受贷款的对象进行费时费力的全面实地评估，以确定其个人的信用和还贷能力。而在数字时代，淘宝等电子商务平台完全可以根据其客户（可以是买方，也可以是卖方）长期积累的交易记录，确定某个人的信用和还贷能力，这不但大大减少了以往实际操作造成的人力和物力的浪费，而且有效降低了贷款违约的风险。

四是延时信息的实时化。信息采集、信息传输及信息散布的实时化，是信息延时问题得以解决的关键因素，这既是信息传输发展的结果，也是信息终端普及的结果。在延时信息实时化的冲击下，以往借助空间距离造成信息延时来盈利的某些行业的利润大大降低。对于消费者来说，传统零售业最大的弊端在于信息的不对称性。心理实验表明，外行人员对于某个行业的产品定价是根本没有概念的，消费者常常按照销售人员的引导来购买。而在互联网时代，消费者随时可以了解同一物品在各地的价格，经过对比可以得出自己认为合适的价格。信息的实时性还对设计和生产领域产生了重大影响，C2B 就是典型案例。

五是实体表征的虚拟化。信息技术的发展使得人的身份认证和纸币可以一种虚拟的数据保存，这极大地简化了以往的现场纸币等形式支付流程。同时，物品可以通过网络全面展示其特征。身份认证的虚拟、货币的虚拟和物品的虚拟共同推动了电子商务的发展，而实体零售店受到前所未有的冲击，特别是产品可以标准化分类的零售店。随着电子商务的发展，越来越多的人逛商城的目的并非纯购物，而是餐饮、娱乐及休闲。截至 2020 年 12 月，我国网络购物用户规模达 7.82 亿个，占网民整体的 79.1%。由于在线生活缴费等入口的便捷，网络支付用户规模达 8.54 亿个，占网民整体的 86.4%。

受互联网冲击的传统领域

在信息技术创新加快的背景下，特别是互联网的深入应用，将对一些依靠信息垄断盈利或者模式单一的领域产生巨大的破坏作用，使其不断走向边缘化。

一是提供单一信息载体的领域。在信息获取平民化的推动下，自身不产生信息仅提供入口的信息载体将会逐渐萎缩。大型开放式网络课程（MOOC）的兴起已经不可避免，传统的大学、培训机构、实体书店等将会受到重大影响，互联网所能提供的互动性、时间的灵活性及针对性，是传统的教学方式所不能比拟的。因此，甚至有人预测，大学会在未来消失。同样，受到冲击的还有电信运营业。在互联网近乎免费使用的冲击下，电信运营业由于其相对昂贵的资费将会逐渐被用户抛弃，人们许多时候不再用手机网络而是用 Wi-Fi，对电话和短信的依赖程度也将越来越低。

二是依靠垄断信息盈利的领域。信息获取的民主化将对依靠垄断信息资源实现盈利的机构产生重大影响。在信息获取实时和均等的影响下，传统的中介机构联系供需双方的作用将会逐渐弱化，如从事批发转零售的商业、信息咨询、婚姻介绍所等。电视作为长期垄断影视剧播出的平台，也将随着互联网的普及而不断被削弱，美国电视剧《纸牌屋》首期在互联网上的视频网站 Netflix 播出，开创了电视剧首期不在电视而在互联网上播出的先河。因此，未来的电视剧或许并不以电视为主要载体，而电视剧的名称或许也会随之改变，电视及其附属的广告等业务将会逐步萎缩。

三是不能利用连续信息的领域。未来，行业依托连续和集中信息进行分析判断将成为常态，无法进行此类决策的行业将不再受欢迎，受此影响较大的是传统广告业。目前，以报纸、电视、电台、建筑物、交通工具等为载体的广告，其受众缺少针对性。在互联网时代，可以依托搜索引擎庞大的网民行为数据库，对网民几乎所有上网行为进行个性化的深度分析，按广告主需求锁定目标受众，进行一对一传播，效果显然比传统广告好得多。现在，已经有许多大型企业将广告重点从传统媒体转移到互联网上，海尔等一些企业甚至宣布不再在传统媒体投放广告。

四是不能利用实时信息的领域。信息的实时采集、传输和扩散，将使得那些无法利用实时信息的行业难以生存，受此影响较大的是传统的制造业。传统的制造业进行封闭式生产，由生产商决定生产何种商品，生产者与消费者的角色是割裂的。但是，在互联网时代，这种状态会瓦解。未来，消费者将会全程参与到生产环节中，由消费者与生产者共同决策来制造消费者想要的产品。也就是说，未来消费者与生产者由于信息交互的实时性，他们的界限会变得模糊。未来的制造将会基于实时信息交互实现个性化、定制化，人人都是消费者和生产者，无法适应这种变化的企业将会逐渐被边缘化。

五是无法提供虚拟表征的领域。身份、商品和货币的虚拟化，使得用户可以在网络上对商品进行全面了解和在线支付，无法提供这种服务的行业和领域在全社会的重要性将大大下降，甚至会成为社会发展的阻力。在互联网时代，实体零售店的存在意义其实已经不大。在信息获取和传输技术落后的时代，它所起到的为人们提供商品信息、提供货币交易场所和渠道的作用，已经完全可以在互联网上虚拟实现，由此带来的时间、空间和能耗的支出也可以完全省去。因此，实体零售店弱化和消亡将是不可避免的事情，唯一不确定的是时间的长短。与实体零售店类似的还有银行、保险等实体店业务。

互联网对社会传统规则的颠覆，本质上是它改变了人们在信息的获取、拥有、持续、实时和表征等方面的能力，这种改变已经重塑了经济和社会的形态。但这种改变仅仅是开始，随着信息技术创新和应用的进一步发展，这种颠覆的现象将愈加剧烈。信息入口的平民化、信息获取的民主化、离散信息的连续化、延时信息的实时化及实体表征的虚拟化，将彻底打破此前基于旧的信息的行业格局，产生一批新兴的势力。互联网颠覆原因和受冲击行业如表 3-3 所示。

表 3-3　互联网颠覆原因和受冲击行业

序　　号	传统社会的信息成本	互联网破解信息难题	受互联网冲击的行业
1	信息入口的高成本	信息入口的平民化	资讯、教育、培训机构、传统电信等

续表

序　　号	传统社会的信息成本	互联网破解信息难题	受互联网冲击的行业
2	信息内容的垄断	信息获取的民主化	政府信息、权威媒体、商业中介等
3	信息资源的零散	离散信息的连续化	传统信贷、传统广告等
4	信息传递的延时	延时信息的实时化	零售、传统工业制造等
5	信息表征的缺失	实体表征的虚拟化	实体店等

共享经济的发展规律与特征

近年来，利用互联网思维创新，与生产生活服务相关的一些短时租赁行业借着数字化转型成为共享经济新业态。在中国，共享经济业态有网络约车、共享单车和民宿平台等，发展非常迅速并曾备受关注。共享经济是典型的撮合交易，基于位置服务，利用移动互联网在线特征，致力于提升消费者体验，由此形成了新的商业模式。

共享经济业态的形成机理

有国外学者认为，共享模式的出现可能与2008年全球经济大萧条之后，人们对节俭及额外收入的需求有关，同时与人们日益增长的环境意识及信息通信技术的普及等息息相关。国内也有类似观点，有些学者认为，随着经济社会的进步，人们将产生越来越多的共享需求，通过日常闲置物品的交换，在保留自己个性化生活的同时，能够方便地使用他人的物品，这有利于加强整个社会的联系，有效盘活各类闲置资源，提升经济社会的运行效率。作为新业态，共享经济如何形成并取得规模效应，其发展遵循怎样的内在规律，已成为行业研究的重点。

一是场景进化。一般来讲，创新存在历史渊源和现实基础，共享经济也是如此。共享经济的发展需要依托原有的产业，打车服务、单车租赁服务和外出住宿等都是长期存在的硬性需求。如果历史上这些行业本身没有需求场景，仅仅是套用共享经济的概念，也会面临较大的失败风险。共享经济是利用互联网，对历史场景进行改造升级，要依托原有市场进行创新。例如，之前的打车服务虽然存在各种问题，但是需求持续存在，说明这个行业本身具有很大的改造潜力。打车服务通过移动 App 方式，在刺激消费者的消费意愿的同时增加司机的收入，使得行业服务水平得到实质性的提升。

二是痛点解决。共享经济要了解消费动机，是消费者决定购买或者尝试使用一个服务的思维过程，这个过程如果较短，对于商家来讲就会有较大的成交概率，比如街边广告会通过大力促销宣传来缩短消费者的“决策路径”。共享经济也是如此，以网络约车为例。传统打车存在以下痛点，让消费者产生顾虑：很难找到合适的打车地点，或者极端天气，或者高峰期，或者资源调配不均。而网络约车模式可以很好地解决这些痛点，消费者通过手机就可以更便捷、更安全、更有主动权地享受服务，从而激发消费者的消费意愿。

三是参与激励。市场行为必须触发各方参与者的核心利益，才可能得到真正的发展。共享经济的共享体现在利益共享上，即所有的参与者都需要获得适当的利益。如果共享经济相关参与方的利益得不到保障，这个模式就难以维系。共享经济参与方包括平台的运营方、物品或服务的提供方、消费者等。平台必须计算自己的成本和收益，否则难以继续扩大平台规模。规模较大的平台虽然相对容易获得融资，可以忍受短暂亏损，但从长远来讲，平台必须考虑盈利，否则就会存在一定的经营风险。对商家而言，原有市场规模获得扩充，整个行业得到发展，每个商家自然获得更多的盈利机会。对于消费者而言，消费者体验会得到明显的改善，可以更加频繁地使用和享受服务。以网络约车为例，司机、乘客的利益都可以得到保障。对司机来讲，模式的便利带来了更多的订单，整个市场规模扩大，也就意味着司机比之前有更大的接单概率。再比如民宿租赁，居民本身有一定的短期出租需求，游客也有选择一家具有特色且价格便宜的民宿的需求，民宿平台使二者的需求都得到满足，成为一个新兴的产业形态。

共享经济模式的平台特征

共享经济不是单纯的概念，而是既严肃又客观的模式创新，其本质是将原有的市场格局通过互联网思维放大，使消费者和商家的交易更加频繁，从而达到消费升级、产业升级的目的。共享经济平台借鉴互联网思维，使传统行业服务具有了高流量、强黏性、频交易的特征，如同互联网一样，扩大了消费者的汇聚规模，增强了互动性。正是基于思维方式的创新，传统行业才有可能彻底转型。

一是高流量。传统行业的流量指的是消费者的触达规模，比如卖建材的商家之所以倾向于入驻建材城，是因为那里拥有更大的客流。从流量角度来看，建材城本身就是一个汇聚消费者的平台，表明传统行业也有汇聚流量的特征，只是大部分行业一直没有找到好的切入点来彻底激发流量。当前，共享经济的创新思维就是从接受行业服务的网民入手，通过互联网创新来增强其对于传统行业服务的“感知力”，提升流量。对于网络约车来讲，流量的形成必须依靠简单便捷，让人们告别在寒冷的天气中站在街边长久打车就是提升体验的第一步，网民实现了消费者体验的升级。正是因为消费者的体验被显著增强，传统行业服务真正成为“互联网产品服务”，线下消费者成为线上的网民，逐步形成平台企业组织、产业链企业、个人或者中小团体共同参与的态势，实现了规模效应，也就是流量。

二是强黏性。互联网产品必须具有黏性，否则网民很难持续使用，行业服务也是如此，如何激励网民高频使用是重要问题。在共享经济的创新中有两条实现路径：一是放大场景范围，使网民接触的面积变大，增加使用的频率；二是多方利益促进发展，快速改造行业本身，使行业整体变为“互联网平台”。对于前者而言，以网络约车为例，比如高德打车、百度专车等地图服务平台，通过扩大自身的服务范围来增加黏性，推出私家车约车、出租车约车、专车约车等新型打车方式，即不断提供新兴的约车服务。对于后者而言，共享经济的各参与方都在不断加入和扩大整体市场规模，市场形成规模效应后，成为网民生活绕不开的习惯性路径，如同搜索、电商和社交一样，传统行业由此具有了互联网思维。

三是频交易。流量和黏性形成后，共享经济平台就基本成型。各种商业模式依附于这个平台，通过频繁交易实现盈利。一般来讲，交易问题是流量和黏性的价值体现，如果平台参与方能产生高频交易，那么流量和黏性就会获得更大的价值；一旦平台具有规模化的流量和黏性，用户就会优先考虑在这个平台进行交易的可能性。共享经济也是如此。对网络约车来讲，司机通过平台不断获得消费者的订单，从而对这个平台产生持续的向心力。当高频交易的参与方达到了一定的数量级，那么平台就形成了规模效应，共享经济的体量就真正形成了。

共享经济发展的关键问题

共享经济既贴近衣食住行等日常生活，又涉及权益、信用等深层次问题，直接影响传统行业利益，比如网络约车曾引起很大争议。网络约车的突出优势在于其提供了更好的服务体验，但也面临信用壁垒和政策约束等关键问题的挑战，如果解决不好将直接影响业态发展。

一是服务体验。实际上，在形成规模化的共享经济之前，全球就已经有了类似模式，玩具租赁就是其中的一个典型。儿童玩具的高昂价格让家长难以承受，所以线下的玩具租赁业务一直存在并且得以生存。较为著名的是乐高玩具租赁，家长作为消费者看重的是最后给孩子带来的体验，而不是获得玩具的消费形式。广大消费者早就有了不必拥有某个商品而愿意短期租赁的需求。在某些场景下，消费者不注重拥有权，更关注的是使用权。网络约车、共享单车和民宿平台等都是如此，均创新了服务方式，让消费者以较低成本获得更好的服务体验，消费者也乐于接受这些创新的服务。

二是信用壁垒。共享经济的场景中包含信用问题，共享经济模式及以社交网络为基础的信用问题是理论界和实践界共同关注的重点内容。中国民宿经济的发展受信用体系的影响，中国人大多没有居住在陌生人家中的习惯，民宿平台在中国的落地就遇到了一些问题。但是，民宿经济在美国等西方国家得到了快速发展，主要是因为国外信用体系发展较早。

对于信用问题，业内存在一些争议，这是共享经济在快速发展过程中遇到的现实问题。首先，确实必须解决信用问题，无论是消费者还是参与方都必须具有一定的信用，否则难以进行。其次，大部分信用问题其实无法直接解决。例如，中国的消费者大多没有居住在外地陌生人家中的习惯，这个问题无法靠社会宣传和行业自律在短期解决，但是又必须解决，这就需要在深刻理解共享经济理论的基础上进行根本创新。这里就要建立“信用设计”方法论：如果发现确实无法直接解决信用问题，那么就要考虑其他的“信用替代方案”，如自建品牌来代替陌生的个人。在国内共享民宿的创新中，就有很多信用替代方案，如以公司的名义直接在景区附近长期租赁多个民居统一包装和提供统一的服务，为民宿增加了信用保障。

三是政策约束。共享经济更多的是对传统行业进行“互联网思维化”改造，使得传统行业在短时间出现明显的改变，包括面对消费者服务方式的改变，甚至颠覆传统行业的商业模式，由此也会产生一些新问题。例如，网络约车的个人汽车商用化问题，民宿平台的安全问题，共享单车的定损问题，等等。这些发展中的问题需要政府进行约束和引导。

总体而言，作为数字经济的一种新业态，共享经济已经取得了很大的成功，有可能成为当前经济发展的一个助推器。共享的本质是使用权和所有权的分离，通过充分利用社会闲置资源，让更多的人能以更低的成本享受经济发展的成果，解决收入不公平、分配不合理的问题。

当前，由于门槛低、成本小、发展速度快等特点，共享经济受到不少创业者的热捧，创业企业不断涌现。尽管形势良好，但整个行业还处于粗放发展阶段，甚至出现了一些强制套用共享经济概念的现象，以及实际线下网约车安全事件等，导致整个经济社会的稳定发展存在一定隐患。若要解决这些问题需要依靠创新，完善信用机制并加强政府监管，各方形成合力共同推动这一业态走上可持续健康发展之路。

数字经济助力传统产业升级

数字经济助力供给侧结构性改革

2020 年 7 月，国家发展改革委、中央网信办、工业和信息化部等 13 部委联合发布《关于支持新业态新模式健康发展激活消费市场带动扩大就业的意见》，提出坚持以供给侧结构性改革为主线，深入实施数字经济战略。国家提出供给侧结构性改革的战略部署，核心要义是调整经济结构、优化要素配置、提高增长质量，同时充分发挥市场主体作用，畅通产业循环、市场循环和经济社会循环。供给侧结构性改革为数字经济发展提供指导，也与数字经济发展相互促进、共生共荣。数字经济在培育新动能、探索供需对接新路径、助力产业链升级等方面，为供给侧结构性改革提供深层动力和关键支撑。

首先，数字技术成为新、旧动能转换的“催化剂”。数字技术改变低技术含量的发展道路，推动要素密集型产业向技术密集型产业升级，成为新、旧动能转换的强大助力。依靠数字技术改造传统产业，一方面对原有制造能力进行数字化升级，优化研发设计、材料供应、生产管理、质检物流等环节，提升原有工业产品的附加值、精密程度和质量水平，进而提升产品价值、增强竞争力，走高质量的发展道路；另一方面，借助数字技术抢抓新机遇，生产新兴产品、培育新兴业态、拓展新兴产业，释放经济转型发展动能。

其次，数字市场促进供需对接匹配“精准化”。数字市场促进生产端和消费端有序对接，进行供需精准匹配，有利于提高资源配置效率。在线产生的数据，同时连接需求侧和供给侧，面向消费升级、市场的瞬息万变及海量客户的个性化需求，可以精准洞察和快速响应，提高资源配置效率。从需求侧贯通至供给侧，用数字化打通企业上下游各环节，贯穿从原材料采购、研发、生产经营到产品销售的全产业链，并从数据驱动创新向价值链高端延伸。从微观到宏观，用数字化实现生产和消费的良性互动，实现从需求侧到供给侧的整体效率的提升。

再次，数字平台促进产业分工协作“规模化”。数字平台向规模化发展能促进产业链整体协作水平和综合竞争力的持续提升。数字经济中最突出的新兴业态是“平台”经济体，大量中小企业围绕平台聚集，形成生态。在平台上，客户发送订单，生产企业可以迅速找到物美价廉的原材料，设计企业可以和生产制造企业协同工作。平台的组织结构趋向扁平化，不需要传统的中间商，可显著降低交易成本；平台具有集成、集聚等特征，拥有庞大的资源优势，可助力企业以较低的成本实现创新资源共享和产业链分工协作，推动规模化的创新协同和成果转化。

最后，数字经济覆盖了供给侧结构性改革“三去一降一补”的核心领域，并为其提供“一体化”的解决之道。一是数字技术促进产业转型，实现了“去产能”。部分企业利用数字化技术优化生产工艺，对原有的制造能力进行数字化升级，大幅度提升原有工业产品的质量和纯度；有些企业借助数字技术抢抓产业发展的新机遇，拓展新兴产业、生产新兴产品，实现了转型发展。二是电商激活地方经济，实现了“去库存”。在电商发达的长三角地区，各地政府吸纳电商等创新型企业入驻，大力扶持新兴产业，帮助其做大做强，较好地拉动了当地经济发展，消化了已有库存。三是一站式投融资服务，实现了“去杠杆”。在长三角地区，当地已经形成了一套较为完善的覆盖投资和孵化的“一条龙”服务体系，通过对优质数字化创新企业注入资本，实现市场供需双方的有效对接，不仅解决了企业的融资难题，还为当地的实体项目投资提供了投融资平台，形成了企业与信贷相辅相成、互为支撑的金融体系。四是人工智能赋能企业，实现了“降成本”。拥有机器人的智能生产流水线可以实现全天 24 小时生产，不仅解决了人力资源紧张、工资上涨压力大的问题，还大大提升了生产效率。五是新兴产业带来机遇，实现了“补短板”。企业除了稳定自身传统业务优势，还希望抓住市场机遇，加大研发投入，以便在未来的竞争中保持领先地位。在杭州的人工智能小镇，大量领先的技术企业如雨后春笋般涌现，并在当地政府的支持下快速发展，不仅弥补了当地经济的“短板”，还产生了大量新机遇，较好地支撑了传统企业的转型发展。

数字经济助力传统产业转型升级

随着中国经济步入从高速增长转向中高速增长、从规模速度型粗放增长转向质量效率型集约增长的“新常态”，中央提出新发展阶段、新发展理念和新发展格局。为了贯彻落实中央精神，“十四五”期间发展数字经济应从产业转型升级入手，将发展产业互联网作为重中之重。

首先，产业互联网是数字经济发展的“主动力”。从“流量红利”到“价值红利”，经过多年的发展，互联网从消费互联网走向产业互联网，从“互联网+”到“+互联网”，产业互联网的方向是赋能传统产业深度转型升级。“互联网+”强调的是，通过互联网等数字技术进行在线连接和渗透融合的过程。在这一过程中，很多传统行业第一次“触网”，催生出如平台经济、共享经济、众包众筹等新模式、新业态，体现了互联网与经济社会融合的“广度”。“+互联网”则是依托数字技术，赋能传统产业转型升级，让企业拥有数字化改造的能力。在这一进程中，更多的是强调数字技术与经济社会融合的“深度”。

其次，制造业转型升级是产业互联网的“主战场”，数字化纵深推进是“主方向”。产业互联网主要面向企业提供生产型服务，通过生产优化、资源整合，实现数字化转型，提高全要素生产效率，实现从“低成本传统优势”到“价值增值新路线”的转换。产业互联网发展的重中之重是智能制造。在“新基建”的背景下，企业抓住制造业数字化转型的机遇，通过工业互联网、传感器、大数据技术创新驱动产业升级，促进新一代信息技术与制造业的有机融合，为制造业提供数字化、网络化和智能化的新动力，构建全面互联、数据驱动的智能制造新体系。因此，国家要从企业、行业、产业、生态四个层面出发，建立“点、线、面、体”一体化多层联动的产业互联网发展格局。

一是完善企业级服务，形成升级改造“牵引点”。国家助力供给侧结构性改革，要面向企业提供生产性服务，以组织创新释放企业发展活力。在前台，将C端用户数字化，帮助企业分析用户画像，实现定制化产品和服务的快速迭代试错；在中台，构建高度标准化、模块化的工具，强化企业数据支撑体系；在后台，强化资源与系统管理，为企业业务创新、智能决策服务。与此同时，国家引导企业推进组织创新，形成创新、灵活、弹性的协同网络，建设自身的“数字神经”组织架构，敏捷应对市场变化，制定新的战略并实施，不断适应复杂多变的内外部环境。

二是加快行业信息化，形成示范带动“辐射线”。国家助力供给侧结构性改革，要面向行业加快信息化建设，以机制创新发挥示范引领作用。国家加快完善与行业信息化相关的基础设施建设，为行业信息化提供有力的系统支撑和可靠的网络保障；构建面向行业的信息化系统服务和培育整体解决方案提供商，推动传统行业的信息化建设。与此同时，国家要鼓励企业家创新精神，推广重点标杆企业的典型经验做法，发挥领先行业案例的示范带动作用。以重点工业行业为例，可在全国范围内遴选开展试点示范，并在工业转型升级专项资金中加大支持力度。

三是打造产业云平台，筑牢跨界融合“承载面”。国家助力供给侧结构性改革，要面向产业促进全方位互联，以基础创新提升产业发展能力。作为信息基础设施中的基础设施，云计算平台是产业互联网的关键推动者。产业云平台的建设，将促进不同行业的跨界融合，推动产业互联网和消费互联网的融合，将传统产业横向的产业群与纵向的产业链融为一体。同时，国家鼓励核心技术创新，加强对基础研究和应用研究的支持，扎实做好新型基础设施建设，提升劳动力的数字技能水平，为产业发展提供创新支撑。

四是打通生态数据链，建设高效协作“共同体”。国家助力供给侧结构性改革，要面向产业生态推进全链条协同，通过治理创新畅通经济社会循环。数字化将连接每一个细微的供需环，形成贯通整个产业生态的数据链，大大降低合作沟通的信息成本，缩短产品与服务的更新周期，对传统产业进行全方位改造，实现整个产业生态的转型升级。国家要大力推动治理创新，凝聚市场主体的力量和数据创新的力量，推动经济社会的数字化转型。

中国数字经济的特征与前景

当前，我国数字经济总量跃居世界第二，成为推动经济高质量发展的重要力量。我国数字经济具有如下典型特征。

“大连接”。连接使大规模用户参与成为可能，甚至达到上亿数量级，推动数字经济呈指数级增长，具有超乎想象的市场爆发力。连接推动“在线”，商业、政务场景转移到了线上，企业全力争夺网民在线时间，政府通过在线提高治理效率。正是“在线”让互联网成为基础设施，让数据成为生产资源，让计算成为公共服务。连接促进跨界，各行各业推进“互联网+”，互联网与传统行业广泛融合。连接强化社交，突显人性，企业利用网民心理来做生意，如淘宝小商品 8.9 元包邮、网红直播、外卖等均抓住人性的软肋，电商也呈现与娱乐、互动相结合的趋势。连接推动全球化，形成全球分工协作网络，如大疆无人机仅售几千元，主要得益于连接产生的全球供应体系和高效率生产。

“大平台”。阿里巴巴、腾讯、百度等作为典型的平台型企业，已成为诸多小微企业附着的“航空母舰”。平台汇聚流量，抓住先机、做大做强品牌的企业赢家通吃。平台推动生态协作，数字创新层出不穷，打造生态是必然之路，如阿里巴巴、腾讯、百度各自建设生态体系，加强内部协作，并激活了微经济。平台促进共享，平台以极低的成本将碎片化的能力和资源整合起来，基于数据进行智能匹配，实现协作和共享，表现为共享经济。例如，全球知名的出行公司——优步没有一辆出租车，全球较热门的社交平台——Facebook 没有一个内容制作人，全球知名的住宿服务提供商——Airbnb 没有任何房产。

“大数据”。平台沉淀下来海量数据，数据是数字经济的血液，其核心在于驱动创新。数据提高精准程度，如肿瘤检测企业利用大数据分析致癌原因，实现了对患者的精准医疗。数据优化资源配置，如 ZARA 以数据为核心打造极速供应链系统，对每天、每个店铺、每种款型的销售了如指掌，很容易预测下一季的爆款产品。数据为企业赋能，如阿里巴巴推出生意参谋、阿里指数等一系列数据产品，帮助韩都衣舍、三只松鼠、良品铺子等众多商家提高运营效率和获客能力。

“大智能”。大数据是人工智能的基础，未来一切产品都将与智能化相结合。1997 年，IBM 研制的“深蓝”战胜国际象棋世界冠军，主要靠单机、超算系统；20 年后，谷歌 DeepMind 研发的 AlphaGo，战胜数位围棋世界冠军，主要靠人工神经网络和深度学习。智能改变生活场景。智能家居将让人们的生活更加舒适，如服务类机器人可以全天照看病人而永不疲倦。智能改变工作场景。麦肯锡指出，人和机器共事将成为未来社会的常态，如特斯拉汽车工厂利用智能机器人，生产效率有质的提高。

从“十三五”数据看，数字经济规模从“十三五”初期的 11 万亿元增长至 2019 年的 35.8 万亿元（中国信息通信研究院口径），占 GDP 比重超过 36%，对 GDP 的贡献率达 67.7%，为我国经济社会实现高质量发展开辟了新的局面。2020 年我国数字经济核心产业增加值占 GDP 比重达到 7.8%，数字化规模持续增长，软件业务收入从 2016 年的 4.29 万亿元增长至 2020 年的 8.16 万亿元，计算机、通信和其他电子设备制造业主营业务收入从 2016 年的 10 万亿元增长至 2019 年的 11 万亿元。产业数字化进程提速升级，截至 2020 年 6 月，制造业重点领域关键工序数控化率、数字化研发设计工具普及率分别从 2016 年的 45.7%和 61.8%增长至 51.5%和 71.5%。信息消费规模不断扩大，从 2015 年的 3.4 万亿元增长至 2019 年的 5.4 万亿元。

应该毫不犹豫地说，我国数字经济交了一份满意答卷，成就举世瞩目。

促进经济发展。创新驱动不仅使中国逐步摆脱迫不得已的“跟随战略”，形成“中国创造”的全新格局，还拉动了中国的就业、增收、税收、出口、消费等。例如，电子商务容纳了大量的就业人口，也塑造了新的物流产业形态。数字平台作为新兴产业，改变了经济业态。

促进传统行业升级。数据技术和人工智能对传统行业产生颠覆性的影响，“智能驱动”将成为未来制造业的重要特征，促进信息化和工业化的深度融合。例如，将数字技术赋能给传统企业，企业就可以快速进行产品创新，占有新的市场；物联网传感器帮助企业优化生产工艺，提高生产效率；新兴技术与传统工业结合形成了智能汽车、自动驾驶、新能源汽车等全新的产业领域。

实现包容性增长。数字经济大幅促进了医疗、教育、金融等国计民生行业的发展。在发展环境方面，各地政府借助大数据推动“放管服”，推动行政审批“零跑腿”，协调促进政务数据开放等策略，不仅大大提高了人们的“获得感”，也营造了良好的经济生态。特别是，近 10 亿人在线“连接”，互联网改变了人们的生产、生活、娱乐、社交等方式，极大开启了民智，满足了人们对于美好生活的向往。

尽管如此，我国数字经济发展仍面临诸多挑战，如关键技术“卡脖子”问题、数据产权等基础制度问题、反垄断和平台治理问题，以及助力传统产业转型升级等发展问题。从现实情况来看，中国与美国已是全球数字经济发展的两极，然而以往中国依靠庞大的国内市场，即模式创新带动发展的模式难以为继，突破核心技术发展是我国必须面对的挑战。

第三节　数字政府：数字化转型的牵引力

我国电子政务联合国排名大幅提升

全球电子政务整体发展水平不断提高，世界各国政府正在利用数字创新技术提高政府快速响应能力和公共服务能力，公众电子参与在全球范围持续推广，数据治理越来越被各国公共部门重视。越来越多的国家在大力推进数字政府战略，整合线上和线下渠道，提升以人为本的数字政务服务能力。特别是新冠肺炎疫情不断蔓延，电子政务正以新的方式服务公众并取得积极成效，各国政府可根据实时数据和分析迅速做出决策，提高政府应对新冠肺炎疫情的统筹协调能力。

关于全球数字政府的发展情况，选取电子政务作为评估指标。2001—2020年，联合国经济和社会事务部针对全球电子政务发展状况发布了11份调查报告（见表3-4），报告强调向更高层次电子政务发展的必要性。其中，报告重点强调以公众为中心的发展趋势，注重为公众提供定制化、个性化、便捷化的服务，并且认为这种服务模式的创新正在改变公共部门的运行方式。报告内容包含各国政府在线服务的范围和质量、通信基础设施的地区合作和人力资源的开发等。

表 3-4 联合国历年电子政务调查报告

年　份	报 告 主 题
2020	数字政府助力可持续发展十年行动
2018	发展电子政务，支持向可持续和弹性社会转型
2016	电子政务促进可持续发展
2014	电子政务成就我们希望的未来
2012	面向公众的电子政务
2010	在金融和经济危机时期扩充电子政务
2008	从电子政务到整体治理
2005	从电子政务到电子包容
2004	迈向机遇
2003	世界公共部门报告：处于十字路口的电子政务
2001	电子政务标杆管理：全球视角

从整体来看，2020 年不同国家、地区的数字政务服务有了显著的进步，电子参与和以数据为中心的方法得到了认可和强化，各国对数字能力建设的重视程度进一步提升。但在一些国家，数字化仍然是相对较新的问题，发展中国家包括一些处境特殊的国家，依然面临数字基础设施缺乏、可持续的电子政务平台资源缺乏及执行政策资源有限等迫切需要解决的问题。从调查结果看，区域内和区域间的数字政府差距依然存在：欧洲总体而言处于领先地位，亚洲和美洲总体不相上下，亚洲各国电子政务发展水平差距较大，非洲总体而言数字化面临各种挑战，但在电子政务方面取得了重大进展。

特别值得注意的是，2020 年，我国在联合国电子政务调查报告中指数排名大幅提升，从 2018 年的第 65 位提升至 2020 年的第 45 位。表 3-5 中的数据显示，我国电子政务发展指数为 0.7948（满分值为 1），取得历史新高。其中，在线服务指数达到 0.9059（满分值为 1），国家排名位居第 12 位，在线服务达到非常高的水平。这些进步得益于国家数字化总体进展，特别是得益于近年来我国不断深化“放管服”改革、大力推进国家政务服务平台建设。

表 3-5 联合国电子政务调查报告 2020

排　名	国　家	地　区	电子政务发展指数（EDGI）	在线服务指数（OSI）	人力资本指数（HCI）	电信基础设施指数（TII）
1	丹麦	欧洲	0.9758	0.9706	0.9588	0.9979

续表

排　名	国　家	地　区	电子政务发展指数（EDGI）	在线服务指数（OSI）	人力资本指数（HCI）	电信基础设施指数（TII）
2	韩国	亚洲	0.9560	1.0000	0.8997	0.9684
3	爱沙尼亚	欧洲	0.9473	0.9941	0.9266	0.9212
4	芬兰	欧洲	0.9452	0.9706	0.9549	0.9101
5	澳大利亚	大洋洲	0.9432	0.9471	1.0000	0.8825
6	瑞典	欧洲	0.9365	0.9000	0.9471	0.9625
7	英国	欧洲	0.9358	0.9588	0.9292	0.9195
8	新西兰	大洋洲	0.9339	0.9294	0.9516	0.9207
9	美国	美洲	0.9297	0.9471	0.9239	0.9182
10	荷兰	欧洲	0.9228	0.9059	0.9349	0.9276
11	新加坡	亚洲	0.9150	0.9647	0.8904	0.8899
12	冰岛	欧洲	0.9101	0.7941	0.9525	0.9838
13	挪威	欧洲	0.9064	0.8765	0.9392	0.9034
14	日本	亚洲	0.8989	0.9059	0.8684	0.9223
45	中国	亚洲	0.7948	0.9059	0.7396	0.7388
	世界平均		0.5988	0.562	0.688	0.5464

一体化在线政务服务平台建设成效显著

随着互联网特别是移动互联网发展，社会治理模式正在从单向管理转向双向互动，从线下转向线上线下融合，从单纯的政府监管向更加注重社会协同治理转变。顺应这一趋势，我国各级政府积极拥抱移动互联时代，大力推进一体化在线政务服务平台建设，实现政务服务在全国范围内“一网通办、异地可办、跨区通办”。

2019 年，国家政务服务平台上线运行，平台主要为企业和群众提供统一身份认证、统一服务事项、统一电子证照等“七个统一”服务，发挥全国政务服务公共入口、公共通道、公共支撑作用，为政务服务全国“一网通办”提供支撑。2020 年 11 月 18 日，国家政务服务平台快应用正式上线试运行，这是平台推出的一种新的快速精准触达用户的服务模式，推动政务服务“掌上办”“指尖办”，为广大用户带来高效便捷的服务新体验。

截至 2020 年年底，国家政务服务平台已联通 31 个省（区、市）及新疆生产建设兵团和 46 个国务院部门，实名用户超过 4 亿人。各地区、各部门依托国家政务服务平台，省级行政许可事项“一网通办”和“最多跑一次”比例达到 81.3%。国家政务服务平台已发布 53 个国务院部门的数据资源 9942 项，为各地区、各部门提供共享调用服务达 540 多亿次。

2022 年年底前，以国家政务服务平台为总枢纽的全国一体化在线政务服务平台将进一步完善，全国范围内政务服务事项基本做到标准统一、整体联动、业务协同，除法律法规另有规定或涉及国家秘密等外，政务服务事项将全部纳入平台办理，全面实现“一网通办”。国家政务服务平台在推动政府职能转变、优化营商环境、提升服务质量等面向公众服务方面的成绩有目共睹，特别是新冠肺炎疫情期间，国家政务服务平台对于疫情防控、复工复产发挥了极大的支撑作用。全国一体化在线政务服务平台开设疫情防控专题专栏，第一时间发布动态信息，一半以上的省级政府网站和政务新媒体开通复工复产咨询热线，公布相关政策，帮助企业有序复工复产。工业和信息化部建立重点行业产业链供需对接平台，用信息化手段推动产业链协同复工复产，平台纳入企业近 3000 家。

与此同时，全国政府网站集约化水平和网上服务水平持续提高。一是全国政府网站集约化试点工作任务基本完成。全国政府网站数量由 2015 年年末的 66453 个提升至 2020 年年末的 14444 个，基层政府网站的运营管理能力得到明显提升，其中江苏省、云南省等省份通过政府网站集约化建设实现了全网统一搜索。二是互联网政务服务平台集约化工作取得显著成果。目前，全国 32 个省级政府均建成全省统一的互联网政务服务平台和全省统一的政务服务 App，各省互联网政务服务平台均与国家平台实现了互联互通。三是数据开放平台建设稳步推进。多地积极推进数据开放平台建设，56.3%的省级政府、73.3%的副省级政府、32.1%的地级市政府已依托政府门户网站建立政府数据开放平台。同时，各地区纷纷研究、制定专门规范，推动数据开放共享，如深圳、贵州、天津等都发布了相关的管理规定，推动数据要素市场建设加快发展。2020 年 8 月，北部湾大数据交易所成立，截至 2020 年年底，交易规模突破 1500 万元。

面向公众的数字政府的政务服务能力率先突破，成为当前阶段我国政府数字化转型的典型特征。近年来，除了电子政务排名和一体化在线政务服务平台建设的成功，我国各相关国际数字化排名指标均有明显提升，我国政府在推动经济社会数字化转型中发挥了有力的牵引作用。

第四节　网络文化：数字化转型的传播力

网络文化的繁荣创新

我国积极打造网络文化生态，极大改变了网络文化作品生产、传播、服务的基本面貌，在更好满足人们对于美好生活的精神需求的同时，也为我国传统文化传承与创新、国际文化交流与合作奠定了坚实基础。

网络文化以文化创意内容为核心，依托数字技术进行创作、存储和传播，呈现出技术更迭快、生产数字化、传播网络化和消费个性化等特点。随着网民付费习惯的形成，网络文化产品的消费潜力和市场价值得到进一步释放，特别是网络文化产品的生动、多样和个性化相对更符合年轻人的消费习惯。截至 2020 年 12 月，网络音乐用户规模达 6.58 亿人，占网民整体的 66.6%；网络视频用户规模达 9.27 亿个，占网民整体的 93.7%。其中，短视频用户规模为 8.73 亿个，占网民整体的 88.3%。许多优质文化精品展现出新面貌，而短视频、弹幕直播等生动的传播方式深受大众喜爱，丰富了人们的文化生活。

作为精神文明建设的重要方向，网络文化对于我国数字化转型、坚定文化自信有着重大意义。文化内容承载的是社会思想观念、价值选择、审美倾向，人们要始终坚持正确导向，充分认识文化内容的社会价值和文化使命，始终坚持正确的政治方向、价值取向、文化导向，坚持以社会主义核心价值观为引领，传播正确的历史观、民族观、国家观、文化观，推动形成向上向善的正能量。近年来，人们对诗歌、国学、音乐、艺术等美好精神作品具有更强烈的需求，类似“诗词大会”等优质内容和国学类的网络视频内容受到大家的喜爱，达到正能量传播的目的。

例如，李子柒于2017年8月开始在YouTube发布短视频，成为新一代网红，受到国际网友的追捧，引发海外网友广泛关注。目前共有100多个视频，最长约10分钟，多数为5分钟左右。李子柒的视频有晨昏四季的交替、有跋山涉水的辛勤，除对食材从种植、采撷到烹调、享用的浓缩呈现外，还有对文房四宝、活字印刷、竹沙发等高难度传统工艺的制作展示，充分体现柔中带刚的女性形象和魅力。这种柔与刚之间的反差跨越性别偏好差异，兼顾男女受众喜好，收获广泛关注和认可。李子柒的视频融合了人性化设计、工业化生产和差异化竞争设计，通过鲜活的叙事手法和行动故事打造特色精品内容，不乏动静开合、刚柔相摩、天人合一、中正安舒等中国传统文化理念，展现出独具一格的中国文化。尽管遭受了一些质疑、批评和模仿，但是总体而言，李子柒的视频展示了有趣的生活情节，有尊老爱幼、珍爱亲情的人物情感，有吃苦耐劳、坚定自强的精神情怀，这些情感情怀是从古至今一直存在于人们心中的共同价值理念，能够跨越文化差异，为各国人们广泛接受。

传播方式的时代变革

随着互联网的发展，我国信息传播领域在媒体格局、舆论生态、受众对象、传播技术等方面都发生了深刻变化，传统媒体与新兴媒体正经历一场前所未有的变革。关于互联网的发展，从媒体属性角度可以分为以下三个阶段。

一是Web1.0阶段。互联网时代，此时互联网以编辑为特征，网站提供给用户的内容是网站编辑处理后的，用户阅读网站提供的内容。这个过程是网站到用户的单向行为。Web1.0阶段的代表站点为新浪、搜狐、网易等门户网站。二是Web2.0阶段。网站内容基于用户提供，加强了网站与用户之间的互动；网站的诸多功能也由用户参与建设，实现了网站与用户双向的交流与参与。用户既是网站内容的消费者，也是内容的制造者、传播者，Web2.0阶段以门户网站评论区、论坛、贴吧、微博为代表的网络舆论场与传统媒体共生共存。三是Web3.0阶段。网站内的信息可以直接和其他网站相关信息进行交互，用户可以通过第三方信息平台同时对多家网站的信息进行整合使用，用户在互联网上拥有自己的数据，并能在不同网站上使用。所有操作完全基于 Web，用浏览器就可以实现复杂的系统程序才具有的功能。Web3.0 最明显的特征就是主动性，即强调网站对用户需求的主动提取，并加以分析处理，然后给出用户所需要的资源。互联网媒体属性的阶段划分如表 3-6 所示。

表 3-6 互联网媒体属性的阶段划分

阶段	Web 1.0	Web 2.0	Web 3.0
时间	1996—2004	2004—2016	2016 年以后
提出者	蒂姆·伯纳斯·李	蒂姆·奥莱利、戴尔·多尔蒂	蒂姆·伯纳斯·李
读写	只读	网页可读写	网页可执行
用户数	百万级	十亿级	万亿级
交互模式	回声、反馈	互动参与	自我理解
方向	单项	双向	多用户虚拟环境
网络形式	静态网	社交网	语义网

从 Web1.0 到 Web3.0，可以说是，从人们对网络信息的被动接收，到用户与内容的双向互动，再到互联网变得更加智能，数字创新的空间大大拓展，人们的数字生活更丰富。值得一提的是，自媒体的出现打破了传统上由专业媒体机构主导的格局。

2003 年 7 月，谢恩·鲍曼与克里斯·威利斯两位美国人明确提出“We Media”这一概念，翻译为中文就是“自媒体”，并对其进行了非常严谨的定义，自此，“自媒体”这一概念才真正进入大众的视野。他们在研究报告中指出，自媒体作为一种大众化的新媒体传播形式正在兴起，它改变了长期以来的媒体传播方式，且“自媒体是普通大众经由数字科技强化、与全球知识体系相连之后，一种开始理解普通大众如何提供与分享他们自身的事实、新闻的途径”。美国硅谷著名 IT 专栏作家丹·吉尔摩在《草根新闻，源于大众，为了大众》中指出自媒体的草根特征：自媒体具有自主性、平民化、交互性和内容多样性的特征，是信息时代发展的必然产物，使全民传播成为可能。

自媒体建立起由普通大众自主的信息传播渠道，开创了“全民自己动手”的时代，也形成了一种全新的内容生产理念与消费模式，比如论坛、博客、微博、播客等平台上的各类内容，包括文字、音频、视频、短视频等形式，代表性平台如新浪微博、百度贴吧、抖音等。以前只有出版享有的权利被大众所有，如今每个人都是广播电台，每个人都是电视台，每个人都是记录者、传播者和发布者，出现了“众声喧哗”。由于任何人都可以成为传播媒介，从而极大提高了数字内容传播和流动的速度，“信息过载”成为一种普遍现象。

由此，自媒体改变了信息传播的模式，发出的“声音”不再是单向的、自上而下的。互联网上私人空间和公共空间似乎已经难以找出明显的界限，个人表达和公共讨论有效地结合在一起，个体、平民的声音被互联网放大。受众成为重要的“新闻源”，在多种传播方式并存的情况下，大量自媒体与传统主流媒体并存并竞相发声，但必然“真”与“假”难辨，甚至形成“塔西佗陷阱”。

第五节　生态治理：数字化转型的保障力

网络安全为发展保驾护航

安全和发展也是“一体之两翼、驱动之双轮”。没有网络安全就没有国家安全，没有信息化就没有现代化。近年来，为营造良好的网络环境，国家不断提升数字社会治理能力和水平，聚焦落实网络运营者责任、禁止危害网络安全行为等关键问题。

一是推动依法治理，加强网络安全法制体系建设。2017 年 6 月 1 日，《中华人民共和国网络安全法》正式施行，为我国网络安全工作提供了法律依据和保障。此后，《关键信息基础设施安全保护条例》《网络安全漏洞管理规定》等相继公开征求意见。2020 年，《中华人民共和国密码法》《个人金融信息保护技术规范》《网络信息内容生态治理规定》《信息安全技术个人信息安全规范》《信息安全技术网络安全等级保护定级指南》等相关法规及政策相继实施，营造了良好的网络环境。此外，积极完善配套标准工作。网络安全国家标准数量持续增加，标准建设进入快速发展期。截至 2019 年 10 月，全国信息安全标准化技术委员会累计发布网络安全国家标准数量 322 个（现行标准 291 个），其中 2012 年以来新发布 232 个。

二是重拳出击，围绕关键信息基础设施保护、个人信息保护、网络空间内容治理等重点问题，开展联合行动和专项行动，加大惩处力度。例如，围绕个人信息保护，2019 年以来，中央网信办、工业和信息化部、公安部、国家市场监管总局开展 App 违法违规收集使用个人信息专项治理，对存在严重问题的 App 采取约谈、公开曝光、下架等处罚措施；加强技术能力建设，组织开展全国范围的关键信息基础设施网络安全检查工作；中央网信办、工业和信息化部、公安部等部门加大执法力度，集中整治网络违法有害信息，中央网信办针对网络生态治理开展专项行动，对淫秽色情、低俗庸俗等十二类负面有害信息进行整治，畅通钓鱼网站、不良信息等投诉举报渠道。

三是加大社会宣传力度并发挥社会监督作用。每年通过举办国家网络安全宣传周，加强对网民的宣传教育，提升网民的网络安全意识和技能。同时，发动形成各方行动合力，加强社会的监督，不断加大对违法行为的打击力度。2020 年上半年，全国各级网络举报部门共受理举报 8088 万件，较 2019 年同期（6858 万件）增长 17.9%。此外，工业和信息化部持续加强互联网行业管理，进一步开展垃圾信息整治和电信网络诈骗防范治理工作。据工业和信息化部统计，2019 年全国共拦截诈骗呼叫 10.8 亿次，关停重点地区诈骗号码 88.8 万个。

近几年，我国未遇到网络威胁的网民比例大幅上升，由 2016 年年末的 29.5%提升至 2020 年 12 月的 61.7%。与此同时，网民中遭遇过网络诈骗、个人信息泄露、账号或密码被盗、设备中病毒或木马的比例均有不同程度的下降，除个人信息泄露外，下降幅度均超过 20 个百分点。应该说，在“政产学研”各方努力下，我国网络安全总体态势向好，综合实力明显增强，为保障国家数字化发展与网络空间战略稳定奠定了坚实的基础。2016 年 12 月至 2020 年 12 月网民遭遇网络威胁情况如图 3-10 所示。

网络综合治理成效显著

在互联网与现实社会深度融合的背景下，网络治理成为社会治理的重要组成部分，构建网络综合治理体系，对于提升国家治理能力具有重要而现实的意义。党的十八大以来，在习近平总书记关于网络强国的重要思想的指引下，我国在网络空间治理方面做出了突出贡献，探索出了一条中国特色治网之路。

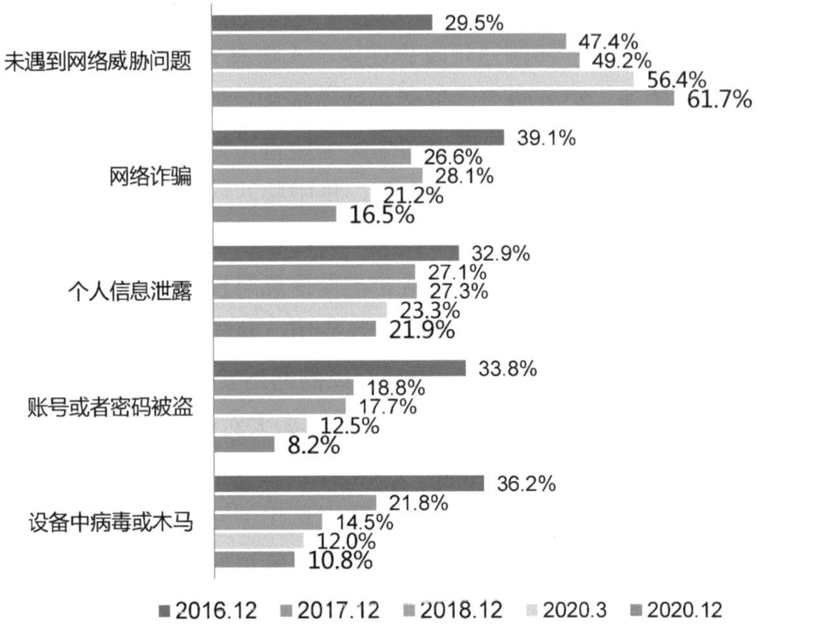

图 3-10　2016 年 12 月至 2020 年 12 月网民遭遇网络威胁情况

资料来源：CNNIC

一是高度重视，加强组织领导。党中央高度重视网络安全和信息化工作，成立了以习近平总书记为组长的中央网络安全和信息化领导小组（后改为“中央网络安全和信息化委员会”），统筹协调政治、经济、文化、社会等各个领域网络安全和信息化领域重大问题，做出一系列重大决策和战略部署，实施一系列重大举措，推进一系列重点工作，加强组织领导和队伍建设。

二是系统谋划，加强顶层设计。在工作中，坚持系统性谋划、综合性治理、体系化推进，坚决打赢网络意识形态战争，构建网上、网下同心圆。2019 年 7 月，中央全面深化改革委员会通过了《关于加快建立网络综合治理体系的意见》，提出加强互联网内容建设，建立网络综合治理体系，营造清朗的网络空间。逐步建立起涵盖领导管理、正能量传播、内容管控、社会协同、网络法治、技术治网等各方面的网络综合治理体系，全方位提升网络综合治理能力。

三是建章立制，完善网络法治体系。在网络治理法律法规方面，围绕网络安全保护、电子商务管理、个人数据保护、未成年网络保护等重点议题，有关部门加大研究力度，密集、连续地发布了多项规范性文件，包括《中华人民共和国网络安全法》《中华人民共和国电子商务法》《中华人民共和国个人信息保护法》，切实推动落实各方主体责任，为纠正网络乱象、维护网络安全提供准则，推动网络法制体系不断完善。与此同时，杭州、北京、广州等地先后成立互联网法院，网络治理立法与司法体系的不断完善可以促进互联网与经济社会协同发展、保障广大消费者权益。

四是形成联动，营造清朗生态环境。近年来，中央网信办、工业和信息化部、公安部等部门加大执法力度，紧紧围绕群众反映强烈的网络生态突出问题，开展网络空间治理专项行动。持续开展“剑网”“清朗”等专项整治行动，严厉打击网络谣言、网络诈骗、网络色情、网络赌博等污染网络环境、扰乱社会秩序的行为，对一些违反法律法规的网站和平台加大整治力度，营造健康的网络生态环境。

五是着眼国际，积极推动互联网全球变革。国家提出互联网全球治理体系变革的“四项原则”和构建网络空间命运共同体的“五点主张”，要求“从国际国内大势出发，总体布局，统筹各方，创新发展，努力把我国建设成为网络强国”，积极开展双边、多边的互联网国际交流合作，搭建世界互联网大平台，为各方提供乌镇论道的国际平台。

表 3-7、表 3-8 分别根据公开材料对工业和信息化部、中央网信办这两个与数字治理紧密相关的国家部门参与制定的法律法规政策进行了初步梳理。从中可以看出，自 2014 年 10 月《中共中央关于全面推进依法治国若干重大问题的决定》出台，提出要“加强互联网领域立法，完善网络信息服务、网络安全保护、网络社会管理等方面的法律法规，依法规范网络行为”以来，相关部门持续出台相关的法律法规、部门规章、司法解释等，为加大互联网治理力度、营造安全健康的互联网环境提供了强有力的法律依据。

表 3-7 工业和信息化部参与制定的部分数字发展与治理相关政策法规

时　间	名　称	文件性质
2013 年 4 月	《工业和信息化部关于开展加强和改进网站备案工作专项行动的通知》	政策文件
2013 年 7 月	《电信和互联网用户个人信息保护规定》	部门规章

续表

时　间	名　称	文件性质
2013 年 9 月	《信息化和工业化深度融合专项行动计划（2013—2018 年）》	政策文件
2013 年 12 月	《工业和信息化部办公厅关于做好国家产业转移信息服务平台管理工作的通知》	政策文件
2014 年 1 月	《工业和信息化部关于设立新增国家级互联网骨干直联点的指导意见》	政策文件
2015 年 5 月	《关于实施“宽带中国”2015 专项行动的意见》	政策文件
2015 年 5 月	《电子认证服务管理办法》	部门规章
2015 年 8 月	《互联网视听节目服务管理规定》	部门规章
2015 年 11 月	《云计算综合标准化体系建设指南》	政策文件
2015 年 12 月	《信息技术服务标准化工作五年行动计划（2016—2020）》	政策文件
2015 年 12 月	《国家智能制造标准体系建设指南》	政策文件
2016 年 2 月	《网络出版服务管理规定》	部门规章
2016 年 3 月	《加强信息共享 促进产融合作行动方案》	政策文件
2016 年 4 月	《工业和信息化部关于开展两化深度融合创新推进 2016 专项行动的通知》	政策文件
2016 年 5 月	《通信网络安全防护管理办法》	部门规章
2016 年 6 月	《工业和信息化部关于开展 2016 年电信和互联网行业网络安全试点示范工作的通知》	政策文件
2016 年 6 月	《综合治理不良网络信息防范打击通讯信息诈骗行动工作方案》	政策文件
2016 年 6 月	《2016 年国家信息消费示范城市建设指南》	政策文件
2016 年 9 月	《互联网信息安全管理系统使用及运行维护管理办法（试行）》	政策文件
2016 年 11 月	《信息化和工业化融合发展规划（2016—2020）》	政策文件
2016 年 12 月	《智能制造发展规划（2016—2020 年）》	政策文件
2016 年 12 月	《移动智能终端应用软件预置和分发管理暂行规定》	政策文件
2016 年 12 月	《关于通报全国增值 IDC/ISP 企业互联网信息安全管理系统对接情况的函》	政策文件
2017 年 1 月	《信息产业发展指南》	政策文件
2017 年 1 月	《大数据产业发展规划（2016—2020 年）》	政策文件
2017 年 1 月	《工业和信息化部关于清理规范互联网网络接入服务市场的通知》	政策文件
2017 年 1 月	《工业和信息化部关于进一步推进中小企业信息化的指导意见》	政策文件
2017 年 4 月	《工业和信息化部关于加强“十三五”信息通信业节能减排工作的指导意见》	政策文件

续表

时　间	名　称	文件性质
2017 年 5 月	《两部门关于实施深入推进提速降费、促进实体经济发展 2017 专项行动的意见》	政策文件
2017 年 6 月	《工业和信息化部办公厅关于全面推进移动物联网（NB-IoT）建设发展的通知》	政策文件
2017 年 6 月	《工业和信息化部 国资委 国家标准委关于深入推进信息化和工业化融合管理体系的指导意见》	政策文件
2017 年 7 月	《电信业务经营许可管理办法》	部门规章
2017 年 7 月	《三部门关于深入推进信息化和工业化融合管理体系的指导意见》	政策文件
2017 年 8 月	《两部委关于推动中小企业公共服务平台网络有效运营的指导意见》	政策文件
2017 年 8 月	《移动互联网综合标准化体系建设指南》	政策文件
2017 年 8 月	《工业控制系统信息安全防护能力评估工作管理办法》	政策文件
2017 年 9 月	《公共互联网网络安全威胁监测与处置办法》	政策文件
2017 年 9 月	《工业电子商务发展三年行动计划》	政策文件
2017 年 11 月	《高端智能再制造行动计划（2018—2020 年）》	政策文件
2017 年 11 月	《公共互联网网络安全突发事件应急预案》	政策文件
2017 年 12 月	《工业控制系统信息安全行动计划（2018—2020 年）》	政策文件
2017 年 12 月	《国家车联网产业标准体系建设指南（智能网联汽车）》	政策文件
2018 年 2 月	《国家制造强国建设领导小组关于设立工业互联网专项工作组的通知》	政策文件
2018 年 3 月	《中国互联网域名体系》	部门规章
2018 年 4 月	《2018 年工业通信业标准化工作要点》	政策文件
2018 年 5 月	《推进互联网协议第六版（IPv6）规模部署行动计划》	政策文件
2018 年 5 月	《工业和信息化部办公厅关于深入推进互联网网络接入服务市场清理规范工作的通知》	政策文件
2018 年 5 月	《工业互联网 APP 培育工程实施方案（2018—2020 年）》	政策文件
2018 年 5 月	《工业和信息化部 国资委关于深入推进网络提速降费加快培育经济发展新动能 2018 专项行动的实施意见》	政策文件
2018 年 6 月	《关于推进网络扶贫的实施方案（2018—2020 年）》	政策文件
2018 年 6 月	《工业互联网发展行动计划（2018—2020 年）》	政策文件
2018 年 6 月	《工业互联网专项工作组 2018 年工作计划》	政策文件
2018 年 7 月	《工业互联网平台建设及推广指南》	政策文件

续表

时　间	名　称	文件性质
2018年7月	《工业互联网平台评价方法》	政策文件
2018年7月	《工业和信息化部办公厅关于进一步加强企业两化融合评估诊断和对标引导工作的通知》	政策文件
2018年8月	《推动企业上云实施指南（2018—2020年）》	政策文件
2018年8月	《扩大和升级信息消费三年行动计划（2018—2020年）》	政策文件
2018年8月	《工业和信息化部办公厅关于开展工业互联网网络发展情况调查摸底工作的通知》	政策文件
2018年10月	《工业和信息化部办公厅关于公布2018年大数据产业发展试点示范项目的通知》	政策文件
2018年11月	《工业和信息化部关于工业通信业标准化工作服务于“一带一路”建设的实施意见》	政策文件
2018年11月	《工业和信息化部办公厅关于开展网络安全技术应用试点示范项目推荐工作的通知》	政策文件
2018年12月	《工业和信息化部关于加快推进虚拟现实产业发展的指导意见》	政策文件
2018年12月	《工业互联网网络建设及推广指南》	政策文件
2019年3月	《工业互联网综合标准化体系建设指南》	政策文件
2019年4月	《工业和信息化部关于开展互联网信息服务备案用户真实身份信息电子化核验试点工作的通知》	政策文件
2019年4月	《信息消费示范城市建设管理办法（试行）》	政策文件
2019年4月	《工业和信息化部关于开展2019年IPv6网络就绪专项行动的通知》	政策文件
2019年5月	《两部门关于开展深入推进宽带网络提速降费 支撑经济高质量发展2019专项行动的通知》	政策文件
2019年6月	《电信和互联网行业提升网络数据安全保护能力专项行动方案》	政策文件
2019年7月	《关于不再指导企业主办的商业性网络安全会议、竞赛活动的通知》	政策文件
2020年9月	《工业和信息化部关于电信服务质量的通告（2020年第3号）》	政策文件
2019年10月	《工业和信息化部关于加快培育共享制造新模式新业态 促进制造业高质量发展的指导意见》	政策文件
2019年11月	《工业和信息化部关于开展APP侵害用户权益专项整治工作的通知》	政策文件
2019年11月	《工业和信息化部办公厅关于印发“5G+工业互联网”512工程推进方案的通知》	政策文件
2019年12月	《工业和信息化部办公厅关于组织开展2019年工业互联网APP优秀解决方案征集活动的通知》	政策文件
2020年1月	《工业互联网创新发展行动计划（2021—2023年）》	政策文件

续表

时　间	名　称	文件性质
2020年2月	《关于有序推动工业通信业企业复工复产的指导意见》	政策文件
2020年2月	《国家发展改革委、中央网信办、科技部、工业和信息化部、公安部、财政部、自然资源部、住房城乡建设部、交通运输部、商务部、市场监管总局关于印发〈智能汽车创新发展战略〉的通知》	政策文件
2020年3月	《工业数据分类分级指南（试行）》	政策文件
2020年3月	《中小企业数字化赋能专项行动方案》	政策文件
2020年3月	《工业和信息化部关于开展2020年IPv6端到端贯通能力提升专项行动的通知》	政策文件
2020年3月	《工业和信息化部关于推动5G加快发展的通知》	政策文件
2020年4月	《两部门关于推进互联网电视业务IPv6改造的通知》	政策文件
2020年4月	《关于工业大数据发展的指导意见》	政策文件
2020年5月	《工业和信息化部办公厅关于深入推进移动物联网全面发展的通知》	政策文件
2020年6月	《关于深化新一代信息技术与制造业融合发展的指导意见》	政策文件
2020年7月	《工业和信息化部办公厅关于进一步加强商务楼宇宽带垄断专项整治工作的通知》	政策文件
2020年7月	《工业和信息化部关于开展纵深推进APP侵害用户权益专项整治行动的通知》	政策文件
2020年9月	《关于组织开展支撑疫情防控和复工复产的工业互联网平台解决方案征集工作的通知》	政策文件
2020年9月	《工业和信息化部 中国残疾人联合会关于推进信息无障碍的指导意见》	政策文件
2020年10月	《“工业互联网+安全生产”行动计划（2021—2023年）》	政策文件
2020年11月	《工业和信息化部办公厅关于推动工业互联网加快发展的通知》	政策文件
2020年12月	《电信和互联网行业数据安全标准体系建设指南》	政策文件
2020年12月	《国家发展改革委、中央网信办、工业和信息化部、国家能源局关于加快构建全国一体化大数据中心协同创新体系的指导意见》	政策文件
2020年12月	《互联网应用适老化及无障碍改造专项行动方案》	政策文件
2021年1月	《工业互联网标识管理办法》	政策文件
2021年2月	《国家车联网产业标准体系建设指南（智能交通相关）》	政策文件
2021年3月	《“双千兆”网络协同发展行动计划（2021—2023年）》	政策文件
2021年3月	《加快培育新型消费实施方案》	政策文件
2021年5月	《常见类型移动互联网应用程序必要个人信息范围规定》	政策文件

续表

时　间	名　称	文件性质
2021 年 5 月	《国家发展改革委、中央网信办、工业和信息化部、国家能源局关于印发〈全国一体化大数据中心协同创新体系算力枢纽实施方案〉的通知》	政策文件
2021 年 5 月	《工业和信息化部、中央网信办关于加快推动区块链技术应用和产业发展的指导意见》	政策文件
2021 年 6 月	《工业和信息化部办公厅关于开展车联网身份认证和安全信任试点工作的通知》	政策文件
2021 年 7 月	工业和信息化部关于印发《新型数据中心发展三年行动计划（2021-2023 年）》的通知	政策文件
2021 年 7 月	《5G 应用“扬帆”行动计划（2021—2023 年）》	政策文件
2021 年 7 月	《IPv6 流量提升三年专项行动计划（2021—2023 年）》	政策文件
2021 年 7 月	《工业和信息化部 国家互联网信息办公室 公安部关于印发网络产品安全漏洞管理规定的通知》	政策文件
2021 年 7 月	《数字经济对外投资合作工作指引》	政策文件
2021 年 7 月	《工业和信息化部关于加强智能网联汽车生产企业及产品准入管理的意见》	政策文件

表 3-8　中央网信办参与制定的部分数字发展与治理相关政策法规

时　间	名　称	文件性质
2014 年 5 月	《关于加强党政机关网站安全管理的通知》	规范性文件
2014 年 5 月	《关于变更互联网新闻信息服务单位审批备案和外国机构在中国境内提供金融信息服务业务审批实施机关的通知》	政策文件
2014 年 8 月	《即时通信工具公众信息服务发展管理暂行规定》	规范性文件
2015 年 2 月	《互联网用户账号名称管理规定》	规范性文件
2015 年 2 月	《互联网危险物品信息发布管理规定》	规范性文件
2015 年 4 月	《互联网新闻信息服务单位约谈工作规定》	规范性文件
2016 年 6 月	《互联网信息搜索服务管理规定》	规范性文件
2016 年 6 月	《移动互联网应用程序信息服务管理规定》	规范性文件
2016 年 6 月	《移动互联网应用程序信息服务管理规定》	规范性文件
2016 年 8 月	《关于加强国家网络安全标准化工作的若干意见》	政策文件
2016 年 11 月	《互联网直播服务管理规定》	规范性文件
2017 年 5 月	《互联网新闻信息服务管理规定》	部门规章
2017 年 5 月	《互联网信息内容管理行政执法程序规定》	部门规章

续表

时　间	名　称	文件性质
2017年5月	《互联网新闻信息服务许可管理实施细则》	规范性文件
2017年8月	《互联网域名管理办法》	部门规章
2017年8月	《互联网跟帖评论服务管理规定》	规范性文件
2017年8月	《互联网论坛社区服务管理规定》	规范性文件
2017年9月	《互联网群组信息服务管理规定》	规范性文件
2017年10月	《互联网新闻信息服务单位内容管理从业人员管理办法》	规范性文件
2017年10月	《互联网新闻信息服务新技术新应用安全评估管理规定》	规范性文件
2018年2月	《微博客信息服务管理规定》	规范性文件
2018年3月	《关于推动资本市场服务网络强国建设的指导意见》	政策文件
2019年1月	《区块链信息服务管理规定》	部门规章
2019年7月	《云计算服务安全评估办法》	规范性文件
2019年7月	《关于不再指导企业主办的商业性网络安全会议、竞赛活动的通知》	政策文件
2019年8月	《儿童个人信息网络保护规定》	部门规章
2019年11月	《网络音视频信息服务管理规定》	规范性文件
2019年11月	《APP违法违规收集使用个人信息行为认定方法》	政策文件
2019年12月	《网络信息内容生态治理规定》	部门规章
2020年4月	《网络安全审查办法》	部门规章
2021年1月	《互联网用户公众账号信息服务管理规定》	规范性文件
2021年2月	《关于加强网络直播规范管理工作的指导意见》	政策文件
2021年2月	《中国银保监会办公厅、中央网信办秘书局、教育部办公厅等关于进一步规范大学生互联网消费贷款监督管理工作的通知》	政策文件
2021年5月	《全国一体化大数据中心协同创新体系算力枢纽实施方案》	政策文件
2021年5月	《工业和信息化部、中央网信办关于加快推动区块链技术应用和产业发展的指导意见》	政策文件
2021年6月	《能源领域5G应用实施方案》	政策文件
2021年6月	《数据安全法》	法律条款
2021年7月	《5G应用“扬帆”行动计划（2021—2023年）》	政策文件
2021年7月	《IPv6流量提升三年专项行动计划（2021—2023年）》	政策文件
2021年7月	《工业和信息化部 国家互联网信息办公室 公安部关于印发网络产品安全漏洞管理规定的通知》	政策文件
2021年8月	《个人信息保护法》	法律条款
2021年8月	《中央网信办秘书局关于进一步加强“饭圈”乱象治理的通知》	党内法规制度

本章小结

本章围绕“数字化转型进程切面观察”这一主题展开。

关键词：兼容并济。

本章只是选取部分代表性发展“切面”，通过基础、经济、政府、文化和生态治理这五大维度的生态进程观察中国数字化转型的整体进程和巨大成就。

不难看出，中国数字化转型具有极强的兼容并济的特点：各种数字创新应用百花齐放、相互渗透，形成了多样化的生态，不同生态也在逐步走向融合，彼此互相影响和制约。新型基础设施建设提速，为全面数字化转型提供了坚实基础。数字经济在信息化、网络化的基础上，形成数据的自动生成，推动生产向智能化迈进。新一代信息技术改变了政府的管理服务方式，政务服务能力明显提升成为我国数字政府发展的显著特点。此外，互联网带来信息跨层级、跨组织边界实时传递，互联网上私人空间和公共空间越来越难以找出明显的界限。伴随数字化发展，治理尤为重要，近年来，网络综合治理成效显著，网络安全为发展保驾护航。

也许，数字应用的发展不是太慢了，而是太快了，给经济社会带来巨大冲击。只是，这一切并不以我们的意志为转移。未来，如何实现绿色可持续健康发展，如何给已经繁杂的数字系统留白，如何让人在机器和数据面前更有尊严，这些都是值得思考的问题。

第四章

同舟共济——数字化转型中的数字失衡

数字化转型的种种问题归根结底可以说是一种“数字失衡”综合征，揭开层层面纱，有助于发现真实原因。我国由于处于全方位的数字化转型期，也是数字革命进程中艰难的“爬坡期”，不同的生态都面临各种各样的失衡问题，厘清和正确看待这些问题有助于人们理解数字化转型进程。

需要说明的是，这些问题并不都是数字化转型带来的，相当一部分问题是源于现实社会的矛盾，还有一些始终围绕公平与效率之间的平衡；而问题的解决也不能希望仅通过数字治理，而是需要通过数字化转型的持续深入，通过国家现代化治理体系的完善和治理能力的提升。表 4-1 对当前存在的部分突出挑战进行了分类梳理，限于篇幅，本章仅对部分热点问题展开讨论。

表 4-1　当前存在的部分突出挑战

类　别	突出挑战	治理主体
网络安全和犯罪	技术伦理、机器换人、国家战略安全稳定、网络安全、全球反恐、关键基础设施保护、数据安全、根区和根服务器、域名系统、下一代互联网架构、网络黑客、网络病毒、网络犯罪、黄赌毒、未成年人保护、司法管辖、诉讼纠纷解决、法律规制……	政府 企业 ……
产业和行业	行业无序发展、不正当竞争、平台治理、反垄断、新业态治理、消费者保护、知识产权、个人信息保护、数据基础制度、数字货币、数字贸易、供应链安全……	企业 政府 ……
社会和文化	内容治理（网络谣言、虚假新闻、网络舆情危机等）、网络伦理、网络暴力、网络诈骗、网络色情、网络沉溺、网络诚信、就业、监管挑战、法律法规……	政府 社会 ……
数字化基础	新技术治理（物联网、人工智能、区块链等）、数字鸿沟、数字技能……	政府 企业 ……
资源和全球治理	网络空间治理、互联网全球治理体系变革、网络反恐、知识产权、数字税、供应链、数字贸易等国际规则制定	政府 技术社群 企业 ……

第一节　安全的威胁——网络安全和犯罪

网络攻击引发公共安全

随着数字技术的发展，互联网在给人们带来便利的同时，也为不法分子实施违法犯罪活动提供了技术手段。近年来，各类黑客成为数字社会中活动日益猖獗的群体，不断通过网络盗窃、勒索、攻击破坏等方式给个人、组织甚至国家安全带来重大威胁和侵害，各类安全问题层出不穷，这里仅罗列部分。

一是网络攻击破坏。除了为获取利益而进行的违法行为，还有一部分黑客以破坏为目的，对其他个人、组织的系统发起网络攻击，破坏其数据或使其系统瘫痪，特别是对关键信息基础设施的破坏会给社会及整个国家的秩序和安全带来严重威胁和损害。在万物互联的今天，关键信息基础设施犹如一个国家运转的神经系统，一方面需要加强防护意识、加强投入，另一方面需要制定应急预案、进行协同演练，建立追溯查处系统。

二是网络勒索问题。部分黑客利用自身高超的计算机技术，编写勒索病毒，对网民进行勒索，这是一种危害极大的网络犯罪行为。2021 年，虽然勒索病毒感染事件较 2020 年有所下降，但仍然在全球范围内持续产生严重危害，公共教育、医疗卫生、政府机构成为勒索病毒的主要攻击对象，互联网、金融、能源等行业也深受其害。

例如，2021 年 5 月，全美最大的成品油运输管道运营商科洛尼尔公司遭黑客攻击，被迫关闭管道主干线。这是美国关键基础设施迄今遭遇的最严重网络攻击。随后，美国能源部宣布 17 个受影响的州及华盛顿特区进入紧急状态，解除多项对公路运油的限制。美国南部的一些城市，有超过 75%的加油站的汽油售罄。在华盛顿特区，等待加油的汽车排起了长龙，从佛罗里达州到弗吉尼亚州的加油站都无油可卖。

据报道，由于一些机构为了运营不得不支付赎金，犯罪分子也越来越多转向使用勒索软件，而美国能源行业已经成为黑客攻击的重要目标。相关报道称，一是黑客利用勒索软件发动的网络攻击愈发猖獗，二是美国关键基础设施的脆弱性未得到改善。上述攻击发生后，美国总统拜登签署一项行政命令以强化联邦网络安全能力，并鼓励曾发生黑客攻击事件的民间行业全面提升数字安全标准。

三是网络盗窃问题。我国已全面进入数字时代，众多网民以虚拟身份在数字社会中出现并进行各种活动，这种以代码为基础的交流方式也给了黑客等不法分子以可乘之机，出现了网络盗窃等新型违法犯罪行为。目前，网络盗窃已经成为最常见的网络犯罪行为之一。

四是数据安全问题。由于数据是人工智能技术的基础资源，算法决策和人工智能的实现和发展需要大量数据的支撑，从而可能导致出现数据过度收集的法律风险，即企业通过不合规手段大规模收集、使用用户数据，其中可能涉及对用户敏感信息的非法收集。同时，数据成为新的流通物使得各类服务之间的交易数据分享、流动更加频繁，可能会形成以数据买卖为目的的黑色产业链，个人和相关部门对于数据的控制和管理难度将进一步加大。2018年3月，Facebook公司被爆出8700万名用户的数据遭泄露，且这些泄露的数据被恶意利用，引起国内外普遍关注。

面对网络攻击，各国政府都在资源紧张的情况下积极开展行动，由此需要明确数字安全的优先事项。通常一国之政府、军队和相关供应商及关键基础设施等易受到网络攻击，对其的保护也是重中之重，但于安全而言，仍难以准确判断哪些地方存在较大的漏洞。但有一点颇为重要，那就是破坏性的网络攻击一旦出现，必须立刻采取行动，关键时刻的应急响应和紧急行动非常重要，否则网络安全战略无论多么全面都可能落空。

网络犯罪造成社会损失

近年来，随着互联网的高速发展，网络犯罪的人数越来越多、形式越来越多样、危害越来越大。网络犯罪不仅会损害公民和企业的利益，还可能危及公共安全。例如，“暗网”的存在。暗网指隐藏的网络，普通网民无法通过常规手段搜索访问，需要使用一些特定的软件、配置或者授权等才能登录。由于暗网具有匿名性等特点，容易滋生以网络为勾连工具的各类违法犯罪。

一是隐私泄露。由于网络的普及和信息技术的飞速发展，网民在使用互联网应用的过程中很容易在无意间泄露自己的个人隐私信息，进而给不法分子提供可乘之机。这些隐私信息往往包含着个人的姓名、住址、电话、银行账号、证件号码等大量敏感且极具价值的关键信息，通过对这些信息的分析，不法分子可以掌握个人的行踪、消费习惯等各类敏感特征，甚至直接对其实施诈骗，给个人带来巨大的风险和经济损失。近年来，随着大数据技术的发展及大数据所蕴含的价值被日益重视，个人隐私安全受到的威胁日益增加。而海量公民数据泄露可能被利用到政治、军事、卫生等领域，从个人隐私安全问题上升为国家公共安全问题。据统计，目前各互联网平台的隐私政策中，透明度低的占比超过 80%。

二是电信诈骗。随着信息技术的不断发展，犯罪分子进行电信和金融诈骗的手段也在不断升级，且更加隐蔽、更具有迷惑性，成为威胁公民财产安全的社会公害。境内外不法分子大肆通过伪基站、网络钓鱼、植入木马等手段进行诈骗，常见方式有虚假中奖、积分兑换、制造账户余额变动、谎称退款、冒充公检法机关、冒充微信和 QQ 好友等。据公安部门统计，各种诈骗类型大概可分为 48 类共计 300 余种；19.16%的网络诈骗案件具有精准诈骗的特征，即不法分子获取公民个人信息后有针对性地实施诈骗，大大提高了诈骗得逞的可能性。2021 年 4 月，习近平总书记对打击治理电信网络诈骗犯罪工作做出重要指示，强调坚持以人民为中心，坚决遏制电信网络诈骗犯罪多发、高发态势。

三是侵害商业秘密。随着互联网的普及及数字时代的到来，不法分子对商业秘密的侵害行为变得更加频繁和猖獗。对企业来说，商业秘密直接关系到企业的经济效益、核心竞争力，以及未来的发展趋势，商业秘密一旦泄露，势必会给相关企业造成巨大的经济损失。数字时代的商业秘密保护，即在当今网络环境下如何有效地保护自己企业的商业秘密，同时合理避开其他企业的侵权纠缠，维护企业自身利益，成为各企业特别关注的问题。利用网络侵害商业秘密有多种途径，其中较常见的是通过电子邮件。在电子邮件发送信息的过程中，商业秘密受到侵犯的可能性较大，尤其在电子商务领域，利用电子邮件可以进行磋商、招揽、邀约，以及订立合同、发送账单及相关收据证明，还可以完成数字化产品的发送、信息的查询，确保各类合同的顺利执行等。在这些环节中，通过企业内部不良员工泄漏或外部不法分子盗取等方式，或者在数字时代背景下通过数字技术的运用，均可对商业秘密实施侵犯。

四是网络赌博犯罪问题。网络赌博也是近年来较为多发且危害较大的一种网络犯罪。特别是在网络普及率越来越高的情况下，依托于棋牌、博彩类性质的网络游戏演变为网络赌博的可能性极大，同时网络赌球、视频赌博等新型赌博活动层出不穷。不法分子利用网络平台开设黑庄、组织赌博活动、销售赌博软件等，将赌博活动从现实生活搬到了网上，使其变得更加容易被普通网民接触和沉迷，给网民造成难以挽回的损失。近年来，网络赌博又演变出新的模式。可以说，网络赌博的潜在危害远远超过传统赌博。

五是网络暴力问题。网络暴力是网民在网络上的暴力行为，是社会暴力在网络上的延伸。一些网民在行使自由表达权利的同时，对未经证实或已经证实的网络事件发表具有伤害性、侮辱性和煽动性的失实言论，造成当事人名誉损害或致使其人身权利受损等。2017 年 12 月，一则民警棒杀伤人金毛犬的视频在网络上引发了热议，视频只截取部分内容，使得网络上大量爱狗人士在未了解事实真相的情况下攻击民警，给处在舆论漩涡中的当事民警造成了巨大伤害。诸如此类的网络暴力行为，不仅打破了道德底线，甚至伴随着侵权行为和违法犯罪行为，严重破坏社会公共秩序。

以上列举的种种网络犯罪，在各个国家均不同程度存在，或有不同形式的呈现。特别是基于新技术的网络犯罪往往具有较强的隐蔽性，取证困难，需要各方共同努力。美国互联网协会在线信任联盟（OTA）在 2018 年 7 月发布的《2018 年网络安全事件和数据泄密趋势报告》显示，互联网犯罪分子正逐渐将犯罪活动货币化。据测算 2018 年发生超过 200 万次的互联网事故，总计造成超过 450 亿美元的损失。但由于还存在许多未上报的互联网事故，因此实际事故损失远远超过 450 亿美元。只要存在牟利空间，违法犯罪就会伴随社会发展进程，治理永远在路上。

第二节　利益的较量——产业和行业方面

新旧业态摩擦问题频发

当前，我国互联网市场也存在一些恶性竞争、滥用市场支配地位的情况，这种情况在平台企业中尤为明显。例如，浙江是中国的互联网经济大省，2014—2019 年，全省法院共受理涉平台的侵权案件 1.7 万余件，审结 1.4 万余件，年均增长 83.4%。处理这些案件的核心问题之一就是平台责任的认定，包括是否承担责任及承担何种责任。

平台经济是数字时代一种新出现的商业模式，值得肯定和支持，但需加以引导和规范治理。由于平台能够创造新的就业机会，为商户带来机会，为消费者带来极大的方便和福利，在发展初期即便存在问题，也不易引起消费者特别强烈的反感和政府部门的强监管。并且，其产品与服务设计大多考虑了消费者心理，迎合了消费者的硬性需求，黏性很强。在平台发展到一定的规模之后，随着生态日趋复杂，之前累积的问题开始集中爆发。出于竞争的考虑，平台企业取得一定垄断地位后，开始倾向于阻碍市场上小企业的创新，自身也可能出现“踩红线”“越底线”的行为，引发市场激荡、社会热议和政府关注。

平台引起的业态摩擦表现在以下几方面。一是平台与传统企业间的不对等竞争。例如，网约车与出租车之间产生矛盾，传统行业的规则相对成熟，企业经营有章可循；而平台企业则不受相关规则约束，导致双方之间的竞争并不对等。且平台的商业模式大多具有颠覆性，跟传统企业不在同一维度竞争，平台还可以通过投资并购进行横向扩展，以产业链或生态的方式对抗单一的传统企业，双方力量不均衡，导致摩擦变大。二是平台与其他同类平台间的不对等竞争。同类的平台也有大有小，实力不均，部分领先平台在市场竞争中有可能采取不公平的竞争手段打压对手。或借助垄断地位胁迫发展中的企业，如在同类平台竞争中强迫中小企业站队，或提高平台的入驻成本、压缩中小企业利润等。三是平台自身的垄断问题，以及借助垄断地位侵犯消费者权益，如强迫用户“二选一”，或有“大数据杀熟”“算法歧视”等行为。

此外，平台在发展过程中也引发或显现出诸多社会问题，如外卖平台的食品安全问题、直播平台的色情问题、游戏平台的网络成瘾和暴力问题、金融平台的诈骗问题及网络侵权问题等。

例如，随着互联网金融的迅猛发展，越来越多的人开始接触网络投资理财，但随着或真或假打着P2P旗号的互联网金融平台一夜蒸发，各类问题频出，互联网金融也成为金融诈骗的“重灾区”。2015年，知名P2P平台“e租宝”因涉嫌非吸自融等问题被突查，随后轰然倒塌，掀起P2P网贷行业风暴。在这场“庞氏骗局”里，受害群众近100万人，涉案资金500亿元，给投资者造成了无法挽回的巨大损失，也使得投资者对互联网金融逐步丧失信心，阻碍了整个行业的发展。

行业不正当竞争加剧

近年来，互联网行业不正当竞争一直持续高发，在数量、范围、形式、地域等方面不断扩张。自2010年360与腾讯爆发“3Q大战”以来，连续出现小米、360、百度之间的流量争夺，以及京东、苏宁、国美之间的电商大战，顺丰与菜鸟之间的数据大战，抖音与腾讯之间的“抖腾大战”。总体来看，互联网行业不正当竞争纠纷行业关注度高、社会影响力大，给数字经济健康发展带来负面效应，给监管带来很大困难。

当前互联网行业不正当竞争主要体现为：一是从数量看，互联网不正当竞争案件数量逐年攀升；二是从范围看，互联网不正当竞争领域不断扩大；三是从行业看，互联网不正当竞争密切涉及传统行业；四是从形式看，互联网不正当竞争形式不断翻新；五是从地域看，互联网不正当竞争案发地不断蔓延。

通过分析互联网行业不正当竞争案例可以发现，新型表现形式不断涌现，这些行为涉及几十家互联网公司的多种产品和服务，而不同于传统领域，几乎每一种不正当竞争行为都能触发对手的强烈反弹甚至采用技术反制手段，致使不正当竞争行为由单个行为变成多领域、多业务、多产品的同业竞争，并进而演化为跨业混业竞争，由个案变为众案、由短期争夺变为长期对抗，导致行业不正当竞争频发。

与此同时，国家针对互联网行业不正当竞争治理加速，特别是从 2020 年开始加大反垄断力度。2017 年 11 月，我国修订《中华人民共和国反不正当竞争法》，于 2018 年 1 月 1 日起施行，新增了互联网行业相关规定。2021 年 4 月，江苏省淮安市中级人民法院就美团不正当竞争行为做出判决，该案首次适用《中华人民共和国反不正当竞争法》第十二条，认定为外卖领域不正当竞争侵权案件，依据判决北京三快科技有限公司（美团）向上海拉扎斯信息科技有限公司（饿了么）赔偿 35.2 万元。

2020 年 1 月，国家市场监管总局发布《〈反垄断法〉修订草案（公开征求意见稿）》，此次修订一大亮点就是将互联网等新业态纳入规制范围。该修订草案提出，经营者违反本修订草案规定，滥用市场支配地位的，由反垄断执法机构责令停止违法行为，没收违法所得，并处上一年度销售额 1%以上 10%以下的罚款。此外，对于上一年度没有销售额的经营者或者尚未实施所达成的垄断协议的，处 5000 万元以下的罚款。2020 年 11 月 10 日，国家市场监管总局发布《关于平台经济领域的反垄断指南（公开征求意见稿）》。

2021 年 2 月，《国务院反垄断委员会关于平台经济领域的反垄断指南》印发，明确“二选一”可能构成滥用市场支配地位限定交易行为。2021 年 3 月 12 日，国家市场监管总局官网发布信息，根据《中华人民共和国反垄断法》，对包括腾讯、百度、美团、苏宁，以及阿里巴巴、京东、字节跳动控制的关联方在内的 12 家中国互联网科技公司做出顶格处罚，分别处以罚款 50 万元。2021 年 4 月，国家市场监管总局依法对阿里巴巴在中国境内网络零售平台服务市场实施“二选一”垄断行为做出行政处罚，责令其停止违法行为，并处以人民币 182.28 亿元（约美金 28 亿元）罚款，相当于阿里巴巴 2019 自然年度中国境内销售额人民币 4557.12 亿元（约美金 696 亿元）的 4%。2010—2018 年部分代表性的互联网行业竞争事件如图 4-1 所示。

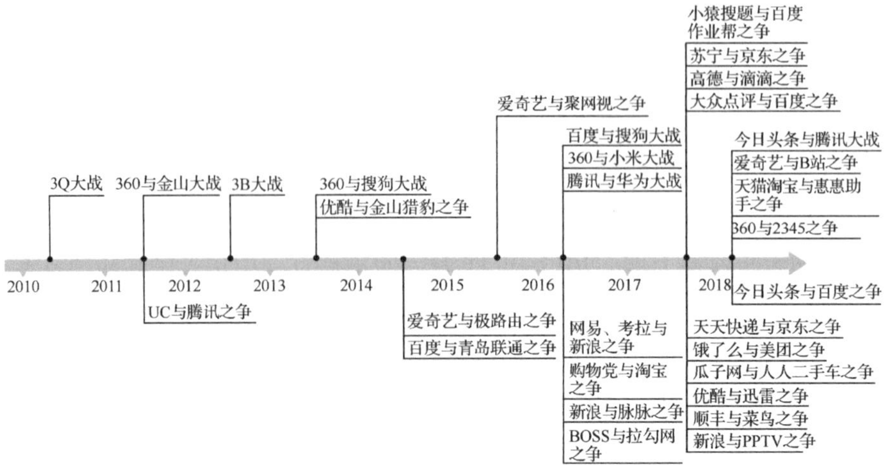

图 4-1 2010—2018 年部分代表性的互联网行业竞争事件

资料来源：网络公开资料

第三节 信任的挑战——社会和文化方面

网络谣言与舆情危机

互联网是中国社会舆论的重要阵地。互联网颠覆了传统的媒体传播方式，改变了话语权分布，民众的声音得以在网上反映和传播。互联网的技术特征使其天然具备自由表达、平等对话、理性批判等特点，网络为民众赋权，为弱势群体赋权，然而也带来了不可避免的风险。例如，一些组织或个人为了获得经济利益或社会关注度，在网络上发布不实、负面信息和各类虚假信息，这些信息对人们的工作、生活造成了巨大困扰，甚至扰乱了正常的社会秩序，损害了社会诚信。

网络谣言间接助长了诚信缺失。由于网民身份的虚拟性、网络传播的隐匿性，一些网民出于一些目的在网络中编造或者篡改事实，导致对其他人的诽谤或给企业带来经济损失。

网络谣言可能造成权威机构的公信力下降，带来信任危机。一些公共事件，本身就是社会公众关注的焦点，一旦曝出一些负面信息，较易在互联网上迅速传播，甚至被夸大和扭曲，如郭美美事件对中国红十字会公信力的影响。

谣言易造成舆情危机，并且容易发酵并引发社会危机。由于网络媒体的快速性、延展性、即时性、互动性等特点，现实中的社会问题“投射”到网上，很容易在网上集中爆发，形成强大舆论声势。如果政府反应不及时、处置不恰当，很容易造成舆论危机，陷于被动。

2018 年 6 月，印度发生骚乱，导致 8 人死亡，原因是 WhatsApp 上流行的一段有关涉嫌绑架儿童的视频。这段视频来自巴基斯坦，却伪造成一个孩子在印度被绑架，一张儿童被拘押的照片引起了人们对移民政策的愤怒，直到人们意识到这张照片其实拍摄于 2014 年 6 月。

随着互联网的快速发展和网民数量的剧增，网民对突发公共事件所持的有较强影响力、倾向性的言论和观点极易通过互联网迅速传播，并形成一边倒的舆论。

当前，我国正处于市场化与现代化历史交叉进程中，在重大公共突发事件中表现出的突出矛盾，往往借助互联网这个舆论场得以显现。由于公共事件在新媒体中的传播速度十分迅速，这大大增加了各级政府危机应对的难度。

虚假新闻与不良信息

近年来，虚假新闻成为全球关注的话题。虚假新闻是指为了达到某一目的而采用发布假信息达到欺骗当事者的一种舆论，未能真实反映客观事物本来面貌，是带有虚假成分的报道。随着信息技术和现代传媒的飞速发展，造假手段越来越多，虚假新闻形式多样、种类繁多，多为无中生有，或者有时是作者根据自己的主观想象加入一定的虚构成分，由此迎合受众心理并引发卖点。还有一些虚假新闻的传播则是由于来源不清楚，未经核实或难以核实。

腾讯自 2002 年起自发选出年度十大假新闻，对上一年度具有典型性、影响广泛的虚假新闻进行梳理，剖析其成因和趋势。据分析，2020 年虚假新闻有几个明显特点：一是新冠肺炎疫情的不确定性为虚假新闻提供了可乘之机；

二是虚假新闻成为公众情绪和社会热点的另类映射；三是媒体间议程设置为虚假新闻赋权，即多家媒体集体发力，且在混合性的媒体中传播，多次曝光提高其可信度；四是主观故意炮制虚假新闻的案例增多。

案例：腾讯评出的2020年十大假新闻之一：10万只浙江鸭子出征巴基斯坦灭蝗

【新闻】2月27日，《宁波晚报》刊登《鸭子是灭蝗界“天才”吗？宁波“鸭兵”能出国灭蝗吗？浙江省农业科学院专家一一解答》，声称“根据巴方需求，中国政府已派出蝗灾防治工作组抵达巴基斯坦。随后，10万‘鸭子军队’也将代表国家出征灭蝗”。“这支由浙江绍兴‘国绍1号’鸭苗组成的‘鸭子军队’，简直是灭蝗界中的‘奇才’”。报道还引用浙江省农业科学院研究员卢立志的话：“首批预计出动10万‘鸭兵’，‘国绍1号’鸭苗将代表国家出征灭蝗，鸭苗可通过空运，一天之内就抵达巴基斯坦。”当天红星新闻也发布《10万鸭子出国灭蝗背后：为何是“国绍1号”？》称，记者还联系了“出征鸭子”的供应者国伟禽业发展有限公司，该公司一位李姓人员表示“我们会按照国家的要求及与巴基斯坦驻华大使馆的商量结果，将鸭子无偿捐赠过去”。该工作人员还向记者介绍了将要出征的“国绍1号”鸭苗。

【真相】2月27日12:37，微博@中国经济网发布消息（浙江10万只鸭子出征巴基斯坦灭蝗？子虚乌有！）表示，“中国经济网记者经多方求证，前方不同渠道的回复是‘胡说八道’‘子虚乌有’”。中国经济网微信公众号也发布了报道《10万鸭军远征巴基斯坦？我不敢说这是某某企业的一个策划》。文中表示，记者以个人名义向中国驻巴基斯坦使馆经参处（参与协助灭蝗工作的协调部门）、中国驻卡拉奇总领馆（中国灭蝗专家组正在这里）、中国驻拉合尔总领馆（该馆领区旁遮普省是巴灾情最严重地区）的相关负责人进行求证，负责人的答复是“胡说八道”“子虚乌有”“假新闻”。文章还引用了中央广播电视总台2月26日报道的中国蝗灾防治工作组在巴基斯坦卡拉奇召开新闻发布会的内容，工作组在回答当地媒体提出的中国政府是否会派大量鸭子到巴基斯坦来进行蝗灾治理时表示，从目前的考察情况来看，在巴基斯坦不适合采用这一技术。

【点评】《宁波晚报》之所以报出“10万只浙江鸭子将出征灭蝗”的新闻，主要是援引了浙江省农业科学院一位专家的说法。可是，要派遣数量如此庞大的鸭子“出征”，显然不是一位专家就能拍板决定的。而且，在新冠肺炎疫情肆虐全球之时，要运输规模如此庞大的活禽出境，必然涉及更严格的防疫检疫工作。记者没有进一步核实就抢发了报道，从而催生了一条假新闻。另外值得注意的是，不同媒体在报道中多次提及“国绍 1 号”鸭苗，且引用专家或企业工作人员的话对这种鸭苗进行褒扬，有“广告植入”之嫌。这不禁让人怀疑，新闻的背后是否还延伸出经济利益的链条？

（资料来源：腾讯网 2020 年十大假新闻节选）

网络不良信息的传播也一直备受关注。自互联网进入普通大众生活以来，庸俗、低俗、媚俗等不良信息的传播一直难以根治。不良信息对青少年群体的危害尤其严重。

近年来，国家加大整治力度，然而网络不良信息传播已逐渐形成跨平台联动的态势，新的技术工具层出不穷，一些网络公关公司也在通过多种手段获取流量，给治理增加了难度。网民具有好奇心理，若点击不良信息可能会出现“信息茧房”效应，即相关类似负面信息会持续推送。众所周知，不良的网络文化产品会扭曲大众的社会主流价值观，影响大众的社会意识，引发大众对社会的消极看法和偏见。其实，网民有自我心理净化的需要，因为长期接受负面信息对人的身体和心理会造成不良影响，如前面提到，诗词大会近年来颇受欢迎，相信越来越多的网民，会更加关注“人生不止眼前的苟且，还有诗和远方的田野”。

青少年沉迷网络之忧

当前，越来越多的网民已经难以离开智能手机，成为所谓的“低头族”。随着智能手机、平板电脑等移动终端产品的普及和无线网络的发展，工作、娱乐和社交活动都可以在智能终端上实现，使得越来越多的人对手机产生了依赖心理。因此，一个新兴群体——“低头族”，便随之衍生出现，且近年来成为社会发展的安全隐患。最新统计发现，中国人平均每天花在手机上的时间为 4 小时，位居世界前列，平均每 6.5 分钟就会看一眼手机。北京师范大学的一项研究显示，65%的人表示“如果手机不在身边会有些焦虑”，超过 9 成的人离不开手机。尤其值得注意的是，近年来，“低头族”群体数量日益增多，且由最初的成年人逐渐发展到未成年和中老年人。

在移动互联网时代，用户行为的碎片化特征明显。以游戏为例，手机游戏占据用户的时间较短，且大多不需要用户高度集中注意力，因而成为用户打发碎片化时间的常见方式。手机游戏门槛低、易上手、游戏场景限制少，因而颇受市场欢迎。截至 2020 年 12 月，我国手机网络游戏用户规模达 5.16 亿个，占手机网民的 52.4%。相比成年人，低龄未成年群体更加缺乏自制力和成熟的判断力，造成一些自制力不足的未成年人对网络和现实分辨不清，因沉迷网络而荒废学业。网络沉迷对社会的负面影响不容小觑，未成年群体更应受到重视。

近年来，这些问题受到各方高度重视，各界持续努力。修订后的《中华人民共和国未成年人保护法》自 2021 年 6 月 1 日起实施，其中新增了“网络保护”“政府保护”两章，条文从 72 条增加到 132 条，其亮点之一是增加了“防止网络沉迷，创新发展未成年人网络保护制度”相关内容，加强了对未成年人权益的保护力度。这些问题的解决也需要各方共同努力，观察和研究未成年网民群体的心理特征，培养他们健康正向的网络意识，引导他们用好互联网，树立正确的世界观、人生观，自觉拥抱和守护社会主义核心价值观。

第四节　鸿沟的分化——数字化基础方面

全球数字鸿沟现状

随着信息基础设施建设与相关技术的飞速发展，互联网普及水平日益提高，数字鸿沟问题也越来越受到社会关注。

数字鸿沟（Digital Divide）的概念是 1999 年美国商业部在《在网络中落伍：定义数字鸿沟》报告中提出来的。根据 2000 年 OECD 的定义，数字鸿沟是指不同社会经济水平的个体、团体和地区在获得信息与通信技术和使用网络等方面的差距。根据联合国经社理事会的文件，数字鸿沟是指由于信息和通信技术的全球发展和应用，造成或拉大的不同国家间及一国之内群体间的差距。数字鸿沟的产生，从世界范围看，就是发达国家经济水平及信息化程度与发展中国家之间所形成的信息不对称；从发展中国家看，就是地区、行业、所有制及企业规模等差异，存在着的信息不对称。

总体而言，数字鸿沟主要体现在两个方面：一是物理接入的差异，二是网民数字技能的差异。同时受到当地经济社会发展水平的制约。从网络接入层面看，数字鸿沟表现在以下几方面。

一是网络接入不同步。不同的国家与地区之间、发达国家与发展中国家，尤其与最不发达国家之间的互联网普及率差距巨大。互联网世界统计数据显示，截至 2020 年 6 月，北美地区互联网普及率已达到 90.3%，欧洲地区互联网普及率已达到 87.2%，而非洲仅为 42.2%。

联合国高度重视数字鸿沟及互联网对全球 2030 可持续发展目标实现的重要意义，联合国秘书长安东尼奥・古特雷斯呼吁缩小数字鸿沟，因为世界上仍有一半以上的国家访问互联网的机会接近零。从数据看，发达国家互联网普及率超过 80%，而最不发达国家和地区互联网普及率仅为 42.2%，发达国家的移动宽带普及率约为发展中国家的 2 倍，欧美区域宽带用户比例远高于其他地区，是非洲的 3 倍以上。

二是技术使用不均衡。从全球来看，各地区的网络接入方式和发展速度也具有明显的差异。互联网接入方式的不同，意味着网络速度必然存在差异。发达国家用户使用的带宽速率也普遍高于发展中国家，最不发达国家的互联网普及水平要落后近 20 年，仅相当于发达国家 1998 年的水平。

M-Lab、谷歌、Princeton 及 Open Technology Institute 等多家机构联合报告显示，2018 年全球平均互联网接入速度 9.1Mbps，相较 2017 年的 7.4Mbps 提升了 23%。全球宽带速度排在第一位的是新加坡，平均下载速度达到了 60.39Mbps，虽然宽带网速排名第一的是亚洲国家新加坡，但是在排名前 20 的国家和地区中，有 15 个位于欧洲。以网络接入技术为例，不同地区采取的互联网接入方式不同，采用光纤比例最大的是美洲和欧洲，铜缆比例最大的是非洲和大洋洲，尤其是非洲几乎全部采用铜缆。不同地区网络接入方式如图 4-2 所示。

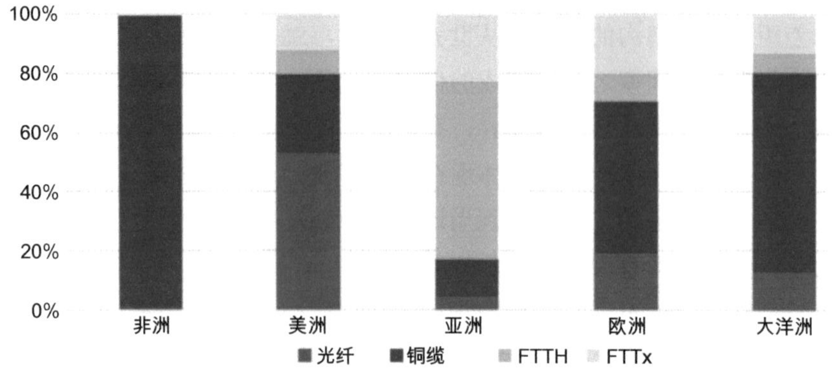

图 4-2　不同地区网络接入方式

资料来源：Point Topic

三是服务能力不均等。互联网使用水平与资费、经济发展水平等因素相关。以资费为例，英国比价网站 Cable.co.UK 收集的 2020 年全球宽带定价排行榜数据显示，全球宽带套餐资费最便宜的国家是叙利亚，每月仅需 6.6 美元；全球最贵套餐方面，第一、第二分别是厄立特里亚和也门，价格分别达到 2666.24 美元和 2466.67 美元，宽带费用最高的国家是最低国家的约 404 倍。经济发达的地区在信息基础设施建设和信息技能提升方面也走在前列，这将有助于提高地区发展的效率和效益，形成正循环。

数字鸿沟制约社会发展

数字鸿沟影响社会公平。互联网普及率在全球范围内依然存在明显的不均衡，将不同人群之间的财富和权力差距持续拉大。例如，互联网使用对公众参与的影响的研究结果表明，有互联网接入的社区居民，其参与社区活动的积极性显著高于未接入互联网的社区居民。换言之，互联网接入与民众的社会参与有显著的关系。调查发现，美国不同地区的宽带接入水平不同，使用互联网越频繁的家庭，与政府的联系与互动越密切，即宽带接入水平越高地区的民众政治参与度越高。

数字鸿沟带来社会分化。随着网络基础设施建设的持续完善，以及社会对于互联网接受程度的明显提升，各地域的互联网接入水平均已达到一定层次，但不同国家、地区、群体的网民关于互联网的使用能力仍存在较大差异，网民数字技能对互联网使用有显著影响。能熟练运用互联网工具、享受数字红利的人，在工作中更加游刃有余，有利于其职位上升和财富积累。

数字鸿沟影响国家竞争力。网络化程度较高的发达国家与最不发达国家之间的差距日益扩大，这也是世界互联网发展面临的重大难题。互联网普及率差异会让资本、技术、信息、人才等资源进一步倾斜到发达国家的一侧，循环性加剧社会不平等，带来新的社会矛盾和能力差别，一些国家和地区的发展权无法得到有效保障。当然，数字鸿沟是由多种因素导致的，其本身也受到发展中国家和部分地区自身经济水平、社会发展等各方面因素的制约。

总体而言，数字化转型发展早期，由于人们的群体差异和所在地区的基本条件不同，在能否接入互联网方面存在较大鸿沟。随着网络覆盖范围不断扩大、网络终端设备普及率提高，不同特征群体间的数字鸿沟正在逐渐缩小，而数字技能显得越来越重要。但从全球范围看，进一步提高互联网普及率、提高网民数字技能依然是缩小数字鸿沟的艰巨任务，这关系基本公共服务均等化，涉及民众的根本福祉。此外，随着数字化的纵深发展，数字鸿沟也被赋予新的内涵，涉及整个社会的数据要素的多寡、知识共享与信息利用能力、社会分化及国家竞争力等诸多问题，需要持续关注并与时俱进提供解决方案。

本章小结

本章围绕“数字化转型中的数字失衡”这一主题展开。

关键词：同舟共济。

总体而言，对数字化转型进程中的风险挑战，即“数字失衡”状况进行了梳理归纳，从安全的威胁、利益的较量、信任的挑战、鸿沟的分化四个方面阐述了当前数字化转型部分典型问题。按照矛盾辩证论的观点，平衡是相对的，不平衡是绝对的。因此，数字治理挑战会一直伴随数字化转型进程。

在数字化转型的路上，人类将面临前所未有的巨大挑战，谁都难以独善其身。解决问题不仅需要智慧和勇气，更需要同舟共济的精神。

后续将讨论数字失衡之根源——在于“技术”与“社会”之间的内在张力关系与发展步调不一致；在于与新技术革新相适应的制度、规则、文化等软性基础，滞后于技术应用和生产变化；在于出现技术应用、社会结构变迁和制度文化之间的断裂，即数字化就绪度的准备不足。由此，数字治理呼之欲出、势在必行。

第五章

道法自然——数字治理赋能数字化转型

在人类社会由工业时代向信息社会演进这一充满挑战的征程中，虚拟的网络空间成为人类的新空间，流动数据成为新的生产要素，数字孪生成为人类活动的新映射，而如何在新场域中构建秩序，引起了人们的广泛关注。这首先需要了解数字化转型这一“新物种”，理解我们的时代，尊重数字化发展的规律，在对数字化进程观察的基础上进行理论探索与创新。

在历史长河中，我国受儒家文化影响较深，儒家尊崇“礼”，礼是一种秩序、一种社会规范。数字治理就是要打造一种秩序，建立一种适用于且有利于数字化转型和网络空间发展的新规范。这既需要体现数字治理之初衷，又需要考虑各参与方的利益博弈和价值取向，力求实现平衡。在进行数字治理时，首先要有清晰的目标和愿景，了解当前我国数字化转型的目标与路径。

第一节　数字化转型的目标与路径

党的十八大以来，习近平总书记高度重视网络安全和信息化工作，从信息化发展大势和国际国内大局出发，就网络安全和信息化工作提出一系列新思想、新观点、新论断，深刻回答了事关网信事业发展的一系列方向性、根本性、全局性、战略性问题。党的十九大确立了到21世纪中叶，把我国建设成社会主义现代化强国的总目标，并提出建设网络强国、交通强国、人才强国、制造强国、科技强国、质量强国等12个具体的强国目标。

网络强国为数字中国建设指引方向。习近平总书记关于网络强国的重要思想是我们党管网、治网实践经验的理论总结，是引领我国网信事业发展的行动指南，为做好新时代网络安全和信息化工作指明了前进方向、提供了根本遵循。我们要站在实现“两个一百年”奋斗目标和中华民族伟大复兴中国梦的高度，加快推进网络强国建设，做到技术强、基础强、内容强、人才强、国际话语权强。建设网络强国要与“两个一百年”奋斗目标同步推进，向着网络基础设施基本普及、自主创新能力显著增强、信息经济全面发展、网络安全保障有力的目标不断前进。因此，网络强国建设需要加快推进网络信息技术自主创新，加快推动数字经济的发展，加快提高数字治理水平，加快增强网络空间安全防御能力，加快用网络信息技术推进社会治理，加快增强我国网络空间国际话语权和规则制定权，不断提高对互联网规律的把握能力、对网络舆论的引导能力、对信息化发展的驾驭能力、对网络安全的保障能力，把网络强国建设不断推向前进。

数字中国建设为各项事业的发展提供信息技术和信息资源支撑。习近平总书记在第二届世界互联网大会开幕式上提出推进“数字中国”建设，开启数字中国建设新征程。2016 年，《中华人民共和国国民经济和社会发展第十三个五年规划纲要》《国家信息化发展战略纲要》《“十三五”国家信息化规划》（国发〔2016〕73 号）相继出台。2018 年，“数字中国”被写入政府工作报告，从而确定了数字中国建设的路线图和时间表。总体来看，数字化进程从经济领域逐步向政务、民生等社会各领域持续扩展，从而推进了数字中国建设。未来五年数字中国建设新图景如图 5-1 所示。

数字中国是新时代国家信息化发展的新战略，是满足人民日益增长的美好生活需要的新举措，是驱动引领经济高质量发展的新动力。2021 年 3 月通过的《中华人民共和国国民经济和社会发展第十四个五年规划和 2035 年远景目标纲要》提出，加快数字化发展、建设数字中国，迎接数字时代，激活数据要素潜能，推进网络强国建设，加快建设数字经济、数字社会、数字政府，以数字化转型整体驱动生产方式、生活方式和治理方式变革。从打造数字经济新优势到加快数字社会建设步伐，从提高数字政府建设水平到营造良好数字生态，勾画出未来五年数字中国建设新图景，针对重点领域亮出真招实招，为把握数字变革的发展趋势、加快数字化发展指明了方向和路径，这些具体任务目标就是建设网络强国这一战略目标。可以看出，数字中国建设的具体任务和网络强国战略目标的内涵一脉相传。

因此，现阶段我国数字化转型的目标就是实现网络强国战略目标，路径就是数字中国建设。数字治理的任务就是为数字化转型保驾护航，保证网络空间战略稳定，并构建和谐的数字秩序，推动我国从网络大国走向网络强国，助力数字化转型并拥抱信息社会。

数字化转型是数字治理的前提和基础，数字治理是数字化转型的保障和纠偏。因为数字化转型中存在“数字失衡”问题，才有治理和达到平衡的诉求。数字治理需要从数字化转型面临的实际问题和挑战出发，全方位审视已有的治理范式，改革现有不适应时代的制度，建立适应数字时代的现代化治理体系，反馈数字化转型演进机制，保障数字化转型有序进行。

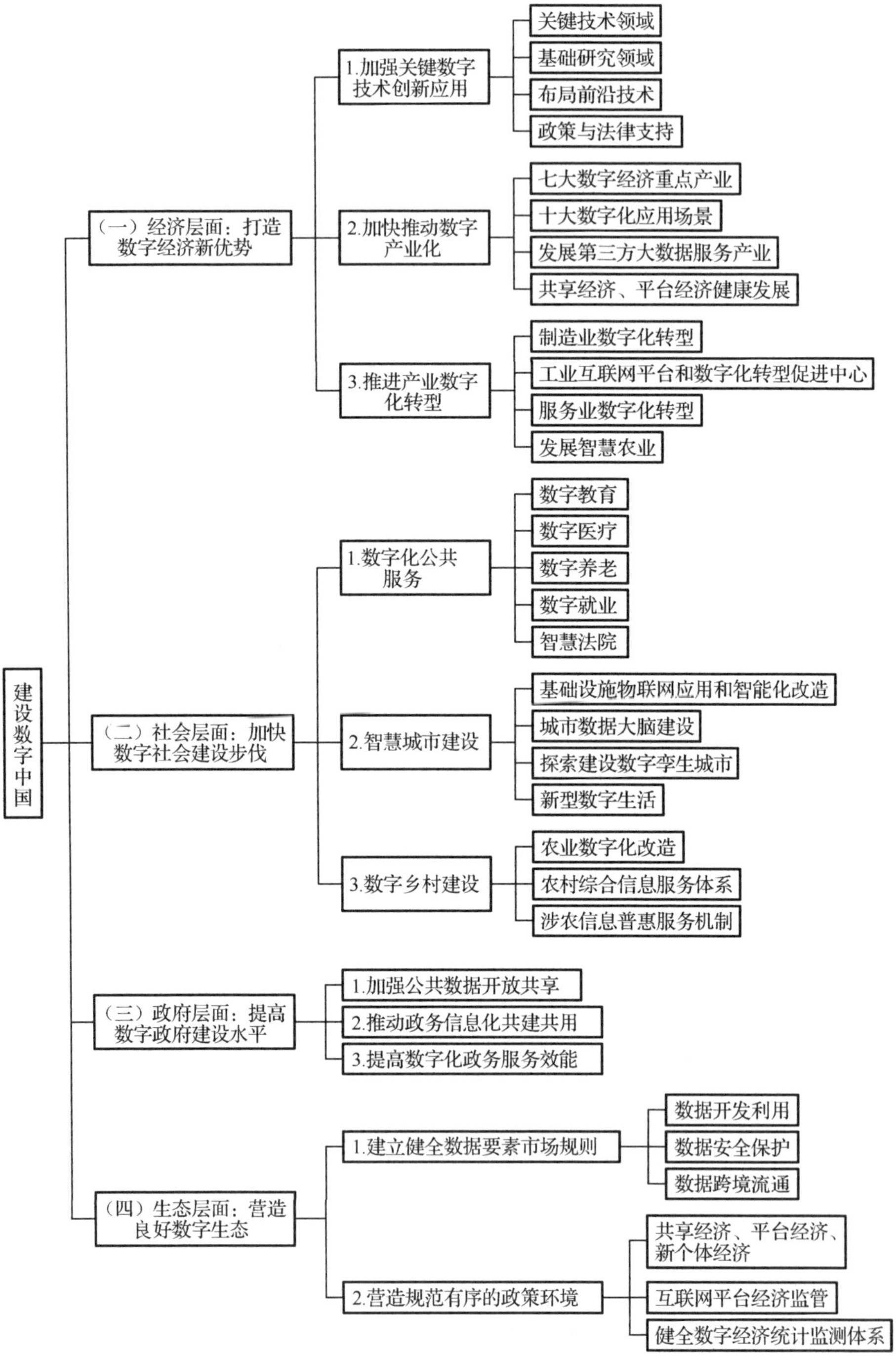

图 5-1　未来五年数字中国建设新图景

第二节　数字治理的相关概念辨析

相关概念辨析

“治理”一词最早出现在西方国家，1989 年世界银行首次使用“治理危机”一词。英语中的治理（Governance）一词原意为控制、引导和操纵，20 世纪末，“治理”被赋予新的含义，其涵盖的范围远超传统的词面之意，被广泛应用于社会经济领域。全球治理委员会在 1995 年发表的《我们的全球伙伴关系》研究报告中，对治理做出了权威定义：“治理是各种公共的或私人的个人和机构管理其共同事务的诸多方式的总和。”有学者指出，西方国家采用“治理”一词强调政府放权和向社会授权，实现多主体、多中心治理等主张，并且主张社会自我治理及社会组织与政府平等共治。治理既包括政府机制，又包括非政府机制，随着治理范围的扩大，各种各样的人和组织得以借助这些机制满足各自需求、实现各自目的。

与数字治理含义相近的概念有互联网治理、网络空间治理、网络治理等，下面进行逐一辨析。互联网治理一词最早出现于 1998 年美国政府发布的关于互联网管理的文件，当时主要涵盖对互联网基础资源（域名、IP 地址、协议参数）的管理。随着互联网的发展，互联网治理的定义也在不断变化。2005 年 6 月，信息社会世界峰会（WSIS）指定互联网治理工作组（WGIG）对“互联网治理”给出工作定义：“互联网治理是政府、私营部门和公民社会根据各自的作用制定和实施的，旨在规范互联网发展和使用的共同原则、准则、决策程序和方案。”之所以称之为工作定义，是因为当时互联网治理工作组意识到互联网治理的内涵将随着互联网的发展而不断发展，对互联网治理的定义不应一概而论，而应保持灵活性与开放性，这才符合互联网发展的基本规律。的确，随着时间的推移和议题边界的不断扩大，当前互联网治理的作用范围越来越广，其政策安排与规则制定已充分涉及政治、经济、文化等领域，成为重要的全球性议题。

近年来兴起的网络空间（Cyberspace）一词的中文定义在国内还有争议。有人说网络空间是“陆海空天”之外的“五域空间”，其中“陆海空天”四个空间其实都是物理空间，只有网络空间是虚拟空间。美国国防部发布的军事术语中，“Cyberspace”指的是数字信息可以经由计算机网络进行通信的想象中的环境。它是基于互联网技术的一种新空间，是由技术、行为体和活动共同组成的，特别强调一种空间感。“网络空间”在国际事务中的内涵尤为立体、清晰，强调互联网治理的国家主权，特别是国际上在涉及军事战略稳定和国家网络安全时使用最多。可以说，互联网发展是“网络空间”孕育与产生的物质基础，人们对网络空间的探索和认知也有一个持续的过程，网络空间越来越与物理空间相互融合、相互渗透。

网络治理（Network Governance）一词如同业界经典作品《网络社会的崛起》（*The Rise of Network Society*）得到了很多学者的关注。《网络社会的崛起》一书的作者是曼纽尔·卡斯特，书中虽然也有关于网络空间的叙述，但总体侧重的是数字社会的崛起和由此带来的全方位变化，既有网络空间治理，又有大量物理空间城市和社会变迁的描述。需要指出的是，“网络治理”在公共管理、企业管理等不同学科中有不同的含义，荷兰学者沃尔特·基克特把网络治理看作一种特殊的治理模式，在此种情境下，通常将网络作为治理方式和手段而非治理客体。

关于数字治理

数字治理的概念起源于20世纪90年代。在研究内容层面，通信技术日益在改变经济社会生活后进入人们的视野，在电子商务、电子政务等概念出现后，学界需要一个新的概念来描述数字时代全新的治理模式；在理论研究层面，针对新公共管理运动带来的碎片化问题，整体性理论应运而生，代表人物佩里·希克思认为未来的治理需要政府部门进行纵向层级整合、横向功能整合及公私部门整合。

数字技术在治理领域的实践给整体性理论提供了实践可能，二者作为实践基础和理论支撑共同催生了数字治理概念的产生。迈克尔·巴库斯认为数字治理包括广义和狭义两个部分。从广义上来说，数字治理指的是电子技术支持下的整个社会运行和组织的形式，包括对经济社会资源的综合治理；从狭义上来说，数字治理指的是政府与经济社会的互动，以及政府内部运行中运用电子技术，来易化政府行政，提高民主程度。Patrick Dunleavy 进一步主张发挥信息技术和信息系统在公共部门改革中的重要作用，实现部门扁平化管理，促进权力运行的共享，逐步实现还权于社会；其认为数字治理的核心在于整体的、公共参与的新型决策方式及电子行政运作广泛的数字化。简·E. 芳汀在《构建虚拟政府：信息技术与制度创新》一书中反思数字治理对于政府治理的正面价值和潜在挑战，认为挑战在于克服政府内部的政治分歧与组织分歧。迈克尔·E. 米拉科维奇则重点讨论了电子政务向数字治理的转型：从单一无序到全面系统，从提供服务到积极参与，从以政府为中心到以公民为中心。

国内对于数字治理概念的研究最早出现于 2004 年，徐晓林、周立新讨论了通过数字技术改变政府、企业、社会的互动，进而促进政府善治，并构建了数字治理与善治的相关理论体系。复旦大学竺乾威教授于 2008 年在《从新公共管理到整体性治理》一文中系统介绍了整体性治理理论；在《公共行政理论》一书中介绍了帕特里克·邓利维关于数字治理理论的观点。之后，国内公共管理学界对该理论的关注度有所提高。国内数字治理的早期研究侧重信息技术手段的应用，研究普遍存在“轻理论、重应用”的现象，并且关注视角有限，通常和电子政务、电子治理等技术治理手段相关联，具有明显的技术导向性；后期研究则侧重理论的比较，数字治理应用的总结与反思，以及数字治理体系的构建。

一些学者对业界知名理论进行了比较，如陈水生讨论数字时代背景下，数字治理理论是对新公共管理理论的超越；韩兆柱、单婷婷对网络治理、整体性治理与数字治理进行概念辨析，说明三者都追求组织扁平化和公民需求导向，但在集权、分权与权力整合上有所不同，并指出三种理论的差异及各自的理论沿革。此外，对数字治理应用的总结与反思也涌现出大量研究，如李慧龙、于君博对东三省“政府留言板”政府回应行为中截断型回应和粗放型回应的反思；吴克昌、闫心瑶对“数字广东”案例成功经验的总结；李齐讨论数字时代的政府责任等。对我国数字治理体系构建的研究也很多，如鲍静、贾开提出“发展与安全并重”“国际与国内同构”的治理原则，以及技术、行为、组织三个层面；何哲提出数字治理宏观框架应包括统一、流通、安全三个原则，管理层、数据层、活动层三层基本架构，以立法支持、高度整合的数据机构和垂直统筹的管理体系为代表的配套支持体系等。

越来越多的学者注意到数字治理在不同语境下的内涵不同，指出数字治理通常有两层含义：一层是“对数字治理”，另一层是“用数字治理”。前者意味着数字化带来了新的经济增长，使得经济生产和社会组织形式都发生了新变化，这种新变化所带来的治理挑战需要公共管理学科积极面对；后者意味着社会治理、政府管理可以借助数字技术加以改善，这便对公共管理学科提出新的要求。经过调查，笔者发现当前的研究较多集中在“用数字治理”。

本书的数字治理（Digital Governance）主要针对“对数字治理”，也包括用数字治理等综合手段，指的是在数字化转型进程中，进行的以数字技术为动力、以数字化要素为对象的综合治理活动，其内涵包括三个方面。首先，就治理对象而言，对数字治理包括纵向和横向两个维度。纵向既包括物理空间，又包括网络空间；横向包括数字技术、数字基础、数字经济、数字社会、数字政府等不同领域。其次，就治理结构而言，不同议题因互联网所搭建的网络结构而形成相互影响的有机整体，并因此体现为不同层次、不同议题、不同生态、不同系统间的耦合。最后，就治理目标而言，数字治理任务不但是对当前数字秩序的维护，而且要着眼于数字化转型的长远发展，通过理念提出与战略规划，促进数字化转型向信息社会有序、有力迈进。

不同于传统研究聚焦于数字进程中特定、具体问题的治理机制和模式，本书所聚焦的“数字治理”概念的核心要义，并不局限于具体领域的具体问题，而是从整体性视角出发的。围绕中国数字化转型进程及数字治理理论的研究，从整体上把握、理解数字化转型的复杂性及数字治理的系统性，从而形成符合中国国情、具有中国特色的数字治理理论框架。

第三节　数字治理的主要参与力量

信息社会世界峰会于 2003 年达成“原则共识”，对各利益相关方的作用进行了界定：与互联网有关的公共政策问题的决策权是各国的主权，对于与互联网有关的国际公共政策问题，各国拥有权力并负有责任；企业在技术和经济领域对于互联网发展具有重要贡献；社团在互联网相关事务中也发挥着重要作用；政府间组织在互联网相关公共政策问题上发挥着促进协同的作用；国际组织在互联网技术标准及政策制定方面具有重要作用。以上这些组织应继续发挥各自的作用。

从广义视角对数字治理主体进行抽象分类，大致可以分为三类：政府、企业和社会。三者之间通过网络进行连接，通过数据进行互动与交流，如图 5-2 所示。

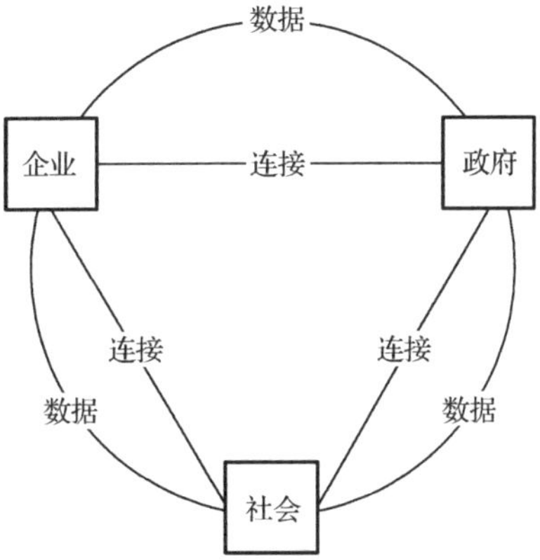

图 5-2　数字治理中政府、企业和社会的关系

作为主导者的政府

伴随数字经济的发展，当前已经进入数字社会，政府是社会健康发展的“守夜人”，是数字治理的主导者。一方面，各国政府积极利用信息通信技术提供高效服务，提高公共决策过程中的公众参与度，推进电子政务发展，更好地为公众服务。政府还将云计算、大数据、人工智能、区块链等新技术作为新的治理工具，使超级计算、海量存储、高速传输等能力提升，大大提高了大数据分析和预测能力。通过加强相关能力建设，政府可以用来防范社会风险，降低社会治理成本。

另一方面，面对数字化转型和作为治理客体的数字世界，政府需要加强对数字世界的监管规范，完善法律法规，构建新的规则和制度，提高治理能力，坚持发展和规范的两手抓，两手硬。人类的生产生活从物理空间转移到网络空间，现实社会中的问题随之发生转移，并衍生出很多前所未有的问题。同时，相关法律法规也逐渐向网络空间延伸。从表面上看，网络空间由机器和代码构成，看似“客观”，但在其背后，机器和代码是由人所设计和创造的，无论是“个体人”还是“企业人”，都会受到情绪、利益、立场的影响，存在主观因素，体现特定的意志，可能带有“歧视性”，无法完全保持立场“公正”。因此，政府在数字化转型进程中通过建章立制形成公正的制度体系，规范新业态发展以保障消费者的合法权益，维护良好的数字市场秩序从而引导社会健康发展。

作为驱动者的企业

进入数字时代，企业（尤其是数字经济企业）成为数字治理发展的重要驱动力量。伴随新产品、新业态、新模式的涌现，数字经济成为驱动经济发展的新引擎。同时，伴随平台企业的崛起，数字经济企业影响力大幅提升。不仅如此，平台企业已经不只是监管对象，部分已经扮演“公共基础设施”运行者的角色，越来越多的中小型企业围绕数字平台生产和交易，数字平台的重要性不言而喻。数字平台是典型的双边市场，一边面向企业，主要对接资源和提供能力；另一边面向消费者，实现交易与消费。与单边市场相比，双边市场的利益分配更加复杂。

以规模庞大的网络消费者为基础，数字平台企业迅速积累了巨额财富，形成了强大的社会影响力。但拥有巨额财富并非数字平台企业的主要收获，其主要收获是凭借自身的技术和产品掌握着网络空间的入口权，并因此拥有强大的社会影响力。此外，传统企业也纷纷走上了数字化转型之路，有的借助互联网、信息技术提高生产和管理能力，积极向数字平台企业转变。作为生态中的一环，企业已经成为数字治理不可或缺的重要力量，承担相应责任和加强自治。这也是企业应有之义。

作为参与者的社会

社会是由很多主体构成的，网民是数字社会的基本要素和重要基础，网民力量十分宠大。在移动互联网时代，以手机为代表的智能设备持续、快速地渗透到各年龄、各地域、各种族的人群中，有力地推动了这些群体的生活数字化转型。据统计，截至 2021 年 1 月，全球手机用户数量为 52.2 亿个，约占全球人口的 2/3；互联网用户数量为 46.6 亿个。此外，英特尔曾预测，2025 年，全球物联网设备数量将达到 1000 亿台。互联网的高速普及为数字社会的构建打下了坚实基础。

作为群体的网民，具有不同于单个网民的特征。借助互联网和平台的力量，网民这个庞大的群体拥有了极强的文化、社会和政治影响力。比如，根据社交平台 Facebook 2020 年第四季度财报，其月活跃用户数量已经达到 33 亿个，远高于预期。借助互联网，网民的影响力越来越强，能够发挥较好的舆论监督作用。此外，媒体也具有广泛的社会影响力，其既能影响政府的部分决策，又能作为社会监督力量，同样是数字治理的重要参与者。

第四节　数字治理的相关理论基础

本书的理论基础来源于四个领域：技术社会学（前文已经介绍）、网络生态理论、协同治理理论和整体性治理理论（下面就后三个领域展开介绍）。

网络生态理论

从 20 世纪 80 年代开始，为了对日益复杂的网络环境进行研究，西方学者开始将生态学引入网络环境的分析，并提出“网络生态”的概念；国内也在 20 世纪末开始进行相关研究。数字社会是一个生态体系，由于其聚集了不同的“族群”，相对比较混乱，这必然对“族群”间达成和谐共存提出内在要求。

网络生态

美国商务部最早将生态学引入互联网研究，并提出“互联网生态”的概念。进入 21 世纪，互联网快速崛起带来新的社会变革，以前所未有的速度和方式，影响和改变了人类的生存模式。网络生态学主要研究人类赖以生存的网络设施、信息技术、数字经济、法律制度等网络生态要素，以及政府部门、企业单位、个人用户、中介组织等网络参与主体相互作用的过程和规律。国内在 1998 年也提出“网络生态”的概念，在 2000 年提出“网络生态系统”的概念，并开始用生态学的方法探讨网络系统。

后来有学者指出网络生态危机的严峻性，其认为网络生态系统在一定程度上处于失调状态，这相当于一种生态失衡。生态失衡指的是由于人类不合理地开发和利用自然资源，其干预程度超出生态系统的阈值，破坏了原有的生态平衡状态，而对生态环境带来不良影响的一种生态现象。习近平总书记在第二届世界互联网大会上指出:“要加强网络伦理、网络文明建设，发挥道德教化引导作用，用人类文明优秀成果滋养网络空间、修复网络生态。”这是习近平总书记就网络治理问题发表的观点，明确了在国家治理体系和治理能力现代化建设过程中，网络治理的具体任务和目标要求。

总体来看，网络生态理论是一门利用生态学理论与方法来探讨网络参与主体和网络环境关系的新兴学科，其主要包括信息论、系统论、社会学、生态学、公共管理学等学科。该理论主要研究网络参与主体与网络生态要素相互作用的过程和规律，其目的是指导各类网络参与主体与数字技术、网络环境的协调发展，改变只重视技术革新的传统思想。国内外关于网络生态的研究主要呈现以下特征：从研究对象来看，通过对网络生态系统的基本要素、系统功能和结构成分进行剖析，认为网络生态的构成包括网络主体、客体、本体、载体等要素，揭示出网络生态不但受技术、经济等因素影响，而且受社会、法律等因素制约。

网络社会生态

通过文献检索发现，国内将生态学应用于网络治理研究始于 2007 年，其中北京交通大学的研究比较集中，并出版了相关著作。网络生态系统是由多种要素组成的系统，包括网络主体、网络信息、网络技术、网络基础设施、网络政策法规和网络文化等方面。主体的构成要素可归纳为多元化网络主体，包括政府、企业、网民、社群及社会机构等；客体的构成要素可归纳为复合型网络环境，包括支撑互联网发展的硬件环境与软件环境，以及网络技术、网络政策法规、网络基础设施、网络文化等。近年来，北京交通大学对网络生态系统演化、形成机理、稳定性评价、驱动力机制等进行了研究，形成了系统化的理论体系。

协同治理理论

网络空间是一个庞大的生态系统，这个生态系统又是由很多大大小小的子系统构成的，要实现网络的稳定发展、生态系统的和谐有序，需要协调各子系统间的关系及网络生态系统构成要素间的关系。这必然要求网络构成主体的共同参与，这样才能达成平衡、善治的目标。

协同论

协同论是赫尔曼·哈肯通过借鉴系统论、控制论、信息论、突变论、结构耗散理论取得的研究成果，在多学科研究基础上逐步形成和发展起来，属于系统科学的重要分支，又被称作“协同学”。协同论的基本概念包括竞争、协同、序参量、慢变量、快变量、涨落机制、伺服原理、自组织等。其内容渗透着差异与一致、部分与整体、合作与竞争、支配与服从、必然与偶然的辩证矛盾关系。

协同论抓住不同系统的共性，寻求不同现象的普遍原理，在不同学科之间建立了联系。协同论横跨自然科学和社会科学，适用范围非常广泛，竞争、协同的概念普遍存在于自然界和社会生活各个方面。协同论的研究对象包括各类系统，如生物系统、经济系统、社会系统等，研究的主要内容是系统从无序到有序的转变机制——各子系统之间的协同作用。

协同治理

协同治理是一个交叉领域，基础是将协同论的思想和理念应用于治理。协同治理的兴起是为了应对日益复杂的社会问题及政府治理社会面临的挑战，各国均出现了大量政府、企业、社会之间协同参与治理的实践。作为一个新兴领域，协同治理的研究仍处于起步阶段，国内主要集中在学理性探讨、协同治理视角下的公共管理改革与政府转型、危机管理和非营利性组织发展等领域。西方学术界对协同治理的研究分散于多个学科，如政治学、经济学、公共管理学、行政法学等。协同治理指的是在网络技术和信息技术的支持下，政府、企业和公民个人等社会多元要素相互协调，合作治理社会公共事务，以追求最大化的治理效能，最终达到最大限度地维护和增进公共利益的目的，是在开放系统中寻找有效治理结构的过程。协同治理针对的是公共事务，是新时期我国公共管理范式的创新与路径。协同治理这一最大限度地维护和增进公共利益的目的，体现了整体大于部分的治理功效。协同治理基于服务型政府的新理念和新模式而提出，蕴含着公民本位、公平正义、公共服务、公共责任等价值诉求。针对公共危机事件，协同治理更是能发挥出积极作用。

整体性治理理论

整体性治理理论源于20世纪90年代，由佩里·希克思首次提出，旨在通过互联网深入应用，实现数据共享，突出公民社会权力，建立起多元共建、过程共治、成果共享的合作互动治理体制。英国政府迅速采纳了整体性治理理论，将之作为自身改革和施政的总纲加以推进，并在此基础上进一步提出“协同政府”的概念。1999年，英国政府提出要实施整体政府改革十年规划，彻底提升治理效能。在整体性治理理论的影响下，许多国家开始探索更加符合市场经济发展规律的整体政府治理新模式。可以说，大部门体制改革等也受到了整体性治理理论的影响。

整体性治理理论是在新公共管理运动走向衰微的背景下发展起来的，新公共管理的市场化、分权化与解制使得政府机构碎片化，增加了决策系统的复杂性。整体性治理理论以解决公民的需求和问题为核心，追求公共利益的最大化，即实现了从政府本位到公民本位的理念转变。其出发点是运用现代信息技术拆除部门之间的“藩篱”，整合公共服务的供给部门，实现对新公共管理碎片化治理的战略性回应。由此，整体性治理针对治理中的碎片化问题进行有机协调与整合，不断从分散转向集中、从部分转向整体、从破碎转向整合，为公民提供无缝隙且非分离的整体性服务。

整体性治理包括两个关键环节，分别是协调与整合。协调是通过多方协商、聚焦目标形成共识的过程；整合是一个通过合作提升效率的过程，指的是参与方通过合力协作高效完成目标，既包括层级整合，又包括业务流程参与方的多方面合作整合。

需要指出的是，整体性治理理论与数字治理存在天然纽带。整体性治理理论的背景是数字时代来临，其主要通过信息技术手段整合资源，提高质量效能，其不仅适用于政府治理，对于数字世界的综合治理同样适用。

第五节　数字治理的综合研究设计

数字治理是当前社会热点议题之一。随着网络的发展和普及，数字治理这一概念应运而生，并不断演化和扩展，成为政府和社会各界关注的重点。研究数字治理的首要任务是明确数字治理的内涵和外延，这不仅涉及对网络治理等多个相关概念的界定，还涉及多个学科、多个角度、多种层级、多个领域的不同理解。

数字治理能力待提升

随着信息技术与社会的结合越来越紧密，数字治理问题变得越来越多，并且其复杂性远远超过了以往。由于数字创新走在时代前沿，应用场景发生根本变化，已有的法律法规往往并不适用，相关部门只能“摸着石头过河”。在问题出现后，有些部门急于平息矛盾，于是仓促地采取一些措施，但难以从根本上解决问题。相关问题具体表现如下：一是相关法律法规严重滞后，一些法规的制定思路主要针对工业时代的管理；二是相关法律法规之间“打架”，大多数数字治理问题涉及多个管理部门，政出多门，彼此间常存在冲突，造成企业不知道该遵守哪个部门的规定；三是部分法律法规的可操作性差，针对一些具体问题只有总体原则，缺乏实施细则，难以满足司法实践的需求。

应该认识到，数字治理能力提升是随着数字化转型而带来的发展性问题，具有必然性、普遍性和复杂性，下面进行具体介绍。

一是必然性。数字社会不可避免地面临各种社会问题。一方面，不少问题在现实社会中本来就存在，如零售业中的假冒伪劣问题、食品行业中的食品安全问题等，它们在网络场景下有了新的特征，在被互联网放大或加速传播之后，产生了更大的社会影响，问题的严重性也被成倍放大，对个人、企业、政府之间的关系带来很大的考验和挑战。另一方面，各类创新层出不穷，无论是技术、商业还是社会创新，只要是“新”，就意味着处于摸索阶段和转型期，传统被打破，新事物还不成熟，必然会出现各种有待解决的问题。

二是普遍性。随着互联网、智能手机的快速普及，人们工作和生活的方方面面都发生了很大改变。比如，电子政务让人们更快捷地享受公共服务，电子商务让人们更经济实惠地购物，网络外卖让人们更方便地享受多样化的餐饮服务。但事物都有两面性，随之出现的问题很多，如使用各种手机应用可能造成个人隐私数据泄漏，导致网络诈骗和犯罪问题；网上购物可能面临假货问题；网络外卖中可能存在食品安全问题；网络直播中可能存在色情传播问题；网络游戏中可能存在宣扬暴力问题；互联网金融中可能存在信任缺失问题等。可以认为，几乎所有互联网应用渗透的领域，都存在潜在的治理问题。

三是复杂性。网络的虚拟化特征使其比现实社会的问题更为复杂。第一，网络的虚拟性可能会在一定程度上掩饰违法行为，在问题发生后不易取证，可能无法准确查明违法行为人及其应承担的法律责任。比如，不法分子利用网络进行传销活动，取证很难、立案标准不一，增加了治理工作的难度。第二，网络的跨地域性与现实社会的属地管理方式冲突，如网约车的异地经营问题及网店的纳税问题，给行业管理和政策制定增加了难度。第三，网络的关联性强，如共享单车同时涉及交通、城市风貌、行人安全等多个相关领域，在解决问题时需要加以综合考虑，并且需要协调多个部门，往往“牵一发而动全身”。

数字治理的范式特点

近年来，数字治理成为公共管理学界的热门话题，引起热议。目前，公共管理理论讨论的数字治理更趋向于“用数字治理”，符合用数字技术支撑服务型政府假设，下面从公共管理理论的发展层面进行梳理。

第一种，从传统公共行政理论出发形成了科层治理概念，这与 Max Weber 提出的理想型官僚制理论有关。以下特征归因于分级治理：自上而下的决策、严格的问责制、分级组织结构、强调项目管理而不是过程管理、强调规划和设计的战略风格、偏好法律制度型措施。科层治理一直是西方公共行政中十分常用的治理方法，但自 20 世纪 70 年代以来，公共行政部门大多采用另外两种治理方法。

第二种，从新公共管理出发形成了借鉴市场治理的方法，自提出以来受到一些西方国家追捧。这种公共管理的范式特点与市场治理有相似之处，如关注管理绩效原则、坚持市场机制及市场思维、以客户为导向、注重管理技能、以产出为驱动、在提供公共服务时增加行政能力的竞争而不是等级制度。在英国玛格丽特・撒切尔政府和美国里根政府时期，进行了大量公共管理改革。

第三种，从近年来兴起的新公共治理出发，形成了复杂网络治理的方法。这种复杂网络的治理，由各级政府、政治团体、社会团体等不同行为者共同参与。复杂网络治理的特点是合作而不是强制或竞争，合作基于信任而不是权威或价格，参与者相互依赖而不是各自独立。此方法侧重于将更广泛的公众纳入参与政策制定和服务发展中来，形成网状治理结构，实现共同创造和共同生产。

本书提出的数字治理与传统公共行政的科层治理、新公共管理的市场治理、新公共治理的复杂网络治理既有区别又有联系，治理模式比较如表 5-1

所示。数字治理本身针对人类通往信息社会进程的独特性，应当对不确定的数字世界充满包容性。针对碎片化、不确定性背景下的整体治理，强调数据智能的自我运行机制及公共价值对社会的黏合。这必然包涵传统公共行政、新公共管理、新公共治理等多种模式和工具的混合，即既包括科层治理对完善制度、专业精神的追求，也包括市场治理对市场引导、效率和效益的重视，还包括复杂网络治理对不同主体参与的重视。然而，新的治理范式也可以弥补新公共管理范式的部分缺陷，如过度分权、组织不协调、公共价值重视不足等。

表 5-1　治理模式比较

理论	传统公共行政	新公共管理	新公共治理	数字治理
导向	强调专业性	强调高效率	强调社会参与	强调整体性治理
治理模式	科层治理	市场治理	复杂网络治理	整体治理、混合模式
主要特征	自上而下的决策、严格的问责制、分级组织结构、强调项目管理而不是过程管理、强调规划和设计的战略风格、偏好法律制度型措施	关注管理绩效原则、坚持市场机制及市场思维、以客户为导向、注重管理技能、以产出为驱动、在提供公共服务时增加行政能力的竞争而不是等级制度	由各级政府、政治团体、社会团体等不同行为者共同参与	针对碎片化、不确定性背景下的整体治理，强调数据智能的自我运行机制及公共价值对社会的黏合

事实上，不论公共治理范式如何随时间变迁，其治理主体是人，人类治理的最终目标是实现公共利益的最大化，是追求全社会共同关注的价值。从这个角度来看，人类治理的核心理念本身不应该被改变，即新的治理模式并不是一种非此即彼的选择，而是人类智慧和实践经验的综合体现。可以说，数字治理是伴随着时代发展出现的新产物，其吸收了传统治理的核心理念，并同步考虑了时代需求，是对传统治理范式的传承和进一步发扬。

数字治理的研究设计

从国际上来看，美国社会学家曼纽尔·卡斯特于 1996 年出版的《网络社会的崛起》，在全球范围内引起了人们对网络社会和网络空间的关注，从网络社会学角度学科建设得以推动，在互联网各领域也逐渐受到重视，成为一个不可忽视的研究巨作。

从国内来看，不少学者也开展了相关研究，包括电子治理、互联网治理、网络空间治理、网络安全、网络法制建设等重要研究领域，相关文献数量呈快速上升的趋势。由于数字化转型覆盖面非常广，数字治理涉及的问题错综复杂，目前尚未形成从数字化转型视角出发对数字治理的系统观察与探索。

从实践角度来看，新的治理工具层出不穷，国内关于数字政府等的相关讨论也如火如荼。但数字化转型的风险和挑战究竟如何通过治理来解决？现在所开展的关于数字政府的讨论，究竟是不是数字化转型的“解”？事实上，从“用数字治理”和“对数字治理”的角度加以区分，数字化转型带来很多改变，绝非仅仅将数字化当作工具，而治理首先需要理解我们所处的环境和各行各业的变化，这既是治理的对象、背景，又是治理的目标。“对数字治理”要求我们认清事实、了解现状、分析挑战，并努力做出回应。

面对这样纷繁复杂的局势，确实需要与时俱进地进行理论探索与创新，选择一条合适的路径，能够去观察这个时代的巨变，即便这是一个“盲人摸象”的过程。我国数字化转型发展势头迅猛，有着独特的文化背景和时代特色，值得通过观察、总结和研究，形成我国数字化转型与数字治理的相关理论。

本书遵循“发展—冲突—治理”的分析逻辑，根据技术社会学关于“技术-社会”之间的相互影响关系，结合我国的实际情况，对数字化转型和数字治理进行综合研究，分析数字化转型整体的演进机制及在此过程中出现治理问题的原因，并在此基础上提出数字治理的理论框架体系。

本书主要回答三个问题。第一个问题是数字化转型的演进机制是什么？数字化转型起源于数字技术和互联网的普及及应用，其较为明显地体现了技术与社会的相互影响关系。然而，这既不能简单地概括为技术决定论，又不是片面地看作社会建构论，而是体现了更为复杂的互构关系。本书对于数字化转型发展和演进规律的总结，运用了技术社会学的基本理论。第二个问题是数字化转型过程中产生的问题及产生问题的根源是什么？这个问题的分析与网络生态理论紧密相关，本书借鉴网络生态理论的“失衡”概念，称之为数字失衡。第三个问题是在对前两个问题进行分析的基础上，站在整体性治理视角，进一步提出数字治理的整体理论框架，其中治理主体的互动设计来自协同治理理论。协同治理理论认为，面对日益复杂的社会治理挑战，尤其是信息不对称等问题，客观上需要政府、企业、社会共同参与治理，数字治理亦是如此。

综上所述，本书基于“技术-社会”互构视角，指出数字化转型在“发展—冲突—治理”中迭代向前，表现为“动力机制—结构调适—制度创新”的闭环机制，其过程表现为一种数据的生成、流动和驱动创新的生命周期过程。这三个过程的统一，也体现了“技术-社会”互构视角下数字化转型与数字治理的关系与互动。在此分析基础上，从整体性治理理论视角，兼顾发展与治理的需求，提出三位一体的数字治理理论框架。

从章节来看，具体讨论数字化转型与数字治理的关系，即“发展（第三章）—冲突（第四章）—治理（第五、六、七章）”；数字化转型演进路径，即“动力机制—结构调适—制度创新”（第二章）；数据治理的生命周期，即数据的生成、流动和驱动创新的过程（第八章）。

从理论意义来看，不同国家的数字化转型具有不同的特征，各国现实情况不同，看待相关问题的立场和对相关问题的理解也有较大差异，这意味着我国在构建治理理论时对国外的治理理论不能单纯地照搬，应当批判性地借鉴与吸收，形成具有中国特色的数字治理理论框架，更好地推进国家治理体系和治理能力现代化。如今，我国已成为数字大国，抓住机遇对我国数字化转型及治理理论开展整体研究，既对相关领域的制度建设具有借鉴意义，又有助于我国向网络强国目标迈进。

本 章 小 结

本章围绕“数字治理赋能数字化转型”这一主题展开。

关键词：道法自然。

本章以网络强国战略目标为切入点，提出数字化转型和数字治理的目标和任务。从数字治理概念的内涵、外延及特点出发，梳理了数字治理的相关理论、定义和重点理念，整体提出数字治理的研究设计。从技术社会学、网络生态理论、协同治理理论、整体性治理理论等经典理论出发，概述了数字治理背后的理论体系。在顺应数字化转型规律的前提和基础上，融合传统公共行政、新公共管理、新公共治理等多种治理模式和工具，提出数字治理的整体性思考和设计。

现阶段，我国数字化转型的目标是实现网络强国战略目标，主要路径是数字中国建设。数字治理伴随数字化转型产生，带有必然性、普遍性和复杂性。数字治理是一个复杂的生态系统，政府、企业、社会三大主体均参与其中，增加了治理的难度，其任务是为数字化转型保驾护航，推动我国从网络大国迈向网络强国。数字治理需要面对以下几点：通往信息社会进程的独特性，面对数字世界的不确定性，应对网络空间碎片化治理的整体性。

第六章

以人为本——
数字治理“三位一体”体系构建

国家的宏观治理体系是国家在自身文化观念和价值目标的影响下，为治理国家经济社会方方面面所采取的一系列制度和手段的综合体系。国家宏观治理体系需要实现各主体的多元一体、协调配合、高效合作、整体治理。

数字治理也应当符合和践行这种整体性、协同性的治理观，实现治理理念、治理组织和治理行为的多重耦合，为数字化转型中遇到的问题提供系统的解决思路。

第一节　数字治理“三位一体”体系设计

在我国互联网的发展历程中，总体而言，边发展边治理，给新业态留足发展空间。随着数字化转型进程的加深，特别是各种风险的加剧，需要加强整体设计，由此开展相关探讨。

数字治理面临的新挑战

如今，数字治理边界在不断扩大，治理复杂度在不断增加，而且舆论监督力度加大，由此给治理带来重重挑战。

一是治理边界的扩大。网络空间的出现使得数字治理边界不断扩大，易造成公共政策这一公共产品供给不足。由于网络空间的流动性、不确定性，并且互联网已经成为广泛存在的公共基础设施，伴随其产生的应用渗透到经济社会的方方面面。例如，在数据博弈的过程中，各主体越来越难以彻底厘清关系，往往“你中有我，我中有你”，即便围绕同一问题也可能有多种“解”，围绕同一主体有多种诉求，围绕同一事件有多个层面，这些又往往交织在一起。网络空间具有全球属性，因此一个持续的解决方案必然是全球性的，当这些问题相互交织时，对于公共政策的需求会大大增加。

二是治理复杂度的增加。新业态层出不穷导致治理复杂度大大增加，迫切需要各参与主体深度协同。此外，虚拟社会和现实社会规则不同步对于监管提出更高要求，如对于人工智能、平台治理、数据治理等的监管极其复杂，它们不断变化且牵涉各方，对于它们的治理不仅需要进行制度探索，还需要工具、行动、模式的“组合拳”动作，不仅需要理论的构建，还需要在实践中探索。也就是说，政府无法沿用传统的治理模式，并且政府“大包大揽”的时代已过去，数字时代对经济社会的治理迫切需要吸纳市场和社会力量，走依法治理、互动参与、协同合作的治理之路，任何一个主体的缺位都可能导致不能很好地完成这一历史使命。

三是舆论监督力度的加大。随着互联网的发展，来自社会的舆论监督力度明显加大，客观要求政府在治理方面提升响应速度、力度、透明度，并且随时接受社会的监督。在工业社会，政府是“权威信息”的来源和节点，社会管理模式呈现集权化和科层制。随着国家与社会的权力结构变迁，在进入数字社会之后，社会公共事务的管理理念也经历了一个从控制到管理再到治理的过程。社会舆论对政府的透明、公正、效率都提出极高的要求，客观要求公共事务的治理结构进一步优化，形成透明、高效、弹性的治理体系。

与此同时，面对成长迅速的平台企业、发展趋势强劲的智能未来，政府沿用传统工业化治理思路来治理数字世界显得捉襟见肘，整体性制度创新势在必行，数字治理逐渐被提上日程。

数字治理需要原则明确

治理应有明确的原则导向，考虑到数字化转型进程与治理需求，总体上应该坚持“发展与治理”并重的原则，兼顾公平与效率，现初步考虑提出以下几项具体原则。

第一，守安全底线、拼发展极限。习近平总书记指出，网络安全和信息化是一体之两翼、驱动之双轮，必须统一谋划、统一部署、统一推进、统一实施。做好网络安全和信息化工作，要处理好安全和发展的关系，做到协调一致、齐头并进，以安全保发展、以发展促安全。

随着网络空间的崛起，网络空间战略稳定对于网络空间的和平与发展具有重要意义，是当前大国战略博弈的重点。2012 年 5 月，美国政府发布《网络空间国际战略》，这一文件引起了国际社会的广泛关注。网络空间的秩序构建成为各方关注热点，围绕新兴权力的博弈日益激烈，国家网络空间的战略安全与稳定及国家意识形态安全，关系着民族的生死存亡，必须毫不犹豫地坚守。

在坚守底线的同时，我们应当辩证地看到，安全问题需要在发展中解决。从长远来看，发展是安全问题的解决之道。由于安全是动态变化的，其存在攻防之间的博弈，并无绝对安全，因此在坚守底线的前提下，应尽可能谋求发展，激发市场活力，减少发展约束。

第二，形成国际国内政策统筹联动。习近平总书记强调，要从国际国内大势出发，总体布局，统筹各方，创新发展，努力把我国建设成为网络强国。

随着经济全球化发展，围绕网络空间的国际治理规则会影响国内规则的制定，不再如以前有完全清晰的国际国内界限划分，一些国际规则的制定会促进国内产业政策的调整。国际规则的变化或与国内产业发展息息相关，一些当下在国内看“不是问题”的问题可能在不久的将来产业走出去过程中成为“烫手山芋”。我们需要从国家实际需求出发，积极争取国际资源、规则的制定权、议题的设置权。特别是随着国内数字市场的竞争越来越激烈与逐步饱和，越来越多的中国企业需要走出去，开拓全球市场。从国家层面来说，国家也需要为企业的发展积极争取有利的外部条件。

例如，对于网络空间数据的跨国界流动，任何治理问题都无法从单一视角解决，国际国内政策的联动已经越来越成为趋势。例如，当前供应链安全、网络安全、5G、核心技术谈判、跨境数据流动、数字服务贸易、人工智能治理等均涉及国内数字领域核心规则调整，需要深入参与各相关国际进程，形成国际国内政策的统筹联动。特别是应由专业部门深入参与具体规则讨论，提供详细的政策和方案支持，加强趋势的前瞻性预判，在国际层面最大限度赢得于我国有利的规则制定权和话语权。

第三，打造“技术-社会”互构治理闭环，推动技术和社会同步发展。“技术侧”“社会侧”的互构构成数字化转型演进的内生机制和规律，社会发展相对滞后会引起诸多数字化转型问题，因此需要围绕以下几方面开展治理。

一是从“技术侧”出发打造数据治理主线。数据驱动智能的演进过程，核心问题是数据治理，应围绕数据自动生成、有序流动、驱动智能打造一条治理主线。其实质是围绕信息技术的应用打造极致化数字体验，满足数字时代“人的需求”。二是从“社会侧”出发打造价值主线，微粒化、扁平化、碎片化复杂社会形成，核心问题是碎片化网络空间和社会需要公共价值的黏合，实质是形成与技术相适应的人文关怀与公共精神，形成数字时代“人的凝聚力”。三是针对社会发展相对滞后于技术发展的问题，提升社会数字化就绪度，培养人的数字思维，将数字治理能力提升当作一项重点任务长期来抓。四是坚持发展和规范两手抓，打治理组合拳建立复合式监管。随着治理边界的不断扩大，治理复杂度进一步提升，面对层出不穷的治理问题，需在发展中规范，在规范中发展，两手抓两手都要方位、多层次、立体化的复合式监管机制。同时，要厘清自身和市场各自治理职责的边界，充分发挥企业自治、行业自律的作用。着力打造健康生态，将能够解决的一些具体问题，通过健康的行业生态消化解决，积极保护消费者和中小企业利益。

此外，伴随围绕不同行业、领域形成的不同生态和不同生态之间的相互渗透和融合，生态治理越来越重要。打造健康生态，在每个生态内部尽可能通过自治达到内部生态多样性和平衡，充分发挥企业自治、行业自律的作用，将能够解决的一些具体问题，通过行业生态消化解决。

总而言之，数字治理应加强技术创新、组织创新、制度创新，形成秩序构建与激发市场活力并重、分业监管和整体规范相结合的多层次、多维度、多要素的治理“组合拳”。同时，鉴于网络空间的不确定性，对于可能突发的重大事件需要提前研判、有效部署，形成危机快速响应能力，加强整体治理效果。

数字治理“三位一体”框架

鉴于上述思考，客观上要求建设一套包括治理理念、治理主体、治理机制、治理手段等在内的完整治理体系，既能够对问题进行辩证思考、对热点进行回应，又需要进行长远谋划、综合布局，并从制度着手进行构建。通过吸收相关治理思想，初步提出数字治理体系框架：包括“问题切入+分层设计+重点行动+数据治理”的“组合拳”，其中以数据治理为主线，由此构成数字治理“三位一体”组合框架，如图 6-1 所示。

一是问题切入，重在打造危机应对能力。问题切入是数字治理的第一关。需要强调的是，部分问题会随着时间变化而通过市场调节，比如验证案例共享单车，因为有其行业发展竞争规律，但并不意味着政府就此放手不管。更为重要的是，有些问题影响大、发展快，必须予以正视。比如，在数字化转型进程中，新旧业态在转换中由于摩擦引起的一些尖锐矛盾，以及突发的一些网络热点事件，属于不得不面对、不得不解决的问题，因此应聚焦问题，有针对性地切入。

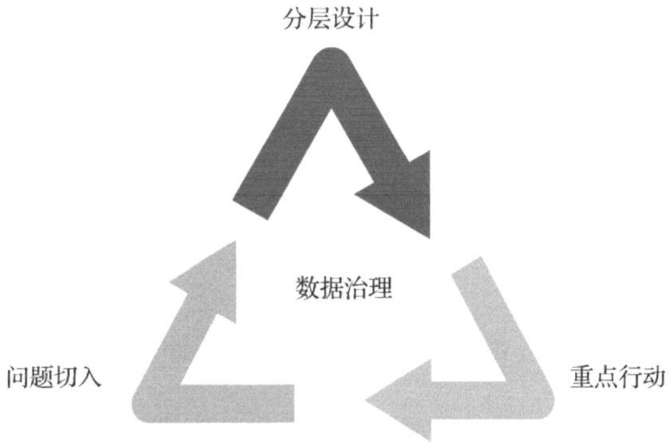

图 6-1　数字治理“三位一体”框架

二是分层设计，重在打造制度构建能力。这里建议将包括理念层、组织层和行为层的三层研究模型作为数字治理体系的主体架构，三层治理结构之间并非相互独立，需要相互协调联动，如图 6-2 所示。首先，理念十分重要，围绕网络强国战略目标，坚持善治、共治和法治；然后，在组织层，不同主体发挥不同作用，政府加强统筹，企业加强协治，社会加强参与，彼此加强信任和协同；最后，在行为层，着重夯实基础、制定规则、加强统筹、促进融合，进行数字赋能。此外，在要素层面，需要推动数据有序、高效、安全流动，打通经济社会、线上线下、不同场景，使得三层治理结构有机耦合、协调联动。

三是重点行动，重在提升监管规范能力。随着中国数字服务不断得到公众认可，新兴业态也不断涌现，与时俱进提升政府监管能力成为重要命题。比如，平台企业的数据垄断成为治理的难点，针对平台的监管和规范成为数字时代的新挑战。此外，全球治理、人工智能治理也成为当下重点治理议题。

2021 年 3 月 15 日召开的中央财经委员会第九次会议，研究促进平台经济健康发展等问题。会议强调：我国平台经济发展正处在关键时期，要着眼长远、兼顾当前，补齐短板、强化弱项，营造创新环境，解决突出矛盾和问题，推动平台经济规范健康持续发展。

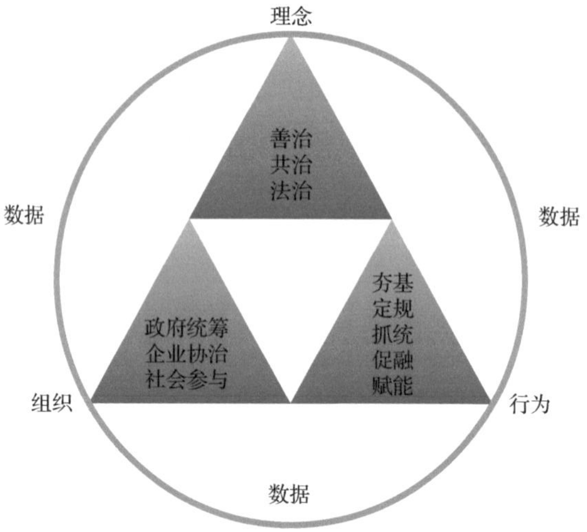

图 6-2 数字治理分层设计

四是数据治理，重在提升要素治理能力。当前，围绕数据治理展开了热烈讨论，也有各方行动和局部探索，但尚未形成系统的回答与共识。在某种意义上，数据治理是当前数字治理的核心任务，旨在打通发展与治理的“任督二脉”。鉴于数据要素是整个数字化转型中非常重要的一环，数据治理应形成明确的指导原则，有相应法律保障，并且有系统、可操作的解决之道。

需要特别注意的是，数据具有跨边界等特点，无法通过传统“条块切割”的管理模式分割管理数据。那么，数据治理究竟应该体现什么样的导向，明确什么样的原则？平衡什么样的利益？达到什么样的目的？最需要解决什么问题？需要什么样的组织创新？后文将进一步展开讨论。

第二节　数字治理体系之“问题切入”

当前，数字化转型面临的挑战大致可以分为三类：第一类属于发展性质；第二类属于新旧业态转换的摩擦；第三类属于当下新出现的治理热点。实际上，这三类挑战的出现并不分先后，现实中往往多层面、多类型纠缠在一起。

数字化转型的问题分类

第一类是“能力发展问题”，重要但不紧急，需要在持续发展中进一步解决。在发展中遇到的数字化转型问题，如核心技术突破、网络安全保障能力提升、数字发展政策框架构建、下一代互联网架构设计、传统产业转型升级等，是任何时候都需要面对的能力挑战问题，属于发展性质。

发展问题必须由发展解决，此类问题大量存在，大多数行业都存在关于能力提升的问题，有的已经迫在眉睫，属于“卡脖子”问题，如果不能及时解决，则可能错过重大发展机遇，或者受制于人的状态不能改变，或者导致经济社会发展滞后。由于数字化带来全面转型升级，大多数领域和行业都涉及能力提升和新旧转换问题，它们大量存在且有些应对起来非常具有挑战性，如核心技术突破。

第二类是“新旧业态转换的摩擦”，这类问题一般较为紧急，需要采取行动及时解决。在数字化转型进程中，新旧业态在转换中摩擦引起的一些尖锐矛盾，以及突发的一些网络热点事件，属于不得不面对、不得不解决的问题。通常这类问题发展快、蔓延广、关注度高、危害大，在网络空间内容治理方面尤为明显，既包括网络谣言、舆情危机等，又包括因线上引起的线下群体性事件，如网约车出现后出租车司机的罢工、网络犯罪等。

这些问题的治理重要且紧迫，属于当下治理重点，需要行动迅速、平滑有效应对。随着互联网渗透发展，特别是数字社会的到来，这些热点社会问题从现实空间扩散到网络空间，线上线下交织，覆盖经济社会多领域，在重重挑战中，守住安全底线已经成为共识。高行动力对于解决此类问题非常重要。

第三类是“新增业态监管”，重要且紧迫，需要在发展中观察和及时纠偏。对于新出现的平台监管、金融科技、数字税收、数据治理等，往往监管非常复杂，并且无章可循。比如，数据对于数字化转型至关重要，但数据极其复杂，不但场景变化快、参与主体多、生命周期复杂，而且属性难确定、动态难监管。

政府部门需要在这些新业态成长中就对其予以关注，该扶持的扶持，该规范的规范，对于一些不良倾向需及时制止，加强监管。单个部门“大包大揽”或者分业监管较难适应数字时代瞬息万变的复杂场景监管挑战，需要多部门联动，形成跨部门的集体行动和整体性治理。

数字化转型的问题探源

不确定的空间：网络空间的流动性

“不确定性”是对网络空间很好的概括，其中包括信息的不确定性。数字社会生存的根本动力是信息的创造，连接和断层作为直接信息流动的方向，充满了变化。信息的本质就是不断变化，甚至可能瞬息万变。在网络空间中，有无数的“节点”，而整个网络也在不断发生变化，谁都猜测不到下一秒钟会发生什么。若信息不再变化，则说明网络已经变得僵化。卡斯特对此有很多阐述，他认为网络空间是一种“流动”空间，围绕网络组成和“流动”空间组成的信息范式是一个动态演进过程。

比如，现实空间的矛盾受时空的限制，而线下事件经由网络聚焦放大传播，可以成为一个热点事件，瞬间点燃网民的情绪，大大突破事件所存在的地域范围，风险也将成倍放大。社会问题在虚拟现实空间存在着双重风险，一些谣言可能借助网络传播带来重大的负面影响。归根结底，这是由于网络空间的不确定性造成的，而一些信息扭曲则可能引起社会骚乱、矛盾频发和社会诚信缺失。

面对不确定的未来，若寻求确定的答案，则很可能徒劳。也许一个小小的突发事件或冲突，就会让整个进程缩短或者转向。也许微小的个体只是晒晒个人的照片，或者“吐槽”所见所闻，或者发布一段视频，或许就能引发一场风暴，可以在全世界引起轩然大波。人们通过网络和来自世界“地球村”的其他人互动，却不知道这样的互动有何结果。我们应该做的也许是接受这种不确定性，不寄希望于通过一次努力、一个方案来得到答案。网络本身的开放、互动、不确定、无边界决定了可能随时在不同节点出现各种状况，与之适应，需要灵活的方案、持续的行动及不断的努力。

不同步的发展：双侧发展的异步性

信息技术具有典型的基础性、通用性、颠覆性，同时具有双刃剑属性。随着信息技术的快速发展和万物互联时代的到来，这种双刃剑作用被进一步放大。当前，从数字化转型总体来看，信息技术发展快，而社会的数字化转型准备相对缓慢，由此带来一系列“消化不良症”。“技术”与“社会”之间的内在张力关系与发展步调不一致，成为各类转型中的问题之源。

根据摩尔定律，大约每经过 18 个月，集成电路上可以容纳的晶体管数目便会增加一倍，计算机等 IT 产品的性能将翻一番。类似地，反摩尔定律提出相同性能的计算机等 IT 产品，大约每经过 18 个月，价钱会降一半。马克思曾说：“技术的胜利，似乎是以道德的败坏为代价换来的。”技术本身不具有善恶、对错与好坏之分，但如何使用技术、传播何种内容则体现了技术使用者的价值观，技术在被利用推动社会进步的同时，也可能被用来作恶，危害社会及他人。如今，网络搜索是人们获取信息的重要渠道，正因为搜索竞价排名被刻意模糊，付费广告的搜索结果被定义为信息服务可能误导消费者。

技术的双刃剑属性在快速发展中被进一步放大，特别是数据驱动智能化发展，而越智能也意味着越危险。比如，人工智能带来的伦理、安全等问题一直广受关注，特别是其带来的技术漏洞、网络攻击、数据泄露等在一定程度上反映了技术发展面临的多重挑战。若没有安全的保障，则结果可能会如一些科幻电影情节那样，引发机器与人之间的博弈，可能导致关键基础设施被损毁等。此外，已有不少人表达了对“机器人取代人”的担忧，微软创始人 Bill Gates 提出向机器人征税的提议，历史上在工业革命期间英国曾出现过手工业工人打砸机器的“卢德运动”。此外，还有德国大众汽车制造厂“机器人杀人事件”与第十八届中国国际高新技术成果交易会的“小胖机器人伤人事件”。

随着信息技术的快速发展，社会数字化准备十分重要，没有制度保障和治理创新，技术的发展只会越来越偏离轨道，技术变革可能造成经济破坏，对就业产生不利影响，从而影响社会稳定。正如同尽管“大数据”已经成为人们谈论的热词，但数据治理及设定个人隐私保护等并不能一蹴而就，还需要进行深入研究。

人类社会有一个相对滞后的适应期，特别是在制度准备、机制和组织形态方面。其中，“人”的作用至关重要，人的意识、人的认知水平、人的技能、接受变革的勇气、集体的行动和群体的认同等都十分重要。作为社会整体，不可否认习俗的强大力量，我们需要时间去接受、认可、学习和改变。

不匹配的规则：双重社会的结构性

通过上述分析，我们可以透过纷繁复杂的问题表象，归纳总结问题产生之根源。数字化转型中问题产生的原因归根结底可以分为以下几个方面。

首先，身份的不一致，线下的网民身份不能完全适用于线上。随着数字化转型的推进，形成了虚拟-现实的双重社会，作为公民与作为网民的个人，在线下与线上的社会关系并不重合。这种不重合性导致一些人利用网络的隐匿性来做违法或者不道德的事情的成本很低，带来的伤害可能很大，而治理的成本很高。在线下，公民拥有唯一的身份，活动受一定的地理局限，建立的是实际的生活关系网络。在线上，由于网络的隐匿性，网民可同时拥有多个不同的身份，活动空间基本不受地理局限，建立的是一种相对松散的社会关系。此外，有人利用网络造谣、损坏他人名誉，却不用承担相应责任，尽管通过强化技术手段可以实现追溯，但可能已经造成无法挽回的后果。如果没有制度的规范、技术的支持和道德的引导，那么每一个人都可能成为受害者，每一个企业都有可能被伤及。这种身份的不重合性既为人们的生活提供了新的机会和可能性，又埋下了问题隐患。

其次，规则的不适用。比如，对于新出现的平台治理、数据治理等，由于数据无法拆分，而网络空间大量治理都涉及数据问题，如果采用现实世界中条块分割的对于生产资料“物”的管理方式，则无法对这一虚拟的生产要素进行管理，“沉睡”的数据无法发挥作用，流动的数据才有价值。从基础设施到经济再到社会，数字化转型会带来全方位的社会变化：质的变化、整体的变化、前所未有的变化。现有物理世界的规则并不能完全挪用至数字世界，其背后是典型的用传统工业时代的思维和管理模式来面对数字时代的新问题，有时会捉襟见肘、疲于应付或被动应付。这一问题如何解决，是我们必须面对和思考的。

针对梳理出来的关于数字化转型的三类问题，初步提出一些解决方案，如表 6-1 所示。第一类问题的解决需要各参与主体根据职能和发展自行提升；

第二类问题的解决需要形成多主体协调机制，共同解决；第三类问题涉及的层面和领域较多，需要形成整体治理合力，多元深度协同。此外，还应就部分重点问题加强研究，这些内容将在下一章展开介绍。

表 6-1　三类问题的解决方案

	第一类问题	第二类问题	第三类问题
问　题	能力发展问题	新旧业态转换的摩擦	新增业态监管
举　例	核心技术突破、网络安全保障能力提升、数字发展政策框架构建、下一代互联网架构设计、传统产业转型升级等	网络谣言、舆情危机、出租车司机罢工等	平台监管、金融科技、数字税收、数据治理等
特　点	如果不能及时解决，则可能错过重大发展机遇	发展快、蔓延广、关注度高、危害大	监管复杂、动态变化、无章可循
根　源	技术发展带来的能力提升问题	数字鸿沟、社会发展滞后于技术发展	规则制定和适用问题
治理重点	以发展解决发展问题	缩小数字鸿沟、提高社会数字化就绪度	加强制度创新系统性设计、针对性解决突出问题
治理思路	由各参与主体根据职能和发展自行提升	需要形成多主体协调机制，共同解决	形成整体治理合力，多元深度协同

总体而言，工业时代的发展呈现“线性”“工匠精神”、风险的“可预期”、管理的“有章可循”，管理大师泰勒以此提出“科学管理”；数字时代的发展则呈现颠覆式创新与“野蛮生长”、风险动态变化且无处不在，治理也显得无从下手、无章可循，这些为治理体系设计提出更高要求。

面对数字时代如此繁多的问题和难以协调的根源，仅在原有治理体系基础上“修修补补”已力不从心，我们需要重新审视数字治理的各方面要素，进行系统的梳理，提出解决之道。

第三节　数字治理体系之“分层设计”

针对数字化转型的不确定性，坚持上述原则，强调数据智能的自我运行机制及公共价值对社会的黏合。从理念层、组织层和行为层来构建整体，并通过数据要素治理进行三层治理结构之间的协调联动。

数字治理的理念层

与数字治理问题产生的根源相适应，数字治理的理念层主要包括三个方面：以人为本，实现善治；协同参与，推动共治；包容审慎，加强法治。

以人为本，实现善治

数字治理需要“以人为本”。网民是数字社会的基本构成要素，无论是政府治理社会，还是企业创新发展，都要以人们的需求为根本。

以人为本分为三个层面。首先，要保障人们使用互联网、享用数字红利的权利，满足人们对于数字生活的美好需求。这也将保证让更多人接触互联网、使用互联网，提高互联网普及率，并在供给侧尽可能提供人们用得起、用得好的产品。其次，要积极培养人们的数字素养和使用工具的能力，归根结底，网民才是网络空间最积极主动的要素。再次，以人为本需要培育人们的公共精神，数字治理离不开人们的支持和参与，要使人们了解数字化转型之机遇所在，并自发参与数字发展和数字治理，释放活力和热情，成为数字化转型的参与者和见证者，引导人们实现善治。

善治是对良好的或理想的社会治理状态的描述，是使公共利益最大化的社会管理过程，其本质特征是政府与公民对公共事务的合作管理，是政府与市场、社会的一种新型关系。实现数字“善治”的本质是探索构建和谐数字世界的路径。对数字治理而言，善治就是构建和谐的线上线下秩序，包括虚拟-现实二元社会。特别是针对网络空间的虚拟性和隐匿性，要引导网民对自己在网络空间的言论和行为负责，做负责任的个体，加强网络空间秩序的规范引导。

协同参与，推动共治

协同参与首先需要汇集多方力量，建立信任关系，形成治理合力。各参与主体要充分发挥自身的技术和资源优势，推动数字社会朝着一个更加健康的方向发展，其中包括政府、企业、社会等力量。各参与主体应有清晰的目标，并且清楚自身应完成的任务，相互间权责明确，建立信任和激励机制，形成合力并深度协同。在数字治理中，在政府、企业、社会之间推动共治要处理好以下两个方面的事情。

一是坚持全面深化改革，厘清政府和市场的关系，推动有效市场和有为政府的更好结合，激发各类市场主体活力。明确各主体的职责权限，明确分工，推动围绕共同目标形成分工协作关系。政府作为社会治理的主导力量，要整体把控，全面协调各方关系，在公平与效率、短期目标与长远目标、整体与局部之间达成平衡。与此同时，要适应日益复杂多变的环境，尽量规避各参与主体为完成任务而陷入复杂、烦琐的程序。

二是增强各参与主体彼此间的信任感，打造和谐生态。治理信任是推动多元主体合作治理的“润滑剂”，有利于推动合作的顺利开展。齐美尔指出，“货币经济发达的背后是对系统的信任”，这种信任并不是人格信任意义上普遍主义的信任，而是对系统的信任。除了法治建设，还需要通过网络诚信建设等手段，发挥行业协会凝聚和协调的作用，加强正能量宣传和舆论监督，降低多方总体合作成本。

包容审慎，加强法治

面对网络空间的不确定性，拥抱变化是一种常态。近年来，国家通过“大众创业、万众创新”的政策对于创业创新给予了很大支持。面对不断涌现的新技术、新业态，总体应当保持持续观察，积极鼓励创新，探索数据驱动的弹性监管与柔性治理模式，建立包容审慎的数字化治理体系，营造良好的市场环境。一旦出现危机（如数据泄露、网络攻击等安全事故），相关主体就应迅速、有力地应对，这时候反应速度和行动力都十分重要。

当然，包容审慎绝不意味着政府部门在监管方面“坐视不理”，它们对于市场的发展情况要予以跟进和研判，对于已经影响到市场公平或消费者权益的突出问题，要及时解决和加强管理。比如，针对数字平台反垄断问题，相关监管机构依法开展反垄断调查和科学管理。

数字治理终究需要依靠法治建设，让治理有法可依、依法治理。一方面，制定强有力的法规，对欺瞒、欺骗行为进行制裁，实施相应的惩罚措施，从而使网络系统的功能正常运转。治理保障机制是给各治理主体之间的顺利合作提供制度上的保障。另一方面，重在执行落实，需要进一步出台针对具体问题的实施细则，创新执法方式，加强行动力度，避免简单地将线下执法方式搬到线上。

数字治理的组织层

数字治理组织层主要聚焦不同治理主体的行为约束及相应的制度构建问题，政府部门、行业企业、社会主体应该各司其职，根据不同主体在资源、信息等方面的比较优势，发挥各自所长，以形成协同治理的新局面。总体而言，组织层需要打造任务明确、分工有序、和谐健康的生态。

政府监管合力待加强

政府是国家和社会公共事务的直接管理者，具有权威性和强制性权力。经过多年探索，在顺应数字社会发展形势和基本规律的基础上，我国政府采用法律法规、行政管理、产业政策、技术标准、行业自律、宣传教育等多种措施，初步建立了政府、企业、社会共同参与和协同联动的数字治理体系，但在监管合力方面仍需加强。

当前，在监管治理方面主要采取“分业监管”的模式，即按照产业类型进行划分，然后把行业监管和治理权力赋予相关部门，分头开始监管。然而，诸如新出现且快速发展的大型数字平台企业，其规模和经营范围已经相当庞大，涉及金融、贸易、科技、交通、文化、教育、卫生、广播电视等诸多领域，并且迅速形成生态化发展模式，从分业角度任何一个政府部门都无法全面掌握情况，无法从行业角度完全看到新事物之风险挑战，而垂直的分业监管模式在一些治理关键领域（如数据治理）很难拆分成条块以进行对应监管，因此在监管中形成一些空白地，甚至一些交叉地带的法律法规还出现了“打架”的现象，而一些管理人员的认知还停留在工业时代，依然用传统思维和手段开展管理。

因此，我国政府在数字监管与治理模式方面需要加强统筹协调，形成工作合力，推动治理由当前自主分业监管向既分业监管，又加强跨部门合作共治的方向发展，优化监管体系框架，实现事前、事中、事后全链条监管。通过各方协调配合，分享信息，加强整体研判，着力解决治理中的碎片化问题，推进数字时代的国家治理体系和治理能力现代化建设。在此进程中，需要提升政府工作人员的数字认知水平，提高整体数字治理和监管水平，以满足数字时代复杂监管的需要。

企业行业自律待提高

如前所述，从某种程度上来说，数字平台企业已经成为数字治理的关键节点，既发挥着推动整个数字社会生态发展演变的支撑作用，也担任着政府公权力介入数字治理的辅助者角色。在数字治理边界不断扩大的情况下，加强平台自治是数字治理的一个必然选择。平台不仅具有信息优势，还掌握着有效的治理工具，应承担保护数据不被滥用、提供真诚服务等相应治理责任。政府的治理职责则转变为监督而非直接针对分散化具体经营者，如近年来网约车治理由惩罚司机向惩罚平台转变，即提升平台自治责任。

当前，问题的关键在于如何“强迫”数字平台严格落实自我监管的要求。就此而言，需要政府监管等多种方式共同形成复合式监管。其中，行业自律是一种直接、有效的自治方式，通过确立行业自律规则，能够综合运用更多的技术手段，直接实现治理目的。比如，我国有《互联网搜索引擎服务自律公约》《中国互联网协会抵制网络谣言倡议书》《中国互联网行业自律公约》《数据流通行业自律公约》《互联网金融逾期债务催收自律公约（试行）》《北京网络直播行业自律公约》等，这些文件总体而言发挥了凝聚共识、强化自律意识的作用。

值得一提的是，行业协会的作用亟待进一步加强。在实践中，行业协会发出倡议，加强企业与政府和社会之间的联系，为企业创新和经营划定边界，对行业的健康发展发挥了积极的作用。比如，中国互联网协会等曾经在部分互联网企业大战的调解、帮助企业解决实际问题、维护消费者权益等方面发挥过重要作用，降低了政府的治理成本，并且缓解了政府的压力。加强企业自治和行业自律应当成为进行数字治理的一个可供选择的重要路径。

社会参与力度待提高

社会本身就是治理主体的一部分，是数字治理的参与者、受益者、监督者，如果政府、企业在治理探索中有疏漏，则需要通过社会积极参与和影响，使之回到服务于民的轨道。特别是在一些公共政策的制定中，公开征求公众意见已经成为一个必备的环节，公众也成为治理成效的重要评论者。

总体而言，当前我国社会力量在数字治理方面的参与力度有待提高。对个体网民而言，其本身也是消费者，由于个体力量十分有限，即便自身利益受到侵犯，也常常因为力量弱小、损失不大、处理流程烦琐等，选择放弃追责；技术社群特别是在国际技术标准等的参与方面，活跃度有待提高；媒体对互联网问题虽然比较关注，能够造成较大的声势和舆论压力，但随着时间的推移，其声音容易淹没在层出不穷的新闻热点里，而媒体和公众的监督对于数字治理具有非常重要的意义。

社会公众参与数字治理意味着在网络空间公共事务的决策、管理、执行和监督等多个环节中，他们能够有效地表达自己的立场和建议，能够合法地维护个人利益和社会公共利益。社会公众的参与需要其自身具有与时俱进的创新理念和专业知识等内在要求，而参与渠道和监督渠道定有效性也存在一定限制。因此，政府应鼓励和引导社会公众有序参与数字治理，增强他们的参与意识，争取他们对政府治理的理解和支持，更好发挥社会监督作用；同时进一步畅通社会公众参与治理的渠道和机制，提高他们的参与力度。

数字治理的行为层

数字治理最终要落到人行为的治理，行为层治理所要关注的内容包括夯基、定规、促融、抓统、赋能。

“夯基”：强化工具使用

落实数字中国建设，夯实数字发展和治理的基础。抓住新基建等发展机遇，推动数字化转型，充分发挥技术在数字治理中的作用。

——落实数字中国建设，夯实数字基础。很多问题要在发展中解决和治理，特别是数字治理三类问题中的第一类问题，因此要夯实数字化转型基础。数字中国建设是中国信息化发展的新阶段，对当前数字化转型中的重点任务进行了整体部署，需要扎实推进，从各领域、各层次、各阶段去积极落实。此外，要抓住新基建发展机遇，推动智能基础设施发展，推动更多的民众、企业、产业“触网”和“在线”，开启“数字化转型之旅”。在线是数字化转型的入口，要积极推动企业上云、在线，推动传统产业转型升级，推动产业高质量发展。

——强化技术工具使用，提升综合治理水平。加强诸如大数据、云计算、人工智能、区块链等技术的应用，提升治理和监管水平，特别是提升基于数据的精确化治理水平。比如，通过构建大数据监管系统，将人、地、物、事、组织及相关信息纳入监管提醒，通过实时数据分析，掌握市场变化规律与宏观经济特征，实现基于数据分析的科学决策和精准管理，并且付出基于风险预见和应急处置的一体化行动。在此基础上，优化制度流程，加强组织机制创新，形成技术与制度在“术”与“道”层面的互动，在发展中不断完善、提升监管和治理方式。

“定规”：明确关键规则

加强数字治理法律法规建设，积极参与国际规则制定，并形成国际国内政策联动，提升我国在数字时代的国际话语权和规则制定权。

——推进法治建设，加强关键规则制定。一是随着我国数字化进程的加快，出现了很多新业态、新情况、新问题，需要围绕关键领域加强规则制定，对于需要强化规范的领域抓紧出台法规，建立科学的评判标准和反馈机制，对现有法律法规进行系统化梳理和评估，促进法律法规之间相互协调、配套。二是回应社会司法需求，推动网络空间法治化进程。杭州、北京、广州等地均成立了互联网法院，通过对互联网案件的审理，及时总结和研究互联网行业发展的新情况、新问题，以公正裁判来引导、规范网络行为，加快网络空间的法治建设进程。

——加强国际参与，形成国际国内规则联动。以跨境数据流动为例，当前国际上对跨境数据流动的监管并未形成统一框架，不同国家采取的监管模式各不相同，各国以维护本国利益为出发点设计数据跨境流动规则，并形成双边、多边和区域合作态势，而这些关键国际规则的形成会影响一国国内的政策制定和产业走向。中国应抓紧探索输出关键规则方面的公共政策，提供更多的方案，尤其是形成国际国内在规则制定上的统一谋划和联动，包括在全球治理、数字贸易、跨境数据流动、供应链安全、数字服务税等热点领域，深入参与，把握规则制定的主动权。

“促融”：促进要素融合

针对“技术-社会”互构，一方面打造极致的数字体验，促进数据要素安全、有序地流动，另一方面加强价值凝聚和共识打造，打造“共建共治共享”的数字治理格局。

——促进数据安全、有序流动，释放要素潜能。基于数据的融合创新是推动质量变革、效率变革、动力变革的基础。数据只有流动起来才有价值，大数据的本质是“大融合”。一是完善数据基础制度。以确权为基础，完善数据权属、资产化和交易流通等基本制度，明确不同场景下的流通和利用规范，构建更加有活力、有秩序、有保障的数据要素市场。二是进一步推动公共数据开放与共享，发挥数据要素潜能，激发市场活力。三是构建安全可信的网络环境，推动数据有序流动。加强数据分级分类管理，统筹数据安全、产业发展与个人信息保护，兼顾各相关主体切身利益，加强政策整体安排和组织机制创新。

——推动公共价值的社会黏合，彰显人文精神指引。在数字技术的推动下，碎片化、扁平化的“微粒社会”快速形成，每个独立个体的行为最终聚合成多元化的网络空间。一方面，加强网络空间的内容治理，加强网民自律建设，形成向上、向善的网络文化。坚持技术、法治等通过综合治理手段，引导网民增强责任意识、依法上网意识、文明上网意识、个人隐私意识，营造风清气正的网络空间。

另一方面，对于网络空间的治理绝不能仅从代码、软件等技术角度出发，还要加强人文精神的指引和社会主义核心价值观的引导，这点尤为重要。中国有着人类优秀的文化传承和博大精深的思想，有基于儒家文化朴素的人生观，有社会主义核心价值观，足以聚民心、凝文化、强认同、增自信，以公共价值黏合社会，强化数字中国之强大精神认同。

“抓统”：建立复合式监管

数字治理是数字时代的长期任务和系统工程，需要从国家层面加强顶层规划，统筹引领规划布局。通过制度设计、监管创新、市场引导等方式，实现协同治理，而复合式监管机制创新更具有必要性。

——加强顶层谋划与部门协同，开展复合式监管。数字治理涉及制度、技术、应用等问题，需要从国家层面进行系统、宏观的战略规划布局，统筹谋划，协调推进。通过进行顶层制度设计、梳理组织架构、建立规范标准等，逐步构建起强大的治理体系。一是加快数字政府、数字治理的顶层设计和统筹谋划，建立部门间的协同联动治理机制，实现各部门在网络、数据、业务等层面的关联和互通，增强协同治理和整体合力。二是拓宽监管手段，采用多种手段组合加强治理效果。在设立许可证、行政处罚、专项整治、移交司法等传统监管手段的基础上不断创新，灵活运用信用、试点、第三方评估等多元方式实现监管创新和柔性治理。三是开展复合式监管，强化以执行为基础的自我治理，以外部调查、民事制裁、刑事制裁等为手段的强制性监管的复合式监管模式，以可信的方式向数字平台传递政府加强监管的决心与措施。

——充分发挥市场机制，打造健康生态，以保护消费者权益。一是发挥市场的自动调节功能。在法律框架下，给予市场一定的时间和空间实现自我调节，实现信息、数据、资本等要素的互动和重新配置，维护公平、公正、合理的市场竞争秩序。二是加强威慑作用，“强迫”数字平台严格落实自我监管的要求。加强对市场、行业的监测分析，对问题要早发现、早研判，对于需要及时纠偏的要加强规范和管理。三是打造健康生态，通过生态中企业自治、行业自律、相互协作、社会监督等内在机制，保护消费者权益，实现生态健康可持续发展。

“赋能”：提升数字化就绪度

公众是数字治理的参与者、受益者、监督者。在数字治理过程中，要提升公众的数字技能、基层数字能力和社会数字包容度。

——提升公众的数字技能，强化公众的数字参与意识。数字治理需要公众参与，从而确保公共服务的可靠性，公众是数字治理的重要参与主体。公众的意识、知识结构、数字技能等，以及不同群体的协同都将直接影响数字治理的效率。通过数字技能培训、扫盲教育、企业与社区培训等方式，可以帮助公众获得生活、工作所需的基本数字技能，如信息及数据素养、沟通与媒体素养、数字交易能力等，使公众有意愿、有能力、有信心使用数字技术，不断强化公众利用数字工具助力美好生活的愿景和参与意识。

——提升社会数字化就绪度，建设包容性社会。提升数字治理的包容度和整体社会数字化就绪度，是构建和谐、友好数字社会的前提，也是数字治理的应有之义。尽可能使公民拥有数字设备、确保网络覆盖和连接、为公民提供数字身份等，让公民能使用并享受到数字技术带来的益处。对老年人和残疾人等特殊群体，应提供便利的数字服务，减少其使用数字技术的障碍。此外，打造包容性社会，尤其需要夯实基层治理。持续推进“放管服”改革，充分利用智能互联技术为基层治理赋能，切实落实基层政府部门的“最多跑一次”改革、“不见面审批”服务等改革创新举措，加快基层数字政府建设，提升人民的幸福感，夯实数字化发展与治理的社会根基。

本 章 小 结

本章围绕“数字治理‘三位一体’体系构建”这一主题展开。

关键词：以人为本。

数字治理之初心是对数字化转型进行纠偏与赋能，使之能够形成技术与社会的良性互动，始终满足服务于人民美好生活的愿景。随着数字化转型进程的加深，特别是各种风险的加剧，面对成长迅速的平台企业、发展趋势强劲的智能未来，迫切需要重新审视数字治理的各方面要素，进行系统的梳理，提出解决之道。

面对数字时代如此繁多的问题和难以协调的根源，仅在原有治理体系基础上“修修补补”已力不从心，加强整体谋划应成为长久之计。本章一是基于对发展与问题的辩证思考，对数字化转型中的问题进行分类，并针对问题产生的根源进行深入剖析。二是明确数字治理需要考虑的原则，包括安全和发展之间的关系、国际国内政策的联动、打造“技术-社会”的治理闭环，以及充分发挥市场机制等原则，并在此基础上形成既系统化又分层化的治理体系，并厘清主线和重点，提出“问题切入+分层设计+重点行动+数据治理”的数字治理体系框架。其中，数据治理是当下数字治理的主线，重点行动包括平台治理、人工智能治理、全球治理等对当下热点的回应，分层设计则采用分层模型，包括理念层、组织层、行为层的互动和协调。

总而言之，数字治理需要秩序构建与激发市场活力并重、制度创新与危机行动并行，构建分业监管和整体合力结合的多层次、多要素、多维度的治理“组合拳”，建立复合式监管，加强整体治理创新。

第七章

礼法并重——
数字治理体系之“重点行动”

伴随“新基建”广域连接，平台经济飞速发展，激发了数字化转型的发展活力；数据资源海量集聚，释放出数字化转型的创新动能；以人工智能为代表的新技术、以智慧决策为代表的新思维，成为数字化转型的未来方向。一个大连接、大平台、大数据、大智能的发展蓝图徐徐展开。自然，与之同行的还有数字鸿沟、平台垄断、数据治理、技术伦理等一系列治理问题。伴随不同生态的叠加，如何构建公正的竞争秩序、形成各方良性互动的格局，成为各方的共同关注点。

第一节　新空间规则博弈：全球治理

当前国际社会围绕网络空间的全球治理之争多来源于规则之争，因此需要了解网络空间资源分配与核心议题关注点。

网络空间的资源分配权

与“陆海空天”一样，网络空间的权力也有其由来和相应产生的资源。历史上，在空间权力的研究上，从陆权论到海权论，再到空权论及天权论，先后描绘了空间拓展与权力扩张之间的密切关系。米歇尔·福柯在《规训与惩罚》中指出，空间在任何形式的公共生活中都极为重要；空间在任何的权力运作中也非常重要。他认为权力首先应该被看作一种生产性的实践或生产性的网络。这种生产性的网络的权力，不断创造出人与人之间的新联系，组织更积极的相互作用线及乐观积极的“权力效应”。福柯试图突破传统的权力所用物的观念，用一种空间的概念——网络来阐释权力的运作机制、权力与知识和空间之间复杂而微妙的关系，从空间的角度来理解现代社会权力的运作方式。

陆权论。哈尔福德·约翰·麦金德在 20 世纪初提出陆权论。他最早在 1904 年的《历史的地理枢纽》中提出“枢纽地区”的概念，认为欧亚大陆中心的内陆地区是世界政治的枢纽，控制了枢纽地区的国家就会成为世界帝国。随后他在 1919 年提出“心脏地带”理论，这一理论提高了东欧在地缘战略中的地位。刘从德、吴晓波认为，麦金德通过对“心脏地带”的三次论证，试图寻找一种表明世界历史中某些地理因素的公式，其选择了少数地理位置的事实和一些历史大事作为依据，但忽略了细节。而作为陆权论的集大成者，麦金德从全球角度分析地缘政治，将全球空间看作一个整体来研究，影响了早期很多西方战略家的政治布局。

海权论。19 世纪末 20 世纪初，各国对海外殖民地的争夺催生了“海权理论”的产生。阿尔费雷德·赛耶·马汉的“海权三部曲”提出国家对海洋强有力的控制，主要包括海上军事力量和贸易水平，强调在海洋权益中建立强大海军占据主动权的实力。马汉的海权论对于当时海上实力比英国弱的美国影响最大，也在一定程度上成为美国后来主导建立海上霸权的理论根源。其他学者也对海权进行了研究，如乔治·莫德尔斯基等认为，海权是积极参与全球政治的先决条件，现代世界体系的强国都对海洋实施着管控，世界领导者与海权分配紧密相关，从而提出海上霸权的长周期理论。

空权论和天权论。1921 年，朱利奥·杜黑依据意大利独特的地理环境及有限的资源条件，开创了空权论，从地缘战略角度来看，认为控制空域是意大利安全不可或缺之条件，从而树立了空域在一国、一地的重要战略意义。随后，詹姆斯·奥伯格的“天权论”、埃弗雷德·卡尔·多尔曼的“太空政治学”和约翰·J.克莱因的“太空战争”分别从不同角度解读了制天权的重要性。进入 21 世纪，互联网全面改变了国家安全观，制信息权时代已经到来，信息资源成为社会各个层次主体争夺的焦点，网络空间已经被视为继“陆海空天”之后的第五域空间。

伴随着互联网不断演进发展，以及物联网、工业互联网等数字化转型进程，网络空间的内涵和外延不断深化。这个空间成为人们工作学习、企业生产经营、国家内政外交的新平台，同时也成为各种“资本”角逐、权力争夺的新场域。由于网络的强渗透性，这一空间对以后“陆海空天”的物理空间形成了全方位的覆盖。各种权力不断向网络空间集中和叠加，并对网络空间进行重构。

首先，网络空间是互联网空间化的产物。如果说互联网技术正在令我们原本存在并生活的现实社会虚拟化，那么互联网自身也在经历着空间化的演进。此外，互联网空间化还表现在包括互联网的作用主客体、运作模式、效应影响等在内的各方面组成的一个新的完整生态系统。

其次，网络空间不仅能实现信息传递，而且能支撑并优化能量传递，其实现基础是完整的互联网结构。未来通信网络的重要关注点之一是能量效率，核心是用更少的能量传递更多的信息，以及在能量系统中通过信息技术来降低能耗。这种结构要素之间通过互动、转化，保持动态发展，使网络具有延展性并能持续与物理世界交互。

最后，在网络空间中，权力既有来源也有着力点。参照互联网治理模型，网络空间中的权力分别落在物理层、逻辑层和经济社会应用层。权力主体主要包括信息通信企业在内的运营商、各类私营机构、技术社群、网民、学术团体、以政府为代言人的国家、国际组织等。由于权力的来源不同、大小不一，在三层内形成了不同的权力结构，集权和分权的程度具有一定的差异性。

物理层：网络接入的管控权

在物理层，权力主要表现为互联网交换节点、陆地电缆、海底电缆、卫星、无线通信系统、数据中心等各类网络基础设施的运营权（包括建设权和管理权等），以及政府的监管和治理权。权力的主要来源是资源，同时也受网络基础设施相关技术的影响和制度的制约，其核心是对网络接入的控制和管理。

从网络覆盖可以看出，网络空间与“陆海空天”四大空间之间的关系极其密切，“陆海空天”的网络部署互为补充和衔接，不同的网络接入形式也面临竞争甚至替代。比如，谷歌在 2013 年推行谷歌气球计划，目标是建立一个覆盖整个地球的悬浮气球网络，试图为世界上的偏远地区提供网络覆盖；太空探索技术公司 Space X 总裁马斯克计划发射 4000 颗近地轨道卫星，构建每秒 1000 兆的全球超高速互联网；此外，One Web、谷歌、Facebook、波音，以及国内的航天科技、航天科工等也纷纷加入低轨卫星互联网的“太空竞赛”。卫星互联网规模化部署，将会在较大程度上改变全球网络基础设施的形态，影响网络空间物理层的权力格局。

考虑网络空间权力来源，可以部分参照“陆海空天”的治理。陆、海、空域的网络基础设施分布受国界限制，并相应建立了治理规则；天域的卫星则由不同的国家和地区发射，同样不能脱离“国家”与“主权”的概念。

以虚拟方式呈现的网络空间是连续的，但网络上的程序、代码和数据在物理上可能运行或存储于独立的服务器中。物理层的基础设施对于保障一国互联网的安全稳定运行十分重要，通常相关资源由政府掌握分配，已经成为一国之关键基础设施。主权国家对于基础设施运行、安全保障、数据跨境等均有十足的话语权，同时，国际电信联盟（ITU）等国际组织则在国际层面实现资源协调及全球网络一致性运行和管理的顶层规则制定。

逻辑层：逻辑代码的分配权

在逻辑层，权力主要表现为域名、IP 地址的分配权、管理权和通信协议参数的管理权，以及政府的监管和治理权。该层的权力相对集中，权力主要来源是资源和制度，其核心是网络身份的授予和认定。

互联网起源于科学技术研究，互联网域名技术标准由国际互联网技术权威组织互联网工程任务组（IETF）制定，域名作为互联网技术标准的技术参数之一，由互联网数字分配机构（IANA）负责。早期域名注册、协调与维护，作为 IANA 工作的一部分，由来自南加州大学的互联网技术先驱乔恩·波斯特尔负责。1998 年 9 月，互联网名称与数字地址分配机构（ICANN）成立，通过与美国商务部签署合同，开始参与互联网域名及地址资源的分配与管理。2016 年 10 月，IANA 将上述资源管理权域名管理权正式移交 ICANN，授权管理合同失效。IP 地址由 IANA 分配给五大区域性互联网注册机构（RIR），并进一步向对应区域的国家/地区互联网注册机构或网络服务提供商进行分配。对于域名服务，由各国家和地区对应的域名注册管理机构进行管理，如日本互联网络信息中心（JPNIC）和中国互联网络信息中心（CNNIC）等，拥有在各国国内的注册分配权和管理权。

经济社会应用层：制度赋权和主权博弈

网络空间的经济社会应用层是对现实经济社会空间的映射或延展。从现实角度来看，从物理层到逻辑层，特别是经济社会应用层，已经和一国之政治、经济相关性越来越紧密，保障主权空间不被侵犯已经成为越来越多国家的共识。

在经济社会应用层，一国之内的权力主要表现为网民群体（网民为维护共同的权利形成群体后具有强大的权力）、企业的生产经营权（企业凭借生产经营积累的财富和能力对整个社会产生的影响力）、政府的公共管理权（作为国家机器而拥有的权力）等。通常，政府占据主导地位，主要体现为制度赋权，政府作为国家代言人利用国家机器对经济社会进行治理。互联网是全球最庞大的分布式系统，这在一定程度上造成政府对资源和权力的控制力被侵蚀和弱化。平台企业凭借对互联网入口和数据资源的掌控，也衍生出相应的权力。

在国际层面，权力主要表现为主权国家之间的博弈、跨国企业的生产经营权、联合国等国际组织的协调权等。这一层的议题比较广泛，对资源、技术、网络、制度实行全面覆盖，其核心是促进经济发展和社会进步、提高人类福祉。通常，主权国家在网络空间中的权力大小与自身的资源、技术水平有关，也需要综合国力的保障，主权国家通常都会积极维护本国利益。一些国际组织、国际机制根据其职能和影响力，对网络空间中的相关事务进行综合治理。此外，跨国企业等主体在网络空间中的影响力不容小觑。

当我们理解网络空间权力来源的互联网三层模型时，即当我们使用互联网时，衍生出三个哲学问题，一是域名（naming）会问：你是谁；二是 IP 地址（addressing）会问：你从哪儿来；三是路由（routing）会问：你到哪儿去。这三个互联网的哲学问题是保障互联网顺畅运行的基础，也是网络空间权力的来源。

需要指出的是，逻辑层的代码对于互联网运行至关重要。在维护网络空间主权的前提下，通常逻辑层需保障同一套标识分配体系，这对全球统一的互联网运行非常重要——一套编码规则可以保障世界范围内互联网的顺畅解析和互联互通。由于互联网天然具有国际属性，因此围绕逻辑层的分配权一直是国际社会的热点。

互联网全球治理的主题

互联网全球治理已经成为这个时代的核心命题之一。2004 年 3 月，Kofi Annan 在“互联网治理全球论坛”上的讲话指出，在几年之内，互联网已使贸易、医疗、教育，以及人类通信和交流的基础设施发生了革命性变化，而且其潜力要远远大于自从其诞生以来的短时间内我们所看到的。为了管理、改进和保护互联网在我们生活中的存在，我们要具有的创造力应绝不少于那些创造了互联网的人们。显然，治理是必要的，但这并不是说，这种治理是传统意义上的，因为它们毕竟是如此的不同。

由于互联网是一个快速发展、多向互动、开放多样、互联互通的生态系统，互联网治理天然带有全球治理的属性，是一个议题不断拓展、力量不断发生变化的动态博弈过程，其间夹杂着大国话语权、规则制定权、议题设置权的争夺与利益的较量。特别是近年来伴随发展中国家在网络空间力量的崛起，各方针对现有治理体系分歧越来越大，现有体系亟待变革。

图 7-1 阐释了在国际社会较为通用的互联网三层模型中，互联网治理的关注点最初主要集中在逻辑层，即围绕互联网名址资源及其运行系统（如 DNS、IP 地址及域名根服务器等）的管理及服务。域名系统（DNS）对接入设备和应用的 IP 地址和域名进行映射管理，其中根服务器系统是提供 DNS 解析服务的入口，其特殊位置使其成为互联网逻辑层中的重要基础资源，进而成为互联网治理的热点议题，并由此逐步向外延伸衍生出互联网治理的诸多议题。

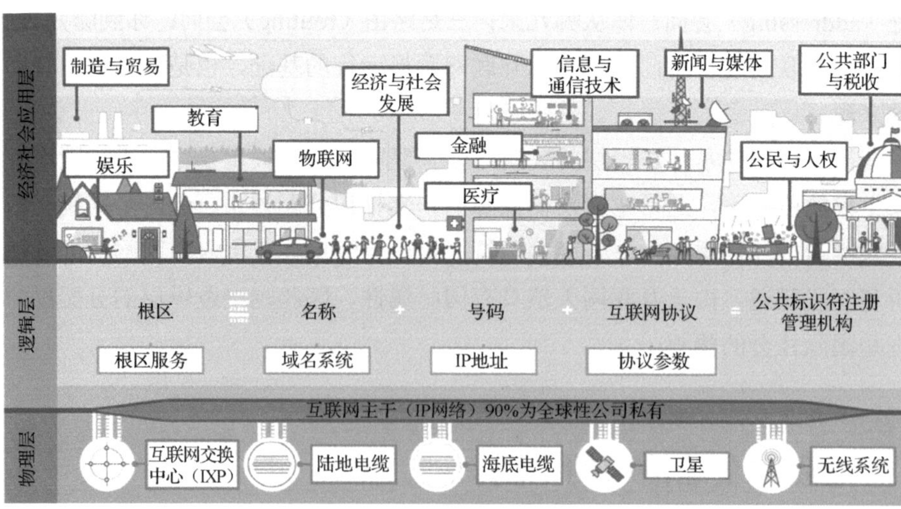

图 7-1 互联网治理模型

资料来源：ICANN

针对逻辑层的治理可描述为技术互联网治理。ICANN、IETF、国际互联网协会（ISOC）等组织是这一领域的关键参与者。但当互联网逐步成为全球范围内服务于公众利益的共同基础设施时，其治理核心聚焦资源的公平分配、促进所有人的普遍接入、保证互联网稳定安全运行和多语义发展。

2003 年，信息社会世界峰会互联网治理工作组确定与互联网治理相关的公共政策议题包括以下四个方面：一是同基础设施及关键互联网技术资源管理相关的问题，如域名系统、IP 地址管理、根服务器管理；二是同互联网应用有关的问题，如垃圾邮件和网络安全；三是同互联网相关，却比互联网本身有着更为广泛的影响的问题，包括知识产权、国际贸易；四是与互联发展相关的问题，尤其是发展中国家的能力建设问题。2005 年，互联网治理工作组的成员用问卷调查方法，初步排出的五个在互联网治理领域优先关注的问题：一是 IP 地址和域名系统管理；二是根服务器系统的管理；三是多语种域名和网上内容；四是国家政策和规章制度；五是垃圾邮件。

互联网治理模型第一层是物理层；第二层是由域名、IP 地址等唯一标识和技术服务系统所构成的逻辑层，主要关注技术和资源相关议题；第三层是各种网站、服务、应用、数据构成的经济社会应用层。

伴随互联网商业化进程加速，互联网的治理挑战逐渐从物理层、逻辑层转移至经济社会应用层，并不断扩展。互联网全球治理议题已从逻辑层不断向上扩展，从最初主要聚焦互联网技术治理，逐步扩展到政治、经济、法律等应用层治理，涵盖基础设施领域、网络安全领域、法律法规领域、数字经济领域、数字发展领域和数字社会文化领域等多个方面。由于其覆盖面广、颠覆性强、复杂度高，需要全方位、多角度、多层次参与。

相比之下，互联网经济社会应用层的治理因不同国家政治经济制度的差异而产生更深层次的矛盾与冲突。世界各国由于各自不同的发展阶段、立场和利益诉求，对互联网治理的理解各不相同，理念存在较大差异，围绕互联网治理的规则之争从未停止。互联网治理议题已经无所不包，和更广义的网络空间治理不断重合，也成为数字治理的重要组成部分，多项国际进程和机制聚焦互联网治理而形成新的议题和进程。

网络空间全球治理分歧

全球网络空间的秩序正处于“大变革”时代，未来新规则体系的建立取决于部分发达国家与新兴国家之间的互动博弈。当前国际上围绕网络空间的全球治理模式之争主要集中在以下几个方面。

多方 vs 多边

西方积极倡导“多利益相关方”模式，旨在令互联网各利益相关方共同参与，为解决共同问题开展对话、民主决策、协同治理，尽管各利益相关方可以指企业、民间组织、政府、研究机构、非政府组织，甚至个人，但实际上有弱化政府的意味，更多强调企业和非政府组织的治理作用。

习近平总书记指出，国际网络空间治理应该坚持多边参与、多方参与，由大家商量着办，发挥政府、国际组织、互联网企业、技术社群、民间机构、公民个人等各种主体作用。中国、俄罗斯等国主张不应忽视政府的作用，在国际上更多倡导“多边主义”，主张联合国是互联网治理的主要平台；认为“多方”应在政府的领导和管理下参与治理，形成多主体参与的综合治理格局。

公域 vs 主权

当前对于互联网所构成的网络空间属性存在“全球公域”和“国家主权”之争。“你们在这里不受欢迎。在这里，你们并不拥有主权，也没有伦理意义上的统治权；而且，你们也没有任何手段使我们感到必须受制于你们。网上世界并不在你们的边界以内。”这段话出自约翰·佩里·巴洛于 1996 年致各国政府的一封信，在 20 世纪 90 年代，这是相当具有代表性的思潮。网络自由主义是乌托邦技术决定论的体现，也是美国及其核心盟友偏好更加强势的霸权领导的理论抓手。网络自由主义强调互联网自由对社会进步和经济增长的重要性，强调数据的自由流动，甚至把增进“连接自由”作为一项基本外交目标。

以中国为代表的主权论国家则认为，网络主权是传统主权在网络空间的自然延伸，互联网空间和现实空间一样“不是法外之地”，属于法律规范和政府管制的领域。主权是一个国家对其管辖区域所拥有的至高无上的、排他性的政治权力，是国家的最重要属性，是国家在国际法上所固有的独立处理对内、对外事务的权力。尊重主权是互联网治理的首要前提。

沿用 vs 适用

随着互联网技术飞速进步带来的生产力发展、全球经济结构调整、战争形式的发展和变化，网络空间全球治理需求不断增加；而随着美国霸权衰落，大国实力对比出现变化，原有互联网治理公共产品提供者的供给意愿下降，因而出现互联网治理供需不匹配的“治理赤字”。

为应对互联网治理公共产品短缺的现实情况，全球涌现出了一批互联网治理国际机制，如伦敦进程、巴黎倡议、网络空间稳定全球委员会、世界互联网大会等。传统全球治理机制也将网络空间全球治理作为重要议题，如联合国在其框架内主导设立了信息社会世界峰会、互联网治理论坛、联合国信息安全政府专家组、信息安全不限成员名额工作组等一批新的平台。传统区域性组织如亚太经济合作组织、欧盟等也在互联网治理方面发挥了重要作用。

现有全球网络空间秩序是由西方发达国家设计和主导的，发展中国家鲜有发声机会。作为网民数量最多的国家，中国始终在为推进网络空间秩序变革而不懈努力。印度、巴西等一些发展中国家也越来越意识到当前网络空间资源分配不均的现状，努力提出新秩序、新规则、新议题，以争取更多的话语权。可以说，从某种意义上讲，未来全球网络空间的秩序取决于网络发达国家与网络新兴国家之间的互动关系。

网络空间全球治理策略

从重要性角度看，由于互联网的全球属性，特别是全球化时代的到来和互联网巴尔干化的风险，国际规则的制定会在无形中涉及国内政策的匹配与协调，国际资源的谈判能力会影响国内产业之发展基础，国际话语权的争取会为我们赢得更广泛的国际认同和支持。网络空间的治理议题已成为数字化转型中极为重要的组成部分。因此，需着眼于国家长远利益，积极参与相关议题和进程，在深入参与的基础上努力引领议题设置权、规则制定权和国家话语权。以下几点值得关注。

一是网络空间全球治理需以互联网全球治理体系变革的“四项原则”和构建网络空间命运共同体的“五点主张”为指引。例如，应首先明确国家对网络空间的主权，进而合理、合法地探讨以国家为主体的对其领土范围内的基础设施和网络行为体进行管理的具体问题，因为网络空间的行为体、支持网络空间运行的基础设施都在现实世界实际存在，其行动受制于并将反作用于现实世界。

二是关注国际新规则、新议题。伴随网络空间的重要性的不断提升，围绕网络空间全球治理的议题将不断增多，且已不限于基础资源领域。相比规则已经相对成熟的逻辑层，经济社会应用层将会涌现出大量新规则、新议题，且经济社会应用层与一国之现实背景、政治文化、社会发展等因素紧密结合，收益大，分歧也将增大，如数字税等议题涉及产业利益，对于这些新出现的议题应给予足够的重视，提早谋划和参与。

三是积极提供公共政策供给。在开展国际交流对话合作中，除大国外交和话语权博弈外，在具体政策框架、评价体系等工作讨论中，深度参与、持续跟进、积极发声，以多个视角、“组合拳”的方式积极提供政策供给，及时供给中国方案、中国思路与中国经验，增强我方话语权，逐步实现网络空间全球治理由深入参与到变革引领。这些需要产业部门的深度参与，形成国际、国内政策的联动，加强对新议题的引导和政策供给。

四是注意发挥民间机制作用。例如，互联网在发明之初，其标准带有深刻的科学和技术社群的烙印，民间技术社群等在互联网治理中的作用也十分强大，西方倡导的多利益相关方模式也包括不同参与主体。鉴于此，在充分发挥多边治理机制的同时，也注意参与区域治理机制、民间力量、非正式渠道等的参与作用，形成多层次的丰富立体的交流机制。例如，彼得·考希和乔纳森·阿伦森强调与多利益相关方专家组织合作的机制，以促进正式协议的实施，增强其政治合法性和技术专长，并将灵活的学习纳入治理机制。

五是注重话语差别，讲好中国故事。网络空间治理规则既是产业发展之需要、关键资源之争取、标准制定之需，也是话语权之争和国际秩序之争。在国际交流中，因不同文化背景下话语体系有所不同，为取得更好的沟通效果，在技术谈判、规则等沟通对话中，不仅需要了解不同话术背后的利益考量，也需要了解其话语背后的社会背景和逻辑出发点，以便求同存异，用国际社会听得懂、易理解的方式讲好中国故事，谋求合作共识。

2015 年 12 月 16 日，习近平总书记在第二届世界互联网大会开幕式发表重要讲话，旗帜鲜明地提出坚持尊重网络主权、维护和平安全、促进开放合作、构建良好秩序的推进互联网全球治理体系变革的“四项原则”和加快全球网络基础设施建设、打造网上文化交流共享平台、推动网络经济创新发展、保障网络安全、构建互联网治理体系等构建网络空间命运共同体的“五点主张”，这是我们参与网络空间全球治理总体遵循的原则和主张。中国将进一步推进互联网全球治理体系变革，推动制定更平衡的反映大多数国家意愿和利益的网络空间国际规则，共同构建网络空间命运共同体。

第二节　新业态风险挑战：平台治理

近年来，伴随信息通信技术的广泛应用，各种新业态、新模式不断涌现，平台经济在全球迅速崛起。在 100 家大型企业中，有 60 家的主要收入来自平台模式，市值前 15 位的互联网公司均采用平台模式，100 多家独角兽企业里的 70%以上也是平台模式。联合国《2019 年数字经济报告》指出，中国和美国所拥有的数字平台企业占全球 70 个最大数字平台市值的 90%，包括阿里巴巴和腾讯两家企业在内的 7 个“超级平台”则占据了全球数字经济总市值的 2/3。

包括零工经济平台在内的服务型平台快速崛起，引发了广泛涉及劳动保护、公共安全、数据隐私等诸多监管议题。2020 年 12 月 21 日，一位 43 岁的饿了么众包外卖员韩某猝死在送单路上。饿了么平台回应，韩某与平台并非雇佣关系，只能给 2000 元的人道主义费用，其他的以保险公司的理赔为主。但是韩某在饿了么平台购买的人身意外保险在猝死的状况下只能赔付 3 万元。不管是众包模式，还是现在流行的灵活用工模式，平台都未承担缴纳五险一金的义务；骑手在工作中受伤，平台不需要承担任何责任；平台不受《中华人民共和国劳动法》的约束，可以通过各种活动延长骑手的工作时间，压低配送单价。配送骑手法律关系的变化过程是外卖平台公司用工成本和法律责任不断削减的过程。

合理界定平台责任、促进平台规范善治，关系到平台经济的健康发展，甚至影响整个经济体的动能转换和创新升级。2021 年 3 月 15 日召开的中央财经委员会第九次会议强调，要坚持正确的政治方向，从构筑国家竞争新优势的战略高度出发，坚持发展和规范并重，把握平台经济发展规律，建立健全平台经济治理体系；明确规则，划清底线，加强监管，规范秩序，更好地统筹发展和安全、国内和国际，促进公平竞争，反对垄断，防止资本无序扩张。

平台经济相关研究梳理

国外研究进展情况

国外对于互联网平台垄断的研究起步较早且保持着持续关注。互联网平台为存在交叉网络外部性的不同类型的用户群体提供连接、匹配和交易服务，最大程度减少两个或多个不同用户群体之间的交易、协调和搜索成本。史德烈 • 哈久和朱利安 • 赖特等学者比较赞同让 • 查尔斯 • 罗切特和让 • 梯若尔的观点，认为关于双边市场、多边平台的三个重要特征和构成要素已经基本达成共识。大卫 • 埃文斯和理查德 • 施马伦西指出，平台解决了交易成本问题，可以协调不同用户群体，使得很难或不可能聚在一起的不同群体能够有效互动，创造交互和匹配价值。让 • 查尔斯 • 罗切特和让 • 梯若尔认为，平台可以通过向市场的一方收取更多费用并将另一方支付的价格降低相等数量来影响交易量，解决不同用户群体之间需求协调的问题，将他们纳入平台市场。

基亚拉 • 英格罗索和马西莫 • 莫塔认为，在互联网平台市场背景下，倾斜式定价也可能出现与单边市场类似的结果，他们提出一个平台市场的掠夺性定价理论，发现在考虑到时间因素后，在位垄断互联网平台企业可以在早期采取倾斜式定价模式来吸引更多的用户加入平台，但提高了潜在进入者进入市场的成本，后者需要付出更高的成本吸引用户，以达到最小有效规模并进入市场，与在位垄断互联网平台企业进行竞争。安德里亚 • 阿梅里奥通过研究也发现，传统的排他性行为会延续到平台竞争中，并且在某些情况下，间接的网络外部性会加剧在位垄断互联网平台企业封锁的动机。然而，路易斯·瓦斯康塞洛斯在研究在位垄断互联网平台企业的排他性行为及其竞争效果时则发现，尽管低于成本定价，但可以使在位垄断互联网平台企业对尚未拥有客户群的潜在竞争对手产生封锁效应。

国内研究进展情况

国内学者也越来越关注平台问题并开展了大量研究。蒋岩波基于双边市场理论，给出相关市场界定的新思路，注重对平台产品盈利模式的考察，并提出以利润来源边作为相关市场界定的主要依据。石英认为，在互联网平台企业中，基于网络效应的经济特性，要以谨慎的态度进行相关市场认定。宁立志、王少南提出在双边市场下，需要考虑到竞争约束的多样性问题，需将平台两边的市场综合考虑，因此应以两边都达到最佳结构的总价格作为基准价格。骆品亮认为双边市场中最低网络规模的特性使得用户规模较大的平台具有明显的竞争优势，而用户规模较小的平台在竞争中则会处于劣势。

张小宁认为双边市场中最低网络规模如同一堵“墙”，平台的用户规模越大越有利于冲破这堵“墙”，而一旦越过这堵“墙”就可以获得用户规模的“自增长”，从而促进平台实现“赢者通吃”。李允尧等提出用户规模是平台获得利润的基础或资本，是平台市场势力的重要来源。曲振涛等提出，平台的用户规模越大，平台对利润来源边用户的价值就越大，对各类商户的谈判势力也越大，这就赋予了平台提高盈利水平的能力，进而促进形成更大的用户规模，而平台的用户规模优势还直接决定了平台向其他领域扩张的能力。徐骏、苏银珊认为，平台通过既有用户规模能够迅速扩大产品或服务的应用范围，加速平台内产品或服务的商业化，还能促使平台在市场之间实现用户规模不断增长。

陈少威、范梓腾认为，数字平台作为交易的撮合者，其角色正在从网络空间的看门人转变为对平台生产者和消费者产生广泛影响的瓶颈；因此，基于责任豁免和自我规制的传统监管思路已难以适应数字平台角色和作用的转变，需要在监管主体、监管机制和监管工具三个方面，借鉴合作治理、回应性治理、敏捷性治理理论，创新监管政策。陈永伟认为，需要厘清平台垄断和正常商业行为的边界，同时建立完善的反垄断体系，除采用反垄断的工具外，还需要综合应用更多的法律和政策工具应对互联网垄断带来的问题。刘蕾认为，平台经济横跨传统产业，模糊了传统产业监管界限，且平台模式具有非线性盈利特征，内在扩张性会导致平台模式形成垄断并造成社会总福利损失。陈兵、林思宇认为，平台企业利用数据和算法优势不断固化市场力量形成锁定效应，导致平台经济领域“双轮垄断”态势日趋显著，需要尽快构建完善的政策体系，特别是对超级平台的数据采集、使用、管理的动态过程与具体行为进行约束。

平台监管国外实践介绍

1890 年，美国国会颁布了历史上第一部反垄断法《谢尔曼法》，禁止垄断协议和独占行为，但《谢尔曼法》对于部分行为的约束力不够。1914 年，美国国会通过了反对不公平竞争的《克莱顿法》，成立了联邦贸易委员会（FTC）进行监管，并制定了特定行业的监管条例，由此，美国联邦反垄断法的基本框架得以确立。美国国会和政府部门普遍认为现行反垄断法仍然适用于今天的数字经济各领域。

美国在信息通信领域有过以下反垄断案例。第一次是对美国电话电报公司的反垄断。1933 年罗斯福上台后实施了新政，1934 年《电信法》顺利通过，并依法成立了 FCC。根据《电信法》，美国电话电报公司是网络通信信息产业大多数电信业务的垄断经营者，其他电信运营厂商不得进入，该局面一直持续到 1984 年美国电话电报公司解体。1984 年以法院裁决的方式将美国电话电报公司进行分拆，意在把自由市场竞争机制引入长期垄断的电信市场，此举被称为“20 世纪最大的企业拆分案例”。第二次是在 20 世纪 70 年代，美国司法部对 IBM 提出反垄断诉讼。其结局是 IBM 最终同意放弃软硬件一体化，由此带来微软、英特尔等其他公司可以为之开发软件。第三次是 1998 年美国司法部对微软提出诉讼，认为微软利用市场影响力压制竞争对手，并利用 Windows 操作系统推广自身的浏览器，之后，谷歌、亚马逊等公司迅速发展成新一代巨头。

近年来，亚马逊、Facebook、谷歌、苹果等互联网企业成长迅速，形成了具有市场、舆论操控能力的庞然大物。在新型冠状病毒肺炎疫情爆发和美国国会山骚乱后，社交平台展现出的强大舆论动员能力使美国开始进一步重视对相关平台的反垄断调查。目前美国国内两党均有支持拆分亚马逊、Facebook等大型互联网平台的声音，美国互联网平台正面临来自全球各地的严峻的反垄断调查压力。2020年10月6日，美国国会众议院司法委员会反垄断小组委员会发布的报告数字市场竞争调查报告指出，苹果、谷歌、Facebook、亚马逊等科技巨头存在垄断行为，严重限制了数字行业的创新活力，破坏了数字市场的自由竞争和公平原则。

与此同时，欧盟也有类似的探索，正在通过制定规则强化对数字平台企业的监管。2020年12月，欧盟委员会公布了专门针对数字巨头的《数字服务法》和《数字市场法》。欧盟此举被广泛认为剑指美国，旨在遏制大型数字平台的垄断行为。《数字服务法》侧重于加强数字平台在打击非法内容和虚假新闻及其传播方面的责任。而“大型数字平台”的定义覆盖超过欧盟人口的10%，如果没有按规定执行，将处以其利润6%的罚款。

《数字市场法》则定义了一种“看门人”的角色。欧盟认为，数字平台这些“看门人”可以对市场产生重大影响，对于那些5年内被罚款3次依然系统性违反相关法律的企业，欧盟还将通过拆分、剥离等手段迫使其卖掉部分业务，从而停止其不正当竞争行为。《数字市场法》意在明确数字服务提供者的责任，并遏制大型数字平台的恶性竞争行为。两部法案的共同目标是建立更加开放、公平、自由竞争的欧洲数字市场，保障欧盟数字单一市场的秩序和竞争，促进欧洲数字产业的创新、增长和竞争力提高。可以看出，两部法案均以“权力越大，责任越大”和“线下禁止的，线上也应禁止”为原则，从而强化数字平台企业规制。

此外，英国于2020年12月15日更新的《网络危害白皮书》便建立了针对包括社交平台、网络论坛、搜索引擎、文件托管网站等广泛的领域的数字企业和平台的新监管框架，强调其在网络空间内容治理中的法律责任和义务，并计划设立强有力的独立监管机构来保障这一监管框架的推行。

可以看出，不同国家因产业发展及制度差异在规制理念和执法方式上有所差别，但也有类似之处：一是通常强调拓展监管思路、创新分析工具和灵活执法，并注重考虑国家利益；二是通常认为现行反垄断法的基本制度仍然适用，但需及时根据新问题做出适当调整，如美欧立法者和司法审判机关注意到数字平台的复杂性，提出反垄断执法还应综合考虑算法、数据、商业模式等因素；三是在平台治理中，强调企业的自治责任，加强平台透明化治理机制，建立具有威慑力的平台惩罚机制。

平台经济相关问题概述

垄断和不正当竞争问题

平台企业在用户流量入口上的竞争日趋激烈，或通过巨额补贴价打压竞争对手空间，或借助垄断地位给生态中的企业施压，或在同类平台竞争中强迫中小企业站队，或提高平台的入驻成本、压缩中小企业利润等。针对社会各方反映较多的“二选一”“大数据杀熟”等热点问题，2021 年 2 月 7 日，国务院反垄断委员会印发并实施《关于平台经济领域的反垄断指南》(简称《指南》)。《指南》明确指出，认定平台经济领域滥用市场支配地位行为，通常需要先界定相关市场，分析经营者在相关市场是否具有支配地位，再根据个案情况分析是否构成滥用市场支配地位行为。《指南》指出，分析是否构成限定交易行为可以考虑三项因素：一是要求平台内经营者在竞争性平台间进行“二选一”，或者限定交易相对人与其进行独家交易的其他行为；二是限定交易相对人只能与其指定的经营者进行交易，或者通过其指定渠道等限定方式进行交易；三是限定交易相对人不得与特定经营者进行交易。

金融科技安全问题

随着全球金融市场开放性发展和互联网的普及发展，金融科技呈现出跨国界的特征。部分平台企业借助用户规模和业务场景，熟悉客户消费习惯，逐渐形成了新的金融场景入口。有的企业借助概念炒作模糊主营业务，以科技创新名义包装上市，市值虚高，损害投资人利益；有的企业以科技进步需要颠覆传统场景为旗号，通过资本等形式影响舆论，形成有利于平台企业的舆论环境；有的企业因金融科技创新举措不当引发过度消费，如通过大数据引导年轻消费者进行过度消费，引发更多的家庭和社会问题；有的企业存在放大杠杆的风险，导致未来诱发潜在金融风险。

网络侵权频发问题

近年来，网络购物合同纠纷、网络侵权责任纠纷、网络服务合同纠纷、网络侵权责任纠纷案件数量上升速度较快，已经在法院办理的案件数量大幅上升。根据北京市第四中级人民法院数据，在审理的互联网商事实体争议二审案件中，网络购物合同纠纷占 77.02%，网络侵权责任纠纷占 19.88%，网络服务合同纠纷占 2.8%。其中网络购物类平台占网络购物合同纠纷案件的74%，生活服务类平台和内容服务平台案件数量分别占到网络侵权责任纠纷和网络服务合同纠纷的 22%和 14%。实践中出现的网络谣言、人肉搜索、信息泄露、信息倒卖、非法窥视、非法偷拍等，这些行为都反映了我们对人格权保护的迫切需求。中国法学会王利明表示，网络侵权里面一半以上都是针对人格权的侵害，而之前法官在处理这些大量人格权侵权案件时找不到明确的法律依据。

算法推荐与算法合谋问题

随着人工智能技术的进步，算法推荐得到迅速发展，诸如大数据杀熟等做法越来越为消费者所诟病，而低劣内容的持续精准推送也屡见不鲜。算法推荐技术正在将人们带入个性化、定制化、智能化的信息传播时代，算法合谋也越来越多地被执法机构所关注。算法使得平台经营者之间的合谋变得更加隐蔽，平台经营者越来越多地利用算法进行定价，或者以算法为桥梁互相交流。从理论意义上看，由于算法合谋的隐蔽性较高、技术性较强，现有规制框架很难对默示的算法合谋进行认定。从现实意义上看，算法合谋的责任主体存在争议，责任承担较为模糊，监管体系应当进一步完善。

数据垄断和个人信息保护问题

进入数字时代，数据价值激增，平台通过连接广大消费者，在线服务同时可迅速获得大量公民、企业实时的数据，通过数据的跨平台共享、实时更新，一些超级平台掌握了大量优质的信息资源，已形成事实上的数据垄断。在相关数据权属尚未明确的情况下，平台作为营利机构，在数据的利用中不乏滥用数据、侵犯公民隐私和企业合法权益的行为。近几年平台用户个人信息泄露、平台之间的数据争夺等隐私保护和安全问题引起越来越多关注，个人信息保护问题已成为当前互联网民商事案件审理中的热点之一。

安全风险防控问题

当前，平台企业已经迅速扩张至金融、媒体等领域，与很多之前看似并不相关的行业发生交集，已经开始对公众利益、社会稳定、国家安全稳定带来新的挑战，也给监管带来新的难题。例如，从国际上的一些案例看，社交媒体企业因为拥有数亿级用户规模，能够汇聚超强资源和社会组织动员能力，其潜能超过社交本身，一旦动员就有可能被“武器化”。并且，伴随部分平台逐步成为关键基础设施，掌握的数据涉及国计民生，可能对国家安全产生重要冲击和影响，如Facebook曾发生“泄密门”事件，被控影响政治竞选的情况。此外，平台在发展过程中也引发或伴生了一些社会问题，如外卖平台的食品安全问题、直播平台的色情问题、游戏平台的网络暴力问题、金融平台的诈骗问题等。因此，平台治理问题亟待破题，这既是平台发展的内生要求，也是数字治理的重要内容。

平台治理面临多重挑战

平台是一种新兴的商业模式，平台治理所面临的问题是前所未有的。由于涉及平台、供货商、消费者等多个主体，且同时关乎线上线下，相关的责、权和义务都很难清晰界定和划分，因此给现有的监管方式和手段都带来了很大挑战。平台作为利益团体和聚合生态，较难保证在协同治理中持有完全客观公正的立场。但由于平台掌握着数据和技术，对相关问题的产生及解决比政府相关机构更清楚，方式也更多，因此应加以引导，使之在协同治理中发挥更重要的作用。即便如此，从实践角度来看，协同治理同样也面临着很大的挑战。

平台企业跨界综合发展有待规范

在细分领域累积实力并逐步延伸业务，打造完整的产业链、生态圈，并最终成为互联网超级平台企业，是互联网企业惯有的发展路径。近年来，发展互联网综合业务的企业逐渐增多，除稳固自身主营业务外，都在向对方领域扩张。大量企业同时布局安全及增值业务，同时发展媒体及社交业务，市场竞争进一步加剧。另外，由于互联网商业模式的特殊性，平台企业本身就是流量入口，在免费产品的基础上可以通过增值服务或广告获利，从而导致两个在业务上完全不相关的企业可能发生不正当竞争纠纷。未来，互联网将与虚拟现实、人工智能等新兴技术深度融合，激发新业态、新模式，这预示着互联网商业竞争将再度升级，出现更多更复杂的新型竞争行为，现有不正当竞争行为的判定规则可能较难适用。

平台违规技术取证能力有待提升

平台是通过网络运营的，网络特征使平台问题比线下交易的问题更为复杂。目前，我国司法实践主要采信公证处的公证文书，而公证处与用户同样处于弱势地位，违规企业可以通过封堵 IP 地址，或结合“云计算”技术分时段、分地域发送指令实施干扰等方式绕开公证处的监督，使不正当行为无法被取证。互联网市场不正当竞争行为的技术复杂性和隐蔽性，使用户、受害企业均无法通过一般的取证方法获取直接证据，行业管理部门更是缺乏以互联网行业管理为核心的执法技术能力,无法对不正当竞争行为进行实时监测。

平台线上与线下的治理需要衔接

数字时代的很多问题在工业时代也存在，如假冒伪劣、诈骗和市场垄断等，但场景转移到平台上后，这些问题就有了新的特征，变成了更加复杂的新问题。很少有平台是纯粹线上、跟线下没有任何关系的。在保护消费者、打击交易欺诈、抵制售卖假冒伪劣商品等为线上和线下市场共同关注的治理领域中，一些初步研究指出，如果平台的数字身份认证、交易凭证、诚信等具有良好的机制设计，可能比线下更有利于防范问题发生。另外，线上问题之所以更受重视，是因为线下市场范围有限，破坏性也相对有限，而线上网络效应显著，破坏性也更大。此外，有些问题虽反应在线上，但其根源在线下，因此在协同治理中必须采取线上与线下相结合的方式。

平台企业多方治理机制有待形成

首先，相关法律法规尚未完善。有关互联网用户权益的保护性规定及诉权规则尚不健全，如对用户移动终端、内存、系统、驱动、内核等各层级资源，以及对用户个人数据信息缺乏法律保护。配套程序性部门规章的缺乏、相关部门之间执法边界不清晰，为行政工作的具体开展带来难度。其次，尚未对不正当竞争治理有效协同。目前缺乏针对互联网领域监管执法的工作合力，特别是代表行业进行市场自治的行业协会等自律组织力量较为单薄，而由用户、行业管理部门、评测评级机构、行业自律组织、互联网企业等多方主体组成的市场均衡结构尚未形成，无法对不正当竞争进行有效协同治理，对于互联网企业劫持用户实施各种不正当竞争行为缺乏必要的市场制衡。

平台综合治理思路初探

平台经济主要特征

伴随着数字化转型的纵深发展，在不同领域会有越来越多的平台涌现。平台治理将成为国家治理、社会治理的重要内容。平台治理不仅关乎一国数字经济的健康发展，也关乎数字社会的稳定运行。平台治理是一个新课题，涉及的问题错综复杂，其概念、理念、措施等仍在探索当中，目前并未形成成熟的定论。从前面的分析可以看出，平台经济具备以下特征。

一是平台经济逐步演进成生态系统。平台经济具有增值性和网络外部性，平台作为网络生态圈的主导者，不仅带动新产业发展，也引领制定新商业规则，已不再是纯粹意义上的市场主体。平台企业通过开放资源吸引各类参与者加入，通过为买卖双方提供服务促成交易，以聚集效应扩大用户和商家规模。因此，平台经济治理需要着眼于解决系统生态问题，而不仅是孤立地构建诸如侵权规则等。

二是平台经济具有典型的“双边市场”特征。平台本身既是市场，也是参与市场竞争的市场主体，平台不仅为企业和商家提供运营服务和流量资源，也为消费者提供信息撮合交易。平台通过广告、运营等方式为商家和平台上的企业提供增值服务，通过提供搜索、内容展示等服务为消费者找到需要的商品并促成交易，实现客户价值并获得收益。

三是平台经济具有双重监管的基本属性。平台的市场属性和企业属性意味着平台服务提供者需要承担对平台内参与者的监管职责。平台自身是市场秩序的维护者，同时平台也接受来自外部的监管。特别是，平台已经逐步成为数字时代的公共基础设施，在一定程度上具有经济调节、市场监管、公共服务的“公共承运人”职能，需承担相应的社会责任并积极协助政府进行治理。

平台治理趋势策略

平台经济治理需要坚持正确的政治方向，从构筑国家竞争新优势的战略高度出发，在把握平台经济发展规律的基础上，通过明确规则、划清底线、规范秩序，逐步探索分类分级等规范方式。

一是坚持创新发展和规范引导并重。平台经济处于动态发展变化的过程中，对其治理也需与时俱进，特别是针对已经形成突出问题的，必须及时、果断地处理，坚决采取行动和措施。作为与美国并驾齐驱的数字经济创新大国，我国平台经济发展正处在关键时期，既要着眼长远、兼顾当前，又要补齐短板、强化弱项，营造创新发展的良好环境，解决突出矛盾和问题。我国要尽可能发挥平台的积极作用，降低其消极影响。坚持底线思维，也要发展与规范并重，两手都要硬。合理划定责任边界，依法规范，推动平台经济规范健康持续发展。

二是建立平台经济运行动态监测系统。强化行政和技术两手抓的管理手段，在行政监管的基础上，构建监管平台及数据技术管理互联网。建立跨部门、跨行业、跨区域、跨层级、跨业务的平台经济综合治理系统，实现与各部门已有的监管系统、前置审批系统、许可备案系统互联互通；通过横向联通科技、金融、文旅、卫生等多个相关部门，纵向贯通各层级政府监管部门，提供平台经济治理的综合网络信息支撑服务；通过建立数字平台经济网上动态监测分析系统，实时收集平台企业数据，对数字平台企业及其服务进行监管，根据监管结果不断调整对应的监管级别及监管方式，形成数字平台企业治理的态势监控图，使平台治理更符合数字时代要求，同时也更加科学有效。

三是坚持依法治理创建良好营商环境。依法治理是平台经济治理的根本保障，对于具体平台选用何种模式来治理则要针对具体情况进行分析。为了让平台治理体系运作更为顺利，就应当多管齐下，使用具有互补性的治理策略。同时，为实现科学管理和简政放权的目标，需要适当减少和合并相关行政许可事项，建立由各类、各级监管部门统一协调的数字平台经济许可管理制度。为实现数字平台经济的统一管理简化流程，最大限度地方便市场主体，构建新型数字平台经济监管机制。具体可通过协调各业务主管部门，督导其主管业务范围内的审批流程。在简政放权的同时，结合数字平台企业分级、分类工作，将相关平台企业和服务统一纳入管理范围，形成分层次、有重点的治理体系。

四是积极维护市场秩序，打造健康生态。平台企业规模越大，利益相关方越多，治理也越复杂。治理体系是多种要素的组合，各类平台治理工具之间可能存在可替代或互补的关系，应注重公平竞争秩序环境的打造，切实维护消费者权益，促进平台企业公平竞争，反对市场垄断和防止资本无序扩张。政府在平台治理中应发挥监管作用，但仅仅依靠政府难以完成如此复杂的监管任务，还需要平台自治并担负起相应的社会责任，通过生态体系打造平台自治和行业自律，形成治理合力。同时，兼顾相关方的利益，使平台内经营者、消费者等主体加入治理过程中，共同维护数字经济和生态秩序，维护公众利益和社会稳定。

五是探索对数字平台的分级、分类监管。从治理的角度来看，平台经济的监管对象是数字平台服务的提供者及服务本身，可针对不同业务类型、不同影响力进行分级、分类监管，进一步明确分工，形成监管合力。分级是针对平台服务提供的绩效，如可按照制度规范的建立情况、业务流程的合规情况、监督检查的结果情况等对数字平台服务提供者进行分级，有针对性地开展对数字平台服务提供主体的监管，督促落实其应承担的治理责任。分类是针对数字平台服务提供的业务类型及其影响范围，如包括电子商务、互联网金融等，进行分类监管划分。因此，平台治理应探索建立“分级分类、权责明晰、横向到边、纵向到底、全面覆盖”的治理机制，通过对数字平台企业进行科学合理的分级，对应不同类型的治理和监管模式。

平台治理需要多管齐下

依法治理

党的十九大明确提出成立中央全面依法治国领导小组，加强对法治中国建设的统一领导。这反映了国家对依法治理的重视程度。

2018 年 1 月，修订后的《中华人民共和国反不正当竞争法》正式实施，其中互联网相关条款将阻碍运行、恶意拦截、流量劫持等互联网平台不正当竞争行为的最新形态纳入其中，明确了相关部门调查执法的准则规范，为打击互联网平台不正当竞争提供了有效的法律依据。例如，《中华人民共和国电子商务法》创造性地引入了滥用市场支配地位和相对优势地位条款；国家市场监管总局在 2019 年发布的《禁止滥用市场支配地位行为暂行规定》，以及在 2020 年发布的《〈反垄断法〉修订草案（公开征求意见稿）》和《网络交易监督管理办法（征求意见稿）》中，增设对数字平台市场支配地位认定依据的规定，并进一步对平台、数据、算法元素制定了具体条款，回应平台经济对反垄断分析框架和权衡因素带来的挑战。2020 年 11 月 10 日，国家市场监管总局发布《关于平台经济领域的反垄断指南（征求意见稿）》，将有效增强反垄断执法机关规制大型数字平台垄断行为的可操作性。

与此同时，鉴于数字经济发展极为迅速、问题与时俱进，迫切需要加快互联网行业相关法律法规的制定，提高法律的权威性，强化执法。例如，2020 年 7 月 31 日，在国务院新闻办公室举行的“民法典及其实施有关情况”吹风会上，中国法学会副会长、学术委员会委员王利明指出，实践中出现的网络谣言、人肉搜索、信息泄露、信息倒卖、非法窥视、非法偷拍等行为都反映了人们对人格权保护的迫切需求。一半以上的网络侵权都是针对人格权的侵害，而之前法官处理这些大量人格权侵权案件时找不到明确的法律依据。

网络侵权行为人往往具有分散性、匿名性等特点，而平台作为供给侧和需求侧的连接点，具有信息、经济、法律方面的优势地位，并直接或间接从侵权行为中获利。对于上述网络侵权，除要求行为人承担责任外，还应强化平台在其能力范围内制止侵权的法律责任。依法认定各方责任，为平台治理提供更为强大的制度支撑，保障数字经济始终在法治化轨道上健康发展。

协同治理

协同治理是平台治理的必要方式和有效方式，相关部门要积极构建合理的协同治理机制，理顺政府和平台之间的关系，明确划分政府、平台治理的责任和义务，调动平台、平台企业、消费者在平台治理中的积极性，提升参与度。有专家认为，大部分平台常用的治理模式为由平台运营者制定规则、进行管理，没有充分利用“本地资源”来参与治理，但从自组织角度来促进其内部自治不仅必要而且可行，因此应加大社会力量在平台治理中的作用，充分借力平台、平台企业之外的“本地资源”及第三方中介的力量，在全社会形成协同治理的良好氛围。此外，需加强行业前沿研判和情况摸底，建立统一的监管信息交流平台，吸纳市场监督管理、工信、网信等有关部门，构建跨领域、多层级的协调监管机制，以应对重大复杂疑难案件。

分业治理

充分发挥行政管理部门行业治理的引领和推动作用，修订相关部门规章，对平台企业常规服务和增值业务划分市场经营界限，并明确分业要求。例如，对经营互联网安全业务的企业，若想从事增值业务，需实行分账经营，不得进行交叉补贴，反之亦然；针对增值服务提供者的业务和应用，对用户终端各种资源和权限的使用提出明确的量比要求并进行动态调整。实行分业惩罚性行政罚款制度，在法定最低罚款限额之上，引入科学的数学计算模型，确立互联网平台不正当竞争行为行政罚款的计算标准，量化受害企业在业务收入、品牌商誉等方面的损失，最终确定惩罚性行政罚款金额。实行分业累进制行政罚款制度，对处于不断延续状态的互联网市场不正当竞争行为，建立累进制行政罚款制度，每个违法行为延续一日即被视作一个独立的违法行为，采用算术加权算法累加计算最终的行政罚款金额。

数据治理

平台通过提供服务实现海量数据的沉淀和集聚，并掌握大量的实时数据。通过深入挖掘和分析发现，这些数据在平台治理中有发挥出巨大作用的潜力。政府要加快制定数据开放、权属、流通、安全、隐私等相关的法律法规，为数字经济发展提供动力，为数据治理提供依据。同时，平台在保障信息安全和消费者隐私的基础上，充分利用自身掌握的数据，可以为执法提供证据，降低平台治理的总体成本，联合打击线上线下的违法犯罪活动。比如，超级计算、海量存储、高速传输等能力的提升，能够极大地提高大数据分析能力，为平台治理提供支撑。尤其是新兴的区块链技术，尽管目前还不成熟，但基于其分布式记账、共识机制、智能合约等模式及去中心化、不可篡改等特征，在版权保护、跨境汇款、物流追溯、网络安全、确权公证等平台治理领域大有可为。

技术治理

技术是平台治理的重要工具。基于此，应在平台设计阶段，通过采取合适的技术和机制，从源头上做好相关问题的防范工作。建议制定技术检测标准，鼓励针对互联网业务应用占用终端资源实施市场化的技术检测和技术认证。同时，利用专业机构对公证后的互联网不正当技术行为进行鉴定，其结论供司法判断，以提高司法判决效率。建设完备的法律服务体系，依托社会力量建设互联网市场不正当竞争行为监测取证平台。激发互联网企业的积极性，充分利用咨询服务机构、行业自律机构等第三方机构的力量，争取基础电信业务经营者的技术和资源支持，建设互联网市场不正当竞争行为监测取证平台，研究运用大数据、云计算等现代数字技术强化市场监督管理，实现对互联网平台不正当竞争行为的快速发现、记录和比对，尽快提升互联网市场不正当竞争行为的技术举证、仿真建模、行为人溯源等能力建设。

第三节　新智能价值挑战：算法治理

人工智能技术是引领未来的战略性技术，也是当前各国竞相发展的焦点，各国积极抢占先机，抓紧制定人工智能战略，并将其作为国家数字化转型发展战略的重要技术。

人工智能的应用前景

人工智能是对人的意识、思维过程进行模拟的一门新学科。这一概念长期以来只存在于人类幻想和科幻小说中，直至二十世纪五六十年代有关人工智能的理论初步形成后，才开始引发普遍乐观情绪和第一波热潮。但由于技术未能实现突破性进展，人工智能暂且无法达到预期效果。在 2010 年左右，IT 技术和产业逐渐成熟，带来了海量训练数据的沉淀和低成本的计算能力，也实现了人工智能的核心技术体系中“深度学习”的突破式进展。2016 年被称为人工智能元年。随着阿尔法狗计算机程序战胜围棋九段棋手李世石，人工智能成为大众关注的热点话题，人工智能成为数字经济的未来风口。

人工智能等新一代信息技术的创新可以解决当前世界上面临的很多棘手问题。此外，基于人工智能的无人系统，也成为各国军事竞争的一个重要因素。人工智能有不同分类，如划分为通用人工智能和专用人工智能。总体而言，通用人工智能就是能够执行“通用任务”（Generalized Mission）的人工智能，能够像人类一样有学习、推理、认知和解决问题的能力。通用人工智能技术需要人脑神经学等学科的理论突破，当前通用人工智能尚处于起步阶段，未来发展估计还需要较长时间。从全球来看，当前发展较快的基本为专用人工智能，尽管不同领域的工作属性不同、对象不同、流程不同，但人工智能的发展和应用推动了不同领域的工作被转换为对大数据的收集、处理和分析的过程，或者说能够帮助人们解决一些特定领域问题的人工智能。例如，阿尔法狗在围棋比赛中战胜人类冠军，人工智能程序在大规模图像识别和人脸识别中达到了超越人类的水平。

人工智能三大要素为：数据、算法、算力。其发展既依赖于处理器、芯片等基本硬件架构，也需要自然语言处理、计算机视觉与图像、平台等技术支撑。近年来，建设人工智能相关图形、图像、自然语言等基础数据集已经成为业内共识，而算法和算力领域也因新技术热点的出现和人才缺口备受关注。人工智能的普及程度因行业的不同而有很大差异，特别是具备良好数据能力的组织在使用人工智能方面有着如下先天优势。由于具有“市场、数据、人才”优势，我国在人工智能技术研究方面走在了世界前列。

近年来，OECD 对其 12 个成员国家的人工智能战略和政策进行了回顾，发现有这样几个共同点。第一，所有计划都相对较新，其中有 10 项是在过去 5 年内制定的。第二，尽管政府是人工智能项目的主要启动者，但是私营部门从一开始就密切参与到了计划的设计中。第三，这些计划和项目的资金来源通常由公共部门和私营部门共同资助。第四，区域战略发展是很多项目追求的目标之一，就像建立区域性的人工智能研究中心、建立相邻城市的人工智能集群，如奥地利的工业 4.0、荷兰的智能工业现场实验室、德国的数字中心倡议等都包括支持区域发展的战略。第五，所有这些项目都强调有必要加强国际合作，旨在通过国际合作关系获取无法在国内获得的人才、知识，同时也可以使本地机构能够连接到顶尖的研究和创新网络。

围绕人工智能领域的科技研发、应用推广、产业发展等方面，我国政府先后颁布了《国务院关于积极推进“互联网+”行动的指导意见》《“互联网+”人工智能三年行动实施方案》《“十三五”国家科技创新规划》《“十三五”国家战略性新兴产业发展规划》等政策文件，均将人工智能确认为国家科技产业发展的重要内容。2017 年，国务院印发《新一代人工智能发展规划》，正式提出人工智能发展的顶层战略设想，指出人工智能已成为国际竞争的新焦点，针对人工智能发展面临的机遇和挑战，从科研、应用、保障政策等角度提出“三步走”战略：2020 年部分领域的人工智能伦理规范和政策法规初步建立；2025 年初步建立人工智能法律法规、伦理规范和政策体系，形成人工智能安全评估和管控能力；2030 年形成一批全球领先的人工智能科技创新和人才培养基地，建成更加完善的人工智能法律法规、伦理规范和政策体系。

人工智能的治理关注

各国对人工智能的担忧聚焦在深度应用面临的问题、困难和挑战方面，特别是需要解决与广泛部署人工智能相关的监管和社会问题。

首先，人工智能最大的争议是有可能使人类丧失工作机会，出现以机器换人的问题。机器对人虽有替代性，但也有互补性，可能很多问题目前尚无法完全预见。能观察到的是，2000 年，美国制造业大约雇用了 1700 万人，现在大约是 1200 万人，许多转移到国外的工作岗位都是低技能或者中等技能的职位，而这些职位本身也正在受到机器人的威胁。曾经被看作“知识经济”的工作，已陆续被列入低技能工作的范围之内。麦肯锡全球研究院分析，中国劳动力市场中 51%的工作内容有自动化潜力，这将对约 3.94 亿的全职人力工时造成冲击，且服务业领域也会有越来越多的岗位将被人工智能技术代替，如送餐机器人替代餐饮业服务员的工作。世界银行发布的预测数据显示，技能含量低的就业岗位被技术取代的趋势在劳动密集型产业集聚的国家更为明显。目前中国 55%至 77%的工作岗位将来容易被技术取代，印度的比例则是 43%到 69%，而 OECD 国家为 57%。

其次，智能安全问题。越智能可能越不安全，机器人可能出现执行边界问题，如被指令去攻击其他人和设施等。需要注意的是，人工智能在军事领域正慢慢变得越来越重要，尤其是随着机器学习和人工智能的出现，可能被算计黑客攻击的目标越来越多，这就意味着关键的基础设施、银行系统、医院系统、国家核反应堆的程序等容易受到攻击。尤为重要的是，伴随着人工智能技术的发展，先进的网络武器可能破坏核力量的平衡和稳定，一场新的技术型人工智能网络军备竞赛并不是没有可能的。

第三，近几年，国际社会对于人工智能涉及的伦理、道德等问题广泛关注。例如，有的企业为了商业利益而创新，利用 Deepfake 换脸技术变脸。这种源自人工智能生成式对抗网络的伪造技术可以实现用一张人脸图片替换掉原始视频中的原始人像。基于 GAN 算法的博弈优化原理，最终可以生成逼真度极高的伪造视频，目前效果可以以假乱真。这项技术在 2017 年由 Reddit 网站用户“deepfakes”提出并开源，随即衍生出 FakeApp 等视频合成工具和一系列伪造影片。

人工智能的治理问题引发了国际社会的广泛关注。2019 年 4 月，欧盟委员会发布《可信人工智能的道德准则》。2019 年 5 月，OECD 通过的《人工智能治理原则》，成为全球首个由多边主体签署通过的人工智能治理原则。2019 年 6 月，G20 贸易和数字经济部长会议通过《人工智能原则》。我国在 2019 年 6 月发布《新一代人工智能治理原则——发展负责任的人工智能》。部分机构人工智能治理原则如表 7-1 所示。除此之外，一些企业和机构如微软、谷歌、Salesforce 等也制定了各自的人工智能原则，《阿西洛马人工智能 23 条原则》也广受关注。

表 7-1 部分机构人工智能治理原则

	欧盟《可信人工智能的道德准则》	OECD《人工智能治理原则》	G20《人工智能原则》
时间和影响	2019 年 4 月，欧盟委员会发布正式版，提出实现可信赖人工智能全生命周期的框架	2019 年 5 月，全球首个由多边主体签署通过的人工智能治理原则	2019 年大阪峰会通过，世界主要经济大国首次就对待人工智能的原则达成一致
治理原则	一是尊重人的自主性。人工智能系统的设计应该旨在提高和补充人类的认知、社会和文化技能 二是不伤害人类。人工智能系统不应该造成、加重伤害，或对人类产生不良影响。人工智能系统有必要保护人的尊严和身心健康 三是公平原则。人工智能系统的开发、实现和应用须秉承公平性原则，应确保个人和组织不会受到不公平的待遇或歧视 四是公开透明。整个决策过程和输入输出的关系应该是透明的、可解释的	一是人工智能系统应通过促进包容性增长，实现可持续发展和增进民生福祉，使人类和地球受益 二是人工智能系统的设计应尊重法律、人权、民主价值观和多样性，并应涵盖适当的保障措施，以确保社会公平公正。例如，在必要时进行人为干预 三是人工智能系统应该有透明度和负责任的披露，以确保人类了解在与系统进行互动时可能带来的结果 四是人工智能系统必须在其整个生命周期内以稳健和安全的方式运行，并且应不断评估和管理潜在风险 五是开发、部署或运营人工智能系统的机构和个人应依据上述原则对系统的正常运作负责	一是利益相关方应积极推动可信人工智能的负责任管理，促进包容性增长及可持续发展，并增进人类福祉 二是应倡导以人为本的价值观和公平性，在整个人工智能系统的生命周期中应尊重法治、人权和民主价值观 三是应提升人工智能的透明度和可解释性，特别是人工智能各参与方应对事关人工智能系统透明度的信息进行负责任的披露 四是人工智能系统在其整个生命周期中都应该具备稳健性、信息安全性和物理安全性 五是人工智能参与者应根据其角色、实际情况和当前技术水平承担相关责任，以确保人工智能系统能正常运行并尊重前述原则
政策建议	一是在人类监督下执行 二是确保技术稳健和可靠 三是保护隐私和数据 四是透明性和可追踪性 五是不歧视特定人群 六是照顾公众利益 七是可追责	一是在促进可信赖人工智能发展方面推动公共和私人投资 二是通过推动数字基础设施，以及数据和知识共享机制方面的创新，促进人工智能系统的普遍接入 三是创设有利政策环境以推动可信赖人工智能的发展应用 四是通过提升劳动者技能以赋能公众，实现更公平的社会变革与过渡 五是推动跨境、跨部门合作，以在全球范围内实现可信赖人工智能的发展	一是各国应积极促进投资于人工智能的研究与开发 二是各国应为人工智能的发展应用培养数字生态系统 三是各国应为人工智能的发展应用创造有利的政策环境 四是各国应为培养人的能力和为劳动力市场转型做好准备 五是应积极推动发展可信赖人工智能的国际合作

当前，国际社会对于人工智能治理初步形成了一些共识性的理念。

一是人工智能系统应当助力包容性增长，促进人类福祉。负责任的人工智能，目的是保证人工智能对全世界所有人公平和有益。例如，增强人工智能的能力和创造力，促进边缘人口的融入，减少各国内部的经济和社会不平等，全面实现可持续的经济增长和福祉，特别应该考虑与各参与方进行对话，并向决策者提供信息。二是人工智能系统应倡导以人为本的价值观和公平性。在整个人工智能系统的生命周期中倡导以人为本的价值观和公平性，尊重法治。三是人工智能系统应保持透明度和可解释性。四是人工智能系统必须在其整个生命周期内以稳健和安全的方式运行，即具有可靠性和安全性。五是问责制度，即开发、部署或运营人工智能系统的机构和个人应依据上述原则对系统的正常运作负责。总体而言，“可信赖、负责任”已经成为当前和未来一段时间人工智能治理的基本共识，也是下一个阶段需要重点关注的方向和持续参与的重点。

鉴于此，有人提出了人工智能发展建议。

一是加快基础理论研究。我国人工智能的论文数量在不断增加，但原创论文的数量偏低，需要增加基础理论研究、投资基础实验环境设施。同时，要对原始技术给予政府激励，鼓励基础科学研究。

二是发展教育和技能。未来工作岗位并不会向低技能工人开放，而需要具备更高水平的技能知识的工人，人工智能的教育和培训必不可缺。这些不仅需要科学、技术、工程、数学等方面的技能，还需要加强对复合型人才的培养，需要运用各种创新手段，如提供公益性培训、支持高校设立人工智能硕士及以上学位、建立人工智能创新奖学金体系，以及在职业生涯中强化终身学习。对于大学而言，不只需要培养技能，更需要培养学生的创造性思维，拓宽视野，磨砺心智，也就是说，在机器不断超越原有边界的同时，人类也要进行创造性发展，以更好地驾驭人类的智慧。

三是促进数据开放和数据安全管理。人工智能未来将受到全社会数据开放共享和利用水平等制约。人工智能技术需要的数据往往集中在交通、市政、医疗、教育等公共服务领域，需要政府加大协调，不断促进开放共享，推动行业发展。目前，我国数据开放正在加快发展，但仍面临确权、定价、交易流通等问题。因此，需要不断完善个人信息保护法，建立符合人工智能时代的数据安全管理方法体系。

四是加强人工智能伦理问题的研究。开发合乎道德准则的人工智能必要性得到了各国政府的认可。当前，社会需要“政产商学用”共同研究制定，形成行业标准。其他与社会生活直接相关的人工智能产品也需要参考原有的社会秩序和文明习惯来制定研发标准。在缺乏国际合作的情况下，伦理准则可能只能反映当地的标准和规范，对获取数据和参与人工智能谈判产生歧视性影响，因此参与国际规则谈判必不可少。

算法推荐的风险防范

算法推荐是近年来兴起的互联网新业态，是通过追踪用户的网络行为，运用一些数学算法计算出个人特征、环境特征等相关信息，并推测出用户可能喜欢的内容。目前，算法推荐已经覆盖社会经济的各个领域，诸如新闻、视频、广告、社交、营销购物等领域都依靠推荐引擎个性化推荐给用户。以新闻分发为例，在移动互联时代，以算法为代表的人工智能技术广泛应用于网络新闻传播的信息生产、审核、分发和推送等各个环节。

新技术在为新闻传播带来巨大变革、提升网络新闻信息的分发效率的同时，也带来了一系列新的问题。原因在于，虽然算法推送、机器人写作等人工智能技术是以数学方式或计算机代码表达意见，具备一定的科学属性，但由于算法设计、目的、标准及数据选取和使用均带有设计者、开发者的主观选择，算法制定和决策者带有的价值取向决定了产品的选择和取舍。具体表现在以下几个方面。

一是智能推荐带来“信息茧房”问题，导致单一内容和情绪的进一步放大。算法完全基于用户点击内容推荐信息，导致用户新闻阅读领域逐渐呈现窄化，加剧“信息茧房”问题。因此，一些热点和冲突争议较大的事件和社会问题被集中放大，算法将直接影响网络新闻受众的情绪甚至价值观，进而可能让人丧失某些正确的价值取向而变得更加偏执。

二是混淆用户价值判断，降低新闻舆论监督能力。由于当前对于用户数据使用权属、边界尚未有明确界定，新闻分发平台通过用户宗教信仰、种族、政治意见、消费等个人隐私数据，可能利用算法歧视有目的地推送信息，达到影响舆论或用户选择的政治目的或商业目的。同时，由于人工智能技术本身缺少价值判断，对于报道内容尺度、时机、影响都缺乏准确把握，因此，缺少新闻工作者参与内容生产和人工审核的智能生产和推送将导致新闻媒体舆论监督功能的削弱。

三是加大数据收集、使用和流通过程中的法律风险。由于数据是人工智能技术的基础资源，算法决策和人工智能的实现和发展需要大量数据支撑，但这可能导致出现数据过度收集的法律风险，即企业通过不合规手段大规模收集、使用用户数据，其中可能涉及对用户敏感信息的非法收集。同时，数据成为新的流通物导致各类服务之间的交易数据分享、流动更加频繁，可能形成以数据买卖为目的的黑色产业链，个人和相关部门对于数据的控制和管理难度将进一步加大。

由于算法技术主要依靠人工智能技术实现，但人工智能技术不具备完全的客观中立性，其背后代表了设计者的价值观。因此，以人工智能为代表的科技理性并不能完全抛开人类道德而存在，科技应该成为辅助新闻价值传递、塑造社会正确价值取向的工具。过度依赖智能化的工具理性追逐利益最大化，必然会出现劣币驱逐良币的现象。

算法问题也引起了社会关注。2017 年，人民网相继发出关于算法推荐的三篇评论，引起了关注。一评中提出“算法不能决定内容”；二评中强调“别被算法困在‘信息茧房’”；三评中提出“警惕算法走向创新的反面”。

加强对算法技术的治理，需要积极发扬科技的价值导向作用。除了前文提到的加快人工智能技术的立法治理体系建设，还需要强化以下几方面。

一是强化新闻分发平台的监管治理。加强企业社会主义核心价值观建设，尊重社会伦理和法律法规；强化平台问责机制，即平台在新闻内容生产、传播过程中应承担相应社会责任，形成合理有效的问责机制；通过平台问责、人机捆绑问责的方式，提升对新闻内容质量的把控。

二是加强平台对人工智能技术的把关。规范技术的适用范围和使用标准，特别是要考虑到触及传播伦理的部分技术的改造。强化算法技术对数据及新闻源头的筛选过滤，明确新闻来源、内容生成方式，从源头降低伦理失范的风险。

三是应明确“人”在新闻传播中的主体性。充分发挥新闻机构和新闻媒体工作者的主体作用，正确引导社会价值观和舆论导向，与智能推送、机器人写作等人工智能技术形成优势互补，在提升网络新闻生产、传播、分发效率的同时保证新闻客观公正的伦理底线。

本章小结

本章围绕“数字治理体系之‘重点行动’”这一主题展开。

关键词：礼法并重。

从重要性角度看，由于互联网的全球属性，特别是全球化时代的到来和互联网巴尔干化的风险，国际规则的制定会在无形中涉及国内政策的匹配与协调，国际资源的谈判能力会影响国内产业之发展基础。作为数字化转型最鲜明的发展特征，“全球治理”“平台”“人工智能”这些新兴挑战涉及多种利益价值的权衡和多元参与主体的博弈，共同构成数字生态的新热点和关键词。

本章对以下问题做出了回应：一是网络空间权力的竞争加速了全球互联网治理体系的变迁，这对如何争取国际资源、参与全球治理和国际规则制定提出新的要求；二是“平台”业态为数字化转型带来包括反垄断、行业不正当竞争等现实问题，其治理需要考虑多管齐下；三是人工智能带来伦理、就业等问题，算法技术的伦理观和价值观引发争议，也成为当前数字化转型中的热点和难点。

中国历来重视“和合思想”，和谐、合作都是其中一方面。伴随数字生态的分工细化和复杂化，以及生态之间的融合与叠加，数字世界治理一方面需要通过行业自律、生态自治完成，另一方面也需要依法治理，强化法治思维和底线，维护市场的公平竞争。数字治理不能只注重技术角度，价值观引导也十分重要，需礼法并重、德法并举，综合施策，形成合力。

第八章

循经导络——数字治理体系之“治数如水”

当前，数据治理成为我国社会治理现代化的重要命题，数据安全、个人信息保护、数据跨境流动等热点议题混杂着个人权利伸张、企业利益保护、社会秩序维护、国家安全保障等多种不同的视角与利益诉求。

总体来看，数据治理至少需要满足以下需求：第一，从国家视角出发的国际竞争力和数据安全需求；第二，从产业视角出发的创新发展和数据开放需求；第三，从个体权利出发的个人信息保护诉求。

数据战略地位与数据治国

伴随着数字化转型的浪潮，数据成为区分数字革命和工业革命最明显的特征之一。作为数字时代的基础性战略资源和生产要素，大数据已成为数字经济的新动能、驱动社会发展的新引擎，以及大国博弈的制高点。

大数据成为国家基础性战略资源和综合竞争的重要筹码。作为基础性、战略性资产的大数据，既用于经济基础建设，也用于上层建筑改造，已经成为世界各国全面提升国家竞争力的关键战略支撑。近年来，各国纷纷将大数据上升为国家战略，从传统的对资本、土地、劳动力、能源的竞争转向对数据的竞争，通过夯实数据能力构建国际竞争优势。十多年之前，美国政府已率先对大数据革命做出战略反应，在包括国家创新、国家安全、工业制造、教育、生态环保、能源开发等在内的核心领域内多次布局，以提升国家竞争优势。

大数据成为驱动数字经济高质量发展的核心引擎。数据催生了新产品、新业态、新模式，成为驱动经济发展创新的新引擎。各国纷纷将数字经济视为实现经济复苏和推动可持续发展的关键依托并持续发力。2019 年，美国的数字经济规模蝉联全球第一，达到 13.1 万亿美元，GDP 占比为 61.1%。相较而言，中国的数字经济还有很大的发展潜力。同时，伴随着大型“平台”企业的崛起，数字经济企业的影响力大幅提升。2019 年，在全球市值排名前十的企业中，有 5 家企业与数字经济紧密相关，美国 3 家，中国 2 家。其中，微软公司的市值一度达到 1.2 万亿美元，与西班牙 2019 年的国内生产总值相当，参照国家 GDP 排序可达到第 16 位。有专家认为，中美经济竞争的核心正在向数字经济集中，尤其体现在大型平台企业的国际竞争方面。

大数据成为助力民生和开启美好生活的关键钥匙。大数据带来生活服务的个性化、公共服务的高效化和社会治理的精准化。在衣食住行方面，在线购物、在线教育、在线医疗、在线社区、在线娱乐等新业态极大地丰富和改变了生活场景，带来便捷的个性化生活服务。在民生服务方面，水、电、气等各种生活缴费的在线支付极大地提高了生活效率，公共服务“放管服”改革使得居民办事最多跑一次。在城市服务和社会治理等方面，从共享单车绿色出行到交通预测精准调控，大数据让城市的“大脑”变得更加“智慧”，让扶贫变得更加“精准”，让生态保护变得更加“有数”，让人们更多地感受到数字赋能的美好生活。

大数据成为传统治理与现代治理的重要分水岭。在人类历史上，每一次技术变革都会带来人类组织方式、治理方式和制度体系的变革。当前已经处于经济社会数字化转型的关键时期，通过大数据全样本“画像”，可分析规律、精准预测，大大提升科学决策水平。十年前，欧盟委员会明确将大数据应用扩展到经济与社会治理、市场监管、政府规制等各个方面，用于改造传统治理模式。当前我国改革已进入深水区，运用大数据提升现代治理水平，是推进国家治理体系和治理能力现代化的必经之路。例如，在新冠肺炎疫情防控后的复工复产过程中，国家政务服务平台汇聚、制成、共享各地“健康码”数据 6.23 亿条，累计服务 6 亿人次，成为大数据支撑疫情防控的重要创新。

大数据成为保护国家安全、维护社会稳定的重要阵地。数据垄断、算法陷阱、信息茧房已引发广泛社会关注和担忧。基于海量战争信息进行的大数据分析已经应用在国防军事的各个领域，极大地提高了战争的应急处理能力和精确打击能力。数据分析甚至可以制造舆论轰炸，进行政治攻击，影响社会稳定。剑桥分析公司通过大数据分析并影响选民倾向，凸显数据对国家政治安全所产生的潜在巨大影响。此外，“棱镜门”等事件表明，以美国为首的西方国家纷纷将数据的掌控能力、资源争夺能力、对外威慑能力视为捍卫国家安全的重要能力。如果过不了数据这一关，就很难在大国博弈中保有立足之地。

每一次技术变革都会带来人类组织方式、治理方式和制度体系的变革。作为数字时代的新要素，大数据在带来生产力进步和全方位变革的同时，也带来了组织形态变化和社会扁平化等社会关系层面的调整和变革。因其跨越组织边界的流动性带来不同于传统治理的巨大挑战，因其在不同应用场景下的动态变化而对其的治理赋予高度复杂性，由此有必要发挥各参与主体的积极性，处理好新业态、新模式与传统业态和模式之间的摩擦，探索有效的治理模式，形成数据驱动、开放创新、共治共享、安全可靠的和谐生态。

人类对大数据的认知和利用才刚刚开始。《大数据时代》一书指出：“大数据并不是一个充斥着算法和机器的冰冷世界，人类的作用依然无法被完全替代。大数据为我们提供的不是最终答案，而是参考答案，更好的答案还在不久的将来。”

数据驱动创新过程与机制

伴随着信息技术的快速发展与普及应用，人类社会的各个领域正在进入深度数字化转型的历史进程。在此背景下，“数据”作为新社会形态下的基础生产要素，受到了持续的关注。针对“数据”的生产、流通、分析及治理，已有研究从不同视角展开了详细讨论。即便如此，围绕数字化进程中数据对人类生产生活的影响、数据引发的治理变革与挑战、数据政策的相关改革与未来等问题，仍然没有得到较为系统的回答与达成共识。

具体而言，数字化转型究竟意味着什么？数据价值是如何实现的？以数据为导向的变革会带来何种风险和挑战？数据治理的重点和框架应该包含什么内容？本书试图以 OECD 近年来的探索性研究为基础，梳理相关内容并对上述问题进行回答。

2019 年 1 月，OECD 发布《数字化转型影响的评估框架》，从规模、范围、速度、所有权、资产和经济价值、关系、市场和生态系统等方面分析了数字化转型对相关领域的政策影响，同时还提出全球范围首个由各国政府签署的人工智能治理原则，对相关领域的理论研究和政策实践产生了重要影响。本书基于 OECD 开展的名为“新的经济增长来源：知识型资本”的项目研究，并结合当前最新发展展开评述，以期对数字化转型过程中围绕“数据”的相关问题进行探讨。

数据驱动创新的变革意义

信息技术的快速发展和普及应用带来的直接影响便是整个人类社会的数字化转型，而这尤其体现在大量数据的生成、处理、流通与存储。人类在物理空间内的任何行为都以“数据”的形式体现出来，并通过“数据”的复杂行为进一步对人类社会产生影响。

数据量的庞大还只是社会形态转型的表象，“数据驱动创新”的变革意义需要被放在更广泛的社会和经济背景下才能完全体现出来。沿袭20世纪末提出的“知识经济”这一重要概念，2010年OECD继续启动关于探索新经济增长源的研究项目——“知识型资本”。OECD认为，三种知识型资本推动了全球经济的持续增长：计算机化信息（如软件、数据库等）、创新财产（如专利、版权等）、经济能力（如品牌价值、企业特定人力资本等）。

其中，以计算机化信息最为重要。设计出世界第一款浏览器的“网景”公司创始人Marc Andreessen曾于2012年发表文章，标志性地提出“软件正在吞噬世界”的观点。在他看来，软件已经不再是人类所使用的工具，而是反过来建构了整个世界运行的规则与环境。换言之，计算机化信息已经成为推动人类社会发展的主要力量，数据驱动创新也相应地成为贯穿整个社会的普遍现象。

具体而言，其影响主要体现在三个方面。

首先，数据驱动创新将促进生产率的持续增长。按照Clayton Christensen的理论，数据驱动创新应该被视为“破坏性创新”，其将通过改变或生成新产品、新流程、新的组织方法和新的市场来促进所有经济部门的变革。这一方面体现为传统零售业、制造业、农业等行业的“服务化”转型，通过关系庞杂、不断变化且实时更新的数据库向客户提供服务，而非直接售卖产品；另一方面体现为各个行业在数据驱动下降低运维成本、减少环境和资源消耗的效率提升。虽然数据驱动创新对经济整体的影响并没有太多证据，但相当部分的研究仍然支持这一结论。研究显示，采用数据驱动决策的企业的产出和生产率比它们在其他领域的投资所应得到的产出和生产率要高出5%～6%，并且其在资产利用率、股本回报率和市场价值方面的表现更好。不过，即使如此，我们同样应该注意到，上述估计数值并不能完全体现真实情况，不同部门的差异、所使用数据的可用性和质量差异都可能影响最终的产出和生产率，而这些问题将同样带来数据驱动创新的风险及相应的政策需求。

其次，数据驱动创新将直接对社会福利产生积极影响。尽管社会福利的量化问题一直是难点，但数据驱动创新给社会福利带来的积极影响仍然是较为明显的，这集中体现在科学教育、医疗卫生服务和公共行政管理三个方面。在科学教育领域，“数据密集型”的第四范式正在为知识创新带来新的机遇，数据规模的增加（如2000年发起的“数字天空调查”在第一周内收集的数据比天文史上积累的数据都要多）、数据分析功能的不断增强（如基于大数据分析的基因测序仪器可在几秒内读取260亿个人类遗传密码）都使得科研工作者可以更有效率地提取知识。

在医疗卫生服务领域，包括但不限于电子健康记录和遗传、神经影像学及流行病学的数据都能够有效提高卫生保健的质量和效率（如芬兰对特定疾病的治疗内容、质量和成本效益的数据分析），而对整个医疗卫生系统运行状况的数据分析同样将有效降低系统运行的成本（如美国使用数据分析将卫生医疗支出降低了8%）。在公共行政管理领域，数据驱动创新有助于降低行政成本、提升运行效率（因为透明度的提升将增强公众对政府的信任程度）、增强精细化管理能力（如利用大数据维护公共安全）、改进决策过程的科学性（如数字化转型将有利于弥补传统官方统计数据的不足）。

再次，数据驱动创新将为推动包容与发展提供新的机遇。世界范围内的不平等现象正在成为全球共同面临的重大问题，互联网的普及应用在普惠连接的同时也带来了“数字鸿沟”等新问题。在此背景下，数据驱动创新将为相关问题的解决带来新的机遇。2012年，联合国发起“全球脉动”计划，旨在通过跟踪和监测全球和地方的社会经济危机数据判断其对当地民众的影响。泰国利用卫星和地面传感器监测容易受到自然灾害影响的地区，以便在紧急情况下更好地应对。另外，数据驱动创新同样有助于落后国家或地区在重点领域实现跨越式发展。例如，在金融领域，美国初创公司Cignifi利用个人移动电话的使用行为数据为用户提供初始信用分数，从而有助于没有银行信贷记录的相对贫困人群获得金融服务；在农业领域，数据分析同样可以通过信息、预测和评估来改进农民的工作以提高种植效率。

数据驱动创新的机制与过程

尽管数据驱动创新将带来变革性的时代意义，但这一过程的实现并非是自然而然的，同样需要建立在一定的基础之上。具体而言，三方面的因素推动了数据驱动创新的实现。

第一，指数级增长的数据奠定了“数据驱动创新”的基础，而这主要包括三个来源：互联网推动下人类行为的全面数字化、无处不在的传感器及其网络所构建的物联网感知数据、计算机本身及其之间的通信数据。根据 OECD 的估计，到 2022 年，OECD 内的国家的每户家庭拥有互联网连接设备的平均数量增加，彼时所产生的数据量将进一步呈现爆炸式增长。

第二，数据分析成本的降低与普及使得更多中小微企业能够承担数字化转型的成本，并从信息提取过程中获益，而推动这一转型的关键则是云计算技术的快速发展与应用。但同样值得注意的是，网络连接能力的限制、隐私和安全风险的威胁，以及行业缺乏统一标准致使不同云计算平台之间不能轻易迁移等问题出现，这些问题的存在仍然限制了数据分析成本的进一步降低。

第三，知识创造和决策范式的转变使得人们日益意识到并切实从数据驱动创新的过程中获益。“数据”“信息”“知识”这三个概念的分离，使得人们可以从“数据被转化为信息和知识”及之后的“被用于决策”这两个阶段，将数据的社会和经济价值挖掘出来。

在上述三方面的推动下，数据驱动创新的价值才得以通过提高经济生产率、提升社会福利水平、推动包容发展体现出来。接下来的问题是数据驱动创新的过程是如何实现的。如果将“数据驱动创新”理解为从数据化到数据分析和决策的一系列阶段，那么该过程便可划分为五个循环阶段，如表 8-1 所示。

表 8-1　数据驱动创新的五个循环阶段

阶　段	内　容
数据化和数据收集	将现实世界的活动和现象通过传感器或其他数字设备转化为数字的过程
数据积累与大数据	该阶段是数据化和数据收集的结果，最终形成可以用来进行数据分析的大量数据
数据分析	对所收集和积累的数据进行分析以获得知识的过程
知识库	数据分析的结果，反映了组织或个人对大数据的提炼，其享有商业秘密或专利版权的保护
数据驱动决策	基于数据做出决策并采取行动，而由此将产生更多或不同的数据，并形成循环

需要注意的是，上述五个阶段的实现并不完全是技术或经济问题，还涉及较为复杂的制度和政策问题。以数据化和数据收集为例，相关研究曾指出2013年美国占据了全球所有托管顶级网站的42%，而欧洲则托管了全球31%的顶级网站，亚洲仅占11%。换言之，世界上相当多国家的网站并不在本国托管，因此导致大量数据从该国流向网站托管国，而跨境数据流动全球治理规则的缺失便可能导致数据的流动及收集过程受到阻碍。在数据分析阶段，尽管云计算带来的益处得到了广泛认可，但缺乏标准或现有标准不被广泛采用仍然是阻碍云计算进一步推广的制度障碍。作为公共产品的云计算标准，只有通过制度创新以改变不同厂商的激励条件才可能实现“公地喜剧”。在数据分析及数据驱动决策阶段，仍然存在诸多内生缺陷，这主要体现在数据质量不高、数据分析的方式不恰当、数据环境不断变化致使难以基于历史数据进行决策等问题。

以广为流传的大数据应用典型案例“谷歌流感趋势预测”为例，谷歌搜索通过基于区域和时间的关于特定关键词的热门程度统计信息，可以获得比疾病控制和预防中心更精确的流感预测数据，但2013年的数据表明，谷歌流感趋势预测大幅度高估了美国流感感染率，原因就在于当年对美国严重的流感季进行了广泛的媒体报道，其引发了没被流感影响的人群进行又一轮与流感相关的搜索。过量的“虚假”数据掩盖了数据背后真实的因果关系。

上述问题都构成了“数据驱动创新”的风险挑战。换言之，数据驱动创新并非建立在技术创新基础上的“百利而无一害”的更优改善，我们仍然要警惕出现在此转型过程中的风险挑战。

数据驱动创新的风险挑战

数据驱动创新引发风险与挑战正是因为其具有“破坏性创新”的内在属性，一方面体现在数据作为基础设施资源缺乏恰当的治理框架，从而导致变革的迟滞或阻碍，另一方面体现为其对传统个人权利和公共价值的影响乃至威胁。前者更多地聚焦促进变革过程以最大限度地利用数据驱动创新的益处，而后者则更多地关注降低相关的经济和社会风险。

随着数据成为日益重要的经济和社会资源，数据本身的价值受到越来越多的重视，而对数据的价值属性的解构便成为释放数据驱动创新潜力的前提。

从基本经济属性的角度出发，数据的价值属性包括消费的非对立性、非排他性和创建及使用数据时的规模或范围经济，将这些属性综合在一起，便可得出“数据属于基础设施资源”的结论。基础设施资源是服务于多元目标的通用型资源，可以以非竞争的方式被消耗，同时又主要作为输入进入下游生产活动。就数据而言，其价值主要取决于应用场景，并且相同数据被应用在不同场景中可能得到不同的结果。因而虽然不同于传统基础设施，但数据在功能上仍然与其具有相通性。

从基础设施角度理解数据，旨在引发对数据所涉及的政策挑战的讨论。所有基础设施面临的共同问题是，当通过基础设施来推动生产公共和社会产品时，可能存在基础设施供应不足的情况。具体而言，用户对基础设施的支付意愿反映了其私人需求，而并不是其他人可能因为他们的使用而实现的社会价值。此时，即使社会价值可能很大，但因为难以衡量也难以体现出这种需求，从而反过来可能导致基础设施的供应不足，并使得基础设施的使用水平低于社会最佳水平。数据驱动创新的过程正类似于此。举例而言，数据的开放获取将增加用户机会并提高下游生产中各类主体在使用数据过程中的自由度，但这种显著的外部效应很难量化，因此导致难以评估数据开放到底将带来多大价值，随之带来的结果便可能是数据开放程度的降低或者限制获取。在已有研究中被频繁提及的数据质量管理问题、数据定价难题、数据的集中与共享问题，事实上都从不同角度反映了数据作为基础设施的基本困境。在此背景下，如何通过政府干预或者公共政策的制定，以解决数据作为基础设施的供应不足问题，便成为释放“数据驱动创新”潜力的重要挑战。

数字化转型过程同样蕴藏着治理风险，其不仅影响数据驱动创新的最终价值，甚至可能给公共利益或个人权利带来危害，这具体体现在三个方面。

第一，正如前文所言，数据质量不佳、不恰当地使用数据分析方式及不断变化的数据环境都表明了“数据驱动创新”的局限性。如果在数据应用过程中忽略了这种局限性，就可能带来决策失误、数据歧视等问题。

第二，数据的潜在价值可能过度激励市场主体的数据收集行为，进而伤害用户隐私并因此挤压公民个体的私人空间。各类市场主体当前收集数据的广度和规模已经引发了普遍的社会关注，综合性的、超出应用目的的数据收集既可能导致对个体行为的全面监控，也可能出现大规模数据泄漏的安全隐患。

第三，基于大量数据分析而形成的知识库可能扭转机构与用户之间的信息不对称现象，并赋予机构以实施区别对待的能力。一直以来，只有用户自己才了解其需求信息，并相比于机构而言占据信息优势。但伴随着数字化转型的深入，机构获得了越来越多的数据，因此可以更为精准地区分不同个体并相应地采取匹配措施。个人对机构而言变得更加透明，但机构收集和处理数据的过程却变得越来越不透明。这一现象在市场活动中体现为差别定价，在公共服务或公共管理活动中体现为各种类别的特定歧视。如果说差别定价是否损害了总体经济福利还存在争议，那么基于性别、民族或身体特征的特定歧视则毫无争议地不被接受，但数据驱动下的决策过程同样可能造成这一后果。

上述挑战与风险再次证明了数字化转型并非技术决定论思想指导下的技术过程，而是牵涉到政策与制度的复杂社会过程。相应地，要想彻底释放数据驱动创新的潜在价值并有效降低其所带来的公共风险，公共政策的涉入必不可少。

数据驱动创新的政策内涵

围绕数据驱动创新潜力的释放及对其所引发的社会风险的规制，研究者们已经开展了较为丰富的讨论。数据权利的界定、数据治理规则的平衡、数据管理体系的建立都是近年来的焦点议题。但相关研究的不足之处在于，视角的局限性限制了从整体层面展开对公共政策的讨论。换言之，已有研究更多地聚焦在数据治理公共政策的某一方面，而相对忽略其整体价值取向和框架体系。就此而言，OECD 提出以“为数据驱动创新建立信任”为核心的政策理念，并以此贯穿数据政策的整体设计。

“信任”是社会科学领域的复杂问题，其在社会和经济运行过程中起着至关重要的作用。从交易成本视角来看，信任被视为可降低社会经济互动交易成本的重要因素，并可以有效推动经济增长、包容发展和社会整体福利的提高。就数字环境下的“信任”建设而言，与此相关的政策框架主要由以数据作为基础设施的管理、安全管理和隐私保护三个方面构成。需要注意的是，数字环境的特殊性决定了数据政策不同于传统政策，其政策内涵需要随着数字化转型的发展而发生变化。

第一，将数据作为基础设施管理是建立“信任”的前提，既要求克服基础设施供应不足的难题，又要求更为积极地构建数据治理框架。信任的建立首先源自对数据驱动创新的价值的认可，只有在承认数字化转型价值的前提下，才可能在面对变革风险的同时仍然愿意参与其中。但正如前文所言，数据作为基础设施将面临需求表达的问题并因此导致供应不足，而数据访问受限将带来显著的机会成本。为解决此问题，"开放数据""数据共享"或者"数据慈善"等多种政策工具应被纳入政策议程。"开放数据"是指公共部门以平等且非歧视的方式授予各类主体数据访问权，"数据共享"则更多地聚焦科学、产业或公共部门领域对共同数据资源的自由利用，"数据慈善"则指私营部门通过共享数据实现社会效益。无论何种政策，都旨在推进开放获取行为以支持和鼓励用户的价值创造活动，这一点对数据这种价值取决于应用环境的非竞争性资源而言尤为重要。在推动数据开放的过程中，积极构建数据治理框架对保障将数据作为基础设施管理的有效性而言非常关键。数据开放的基础原则（如 2007 年开放数据倡导者会议上提出的"开放政府数据的八项原则"）、开放数据的知识产权保护制度创新（如 2010 年英国政府基于知识共享许可而创建的开放政府许可证）、数据可移植性和互操作性的具体规定（如 OECD 隐私权保护指南中的相关规定）等都是数据治理框架所应包含的重要内容。考虑到数据驱动创新循环阶段的复杂性与连续性，数据治理框架包含的具体政策内容不一而足，但其围绕的核心宗旨仍然是推动数据的开放获取以最终实现数据作为基础设施的价值。

第二，安全政策是构建"信任"的基础，而数字环境下的安全政策要求从传统安全理念向数字安全风险管理转型。传统安全理念的目的是创造安全的数字环境，以确保数据的可获取性（被授权实体需要时的可达性和可用性）、完备性（数据质量方面的准确性与完整性）和机密性（防止数据泄漏和未授权接入）。建设传统安全机制的关键是"边界"的确立，即将系统与外界隔绝并通过特定措施控制接入以实现系统运行环境的安全性。在此理念下，系统在默认状态下是封闭的，只在特殊情况（满足安全要求条件）下才开放。在互联网时代之前，信息系统是在清晰和封闭的范围内被设计和操作的，传统安全理念还行之有效；而伴随着互联网的普及应用，信息系统的开放互联、网络数据的自由流动渐成常态，通过限制开放性来实现安全性的传统理念已经不合时宜，并将严重限制数据驱动创新的价值的实现。因此，由传统安全理念转向数字安全风险管理成为必然选择。数字安全风险管理在理念上要求接受风险乃至不确定性的必然存在，其更多地关注数据价值循环流动过程产生的收益与一定程度的风险可能造成的损失的差值，以确定可接受的风险水平，而不是追求毫无风险的封闭安全环境。在此理念指导下，整体的数据循环周期的价值评估、数据循环过程中相关主体的责任共担，以及在此基础上推进各环节的共识合作，都将成为数字安全风险管理的主要内容。

第三，隐私保护是建设公民个人对数据驱动创新过程的信任的关键，其主要涉及个人权利和社会基本价值观的保护。数字化转型过程带来的重大变化之一便是隐私保护社会认知的强化与提升，而这也自然成为数据驱动创新相关政策的主要内容。具体而言，相关政策可主要划分为提升透明度要求以推进个人赋权、负责任的使用和有效监管、隐私风险评估这三个方面。首先，通过帮助用户了解数据的具体处理方式和过程，“知情-同意”原则赋予了用户个体自己决策的权利，但当前数据处理方式和过程的复杂性（如“算法黑箱”问题）使得用户个体难以理解其所处的数字环境，提升透明度并以普通用户可以理解的方式再次赋权，由此成为隐私保护政策的首要要求。其次，推动组织机构负责任地收集、处理和存储数据，是在“知情-同意”原则之外推动隐私保护的重要补充措施。OECD《隐私权保护指南》中明确要求组织内部制定相应流程以分配隐私保护责任和评估风险，同时也要求执法机构监督相应机制的落实。负责任地使用数据还包括在某些情形下禁止使用特定数据，如禁止保险公司使用遗传信息的政策及禁止雇主使用社交网络数据都属此列。最后，隐私风险评估有助于完善隐私保护政策，对数据驱动创新全过程的检查有助于识别相关风险、确定风险可能具有的严重性和产生影响的可能性。需要明确的是，隐私风险评估完全不等同于数字安全风险管理，前者更聚焦个人风险，而后者则更关注组织机构的安全风险。

数据资源具有巨大价值已经成为当前普遍认可的事实，但究竟如何挖掘数据价值并推动社会利益最大化，仍然面临着诸多难题。这不仅体现为技术和应用层面的迟滞，更多地体现为政策层面尚未做好应对数字化转型过程的挑战和风险的准备。围绕数据治理所开展的丰富研究，对推动决策者理解数据资源的本质及数据资源价值挖掘的规律，起到了非常重要的作用。数据治理统一分析框架的缺失，使得相关研究存在“只见树木，不见森林”的缺陷。

OECD 作为数字领域相关研究的引领者，从数据价值挖掘和实现过程的角度出发，以“数据驱动创新”作为核心理念，结合价值划分五个循环阶段的梳理，总结出了两方面的挑战与风险，并相应地提出三个方面的政策内涵，最终完成了整体性数据治理政策框架的构建，为不同国家的政策制定提供了有益参考。当然，不同国家的规制理念和传统不同，数字化转型的程度也不同，更具体的政策内容还需要结合不同国情进行更细致的分析，而 OECD 的政策思考还只是迈向“数据驱动创新”未来的第一步。

国家数据主权之安全底线

数据主权通常被认为是网络主权概念的子集。主权是一个国家对其管辖区域所拥有的至高无上的、排他性的政治权力。网络主权从属于国家主权，是传统主权在网络空间内的自然延伸。网络主权对内体现为一国在其领土范围内对信息通信技术活动、信息通信技术系统及其承载的数据具有最高的、排他的管辖权与支配力；对外体现为在以主权国家为单位构建的国际公共秩序下，各国遵守《联合国宪章》有关国际关系的基本原则，不受他国干涉，自主治理本国网络空间，以平等参与、协同共治的理念解决争端、推动发展，坚持网络空间和现实空间在国际制度上的一致性。

从网络主权概念向下延伸，数据主权可以归纳为各国有权独立自主地规制其领土范围内收集和产生的数据。跨境数据的法律规制应维系国际公共秩序，以尊重主权差异为原则，以联合国及其下设的国际仲裁机构和国家间司法互助协议为解决争议的主要渠道，通过各国平等参与实现跨境数据的有序流通。

与数据主权理念相对的是“数据自由论”。“数据自由论”强调数据的虚拟性、自由性和非排他性等技术特征能够超越传统主权范畴，特别是主权理论中强调国家边界的领土原则，主张数据应当不受国家主权管制，能够自由跨境流动，数据治理主要依靠弱主权化甚至去主权化的方式，以私营部门、民间团体和国家政府共同参与的“多利益相关方”模式解决纠纷，实行自治。数据绝对自由化有利于固化部分国家已经建立的数据优势，将加剧既有竞争格局的不平等性，损害他国利益。伴随着数字化转型，网络空间与人类生产生活、治国理政的结合越发紧密，将网络空间视作完全独立于现实空间存在的虚拟空间已经不符合现实。网络空间的行为者、网络空间运行所基于的硬件设备均受到现实空间传统主权的管辖，且网络空间承载的数据也有着一国国家公民的隐私和财产权益的双重属性，因此，"数据自由论"现在已经逐渐为人摒弃，全球网络空间治理出现"再国家化"趋势。各国政府纷纷推出数据治理的法律法规，本身就是数据主权的一种体现。

现阶段，形成了三种最具代表性的数据治理理念：中国在数据立法上恪守网络主权和数据主权原则，同时出于主权考虑提出一些数据本地化要求；随着数据与个人生活的更深度融合，欧盟采取了以个人权利保护为出发点的数据治理模式，将主权融入私权，实现了长臂管辖；美国则强调"数据自由"理念，并积极通过贸易协议等方式予以合法化、程序化。

中国：全面实践数据主权

中国近年来加紧研究、制定和出台与数据治理有关的法律法规，充分体现了网络主权和数据主权原则。

数据相关法律的适用范围充分贯彻主权原则

我国数据相关法律法规的适用范围以领土范围界限为主的属地原则为主要原则，体现了数据主权。例如，《中华人民共和国网络安全法》第二条规定"在中华人民共和国境内建设、运营、维护和使用网络，以及网络安全的监督管理，适用本法"。《中华人民共和国数据安全法》第二条规定"在中华人民共和国境内开展数据处理活动及其安全监管，适用本法"。《个人信息出境安全评估办法（征求意见稿）》第二条规定"网络运营者向境外提供在中华人民共和国境内运营中收集的个人信息（以下称个人信息出境），应当按照本办法进行安全评估"。《中华人民共和国民法典》中规定了部分个人信息保护内容，其第十二条规定"中华人民共和国领域内的民事活动，适用中华人民共和国法律"。

数据本地化存储是数据主权的重要体现

将数据固定在领土范围内有利于国家对相关数据进行管辖。各国通过立法要求数据本地化存储的趋势在 2000 年以后呈现显著上升，目前全球有德国、俄罗斯、加拿大、印度、澳大利亚等超过60个国家提出数据本地化存储要求。

我国《中华人民共和国网络安全法》第三十七条规定“关键信息基础设施的运营者在中华人民共和国境内运营中收集和产生的个人信息和重要数据应当在境内存储。因业务需要，确需向境外提供的，应当按照国家网信部门会同国务院有关部门制定的办法进行安全评估；法律、行政法规另有规定的，依照其规定”。

需要说明的是，由于数据只有通过流动才能带来价值，在实践中如何平衡和落实数据流动和保护的原则，成为关注和讨论的重点。特别是跨境数据流动的规则，对数字贸易十分重要。世界贸易组织（WTO）各成员国对数字贸易究竟适用货物贸易规则（GATT）还是服务贸易规则（GATS）尚未达成一致。例如，中美对形成统一的世界贸易组织数字贸易规则有不同的诉求。美国的比较优势是数字服务贸易，因此着重在数据自由流动、隐私保护等方面推动规则制定。中国的比较优势在于互联网推动的货物贸易，因此关注促进跨境货物贸易便利化等规则的制定。世界贸易组织框架下尚未制定数字贸易的统一规则，现已成为当前全球数字贸易面临的主要问题，而数据跨境流动规则也成为其关注的问题。

发出倡议呼吁共同制定全球数据安全规则

当前，全球已有100多个国家出台了数据保护相关法律法规，涵盖数据安全等方面，但缺乏管理跨境数据流动的统一标准。中国国务委员兼外交部部长王毅于2020年9月8日在全球数字治理国际研讨会上发起《全球数据安全倡议》，提出尊重他国主权，制定全球数据安全规则，推动全球数字经济合作，共谋发展，这也是中国为维护全球数据安全做出的贡献。《全球数据安全倡议》的主要内容如下。

一是各国应以事实为依据全面客观看待数据安全问题，积极维护全球信息技术产品和服务的供应链开放、安全、稳定。

二是各国反对利用信息技术破坏他国关键基础设施或窃取重要数据，以及利用其从事危害他国国家安全和社会公共利益的行为。

三是各国承诺采取措施防范、制止利用网络侵害个人信息的行为，反对滥用信息技术从事针对他国的大规模监控、非法采集他国公民个人信息。

四是各国应要求企业严格遵守所在国法律，不得要求本国企业将境外产生、获取的数据存储在境内。

五是各国应尊重他国主权、司法管辖权和对数据的安全管理权，未经他国法律允许不得直接向企业或个人调取位于他国的数据。

六是各国如因打击犯罪等执法需要跨境调取数据，应通过司法协助渠道或其他相关多双边协议解决。国家间缔结跨境调取数据双边协议，不得侵犯第三国司法主权和数据安全。

七是信息技术产品和服务供应企业不得在产品和服务中设置后门，非法获取用户数据、控制或操纵用户系统和设备。

八是信息技术企业不得利用用户对产品依赖性谋取不正当利益，强迫用户升级系统或更新换代。产品供应方承诺及时向合作伙伴及用户告知产品的安全缺陷或漏洞，并提出补救措施。

欧盟：将主权内化于私权，形成长臂管辖

欧盟《通用数据保护条例》（GDPR）从个人权利保护出发，原则上不限制数据流动，不强制数据本地存储，但提出了较高的个人数据保护要求。GDPR 第 1 条第 2 款规定“本规定保护自然人的基本权利和自由，尤其是个人数据受保护的权利”。但事实上，GDPR 在保护个人数据权利的同时，通过划定法律适用范围实际上维护了欧盟的数据主权。

与此同时，GDPR 的适用范围实质上为实行长臂管辖提供了法律依据。GDPR 第 3 条第 1 款规定“本规定适用于联盟内设立的数据控制者或处理者对个人数据的处理行为，无论处理行为是否发生在联盟内”。GDPR 第 3 条第 2 款规定“本规定适用于非联盟内的数据控制者或处理者处理联盟内数据主体个人数据的行为”。这些实质上将欧盟主权延伸至其域外。

在跨境数据流动政策方面，GDPR 的数据出境政策没有采取事中、事后审核模式，而是对数据流动目的地提出数据保护要求。数据控制者或处理者如果想要向第三国或国际组织传输数据，对数据的保护必须达到欧盟的标准或欧盟认可的标准，这使欧盟在与第三国、国际组织或企业进行数据保护谈判时，有比较重要的法律筹码。

美国：以数据自由为名推行数字霸权

美国采取“以自我为中心的非对称跨域管辖”的数据治理模式，谋求全球数据霸权的意图明显。美国在2018年通过了《澄清域外数据的合法使用法案》（CLOUD 法案），进一步授权美国政府可以要求美国数据服务商保存、备份或披露其拥有、监管或控制的数据，而不论这些数据是存储于美国境内还是境外。法案旨在“加快获取总部设在美国的全球提供商所持有的电子信息证据的速度”，并提出在美国与“适格外国政府”之间构建跨境执法合作区的框架，强调经美国司法机构判断符合一定标准的外国政府才能对等调取存储于美国境内的数据证据。

CLOUD 法案确立了“数据控制者”法律管辖原则，排除了美国获取跨境电子数据的障碍，也为其他国家快速、便捷地获得美国控制的电子数据提供了可能的法律途径。法案实质上依托“数字自由”和“高效率”等名义扩大了美国执法机构单方面调取域外数据的权利，破坏了主权平等原则，侵害了他国主权，并试图利用其优势地位构建以美国为中心的全球数据治理体系。

数据主权的冲突与合作

由于各国与数据相关的法律法规尚不健全，未能形成统一的治理理念，并且各国存在深层次的利益博弈，在实际行使数据主权的过程中易出现冲突。同时，有声音认为行使数据主权将牺牲效率，不利于数据行业发展。对此，提出三点建议。

采取具体措施和针对性立法，阻断长臂管辖

对于美国 CLOUD 法案和欧盟 GDPR 的长臂管辖，中国应当采取有效措施，保护国内各类企事业单位不受域外法律制裁。目前，设立非外资控制的数据存储机构、强化数据本地存储、采取反制法律进行阻断等均为较好的选择。设立非外资控制的数据存储机构能够从事实上斩断美国通过其数据优势进行司法调查的途径，将数据存储与美国公司的业务进行隔离，从而阻断长臂管辖途径。在国内立法上，设立阻断条款进行反制，能够从根本上禁止中

国企业在外国法律影响下做出可能损害中国合法利益的行为。例如，《阻断外国法律与措施不当域外适用办法》授权有关部门“发布不得承认、不得执行、不得遵守有关外国法律与措施的禁令”；《中华人民共和国数据安全法》第三十六条则进一步明确“非经中华人民共和国主管机关批准，境内的组织、个人不得向外国司法或者执法机构提供存储于中华人民共和国境内的数据”。与此同时也应设立救济措施，以免中国企业因此受到损失。在制定相关反制措施时，对我国企业的需求进行充分调研，降低我国企业的海外经营法律风险，避免让我国企业陷入合规两难境地。

加强数据安全保护，疏通数据流动渠道

中国数据行业因庞大的国内市场规模获得了较大的比较优势，发展较为迅速。有学者认为，加强数据保护和数据本地化措施将以效率为代价限制中国数据行业的进一步发展。实际上，为进一步获得更多数据，有必要进一步提升数据保护措施，疏通海外数据输入渠道。近年来，各国纷纷以 GDPR 为模板开始个人数据保护立法，数据出境“同等保护”要求已逐步成为国际惯例。提升国内数据安全保护水平不仅不会抹除中国数据行业相对于海外数据行业在数据量方面的比较优势，在规范化的市场环境下，更能够方便数据的自由高效跨境流动。中国“数据驱动”企业将能更好地适应海外市场，也为外资企业在华开展业务提供了方便。

积极参与数字贸易谈判等国际规则制定，构建内外联动的法律体系

欧盟 GDPR 及美国的 CLOUD 法案均有对外扩展其数据治理标准、对适格国家进行认证的有关条款，通过“俱乐部”模式影响全球数据治理理念建构并建立数字自由流动共同体。同时，适格国家认定也为欧盟和美国在全球数据等领域进行政治博弈提供了抓手。尽管我国恪守主权原则，不侵犯他国主权，但仍应警惕有关国家通过本国立法影响国际数据治理态势的动作，以免丧失参与全球数据治理体系的主动性。应加强跨境数据国际合作，将跨境数据安全保护措施及认证逐步纳入国际贸易谈判，并就建立有效的争议解决机制和互助机制开展研究，推动全球数据治理体系向对我有利的方向发展。

信息公开与数据开放共享

推进信息公开一直是打造透明政府的职责所在，而由于数据兼具社会和商业价值，既可以服务政府决策，也可以提升企业效益，因此推进数据开放共享也成为数字时代政府的重要职责。近年来，我国政府一直致力于推动信息公开和数据开放，在加强顶层设计的同时积极推动各项政策落地。一时间，各级政府部门积极推动数据开放，企业和社会成为最大受益者。

《中华人民共和国政府信息公开条例》于 2008 年 5 月 1 日起施行。2016 年 5 月 9 日，在全国推进简政放权放管结合优化服务改革电视电话会议上，李克强总理指出："现在我国信息数据资源 80%以上掌握在各级政府部门手里、'深藏闺中'，这无疑是极大的浪费。"首要一点，就是树立起"公开是惯例，不公开是例外"的自觉意识，突破"不公开是常态，公开是找麻烦"的旧思维。国务院办公厅印发《当前政府信息公开重点工作安排》，要求对当前涉及"三公"经费、环境保护等九个重点领域的政府信息公开工作做出部署。

2015 年，国务院印发《关于促进大数据发展行动纲要》将"加快政府数据开放共享"放在首位，消除信息孤岛，同时优先推动交通、医疗、就业、社保等民生领域的政府数据向社会开放。2016 年 9 月国务院又发布《政务信息资源共享管理暂行办法》，解决政府部门之间的信息共享难题。2017 年，中央全面深化改革领导小组第三十二次会议审议通过《关于推进公共信息资源开放的若干意见》。文件要求推进公共信息资源开放，加强规划布局，进一步强化信息资源深度整合，进一步促进信息惠民，进一步发挥数据大国、大市场优势，促进信息资源规模化创新应用，着力推进重点领域公共信息资源开放，释放经济价值和社会效应。

需要认识到，服务于大数据应用的"数据开放"，既不同于过去的"信息公开"，也不同于旨在提升政府运营效率和治理能力的"信息共享"，政府必须对数据开放及相关制度有全面深刻的理解，才能正确地实施数据开放战略。

“政务信息共享”与“政府数据开放”的联系与区别

政府数据开放是一个与政务信息共享既相互联系又相互区别的概念，在推进政府数据开放战略时，容易与政务信息共享混淆。弄清二者的差异，对正确定位政府数据开放具有重要意义。

信息共享泛指特定范围内的主体之间相互开放信息资源，相互获取和使用对方的数据资源或共同的数据资源，属于限定主体范围的数据开放。信息共享既可以适用于政府部门之间，也可以适用于私人领域，是在一定范围的主体之间共享特定的数据资源。政府内部的不同部门之间共享信息，称为政务信息共享。2016 年 9 月国务院颁布的《政务信息资源共享管理暂行办法》（下称《共享办法》）就是将政务信息共享主体限定在政府部门及法律法规授权具有行政职能的事业单位和社会组织之间。

政务信息共享与政府数据开放具有不同的定位，实现不同目的或数据价值。政府数据开放面向社会主体，实现数据的社会化利用；而政务信息共享则面向政府内部或公共管理机构，旨在改善政府的治理结构，提高运营效率，节约运营成本。《共享办法》还提出要坚持“一数一源”，通过政务信息资源共享交换体系，实现相同信息的单一采集、共用共享的目标。这也意味着政务信息共享的本质在于通过减少信息源头，提升政务信息的标准化，通过分享提高效率，以此节约行政资源和社会资源。因为信息源头越少、标准化程度越高，分享就越容易，公共管理的成本就越低。而政府数据开放面向的是社会主体，追求的是数据社会化利用，所以与政务信息共享的运行机理不尽相同。一些能够在政府部门间共享的信息，并不一定能向公共管理机构以外的主体开放；在政府部门之间共享时不受限制的，在对外开放时就必须受到限制，所有这些决定了必须区分对待政府数据开放与政务信息共享。

从“政府信息公开”到“数据开放”的步伐加快

政府率先垂范、数据开放、释放数据红利，是各国实施大数据战略、推进经济转型升级的重要手段。数据开放绝不是信息公开的“扩展版”，而是服务于大数据战略的重大举措。

相应地，政府信息公开与数据开放在定位和目标方面也不同：如果说政府信息公开是民主政府建设的要求，旨在实现公民知情权等民主权利，数据开放则是适应大数据时代的一项公共政策，旨在实现政府数据的最大化利用，以此释放数据红利。由于政府掌握着大量数据，这些数据要么成为其他数据应用的基础，要么直接具有进一步开发利用的价值，数据开放可以形成大数据应用的公共数据池。因此，数据开放的目标一开始就定位于数据的再利用，而非提高政府决策过程的透明度。

在国际上，数据开放战略大致在2009年后逐步成形，得到多国政府支持。其中最有影响力的是2013年6月八国集团（G8）签署的《G8数据开放宪章》，该宪章提出了政府数据开放五项原则，除了强调政府数据以开放为原则和“改进治理”，还强调“确保高质量和足够数量的数据”“使数据可为所有人使用”“促进创新”，这也说明数据开放更着眼于数据的可开发利用性。通过数据开放，政府可以驱动商业和服务的创新，释放数据的社会和商业价值。因而各国在推进数据开放战略时，更强调数据开放的可用性、可机读性、可重复利用性。

可见，数据开放明确要“释放数据的社会和商业价值”，之后政府数据开放有了质的变化：不仅要求开放政府颁布的最终文件，还要求开放原始数据或基础数据，以供社会和企业使用；不仅赋予公众访问、知情的权利，还包括以可处理的方式再使用、再加工及将数据提供给第三人的权利。从简单地满足知情权到数据可用，从数据可用再到数据创新，从参与治理到治理创新，这些无一不对数据开放提出新的要求。

基于此，我国在2017年出台的《关于推进公共信息资源开放的若干意见》明确提出，要着力推进重点领域公共信息资源开放，“释放经济价值和社会效应”，为我国数据开放工作指明了方向。而在方向明确后目标如何落实，则是实现数据开放价值的关键环节。

正确实施政府数据开放应有的制度架构

数据开放是数据价值得以发挥、数据社会化利用的必由之路，应当围绕政府数据再利用、释放公共数据红利的目标设计我国的数据开放制度。其中，明确公共机构对公共数据的管理权，建立公共数据分类开放体系和以不同类型数据的许可协议建立许可使用制度则是数据开放的基础性措施。

第一，明确公共机构对公共数据的管理权。数据开放必须遵循一定规则，否则会导致数据使用的无序或失控。数据开放规则的基础是承认数据持有人对数据的事实控制权。实际上，赋予公共机构对数据的管理权，一方面是赋予其维护编制数据的权利，另一方面则是施加给其持续向社会提供可用数据的义务。此外，赋予其管理权还有利于维护数据上可能存在的合法利益（隐私利益、著作权利益、商业秘密等）。作为公共数据管理人，公共机构有义务开放数据，也有义务维护和管理好公共数据的利用秩序，而这些都以明确其权利为前提。

第二，建立公共数据分类开放体系。最大限度地使公共机构所掌握的公共数据得到利用是数据开放的基本目标，以“数据有序开放”为原则，以“数据不予开放”为例外。为此首先要根据数据性质、用途、数据上可能存在的权益等因素对数据进行科学分类，建立无条件开放、有条件开放和不予开放的数据分类体系和清单，并对有条件开放的条件及其适用范围做出清晰界定。在这个过程中，一定要将开放的范围和条件与信息公开、信息共享区分开来，围绕公共数据的使用价值最大化的目标进行制度设计。

第三，以不同类型数据的许可协议建立许可使用制度。数据开放是政府向社会持续提供数据产品以作为政府步入数字时代后的一项公共服务。为使这项服务稳定有序地进行，政府需要提供相应的制度工具——数据许可协议。为有效实施数据开放战略，我国需要根据自身的基本国情建立相应的公共数据许可使用制度。政府数据开放多以政府运营的公共数据库为基础，对于无条件的开放，运营机构可以发布标准化的数据自由使用许可协议，明确可以自由、免费、无任何限制地使用的数据范围和使用规则，尤其是明确使用人的义务。如果是有条件的开放，那么应当基于数据开放范围或类型，以具体使用情况为基础签署“数据使用许可协议”，明确使用人的数据使用范围、用途、使用方式、使用的禁止条款、违约责任等内容。

个人信息保护立法之权衡

个人信息是数据确权问题中的一个十分重要的议题。个人信息与个人权益密切相关，个人信息泄露对公民权益、社会安全都将造成严重危害。联合国于 1968 年提出“个人信息保护”的概念，1980 年 OECD 在《关于隐私保护与个人资料跨国流通的指针的建议》中解释了个人信息保护的八大原则，这些原则对后来全球各国立法产生了巨大作用。欧盟甚至提出“没有个人信息保护，就没有国际贸易”的口号。2016 年 5 月欧盟通过《一般个人信息保护条例》，以欧盟法规的形式确定了对个人信息的保护原则和监管方式。全面建立个人信息保护制度已经成为国际趋势和国际惯例，也是开展国际贸易的必备制度条件。《加州消费者隐私法案》（CCPA）于 2020 年 1 月正式生效，当前美国联邦政府层面尚未进行个人信息与数据保护的全面立法。

个人信息同时具有“人格”和“财产”的双重属性，并且有别于个人隐私，目前学界存在“人格权”“财产权”“知识产权”，以及独立的“个人信息权”等多个研究视角，个人信息保护仍处在摸索阶段。在社会实践中，世界各国基于自身历史文化和社会现实，对个人信息保护有不同的理解和出发点，比如，欧洲各国基于对人的尊严的保护，美国基于对个人自由的保护。

个人信息保护在设计制度时需要结合中国国情，处理好两方面的问题。一是个人信息权利的保护与数据流动使用的矛盾亟待平衡。二者存在冲突但也存在一致性。只有完善个人信息保护的法律法规，个人数据流通的价值激发才会得到保障。二是个人信息保护与社会公共利益之平衡。个人信息保护仍需考虑社会公共利益，为个人信息采集等情况留出一定空间。

2021 年 8 月 20 日，十三届全国人大常委会第三十次会议表决通过《中华人民共和国个人信息保护法》（以下简称《个人信息保护法》），自 2021 年 11 月 1 日起施行。作为我国首部针对个人信息保护的专门性立法，《个人信息保护法》构建了完整的个人信息保护框架，对个人信息处理规则、个人信息跨境传输、个人信息处理活动的权利、信息处理者的义务、监管部门职责以及罚则等作出了全面的规定。《个人信息保护法》主要内容包括，一是采取一般个人信息与敏感个人信息分级保护；二是扩大个人信息处理的合法性基础；三是明确个人信息跨境提供的规则；四是新设个人信息可携权；五是完善近亲属行使死者个人信息权利的要求；六是明确个人信息处理者的义务，区分大小型个人信息处理者；七是衔接民法、行政法、刑法，明确法律责任。《个人信息保护法》共 8 章 74 条，在有关法律的基础上，进一步细化、完善个人信息保护应遵循的原则和个人信息处理规则，明确个人信息处理活动中的权利义务边界，健全个人信息保护工作体制机制。

表 8-2 对我国近年来与个人信息保护相关的主要事件进行了初步梳理，从列表中可以看出个人信息保护的法治进程。

表 8-2 我国个人信息保护的法治进程

时间	主要事件（含法律、立法草案、部门规章、行业标准）
2012 年 11 月	GB/Z 28828—2012《信息安全技术 公共及商用服务信息系统个人信息保护指南》发布，2013 年 2 月实施，为我国首个个人信息保护国家标准
2012 年 12 月	《关于加强网络信息保护的决定》由全国人民代表大会常务委员会发布
2013 年 7 月	《电信和互联网用户个人信息保护规定》由工业和信息化部发布
2016 年 11 月	《中华人民共和国网络安全法》发布，2017 年 6 月实施
2018 年 9 月	个人信息保护法和数据安全法列入全国人大一类立法计划
2019 年 4 月	《互联网个人信息安全保护指南》由公安部网络安全保卫局、北京网络行业协会、公安部第三研究所联合发布
2019 年 4 月	《中华人民共和国民法典》人格权编草案（二审稿）提请全国人大常委会审议
2019 年 5 月	《数据安全管理办法（征求意见稿）》由中央网信办发布
2019 年 6 月	《个人信息出境安全评估办法（征求意见稿）》由中央网信办发布
2019 年 8 月	《儿童个人信息网络保护规定》由中央网信办发布，2019 年 10 月实施
2019 年 11 月	《App 违法违规收集使用个人信息行为认定方法》由国家互联网信息办公室、工业和信息化部、公安部、国家市场监督管理总局联合印发
2020 年 1 月	《信息安全技术 个人信息告知同意指南（征求意见稿）》由全国信息安全标准化技术委员会发布
2020 年 3 月	GB/T 35273—2020《信息安全技术 个人信息安全规范》由中国电子技术标准化研究院组织修订发布
2020 年 3 月	《网络安全标准实践指南——移动互联网应用程序（App）个人信息安全防范指引（征求意见稿）》由全国信息安全标准化技术委员会发布
2020 年 5 月	《中华人民共和国民法典》审议通过，2021 年 1 月实施
2020 年 9 月	《网络安全标准实践指南——移动互联网应用程序（App）个人信息保护常见问题及处置指南》由全国信息安全标准化技术委员会发布
2021 年 3 月	《常见类型移动互联网应用程序必要个人信息范围规定》由国家互联网信息办公室、工业和信息化部、公安部、国家市场监督管理总局联合发布
2021 年 6 月	《中华人民共和国数据安全法》发布，2021 年 9 月实施
2021 年 8 月	《中华人民共和国个人信息保护法》发布，2021 年 11 月实施

数据治理之初步策略探讨

数据治理成为我国社会治理现代化的重要命题，数据安全、个人信息保护、数据跨境流动等热点议题在国际国内引起了极高的讨论热情，混杂着个人权利伸张、企业发展利益保护、社会公益秩序维护、国家安全保障等多种不同的视角与利益诉求。

在单一经济体之内，我国已经把数据列为生产分配要素，以其为基础，数据“生命周期”各环节中的数据行为的合法边界亟待划清，而围绕数据的收集、加工、处理、利用等环节的规范形成，均有赖于数据作为经济要素的内涵明确及权属界定。在全球竞争合作数字化的大背景下，数字贸易成为国家数字经济发展的新增长点，并且相关国际规则越来越影响国内的产业政策，牵一发而动全身，国家之间围绕数据经济实力和数据作为战略资源的利益分配博弈已经显性化，数据确权关系着国家战略发展与安全。

然而，数据权属十分复杂，目前在全球范围内存在较大分歧。随着各方争议逐渐沉淀，数据确权作为厘清数据治理问题的关键，逐渐浮出水面。数据治理应在实现数据价值、保护数据安全和维护用户个体权益之间找到平衡，三者之间时常存在此消彼长的关系。因此，数据治理应满足不同层次的需求，由此我们提出三方兼顾的“三线”策略。

一是筑牢底线：以安全为“底线”，将数据安全作为贯彻总体国家安全观的重要内容，呼吁形成权责清单、权责监督机制、安全事件应对机制。网络空间的战略稳定与安全永远是国之考量，底线不容突破。

二是明确中线：以数据价值开发为“中线”，应明确数据作为生产要素的价值，及其在数据生成、加工、流通、再利用等各环节的生命周期管理需求。流动的数据才具有价值，要充分发挥数据要素的价值。

三是争取高线：关于数据权属的定性，一直以来存在数据是具有“人格权”还是具有“财产权”两种出发点之争，当前《中华人民共和国民法典》已经明确将“个人信息”作为人格权益，同时将“数据”与“网络虚拟财产”并列，未来，数据治理也需在保护数据财产权益的基础上，尽力达到维护个体权利之“高线”。

《中华人民共和国民法典》仅规定了数据的民法保护，未对数据权属问题进行规定。加快数据权属界定和相关制度构建，应当有力地回应上述三个层次的需求，从而帮助数字治理打造内生活力。针对不同应用场景，综合适配不同层次的数据治理，推动数据治理整体规则完善，在保障安全的前提下，促进数据开放和流动，提高经济社会发展水平。

本章小结

本章围绕“数字治理体系之治数如水”这一主题展开。

关键词：循经导络。

当前，数据主权、数据安全、隐私保护及跨境数据流通规则等均是有待解决的重点问题。这不仅涉及数据权属和数据全生命周期管理，也涉及多个主体、多个层面、多类属性、多种场景，且多个问题交织又不断变化，因此具有高度的复杂性。

但剖析其机理，数据治理至少需要满足以下需求：从国家视角出发的国际竞争力和数据安全需求；第二，从产业视角出发的创新发展和数据开放需求；从个体权利出发的个人信息保护诉求。数据治理应在实现数据价值、保护数据安全和维护用户个体权益之间找到平衡，而三者之间时常存在此消彼长的关系，由此提出三方兼顾的“三线”策略。

数据和水有相似之处。水是万物之源，而数据是数字经济活跃的源泉和流动的要求，二者因为流动跨越行政边界却形成循环往复的生态。水可以被塑造，通过修河道改变流向，数据也需要引导规范。

治数如治水，可借鉴治水理念来治数。中国治水讲究因势利导，尊重自然规律，如疏导治水、系统治水和科学治水。中国治水强调上下联动，注重多方利益。数据治理也需满足以下需求：从不同角度、不同群体、不同场景出发，系统治理、多方兼顾、有序流动、科学利用。

第九章

收放自如——数字化转型和数字治理经验

伴随着大数据、云计算、人工智能、区块链、量子技术等新兴技术的快速迭代和业态的快速发展，一个前所未有的大变革、大加速、大创新的时代已然来临。在数字化转型这一大背景下，世界主要大国均制定了系列发展战略，探索数字化转型之路和数字治理之道，抢占数字革命的先行者优势。作为数字经济大国，我国也有丰富的实践探索，形成了典型的应用案例，提供了有益的经验借鉴。

第一节　案例验证：共享单车行业治理

共享单车曾经是街头一景，短短几年内在中国大地上甚至海外掀起一股巨浪，引发了人们对绿色骑行的向往和对共享模式的憧憬。产业界也经历了如火如荼的共享单车“颜色大战”，然而，从资本助推下的各方大战，到如今退潮过后的“一声叹息”，共享单车行业的竞争格局在短短几年间发生了一场巨变。

共享单车经历了一个较为完整的新模式发展周期，这一过程暴露出很多新问题，带来很多新挑战。因此，共享单车的治理是典型的通过深度调整建立起来的“政府—企业—社会”三者协同的治理体系，为新业态数字治理带来有益借鉴。

共享单车行业发展的“两大问题”

共享单车在快速发展的同时，也给线下城市交通及城市治理、线上用户信息保护及押金监管等提出新挑战。车辆无序停放、恶意破坏、私自占有、未满 12 周岁骑车事故等用户不良使用行为，押金及预付款管理使用混乱、押金无法退回、缴纳罚款归属不明等问题随之凸显。其中，车辆维护成本、运营成本和押金监管的问题随着单车的大规模投放而愈发严重，最终也成为该行业在 2018 年下半年开始迅速衰退的主要原因。从整体上看，共享单车带来的治理难题，其根源在于事前监管的滞后，以及由此导致的事中、事后监管治理表现出的不一致性和无序性。

恶性竞争导致城市管理矛盾激增

作为互联网发展新业态，共享单车满足了人们短途出行的需求，在一定程度上缓解了城市，特别是大城市交通拥堵的问题。但是，在共享单车快速发展的同时，投放规模与城市空间承受能力不匹配、道路资源与停放设施承载能力不匹配的问题日渐凸显。单车停放的固定区域难以划分，用户停车取车的不良行为难以规范，出现单车堆积成山、倒地一片、侵占盲道、占据出入口等乱停乱放的普遍现象，成为维持公共秩序的阻力之一，使得城市管理矛盾激增，这也成为共享单车行业发展后期所面临的主要监管压力之一。

恶性竞争带来了无序投放。据不完全统计，在共享单车行业发展的最高峰时期，全国先后有 74 家企业进入市场，覆盖了所有直辖市、省会城市及部分地级城市，注册用户数量近 4 亿个，但这些企业在 2018 年初就有半数濒临倒闭。共享单车企业为获得竞争优势进行恶性投放车辆的行为成为其业务发展的首要问题。单车投放数量决定了共享单车企业的服务范围和服务能力，使得企业将单车投放数量作为核心竞争力。随着行业竞争日趋激烈，各企业不断增强在重点城市的投放力度，最终造成了部分地区单车泛滥成灾的后果。过度且缺乏合理规划的投放行为给各大城市的市政管理和市民体验均造成了负面影响。自 2017 年以来，共享单车乱停乱放引起的市政管理问题在各一二线城市频繁出现。早晚高峰期地铁与车站周边的单车摆放混乱现象不仅阻碍了行人通过，甚至还影响到了机动车的正常行驶。数据显示，目前国内共享单车用户中认为单车投放数量过多的占比为 32.1%，如图 9-1 所示。2017 年 8 月 18 日，上海市交通委员会向各共享自行车企业下达了告知书，明确告知从即日起在上海暂停新增投放车辆，一旦发现，将作为严重失信行为纳入企业征信档案。

共享单车投放范围在宏观和微观层面均存在明显的不均匀现象。数据显示，截至 2017 年 6 月，我国东部地区共享单车渗透率最高，达到 18.1%，其他各地区的渗透率均未达到全国平均水平，其中东北地区共享单车渗透率最低，仅为 5.0%。共享单车业务在东部和中部地区的渗透率明显较高，但在西部和东北地区的渗透率明显不足，如图 9-2 所示。

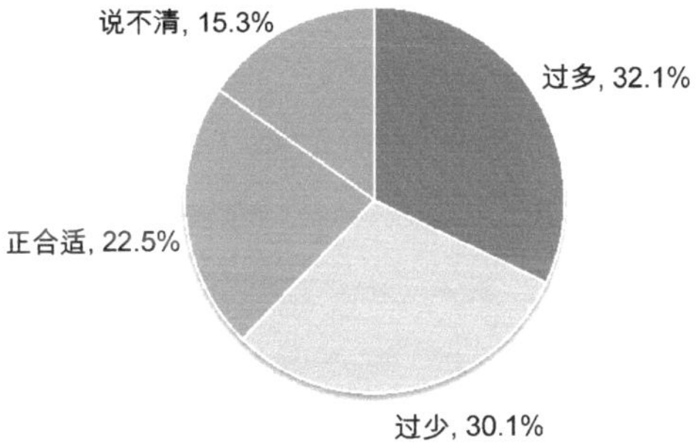

图 9-1　用户对共享单车投放数量的态度

资料来源：CNNIC

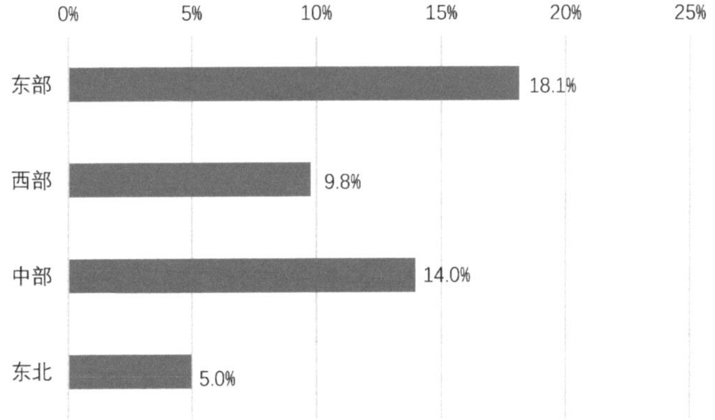

图 9-2　共享单车在各地域网民中的渗透率

资料来源：CNNIC

从宏观上看，共享单车在上海、天津、北京等直辖市和广东省网民中的渗透率明显较高，在新疆、甘肃等西部省份和东北三省网民中的渗透率明显偏低。数据显示，共享单车在上海网民中的渗透率最高，达到 41.5%；其次为天津、北京和广东，均超过 20%；在东北三省的渗透率明显偏低，其中辽宁为 6.3%，吉林为 4.9%，黑龙江为 3.1%。从微观上看，共享单车企业在核心城市的车辆投放同样明显不够均衡，中心城区的共享单车往往泛滥“成灾”，但在周边城区、郊区等范围的投放则明显不足。

与此同时，80.3%的用户认为乱停、乱放是共享单车造成的最大难题，如图 9-3 所示。大多数共享单车企业的线下运营管理投入明显不足，早晚高峰期地铁站周边共享单车堆积的现象普遍存在。此外，部分共享单车缺乏卫星定位装置，使得厂商无法对用户的不良使用行为进行监控和惩罚，导致了该类问题的频繁产生。

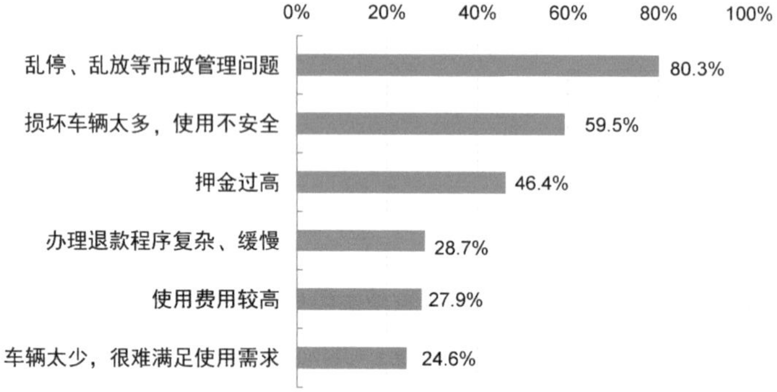

图 9-3 用户认为共享单车行业存在的问题

资料来源：CNNIC

规则缺失导致公共安全问题频发

共享经济是数字社会发展过程中的创新产物，通过互联网实现了线下实际物品的共享，已经受到广大网民的青睐。由于当前人们的诚信规则和道德水平还没有达到足够的高度，突然出现的共享模式在引起公众好奇的同时，还容易引发乱停、乱放、偷盗、损毁等事件。对于这种新出现且发展极其迅猛的业态，政府原有的治理规则难以适用，造成在共享单车发展初期一些责任确定的争议难以处理。

公共安全隐患难以规避。共享单车面临的最核心、最棘手的问题是使用者的守法意识和守法行为，使用者的行为并不能通过法律法规进行根本性的预防和惩治。共享单车已成为公共场所的安全隐患，商业区、写字楼、居民区等人流较为集中的场所，虽然贴出“禁止共享单车入内”的标识，但未能实现对共享单车的彻底禁入管制。共享单车偷盗、损毁已成为社会管理的一大难题。恶意损坏、偷窃、占有共享单车的不道德行为，在很大程度上增加了共享单车企业的运营维护成本，也增加了执法部门立案、查案的成本。

用户的不良行为难以限制。单车乱停、乱放成为市政管理的重要难题，成为妨碍公共交通秩序的因素。在地铁站、公交车站等人流密集地区，共享单车的停放、取用已成为一大难题。公共管理部门不得不安排专人专岗，监督单车用户的停放、取用行为。城市的中心路段、较繁华路段大部分时间都处在“东西不畅、南北拥挤”的状态中，故而也存在着未在规定区域内停放的共享单车。随地取用的灵活使用方式是推动共享单车业务蓬勃发展的重要原因，但由于目前共享单车企业对用户的违规停放行为尚未形成有力的惩罚机制，导致用户违规使用共享单车，出行逆行、闯红灯，在非机动车道与行人争道，未成年人骑行共享单车等不遵守交通规则的情况发生，还出现用户将共享单车骑进非公共区域，进行恶意损坏等，甚至出现把共享单车据为己有、进行改装、低价出售等违法行为。另外，未满 12 周岁的单车使用者也成为公共交通秩序难以管、没法管的治理难题。

用户受伤归责引争议。共享单车的使用安全与伤害事故中的民事归责问题成为共享单车业务发展过程中的重要挑战。2017 年 7 月，深圳交警首次开出共享单车“禁骑令”，首批 13615 名非机动车交通违法者因为触犯了交规，被处以停用共享单车一周的处罚。其中，在涉及自行车交通违法的行为中，共享单车的交通违法行为接近一半。共享单车出现事故一般集中于两种情况。

第一，车辆使用频次高，车辆保养困难，造成车辆损坏的可能性较大，进而可能给用户在骑行过程中造成意外伤害，如图 9-4 所示。部分共享单车在使用的过程中出现刹车失灵、脚踏板脱落等质量问题，导致使用者出现意外。较高的使用频次和偏低的车辆保养频率造成很多车辆都有不同程度的损坏，进而给用户骑行安全带来威胁。北京、上海、厦门等地先后发生因单车刹车失灵引发的用户摔伤或交通事故。

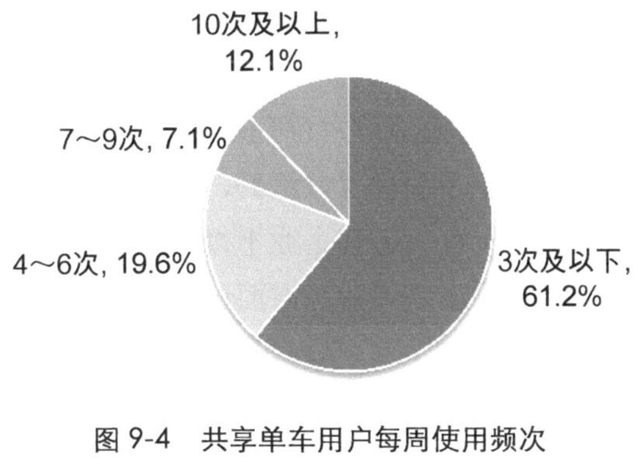

图 9-4　共享单车用户每周使用频次

资料来源：CNNIC

第二，低龄用户不规范骑行或违反交通规则，同样可能对用户造成伤害。2017 年 3 月，一名未满 12 周岁的儿童在骑 ofo 共享单车时，在一路口被大客车碾压，送医后抢救无效而死亡。这是上海发生的首例未成年人使用共享单车致死事件。

此外，相关案例还有很多。2017 年 3 月，由于用户在使用 ofo 单车时因刹车失灵而摔伤，ofo 被诉至法院要求赔偿 2 万元，这可能是共享单车首起索赔案件；2017 年 5 月，上海市消费者权益保护委员会的投诉数据显示，1—4 月共受理共享单车投诉 2600 多件，其中促销活动引发纠纷、押金或余额退款延迟是最集中的问题，占比近 6 成。武汉市公安局的公开数据显示，目前共受理涉及共享单车的案件 21 起，其中刑事案件 1 起，治安案件 20 起。

违规使用押金问题突出。押金收取、使用与退回情况一直遭受诟病，经营者也多采取回避态度，对其不做明确表示。在现有法律制度中，押金作为动产质押的条件使金钱特定化，一旦丧失特定化特征，共享单车企业将面临不当得利甚至非法集资的法律风险。共享单车行业的押金监管问题自 2017 年下半年开始成为困扰行业进一步发展的首要问题，很多运营不良的中小型企业在违规使用押金后，出现了退还押金困难的情况。随着资本市场对共享单车行业的投资热情显著下降，一些大型共享单车企业也开始出现押金退还困难的情况，并且很多用户直到 2020 年年末仍在排队等待退还押金。

作为新生行业，共享单车用户押金监管在发展初期并无行业标准，如果企业将大量用户押金用于投资或理财以获取风险收益，一旦出现意外，则会直接导致企业资金链断裂，甚至发生服务商卷钱跑路的情况，将给用户带来直接经济损失。2017 年 2 月，央视首次报道了共享单车押金问题，此后多家共享单车企业回应称已经开立了存放押金的银行账户，确保押金专款专用。2019 年 5 月，交通运输部等六部门联合印发《交通运输新业态用户资金管理办法（试行）》（以下简称《办法》），要求运营企业原则上不收取用户押金，用户押金归用户所有，运营企业不得挪用。此外，该《办法》还针对单车押金额度、押金最长退款周期等方面进行了明确限制，逐步完善了共享单车行业的押金监管标准。

共享单车行业发展的“多方动力”

共享单车的蓬勃发展得益于信息技术变革、移动网络终端愈加普及、城市居民的灵活出行需求、国内利好政策、良好融资环境等多因素的共同推动。

移动互联网的迅猛发展

我国互联网渗透率的稳定增长和移动网络终端设备持续普及，推动传统互联网服务向移动端进一步过渡，进而塑造了数字社会的移动化新形态。网民数量的快速增长、终端设备的持续普及、设备性价比的持续提升、移动互联网业务模式的持续创新、线上线下服务融合加速，构成移动网民规模增长的重要推动力，如图 9-5 所示。

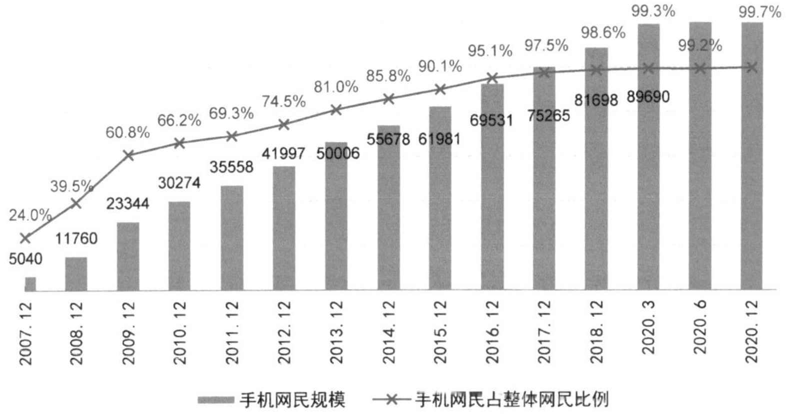

图 9-5　中国手机网民规模及其占网民比例

资料来源：CNNIC

以 4G 网络为代表的移动宽带网络高速普及，为以共享单车业务为代表的创新型互联网服务大范围铺开奠定了基础，而移动支付、窄带物联网、互联网征信等互联网应用的引入和针对共享单车应用场景特点的智能锁、实心轮胎、传动系统等方面的创新则显著提升了业务服务水平。

城市公共交通需求刺激

城市公共交通服务短缺成为促成以共享单车为代表的共享出行服务蓬勃发展的核心动力。随着城市化步伐的加快，我国城市交通问题日益严重。交通问题如果不能得到有效缓解和根本治理，必将对我国城市交通的持续、快速、健康发展构成严重威胁。一二线城市的公共交通网络虽然日趋发展完善，但仍不能覆盖用户出行的“最后一公里”。基础的公共交通网络无法满足用户出行的灵活需求，且无法覆盖出行“最后一公里”的问题日益凸显。这一强烈需求成为促使共享单车业务萌芽的前提条件。

通过对共享单车用户所在地的城市等级进行区分可以发现，一线城市的共享单车服务渗透率明显高于其他各线城市，而二三线城市仍有较大提升空间，如图 9-6 所示。截至 2018 年 6 月，共享单车用户规模达到 2.45 亿个，占网民总体的 30.6%。从业务覆盖范围上看，共享单车业务在国内已完成对各主要城市的覆盖，并渗透到 21 个海外国家。以出租车为代表的定制化出行服务成本偏高且不适合三公里内的短距离场景，而由各大城市辖区提供的有桩自行车使用范围相对局限且办理手续复杂、存取便捷性较差，使得市民对实时、灵活、低价出行方式的需求越发迫切。基于“共享出行”理念的共享单车业务应运而生，并以其随时取用、支付便捷、操作简单的特点迅速赢得了用户认可。

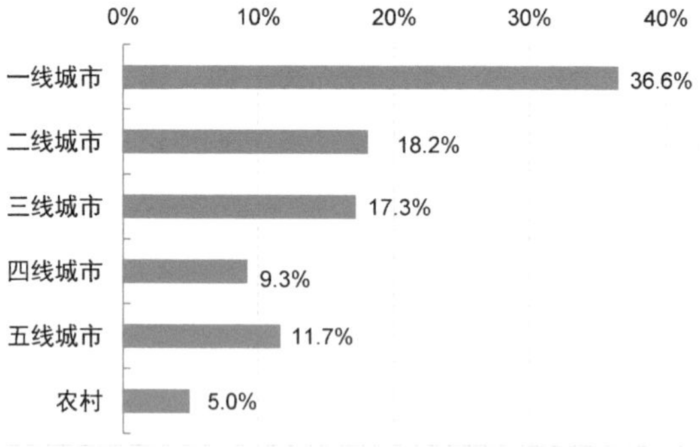

图 9-6　共享单车在各线城市及农村网民中的渗透率

资料来源：CNNIC

政策和资本的双力推动

政策与资本两方面的力量推动了共享经济商业模式在国内的蓬勃发展，使得新的数字社会形态在短期内迅速更新迭代成为可能。

一方面，国家宏观政策积极引导。共享单车业务作为中国互联网创新业务的典型代表，其蓬勃发展在很大程度上得益于国内相关利好政策的推动。随着中国经济增速的逐渐放缓，以互联网为载体的新经济业态逐渐成为拉动经济增长的重要力量，并在政府的大力推动下实现快速发展。自 2015 年起，国务院陆续出台了《关于积极推进“互联网+”行动的指导意见》《关于促进创业投资持续健康发展的若干意见》等推动互联网创业创新的利好政策，并将发展物联网和共享经济列入“十三五”规划纲要当中，鼓励将互联网与传统产业进行融合进而培育创新公共服务模式，打造公共产品和公共服务“双引擎”。利好政策的引导使得人才与资本快速涌入共享单车行业，使得以物联网技术为基础并依托共享经济理念诞生的共享单车业务成为中国互联网创新业务模式的典型案例。

另一方面，市场资本快速累积。国内良好的融资环境是共享单车业务快速发展的催化剂。中国互联网行业的投融资热潮自 2013 年开始逐渐有所体现，团购、O2O、网约车等多个业务先后在资本力量的推动下实现了快速发展。虽然 2016 年国内资本市场开始趋于冷静，但新生的共享单车业务依然很快受到资本市场的青睐，吸引了大批资本进入。

自 2016 年下半年开始，位于市场头部的共享单车品牌均可以在极短时间内完成多轮高额融资，而初创型共享单车企业的早期融资案例数量也明显增长。根据不完全统计，同期国内获得融资的共享单车创业品牌超过 20 个。大量涌入的资本促使共享单车企业在不到一年的时间内就完成了对国内各大城市的布局，并推动主要城市的单车数量在此期间显著增长。

共享单车治理体系的“三层架构”

在“政府—企业—社会”协同治理体系中，政府和企业之间可以是一种合作关系。政府制定规则，对平台监管底线做出明确规定；平台掌握着数据和技术，加强技术研发和数据发掘，既是企业创新发展的动力，也是企业治理的有效途径；用户使用单车，作为消费者，其正当权益受到企业的保护、政府的保护，但一旦其不良行为对企业运营、社会治安造成恶劣影响就要受到惩罚。

理念层：从管理为主到整体治理

以包容审慎的态度应对新兴业态

2016 年 3 月，共享经济首次被写入《政府工作报告》；7 月，《国家信息化发展战略纲要》强调“发展共享经济，建立网络化协同创新体系”；国家发展改革委联合中宣部、科技部、财政部等十部委印发《关于促进绿色消费的指导意见》，这是国家首次发布的针对共享经济领域的指导及鼓励措施。

中央部委政策明确治理主体。交通运输部等十部门于2017年5月出台《关于鼓励和规范互联网租赁自行车发展的指导意见》的征求意见稿，8 月就出台了正式文件，中央政府对治理主体的内涵进行了扩充。在《关于鼓励和规范互联网租赁自行车发展的指导意见》中的第二条“基本原则”下，对网约车管理的基本原则为“坚持依法规范”，而《关于深化改革推进出租汽车行业健康发展的指导意见》中的基本原则则调整为“坚持多方共治”，这一调整结合了新生互联网服务的具体情况和行业特点，强调了“社会治理”对这类业务的重要意义，标志着政府管理向着更加包容、平等的方向发展。针对押金管理问题，交通运输部等六部委在 2019 年 5 月联合印发《交通运输新业态用户资金管理办法（试行）》（以下简称《办法》）。该《办法》明确运营企业原则上不收取用户押金，并对收取押金上限、共享单车预存资金、押金日期进行了规定。

中央部委政策侧重方向指导。中央政策与地方政策分工呈现了明显的差异，中央政策更侧重于方向性的指导，如中央政策《关于鼓励和规范互联网租赁自行车发展的指导意见》的第一条是“指导思想”，而地方政策更侧重于具体的落实，如北京市交通委员会出台的《北京市鼓励规范发展共享自行车的指导意见（试行）》。

从协同共治的视角调适地方政策

地方政府对新生互联网业务的反应更加敏捷，制定了细致、全面的政策。一些地方政府对新生互联网业务的发展和管理具有更快的反应能力。深圳、成都、北京、上海等城市均在中央部委发布《关于鼓励和规范互联网租赁自行车发展的指导意见》征求意见稿（2017 年 5 月 22 日）之前就发布了共享单车业务管理指导意见相关的征求意见稿，体现了地方政府对新生互联网业务的敏捷反应能力。北京市在发布《北京市鼓励规范发展共享自行车的指导意见（试行）》之后，又陆续发布了《共享自行车系统技术与服务规范》和《自行车停放区设置技术导则》；上海市在发布《上海市鼓励和规范互联网租赁自行车发展的指导意见（试行）》之后，又由行业协会发布了共享单车团体标准的三个文件；深圳市在发布《关于鼓励规范互联网自行车的若干意见》之后，又陆续发布了《关于规范未成年人共享单车使用行为的联合声明》《深圳市互联网租赁自行车管理方案》《深圳市互联网租赁自行车规范管理整治行动实施方案》等多个文件，极大细化地落实当地共享单车的规范运营和管理行为。

地方政策明确各部门责任分工。在中央政策《关于鼓励和规范互联网租赁自行车发展的指导意见》的第十四条“明确责任分工”中，主要对各部委的责任分工进行了明确，但对“如何落实”并没有进行详细解释。而在北京市出台的《北京市鼓励规范发展共享自行车的指导意见（试行）》中，则针对市级部门、区级政府、企业和承租人分别制定了具体的分工，使其更加有可能落地。

地方政策明确企业运营服务条件标准。在北京市出台的《北京市鼓励规范发展共享自行车的指导意见（试行）》中，第十一条提出“企业应符合国家相关法律规定，在本市工商登记注册，并向注册地和投放区主管部门报备；自有或租用停车场地，满足车辆周转与维修需求；投放车辆应符合国家、行业标准，安装车载卫星定位装置，不得设置商业广告；配备与车辆投放规模相匹配的管理人员，具备线上线下服务能力；实行实名制注册、使用，与承租人签订服务协议；加强信息平台建设，与市级监管与服务信息化平台对接；在本市开立企业资金专用账户；依法依规经营，接受相关管理部门的监督管理”。而中央政策《关于鼓励和规范互联网租赁自行车发展的指导意见》并未对企业运营服务条件提出具体要求。

地方政策关注承租人的服务保障。在北京市出台的《北京市鼓励规范发展共享自行车的指导意见（试行）》中，第十二条提出“投放车辆应满足安全骑行要求，保障车辆技术状态良好；配备专业运行维护团队，做好车辆调度，保持车身整洁，维护停放秩序；提高系统的稳定性可靠性，保障系统正常运行；公示计费标准，实行明码标价；明确提示安全使用信息，建立健全骑行保险理赔机制，企业为承租人购买人身意外伤害险，承租人发生保险理赔时，企业应积极协助办理；公布投诉服务电话，建立投诉服务制度，及时处理各类投诉”。而中央政策《关于鼓励和规范互联网租赁自行车发展的指导意见》并未对承租人的服务保障提出具体要求，仅针对用户资金和信息安全保护提出要求。

地方政策提出共享单车企业的退出机制。在北京市出台的《北京市鼓励规范发展共享自行车的指导意见（试行）》中，第十五条提出“企业退出运营前要向社会公示，退还承租人押金，完成所有投放车辆回收等工作；不履行企业管理主体责任和行业自律要求、企业服务质量信誉考核不合格的，区主管部门要责令企业限期整改，逾期未整改的责令企业收回部分投放车辆，情节严重的责令其退出运营”。而中央政策《关于鼓励和规范互联网租赁自行车发展的指导意见》仅要求“互联网租赁自行车运营企业实施收购、兼并、重组或者退出市场经营的，必须制定合理方案，确保用户合法权益和资金安全”，未对共享单车企业的退出机制提出具体要求。

地方政策对共享单车的保障机制建立提出更为具体的要求。北京市出台的《北京市鼓励规范发展共享自行车的指导意见（试行）》中的第二十一至二十四条，分别对完善设施建设、加强监督管理、加强诚信管理、加强舆论宣传等方面做出具体要求，对共享单车行业保障机制的建立起到了指导作用。

征求意见稿与正式文件不断调适。地方出台指导意见都经过了意见征求环节，研究发现正式文件在主体关系与监管责任方面比征求意见稿有了更加详细和明确的规定。以北京市出台的《北京市鼓励规范发展共享自行车的指导意见（试行）》为案例，可以发现正式稿与征求意见稿在明确主体关系与监管责任、加强用户保护、共同治理方面的内容差别。

在明确主体关系与监管责任方面，正式稿明确了区主管部门对运营不合规范企业的处理能力。北京市出台的《北京市鼓励规范发展共享自行车的指导意见（试行）》中的第十五条，将“企业退出运营前要向社会公示，退还承租人押金，完成所有投放车辆回收等工作；不履行企业管理主体责任和行业自律要求的，按相关部门要求退出”改为“企业退出运营前要向社会公示，退还承租人押金，完成所有投放车辆回收等工作；不履行企业管理主体责任和行业自律要求、企业服务质量信誉考核不合格的，区主管部门要责令企业限期整改，逾期未整改的责令企业收回部分投放车辆，情节严重的责令其退出运营”。正式稿针对企业责任，要求“投放数量规模与企业经营管理能力相适应”。北京市出台的《北京市鼓励规范发展共享自行车的指导意见（试行）》中的第六条，将“按照企业承担主体责任的原则，负责提供自行车租赁服务和管理，根据各区发展规划制定车辆投放计划”改为了“按照企业承担主体责任的原则，负责提供自行车租赁服务和管理，根据各区发展规划制定车辆投放计划和运营方案，投放数量规模与企业经营管理能力相适应”。

在企业运营方面，正式稿细化了对企业管理的要求，尤其是细化了企业与政府签订的共享自行车管理承诺书的内容。在北京市出台的《北京市鼓励规范发展共享自行车的指导意见（试行）》中，第十六条将“企业要与各区主管部门签订共享自行车管理承诺书，负责停放区秩序维护”改为“企业要与各区主管部门签订共享自行车管理承诺书，主要包括投放数量、投放区域、停放秩序、运营调度、应急处置、废弃车辆回收等内容；负责停放区秩序维护，及时对禁停区域车辆进行清理”。正式稿细化了对企业运营管理的要求，尤其强调了利用大数据分析的运营方法和按月报送数据信息的细化指标。在北京市出台的《北京市鼓励规范发展共享自行车的指导意见（试行）》中，第十六条将“加强运营调度和车辆维护管理，及时回收废弃车辆；建立应急预案，及时处置突发情况”拓展为“利用大数据分析，规范承租人行为和信用，加强对投放车辆的管理，合理安排运营调度和车辆维护，对废弃车辆必须及时回收，按环保要求处理；建立应急预案，及时处置突发情况；按月报送数据信息，包括集中点位分布数量、点位名称及保有量、维护人员等”。正式稿要求建立企业服务质量信誉考核机制。在北京市出台的《北京市鼓励规范发展共享自行车的指导意见（试行）》中，第二十条添加了“建立企业服务质量信誉考核机制，组织开展企业考核，定期公布考核结果”。正式稿还要求建立政府企业对接机制。在北京市出台的《北京市鼓励规范发展共享自行车的指导意见（试行）》中，第二十条添加了“建立市区相关部门、属地街乡与企业的沟通联络对接机制，及时组织指导、协调解决新情况新问题”。

在消费者保护方面，正式稿加强了对用户骑行行为的规范，通过对用户使用行为提出要求以保护企业财产安全。比如，在北京市出台的《北京市鼓励规范发展共享自行车的指导意见（试行）》中，第一条在“正确处理好政府与市场、企业的关系，落实政府监管责任和企业主体责任，建立统一规范的市场秩序，规范引导共享自行车有序发展，促进国际一流和谐宜居之都建设”的基础上添加了“规范承租人骑行行为”。正式稿明确了市级管理部门和区级管理部门的不同职责。在北京市出台的《北京市鼓励规范发展共享自行车的指导意见（试行）》中，第三条提出“市级管理部门负责统筹协调，指导各区开展工作。各区政府结合属地实际，负责对共享自行车企业的监管工作”。正式稿还对共享单车投放数量引入“动态平衡”理念。在北京市出台的《北京市鼓励规范发展共享自行车的指导意见（试行）》中，第三条提出“根据全市非机动车停放管理规划及停放秩序状况，进行总量调控，对车辆投放实行动态平衡”的理念。正式稿要求企业必须为承租人购买保险。在北京市出台的《北京市鼓励规范发展共享自行车的指导意见（试行）》中，第十二条将“建立健全骑行保险理赔机制，鼓励企业为承租人购买人身意外伤害险和第三者责任保险，承租人发生保险理赔时，企业应积极协助办理”改为“明确提示安全使用信息，建立健全骑行保险理赔机制，企业为承租人购买人身意外伤害险，承租人发生保险理赔时，企业应积极协助办理”。

在“保障承租人资金安全”方面，正式稿提出“鼓励企业采用免押金方式提供租赁服务”，并要求企业通过多种途径保障承租人资金安全。《北京市鼓励规范发展共享自行车的指导意见（试行）》中的第十四条将“收取押金的，企业须在本市开立资金专用账户；公示押金退还时限，及时退还承租人资金；中国人民银行营业管理部加强对企业资金专用账户管理，防控承租人资金风险”改为“收取押金的，企业须在本市开立资金专用账户，接受监管，实施专款专用；企业要公示押金退还时限，及时退还承租人资金；中国人民银行营业管理部及企业开户的商业银行要按照职责加强专用账户资金监管”。

以人为本的理念凸显城市差异

通过对北京、上海、广州、深圳四个主要城市和其他二三线城市出台的共享单车发展指导意见进行对比，可以发现以下特点。

第一，城市规模越大，出台新政策牵涉的部门越多，政策中对各相关部门的工作安排也越详细；而城市规模越小，则新出台的政策越针对企业的运营行为，对各相关部门的工作安排也越简单。以四个一线城市的共享单车相关政策为例，四地的政策均由各地的交通委员会、公安局、城市管理委员会等多家机构共同制定，并且正文的前半部分利用大量篇幅明确了市级部门、区级政府、企业和用户四方的责任与工作重点。与此相对地，合肥、石家庄等城市的共享单车发展指导意见则将重点主要集中于对企业经营行为的规范，而将其他各相关部门的工作细节列在政策最后一部分的“保障机制”中，简单阐述。

第二，二三线城市的共享单车发展指导意见较少涉及对车辆技术水平的要求，而一线城市大多对此提出明确要求。例如，北京市发布了《共享自行车系统技术与服务规范》作为标准化文件；深圳则在《深圳市互联网租赁自行车管理方案》中对共享自行车的车辆技术状况提出“投放运营的车辆应配备卫星定位智能锁，且具有唯一的电子身份标签。投放车辆应符合国家、行业及本市相关技术标准要求且获得由有资质的检测部门出具的满足上述标准要求的车辆产品质量检测合格报告，并向市公安机关交通管理部门备案，取得备案证明”等具体要求。相比之下，石家庄等二三线城市的相关规范仅对共享自行车提出“车辆质量可靠；车身设计美观无广告；车辆具备实时定位和精确查找功能”等简单要求。

第三，共享单车渗透率的差异是不同城市出台不同政策的重要原因。二三线城市的共享单车相关政策较少涉及对城市自身基础设施建设的要求，而一线城市则对相关基础设施建设给予了较高关注。这主要是由于二三线城市共享单车的渗透率较低，业务发展对城市规划影响较小，而一线城市共享单车的渗透率高，车辆投放数量大，对城市规划提出的要求也相应较高。例如，北京市发布的《北京市鼓励规范发展共享自行车的指导意见（试行）》将“设施建设”列为第三大项，并对“制定发展规划”“改善骑行环境”“优化设置停放区”等三方面进行了详细说明；上海市发布的《上海市鼓励和规范互联网租赁自行车发展的指导意见（试行）》将“加快配套设施建设”列为第二大项，并对“加强设施规划建设”“保障非机动车路权”“优化车辆停放点设置”等三方面进行了具体说明。

组织层：从一方监管到协同共治

在共享单车治理的过程中，政府机构的监管理念更加包容，监管手段更加科学，并未单纯因城市治理要求而采取禁止投放、不许投放等强制性措施。《北京市鼓励规范发展共享自行车的指导意见（试行）》对共享单车投放数量引入“动态平衡”理念，第三条提出“根据全市非机动车停放管理规划及停放秩序状况，进行总量调控，对车辆投放实行动态平衡”的理念，政府监管更趋向于在动态平衡中寻求包容共治的措施。

政府政策兼顾企业与用户利益

方向性指导政策更加倾向于科学分析、合理监管、创造公平合理的市场环境。交通运输部等十部委发布《关于鼓励和规范互联网租赁自行车发展的指导意见》并不是单纯的政策下达，政府监管权作为一种直接限制市场主体的权力或增加其义务的公权力，区别于宏观调控权和资产管理权，是现代市场经济条件下政府职能重构的产物。从以人为本的角度出发，交通运输部的政策制定是基于鼓励共享单车这一为市民提供出行便利的新业态而进行的。制定意见的时候是共享单车最火的时候，交通运输部等十部委成立工作组进行调研，建立多个政府部门与多个企业之间的沟通机制，召开共享单车企业代表座谈会。在数字社会大系统中，企业也可以被视作一个个体，有发展、成长的需求。一些城市出台了禁投、限投措施和总量控制、配额管理，但监管部门没有有效的监管措施、总量控制、配额动态管理的相关标准，细则也不尽完善、科学，出现了“守规矩者吃亏”的现象。从以企业为本的角度出发，要考虑到企业提供公共性出行服务的条件和资质不能按照传统业态管理，必须有一个新的管理方式。指导意见出台后，已经有50个城市出台或者即将出台落地的政策，各地在车辆投放、加强停放管理、规范企业线下服务等方面取得了积极成效，可见宏观政策制定是一个多方参与的治理体系。北京、上海、深圳、杭州、成都、南京等地涌现出一批可复制、可推广的经验，努力引导和规范行业发展。

作为创新型互联网线上线下业务的代表，共享单车的发展推动各地相关部门采用更加积极主动的监管方式，以适应行业发展特点。第一，对企业投放共享单车的总量进行配额。2017年8月，南京、郑州、广州、上海、深圳、武汉等城市陆续叫停了共享单车新增投放，并敦促共享单车企业要健全投放车辆的巡查运维服务制度体系及管理团队。第二，对企业过量投放、违规停放的共享单车进行收缴。自 2016 年 11 月成都市天府新区华阳街道办事处城市管理办公室收缴了 204 辆共享单车开始，全国各地城市陆续出现交管部门收缴违规共享单车的情况。第三，建立示范区。2017 年，北京、武汉、杭州等多个城市均开始试验共享单车电子围栏，一些核心地段的电子围栏已经投入使用。共享单车的治理刚刚起步，但其共治框架已经初现，而且取得了初步的成效。这显示了协商共治强大的生命力，其中的数字社会的治理经验值得进一步思考。

行业协会协同地方政府定规范

地方政府与行业协会针对全行业出台共享单车设备要求，杜绝非智能锁和无通信模块的共享单车可能给用户带来的安全隐患，同时督促共享单车企业不断提升自身线下运营能力和服务水平，降低因车辆高峰期拥堵、设备损坏、押金存管、低龄儿童使用等问题造成的不良影响，保证用户安全。由地方交通管理部门发布共享单车新政配套文件，明确共享单车的使用周期、卫星定位装置精度误差、车辆钢印和编码等要求；由中国消费者协会发布《关于对共享单车等电子商务经营者收取押金、预付费的立法规制建议》，提出对押金可采取“预授权”制度，防止押金流入企业资金账户，保证资金安全。

2017 年 3 月，上海市市场监督管理局组织上海市自行车行业协会，公示了《共享自行车第一部分：自行车》《共享自行车第二部分：电助力自行车》和《共享自行车服务规范》三项团体标准的征求意见稿，征求意见稿成为国内第一份由行业协会根据用户使用共享单车的具体情况制定的技术和服务规范；4 月 25 日征求意见截止后，上海市自行车行业协会和天津市自行车行业协会针对反馈的意见进行了整理和归纳，形成了三个反馈意见汇总表。5 月 7 日，上海、天津共 12 家起草单位组织专题会议，对反馈意见汇总表进行讨论，最后形成了送审稿。最终三项团体标准于 2017 年 7 月 1 日发布，于 10 月 1 日实施。共享自行车三项团体标准的完成，是行业协会汇集各方力量共同努力的结果，为标准发布后能够顺利实施提供了有力保证。

企业多维度探索单车治理举措

在共享单车治理过程中，企业对自身业务存在的问题从多个角度展开尝试，具体包括设立停车点、为用户免押金、推广智能锁、建立用户信用分体系、为用户购买保险、废旧车辆回收、利用大数据提升运营能力、发起行业倡议书等措施。我们通过对2016年下半年至2018年2月间国内各主要共享单车企业的治理行动进行梳理，以进一步分析企业在共享单车行业发展过程中的治理方式和做法。

第一，免除用户押金。自从共享单车业务面世以来，其押金监管问题就受到社会的强烈关注，虽然一些共享单车企业于2017年上半年对外表示均已将押金存放于银行的专用监管账户中，但这种不完全公开押金存管细节的做法仍不能完全得到社会的认可。而在此时，以芝麻信用为代表的第三方征信机构开始与越来越多的共享单车企业达成合作，利用第三方信用分数对历史信用记录较好的用户提供免押金服务，在规避了用户金融风险的同时降低了用户门槛，推动了业务的快速普及。2016年11月，芝麻信用宣布与骑呗科技有限公司达成合作，芝麻信用分数在750分以上的用户可以免除押金，成为共享单车企业免押金的第一个成功案例，此后永安行、哈罗单车（现为“哈啰出行”）、Funbike、优拜单车等6家共享单车企业在2017年4月成为提供免押金服务的第二批企业。至此，免押金模式已经成为国内共享单车服务的“标配”，标志着共享单车行业此前“以押金为核心”的商业模式全面改造完成。

第二，大数据技术被广泛应用到企业治理手段中。2017年3月1日，百度云宣布将利用智能物联网技术打造“天工”智能物联网平台，为摩拜单车提供精准定位服务。该物联网平台将智能推荐停车点附近可用单车的定位及数据情况，同时还可以让用户通过摩拜App查找到附近可以停车的区域，引导共享单车有序停放，维护城市形象及秩序。2017年3月和5月，摩拜先后推出“红包车”和“宝箱车”功能，通过用户骑行大数据为活跃用户分发红包，并以此为契机推荐用户使用停放在不合理地点的车辆。2018年1月，摩拜宣布将数据信息对政府开放，这样监管部门可以清晰地看到摩拜在某一城市的车辆投放数据、分布图、骑行热力图、用户骑行距离等信息。共享单车企业在确保用户隐私和数据安全的前提下，与政府部门和科研机构共同推进共享单车精细化、智能化管理。

第三，建立停车点。共享单车企业也试图通过建立线下停车点的方式加强车辆治理能力，独立设立智能停车点和与其他线下企业联合设立停车点成为探索的两种主要方式。在独立设立智能停车点的研发方面，2017 年 8 月，摩拜单车推出首个智能停车解决方案——摩拜智能停车点。这种停车点通过一个太阳能供电系统维持停车点运转，内置智能无线信号发射技术搭配定位算法感知附近单车，判断数量和状态，并与摩拜人工智能平台“魔方”实现数据交换。在与其他线下企业联合设立停车点的探索方面，2017 年 1 月和 8 月摩拜分别与红旗连锁和 Central Pattana 等线下零售商达成合作，实现“共享单车 O2O 服务”，尝试利用外部线下资源解决车辆停放问题。

第四，为用户购买商业保险。针对用户使用共享单车过程中的骑行安全问题，共享单车企业尝试直接与保险公司达成商业合作，为用户购买保险，以提升用户骑行安全保障。2016 年 11 月，摩拜单车与互联网保险公司众安保险达成战略合作，协商订立保险协议，如果摩拜单车用户在使用过程中遭受损失将进行赔付。

第五，创立“信用分”系统。为了有效促进用户文明用车，共享单车企业创立“信用分”系统，以规范用户的骑行行为。用户“信用分”系统有效促进了安全骑行、合理停放、文明用车，同时也降低了共享单车企业的运营成本，在一定程度上缓解了政府施政管理难题。2017 年 4 月 27 日，十家共享单车企业积极加入国家发展改革委共享单车领域信用共享平台，并共同参与制定共享单车用户信用采集标准。

第六，对安全骑行进行宣传。针对用户使用共享单车过程中的骑行安全问题，共享单车企业积极进行宣传，以提升用户的安全骑行意识。2017 年 7 月 24 日，摩拜单车发布《共享单车文明停放倡议书》，倡议文明、规范、安全骑行和停放单车，遵守交通规则，听从交警指挥，不要将共享单车给其他人尤其是 12 周岁以下儿童使用等。

第七，对废旧车辆进行回收。共享单车的投放数量巨大，随着车辆的磨损，报废车辆的回收也引起了企业的重视。2017 年 5 月 4 日，摩拜单车宣布与中国再生资源开发有限公司达成战略合作，双方合力打造单车绿色回收产业链，为共享单车的全生命周期管理提供批量化、无害化和资源再生化处理方案，实现了对共享单车全生命周期的绿色闭环管理，解决了报废共享单车的回收处理问题。

社会主体之一：用户

用户，即共享单车的使用者、消费者，积极参与到共享单车的治理过程中。共享单车用户通过 App 报修功能，通过极低的成本，以图片、文字描述的形式将线下单车损坏、安全隐患等故障反馈给共享单车企业，从而帮助企业立即锁定、回收问题车辆，减少了企业地毯式搜索、检修车辆的人力、财力成本，降低了问题车辆可能给用户带来的安全隐患，用户以可见度更高、参与感更强的协同共治方式，推动了共享单车行业的问题治理。此外，用户还可以利用社会投诉渠道对共享单车企业的运营不良情况进行投诉，从而纠正企业的不当行为，维护自身权益。2018 年 1 月 8 日，中国消费者协会发布了 2017 年十大消费维权舆情热点，其中共享单车的消费维权成为年度热点之一。

社会主体之二：媒体

媒体的力量在共享单车治理过程中发挥了重要作用，尤其在押金这个核心问题上进行了大量的报道，引起了社会的广泛关注。

2017 年 2 月，小型共享单车创业公司 Kala 单车发布声明，在莆田市区投放了 667 辆单车，但丢失率达到 76.5%，投资方决定撤资，距离其上线不足 30 天，Kala 单车成为已公开的第一家关停的共享单车创业企业。央视报道了共享单车的押金问题，一些共享单车企业对此做出回应，称已经开立了存放押金的银行账户，百分百确保押金的资金安全，专款专用，这是社会首次质疑共享单车企业的押金存管问题。

2017 年 8 月，小鸣单车已经不再向一二线城市投放单车，导致老用户出现集中退款的现象，但由于技术层面问题很多用户未能及时退款成功。

2017 年 12 月，共享单车公益诉讼全国第一案出现，广东省消费者委员会就小鸣单车拖欠消费者押金、资金账户管理不规范等问题，向广州市中级人民法院提起消费民事公益诉讼，要求被告立即停止拖延退还消费者押金的行为，对消费者押金专款专用、即还即退，对新注册用户免押金，广州市中级人民法院已经受理了此案件。

自 2018 年至今，围绕共享单车退押金的问题，国内多家媒体进行了持续性报道，如央视曝光了“购物返押金”等不合理方式，《国际金融报》针对“押金变网贷理财金”等可能存在的情况进行了报道。2019 年 5 月，交通运输部、人民银行等六部委联合印发《交通运输新业态用户资金管理办法（试行）》，对与共享单车押金相关的其他流程做出了细致规范，明确运营企业原则上不收取用户押金，设置了收取押金的上限，如分时租赁押金不得超过单车成本的 2%。同时，在预存资金上也设置了限制，如共享单车预存资金不得超过 100 元，其他交通新业态不得超过 8000 元。在备受关注的共享单车押金退还问题上，该办法明确“押金应当日退还给用户”。2019 年 11 月，北京市市场监督管理局发布了一份涉及共享单车行业的预付式消费管理征求意见稿，规定了共享单车企业的用户押金和预付资金的上限，单份押金金额不得超过运营车辆平均单车成本的 10%，单个用户账号预付资金额度不得超过 100 元；同时规定运营企业需采取备付金制度，备付金不得低于用户预付资金余额的 40%，且用途只能是其主营业务，不得用于不动产、股权、证券、债券等投资项目及其他借贷途径等。2020 年，押金管理在原有基础上进一步趋严，从整体来看，多部门联合工作机制加强资金监管的态势已初步形成。

由此，在共享经济治理的组织层面，政府、企业、社会分别从不同角度提升组织治理能力，推动共享经济向健康、标准、可持续的方向迈进。

行为层：从依赖制度到多措并举

重视市场调节

没有任何一个市场从一开始就是规范的，规范是通过市场行为和政府行为共同校正的。共享单车作为一种新兴业态，一方面带来创新服务、创新模式，另一方面与既有模式产生冲突，需要不断探索规范管理的模式。政府管理部门应秉承“鼓励创新，科学治理”的治理理念，通过市场机制进行调节，以监管的差异性、审慎性、切合性管理共享单车新业态，促进行业健康发展。单就市场盲目竞争来讲，单车投放过多有多种原因：一是政府在产业发展初期未实施有效监管；二是资本支撑，抢占市场，不计成本地扩大用户影响力、扩大地盘，导致无序竞争、混乱竞争，但企业不可能永远混乱下去，一定会走向符合商业逻辑的理性思维。尤其是在一些小公司倒闭之后，市场上仅存的几家业务稳定的大型企业，就很难再进行不计成本的大规模胡乱投放。企业通过数据测算决定在哪里、在什么时间、投放多少才是符合利益最大化目标的长期策略。因此，行业发展早期的无序竞争就是一种“野蛮生长”，行业长期稳定发展需要有序的市场竞争。

共享单车的秩序好转与条例出台有很大关系，国家出台的政策授予其合法地位，地方可以监管，市场本身的规律在里面也起作用。在“政府—企业—社会”协同治理的体系中，最佳治理模式是政府治理政策和市场资本有效调节这两个节点同时出现，无序竞争带来市场资本危机，企业必然会考虑投入成本、利润回收，共享单车乱投放的问题自然会从企业角度得到规制。政府在充分了解共享单车这种新业态之后，确定哪些问题需要政府监管治理，哪些问题应交给企业自己解决，再出台治理政策以引导市场有序发展。企业应聚焦自行车租赁的主营业务，不断提升服务水平，提高单车使用频次，逐步形成合理规范的盈利模式，摆脱依靠融资和资金炒作的运营模式，遏制依靠过度低价竞争抢占市场的行为，让共享单车行业回归服务群众、便民出行的本原。

健全法规制度

政府对共享单车行业法规制度的建立健全在中央政府和地方政府两个层面得到落实。在中央政府层面，2017 年 8 月，交通运输部等十个部委发布《关于鼓励和规范互联网租赁自行车发展的指导意见》，对共享单车解决城市交通出行“最后一公里”难题、缓解城市交通拥堵、构建绿色出行体系予以肯定，但对车辆乱停乱放、运营维护不到位、企业主体责任不落实、用户资金和信息安全风险等问题进行了关注。在地方政府层面，深圳于 2016 年年底率先出台共享单车新规《关于鼓励规范互联网自行车的若干意见（征求意见稿）》，此后各一二线城市陆续出台相关管理方案，结合各地具体情况进行差异化治理。

建立标准规范

国家质检总局与共享单车企业共同探讨共享单车标准化，这是“政府行政管理-企业自治”协同治理模式的良好开端。从政府行政管理的角度出发，制定标准是为了解决原有标准体系僵化而不能适应市场活力和竞争的问题，政府作为社会治理的主体，意识到较为活跃的经济领域需要新的标准。从企业自治角度出发，制定标准是为了引导行业健康和高质量地发展，避免限制发展和低层次、低质量竞争，标准应当是技术规范和衡量参考，而不是带有不同政府部门的管理利益的诉求。从“政府-企业”协同治理的角度出发，共享单车治理过程需解决以下问题：哪些标准必须由政府制定，哪些标准企业可以自己制定？哪些标准需要国家层面制定，哪些标准可以让地方政府制定？由此来看，共享单车治理可归结为三个问题：用户安全问题、停放管理问题、押金监管问题。涉及用户安全问题的车辆质量、押金和保险、定位监测、车辆报废年限是需要纳入标准体系的，这是技术问题，不管哪个城市、哪个企业，都需要共同遵守。车辆停放管理及停车管理运维人员的问题，是一个行政管理问题，不是技术标准问题，全国各地的道路交通状况、地方道路交通管理条例、市容管理规定和职责划分均有不同，难以进行统一规定，所以这个问题应交给地方政府来解决。通过深度调整促进共享单车的新发展，加快推动政府部门深入研究、制定、完善相关政策，为共享经济规范发展赢得良好条件。企业积极与政府在大数据等方面进行合作，推动科学合理的规划建设，借助新的技术手段实现共享单车的优化升级。

形成行业自律

随着行业的高速发展，共享单车运营管理问题不断出现，推动企业对自身业务进行调整，具体包括控制单车投放数量、提升运营能力、降低金融风险、加强多方协作。行业自律的手段有：制定行业规章，监督成员是否违章及规章的实施情况，对违章成员进行惩罚和对成员之间的争端进行调解。

在控制单车投放数量方面，共享单车企业逐渐开始在车辆投放前考察各地实际情况，并结合用户实际需求，尽可能科学、理性地进行车辆投放，避免因盲目投放造成大量共享单车闲置；同时，在北京等城市的禁投规定出台之前，共享单车企业已利用大数据测算出“北上广深”的共享单车数量已达到供需平衡，做出停止投放的决策，由大规模投放占据市场转变为不断提升研发实力，提高车辆的运营效率和周转率，在不增加总量的前提下提升用户体验。在提升运营能力方面，共享单车企业通过加强物联网技术开发、改良车型、部署线下运营团队来提升自身线下运营能力与服务水平，进而降低因车辆高峰期拥堵、设备损坏、低龄儿童使用等问题造成的不良影响，保证用户安全并提升用户体验。在降低金融风险方面，政府相关部门制定了共享单车行业押金监管和使用的明确规则，并推动落实。此外，各地政府、征信机构、共享单车企业应加强合作，由共享单车企业推动个人信用体系与共享单车业务的深度融合，充分打通城市信用体系、互联网征信体系及共享单车自身信用体系，消除共享单车业务的押金缴纳环节，在规避金融风险的同时降低用户使用门槛。在加强多方协作方面，共享单车平台数据积极对接各地政府监管平台，实现数据共享下的共治，共同保障用户安全。政府、企业、技术研发机构应加强沟通合作，共同改善共享单车行业存在的技术困难、运营缺失、金融风险等问题。首先，共享单车企业加强了与移动网络运营商、卫星定位企业、物联网相关服务商的技术合作，通过技术手段提升企业对单车停放的管理水平。其次，共享单车企业与银行、第三方征信机构、保险机构达成合作，以设立押金存管账户、免除押金、购买保险等方式降低企业运营金融风险。最后，共享单车企业与城市交管部门合作，将用户骑行数据信息对政府开放，使监管部门可以实时看到所在城市的车辆投放数据、分布图、骑行热力图、用户骑行距离等信息，在确保用户隐私和数据安全的前提下，共同推进共享单车精细化、智能化管理。

完善信用体系

在共享经济治理的行为层面，政府与企业合力推动用户诚信体系的建设，并与社会信用机构联动，拓展个人信用体系的深度和广度，降低了共享单车企业的运营成本，促进了行业的可持续发展。通过将大量用户骑行数据与用户的其他互联网行为数据打通、汇总，共享单车企业可以对用户的诚信水平进行打分，并以此为依据对有不良记录的用户实施差异化定价。此举对规范用户行为、培养良好的社会公德具有积极意义，必将取得一定成效。

2017 年 4 月，国家发展改革委执导，国家信息中心和十家共享单车企业签订信用信息共享协议，各共享单车企业间将共享用户信用信息，政府部门也将与企业共享用户信用信息，旨在建立用户信用系统。2017 年 8 月，交通运输部等十部委发布的《关于鼓励和规范互联网租赁自行车发展的指导意见》提出，要加快互联网租赁自行车服务领域信用记录建设，鼓励企业组成信用信息共享联盟，对用户建立守信激励和失信惩戒机制。中国的互联网应用有着强大的用户基础，通过互联网技术的广泛应用，中国构建完善的互联网信用体系的后发优势会愈发明显，效果也更加积极。

2020 年以来，各地方政府同步密集出台相应政策，根据城市发展规划因地制宜地对其进行补充。2020 年 3 月，天津出台《天津市关于鼓励规范互联网租赁自行车发展的指导意见》，加强互联网租赁自行车行业信用体系建设，多方面促进行业规范发展。新规从建立准入与退出机制、强化车辆管理、保障承租人资金信息安全、建立诚信体系等方面，对互联网租赁自行车行业进行了进一步规范。2020 年 6 月，黑龙江颁布《黑龙江省城镇共享单车停放秩序管理办法》，对共享单车投放和停放秩序、用户管理、应急处置等方面进行了明确规定。管理部门和运营企业按照停放协议，划定共享单车可停放区域。对违规停放的用户采取取消优惠政策、降低信用评价、收取违约金、限制车辆使用等措施，多次违规停放、信用评级低的用户将被实施个人信用联合惩戒。出现大量堆积车辆未能及时有效处置，可能对重要节假日、重大险情及自然灾害期间生产生活造成影响的，可由属地城市管理部门代为应急处置。共享单车行业的下半场将加速到来，告别粗放管理、无序经营、恶性投放，标准化、规范化、精细化、智能化将成为共享单车行业管理的主题词。

善用技术工具

在互联网、移动互联网发展的大趋势下，技术是发展的首要驱动力。在对共享单车运维、监测的企业管理层面，技术是企业创新发展的动力。加强技术研发，通过定位方式将自行车轨迹及使用时间结合，实现一定程度的监控和监管，是平台运行的根基，也是单车治理的重要方式。通过大数据技术，将共享单车的运行轨迹连接至后台终端，测算单车停放的空间密度，根据停放密度来规划停放区域，安装流动性的停放装置。通过大数据跟踪、路线跟踪和用户使用时间跟踪等方式，对乱停放、破坏性停放进行处罚，反之也可以进行奖励。单车的质量检测不可能依靠企业人员地毯式实地检索的方式完成，单车的回收也不能依靠政府管理部门大规模地投入人力。

共享单车涉及的智能锁、智能定位、自动报警、定损报警、平台网络安全机制、押金监管等技术问题，毫无疑问是企业应该主动去解决的，政府也应该鼓励共享单车企业在智慧城市建设的大背景下进行技术研发。以摩拜单车为例，其主要采取四项技术措施治理共享单车停放难题：一是调动高效、专业的网格化运营团队，7×24 小时高效调度车辆，管理停放秩序；二是基于物联网开展大数据精准管理，首创智能停车管理服务系统，由智能推荐停车点（SMPL）、摩拜智能道钉、摩拜电子围栏（联合实时监控运营平台）三部分构成，全方位引导用户规范有序停放；三是通过“信用分”体系引导用户规范用车，培养用户诚信态度及行为，并协助政府部门建立一套社会通用的诚信管理体系，促进社会规范化发展；四是通过大数据人工智能平台“魔方”为公交、地铁线路及城市规划提供科学依据，积极参与城市车辆投放规划、城市慢行系统建设和停放区域设置。

共享单车案例的实践总结

总体来说，共享单车行业已经回归了理性竞争阶段，共治框架已初步形成，治理成效明显。

从共享单车的治理经验来看，政府通常不会干涉具体的创新业态模式，但创新涉及公共利益的部分则应该管理，涉及公共福利和公共安全的则必须管理。共享单车的出现，极大地改善了城市居民的出行方式，弥补了城市公共交通出行的“最后一公里”服务供给短板，成为一个重要的服务提供主体，由此应将共享单车定性为城市公共交通的组成部分，纳入城市公共交通体系统筹发展，政府主管部门应当监管并给予政策支持。从实践来看，政府在共享单车治理中不仅持有鼓励创新、科学治理的态度，也展示出数字时代多元共治所要求的姿态：一种反应型、学习型和开放型的姿态，积极促进政府管理从划桨者到掌舵者的角色转换，在理念层和组织层引领形成多方参与、多方共治的数字治理模式。

2020 年以来，在新冠肺炎疫情的影响下，共享单车也迎来了新的发展机遇。在疫情防控期间，部分城市减少或者暂停了公共交通的运营，共享单车的使用需求显著增加。哈啰出行披露的大数据显示，1 月 8 日至 2 月 5 日期间，包括广州、深圳、北京、上海在内的多个一二线城市，采购出行骑行量占比上涨约 5%，求医出行骑行量占比也有所增加。同时近一个月 3 公里以上的骑行量占比增加，透露出部分用户用共享单车替代了此前的出行方式。自从疫情发生后，共享单车调度量最大的地方从写字楼、商圈、交通换乘枢纽，调整到了医院、社区，同时共享单车企业向防疫一线的医护人员及各类工作人员提供免费骑行服务。共享单车成为疫情下“最后的交通工具”，是参与防疫的“小帮手”。与此同时，不同城市相关部门进一步完善共享单车管理政策，有的地方为了遏制无序停放，现阶段禁止增加投放；有的地方竞标投放，允许符合要求的企业投放；对于已经投放的城市，政府督促共享单车企业给出管理方案，解决乱停放问题。配合自上而下的监管，各家共享单车企业也开始注重精细化运营，如利用大数据指导运营和调度，建立用户信用体系，对有两次以上违停行为的用户收取管理费或者扣信用分，推出禁停区、电子围栏、蓝牙停车解决方案、搭载北斗导航定位芯片的单车等，来改善停车管理。

总体而言，共享单车自 2015 年下半年开始萌芽，在 2016—2018 年蓬勃发展，在 2019—2021 年回归理性，在短短 5 年时间内经历了一个较为完整的业务发展周期。共享单车行业发展的历程，在某种程度上可以被视为当前我国互联网行业发展的缩影。首先，企业依托共享经济理念在业务形式上进行创新，奠定了共享单车行业的雏形；其次，资本的强势注入迅速推动了行业发展，在十几个月内就将这一新生业务拓展到了上亿个用户；再次，野蛮生长的新行业开始暴露出押金监管、单车停放等各种各样的问题，推动政府、企业与社会在共同治理的同时开始反思行业规范化发展的方式，并在这个过程中将大量管理能力、创新能力不足的企业淘汰出局；最后，资本转向其他新兴业务，使得共享单车行业回归理性，重新审视和探索自身创造价值的途径与能力，让业务进入可持续健康发展的新阶段。

在这个过程中，政府不断调整其对新生业态的监管方式，逐步探索发展与监管平衡、线上与线下结合的新模式；企业与资本对新生业态的期望更加理性，使得其在此后的资源投入中重新回到以创造利润为核心的传统观念上来；用户享受到了共享经济带来的便利，推动低碳出行、绿色出行的理念更加深入人心。

共享单车行业的发展经历了成功和失败，而这些将成为未来中国互联网新生业态发展的重要参考，推动我国数字经济发展迈上新的台阶。

第二节　案例经验：国内外数字治理实践

英国政府数字化转型战略启示

英国于 2012 年颁布《政府数字化战略》，于 2014 年实施《政府数字包容战略》，于 2015 年启动“数字政府即平台”计划，这一系列举措取得了显著成效，助推英国政府获得 2016 年联合国电子政务调查评估第一名，成为全球表现最为卓越的数字政府。在英国政府的数字化转型战略中，“数字政府即平台”战略既是其指导思想，也是其核心内容。“数字政府即平台”并不是一个新概念，是在电子商务发展过程中形成的平台运营模式，可以作为以平台为基础提供政府公共服务的参考样本。就英国的实践环境而言，其具体是指政府数字服务组（Government Digital Service）提供通用共享平台设施，内阁组成部门或者第三方在平台上开发附加应用，推动以平台为基础的政府数字化转型。

虽然英国政府数字化转型工作顺利推进，但转型任务并没有完成，仍然有诸多遗留问题和衍生挑战亟待解决。为继续保持在全球数字政府领域的领先地位，2017 年英国最新出台了《政府转型战略（2017—2020）》。该战略明确政府应以民众需求为核心，不断解决公共服务提供中存在的问题，制定整合的数字化路线，以提升用户体验、提高工作效率，这将使英国民众、企业和其他用户都能够享受到更优质、更可靠的在线服务体验。这是英国就政府转型做出的系统性安排，力图寻求建立一种“全政府”的转型方式，旨在向英国民众提供世界一流的公共服务，推动政府数字化进程。

英国政府数字化转型战略的背景及挑战

伴随着全球化、信息化、市场化及数字社会的来临，在新兴信息技术的驱动下，世界各国进入政府转型改革的时代。英国、美国、加拿大、澳大利亚和日本等国家都在相继推动政府转型工作，发展中国家也同样出现政府转型的趋势。总体来看，在现代科技和通信网络支持下， 数字技术对政府转型的支撑程度在不断加强，政府转型的实施在技术上已经具有可行性。充分运用数字技术可以提高公共管理水平及公共服务质量，进而提升政府形象、重塑行政权力运作模式；可以打破组织壁垒，使得政府各部门间能够更好地分享信息，为公众提供无缝隙的公共服务；可以改变政府的行为方式，形成主动协调、密切合作的服务机制，使数字政府服务像电子商务一样充满活力；可以对政府内部流程进行优化梳理，重新界定权力与责任，从而提高服务协调程度、社会效益和公众满意度。

英国作为较早实施数字化战略的国家，已经取得了阶段性成果。2012 年英国颁布《政府数字化战略》，并于 2013 年对该战略进行了升级和完善，其核心是将数字化作为政府提供公共服务的优先方式（也就是默认选择），旨在为选择使用数字化渠道的民众提供条件，为无法使用数字化渠道的民众创造条件。该战略制定了详细的实施路线图和主要考核指标，具体包括构建统一的数字化技术平台、提供应用接口、开放政府数据、帮助第三方机构创新业务服务方式等，并且鼓励用户通过统一门户网站 GOV.UK 访问政府业务，为用户提供更好的信息和服务内容。为此，英国持续优化升级政府网站——GOV.UK，在共享平台和组件、开放源代码、模式创新等方面取得积极成效。英国政府的数字服务成为世界各国学习和模仿的典范，这也为实施新的数字政府转型战略提供了重要基础。

然而，随着新兴信息技术日新月异地迅猛发展，2012 年制定实施的战略已经无法继续指导英国政府的数字化进程。该战略并没有涉及跨政府部门协同、数字人才培养、数据增值利用、用户隐私保护、网络空间安全、复用平台组件、降低运维成本等内容。英国政府在数字化进程中面临的困难和挑战主要包括如下几个方面。

第一，民众对政府的数字化服务提出更高的要求。由于民众经常使用便捷、优质、高效的在线商业服务，这使得他们期望在政府提供的公共服务中，能够获得同样的体验。为了不断满足新的服务需求，英国政府需要把企业经营的成功经验运用到政府中来，使政府这类公共组织能像私人企业那样，合理利用新兴数字技术，并探索“整体政府”转型的数字化发展路径，注重投入产出，提高行政效率，虽然这是一项重大的挑战，但也带来了全新的可能。

第二，不同政府部门的数字技能和文化存在较大差异。近年来，越来越多的数字、数据和技术领域的专业人士被招聘到英国政府部门，这对提高政府部门的技术实力具有积极意义，但目前的挑战是在竞争性很强的人力资源市场中，如何继续吸引、招聘和留住这些技术专家。另外，由于政府数字化转型的意义没有得到充分理解，也没有达成广泛的共识，使得不同部门在确定转型的实施范围并开展绩效评价时时常遭遇挑战。这些原因导致各部门的数字化转型进展存在差异。

第三，政府数字化转型的效益没有得到充分体现。相关研究曾经预计，实施数字战略每年可节约大量财政经费，在满足民众需求的同时可以大幅度降低政府运行成本。在数字政府战略发布前，英国曾严密测算过，实施数字战略每年可为政府节省 17 亿～18 亿英镑。然而，从目前的实施结果来看，有十多项政府数字示范服务的成本甚至超过收益，其带来的变化远未达到之前的预期，并没有在满足用户需求的同时降低成本，因而也无法确定政府数字化转型是更省钱还是更费钱。

第四，政府数据共享和安全利用没有取得实质性进展。政府数据通常仅在收集它的组织机构内部使用，很难实现共享，并且这些数据也存在重复、重叠甚至相互矛盾的问题，使得跨政府部门的数据共享进展缓慢。与此同时，虽然英国政府致力于提高民众对国家的信任度，让民众相信其个人数据得到了充分保护，但是调查结果显示，民众并不认为政府部门在以合理、合规、合法的方式使用这些数据。加强政府数据安全，提升民众信任，依然任重道远。

第五，跨部门、跨终端服务的实现状况不容乐观。英国政府现在主要提供单个部门的在线服务，但政府数字转型战略需要所有部门的相互支持，需要跨越组织边界以实现更好协作。就目前而言，英国政府仍然只能提供少量业务流程复杂的跨部门综合性服务，大多数的面向民众端或政府端的公共服务都没有完成数字化转型。需要指出的是，移动互联网的到来在客观上更加提升了对跨部门、跨终端综合性公共服务的需求水平，以移动政务为核心的数字化转型需要进一步探索。

英国政府数字化转型战略的目标和任务

英国政府发布的《政府转型战略（2017—2020）》，旨在加快推进政府数字服务，强化“数字政府即平台”的理念，促进跨政府部门共享平台的建设，提高政府数字服务效能，改善民众与政府之间的关系。该战略逐一列出了2020年之前英国政府转型需要达到的水平状态，制定了具体的工作措施，并对英国政府2020年以后的发展远景进行了展望，其目标和重点任务可概括为以下五个方面。

第一，推动跨政府部门业务的整体转型。根据英国的经验，扩大跨政府部门的在线服务覆盖范围有利于数字化转型，而这也成为世界各国未来发展的共识，并在客观上需要政策制定者和在线服务设计者开展更加密切的配合。英国政府的数字服务既要覆盖政府部门的内部工作，也将覆盖面向民众提供的全部政府服务，后者还包括面向民众直接提供公共服务数量较少的政府部门。英国政府通过设计和提供一站式、一体化的在线服务，在为公共部门开展更广泛的转型奠定基础的同时，还进一步拓宽了在线服务、电话服务和面对面服务等多种公共服务渠道。作为实现上述目标的具体途径，英国政府部门将构建标准化的数字服务，多渠道为民众提供可使用的公共服务，并通过不断更新技术实施准则和其他应用标准指南以替代原来落后的技术方案。同时，英国政府部门还将构建监测和评估数字化转型进程的方法，建立跨政府部门的合作机制，以形成共同的语言、工具和技术体系，在借鉴企业经营经验的基础上，处理政府转型面临的重大变革问题。通过上述措施，英国政府将确保能够跨政府部门边界运行项目，能够以更加灵活的方式提供在线服务，从而在根本上改善政府数字服务的用户体验。

第二，培养数字人才、技能和文化氛围。英国的目标是拥有世界上最具数字技能意识的公务员队伍，让英国的政府数字服务成为全球最领先的公共服务。为实现这一目标，首先就需要提升英国政府人员在数字项目管理方面的技能。英国将在政府部门中提供数字、数据和技术领域的职业机会，建立良好的职业发展道路和奖励机制，依托各类教育机构为数字、数据和技术领域的专业人员提供最优质的学习和受教育机会。英国希望培养优良的政府网络文化，通过提升政府人员的数字技能，在让数字技术专家理解政府业务的同时，也要确保其他专业领域的公务员能够支持政府数字化转型。通过建设数据科学院校，实施数据科学加速培训计划，培养政府的数据科学应用能力，使政府成为对数字、数据和技术领域的人才来说最具吸引力的理想工作场所。同时，通过与公务员人力资源部门合作，确保其他专业领域的人才能够掌握数字工具和技术，让非数字技术领域的专家能够理解数字化工作方式的优势。通过与公务员培训计划合作，确保当前和未来的政府领导者接受过数字项目管理培训，能够有效管理数字时代的政府组织。

第三，优化数字工具、流程和治理体系。数字政府不仅为民众提供优质的公共服务，而且将通过采用有效的数字工具、构建工作场景技术、优化治理流程体系，为公务员创造良好的外部工作环境，以提高工作效率、更好地应对工作挑战。在公务员采用的日常通用技术、业务方案管理、内部控制流程、支持快速决策、政府商业采购、服务质量控制、服务保障措施、服务价值转化等方面，英国政府机构开展了丰富的实践。基于统一的数字市场理念，英国政府的数字服务采购合同将体现以用户为中心、以设计为导向、以数据为驱动的开放方式。英国政府出台的《政府转型战略（2017—2020）》提示要通过相关研究为公务员提供数字服务经典案例，并使之一般化为标准的政府业务流程，从而形成通用数字工具，使所有政府部门都能管理、资助和有效运营包括跨部门服务在内的各种数字服务。在上述政策的推进下，英国公务员将具备舒适的、不受时间和空间限制的办公环境，这将有助于形成一种开放的、数字化的政策制定和在线服务氛围。

第四，提升数据的应用、分析和管理能力。数据是一切在线服务的基础，是实现更高效能的政府公共服务、满足民众需求的关键资源，更好地开放、利用数据不仅是提高政府透明度的需要，而且是促进政府机构及私营部门实现转变的需要。未来几年，英国议会将通过涉及数据共享规定的“数字经济法案”，消除政府各部门有效使用数据的政策障碍。同时，通过选拔任命新的政府首席数据官，英国政府将设立新的数据咨询委员会，统筹协调利用各政府部门的数据，推动利用政府数据的业务发展，提升政府建立和扩展数据科学的分析能力，更好地运用数据来支持决策。英国政府将实施安全可靠的管理和使用数据的政策，确保公务员能够清楚其掌握的数据是否可以共享，并建立国家级的数据基础设施登记注册制度，确保数据基础设施能够安全可靠地运行。此外，英国将为政府内部和外部的用户提供进行数据挖掘分析的工具和方法，并完善政府存储和管理数据的方式。

第五，创建共享平台、组件和业务的复用能力。近年来，英国政府逐步实现代码、模式、平台和组件的共享，并向世界各国分享了解决政府技术和服务设计等问题的最佳实践案例，跨政府部门平台服务将成为未来努力的重要方向。英国将基于共享机制和业务平台来建立在线服务功能，从而实现数字技术、业务流程和公务人员的有效组合。英国将运用 GOV.UK 网站来实现跨政府部门的服务，包括第三方提供的服务、地方政府服务和外包服务。为提供快速、廉价且易于组合的数字服务，英国将构建更多可重复使用的共享组件和平台，为所有接受政府服务的用户提供统一的使用体验。通过制定和颁布组件、平台及与功能相关的技术标准和实施指南，降低平台在政府公共部门复用的门槛，消除组件、平台和功能重复运用的障碍，并积极探索在政府部门以外可以重复使用的领域。

英国数字政府转型的特点和趋势

作为数字社会形态下政府整体转型的一种尝试，英国政府的数字转型战略不仅仅局限于工具层面的信息化、数字化，还更多地体现为理念层面、行为层面、制度层面的转型与发展。正因为如此，其也涵盖了政府工作的方方面面，并体现出较为宏大而复杂的改革场景。在对英国数字政府转型战略的重点内容进行详述的基础上，我们将进一步总结其特点并分析其趋势，更清晰地勾勒出英国数字政府转型的基本逻辑。

第一，英国数字政府转型建设体现了以人为本的原则。一方面，政府将更多地从用户需求出发，致力于改善民众与政府之间的关系，把更多的权力移交给民众，基于网络用户数据和访问使用习惯，更好地分析、掌握民众的需求，更好地响应民众需求。基于互联网设计原则、数字服务标准和技术实施准则开展实践，英国将为民众提供不受政府决策影响、更加稳定可靠的政府数字服务体验。另一方面，英国政府认识到政府公务员、中介机构和企业也是用户，必须了解并且满足他们的需求，才能全面实现政府数字化转型成功。由此，英国计划为公务员构建更好的工作环境、提供先进的技术工具，使政府公务员能够更有效地开展工作，并且通过面向民众和政府领导者提供完善的数字技能培训，进一步提升了政府为民众服务的效果。

第二，英国数字政府转型建设体现出高度的灵活性。数字时代提供的工具、技术和方法能够帮助政府以更快的速度、更低的成本实现政府数字服务的优化组合，政府可通过互联网更快地提供服务和信息，产生更直接的政策影响，从而快速实现政策目标。为确保政府能够适应和响应变化，快速跟上技术发展的步伐，这就需要政府具备转型的动力和能力。就此方面而言，英国政府采纳了更加灵活且可扩展的策略，通过优化政府采购、协同治理、案例分析、人力配置、使用通用技术等措施，创建、运营、迭代和嵌入共享平台，加快推广组件共享模式，逐步建立开放标准，从而提升了平台可重复应用方面的业务能力。另外，技术进步也使得建设、变革和运行政府的成本和时间大幅度减少，有利于节约政府公共财政资金，使政府能够更快地应对社会经济和政治方面的变革。

第三，英国数字政府转型建设体现出更强的包容性。英国政府部门计划在 GOV.UK 网站上建立具备高可靠性、高安全性及高效能的在线服务，将为 2500 万用户提供更好的服务。通过探索为企业和中介组织提供基于身份特征的服务选项，更好地满足用户需求。在此基础上，进一步拓宽用户的概念，对需要使用政府应用程序编程接口（API）的第三方用户给予支持，在政府内部和外部扩大应用 API 批量服务的范围。例如，在经过其客户授权许可的情况下，允许会计师自动提交纳税申报单，此类服务就要求无论是前端用户界面，还是后台支撑系统，都将以更加现代、高效、包容的数字方式进行运作。

伴随着英国数字政府转型建设的不断深入，英国政府未来的改革工作将同时着眼于以下两方面。

一方面，英国数字政府转型建设将更加重视数据安全。政府必须安全、可靠地管理和运用数据，才能赢得和维持民众的信任，确保个人数据和敏感数据能够在可靠的治理框架内得到安全且符合社会公德的保护。因此，政府需要开展网络安全规划，合理确定网络安全等级，在数字化转型过程中确保采用可靠的网络安全和隐私保护措施。对于敏感数据或者个人数据，无论政府的采购如何安排，政府部门都要对供应商交付的系统承担存在潜在风险的责任。此外，政府的活动也需要更加透明，并且在安全可靠的情况下重复利用公共数据和非个人隐私数据。政府需要在建立安全防护系统的基础上，确保数字化转型的每一个阶段都能免受网络犯罪的袭击。

另一方面，数字政府转型建设是一项长期且复杂的任务。自 2012 年以来，英国已经向数字政府迈出坚实的一步，为适应数字时代的需要，英国政府正在实施转型计划。然而，数字政府转型建设是一个持续的过程，英国在执行这些计划的同时，还在积极研究未来的发展规划，通过构建实验模型，基于证据和反馈实现快速迭代，模拟如何才能做出更深刻的改变，并将为此进行积极探索和准备。上述措施都将在未来重塑英国的政府机构，甚至改变政府部门的设置方式。为实现这些目标，英国政府需要应对任何可能发生的变化，通过制定政策，最终实现以民众为中心、提供数字化服务、能快速适应调整的政府转型。

英国数字政府转型建设的经验

在梳理英国数字政府转型实践的重点内容并总结其特点与趋势的基础上，我们进一步对其取得的经验进行归纳，以期对我国的数字政府建设提供参考。

第一，要形成强有力的政府数字化转型推进机制。英国数字政府战略之所以能落地执行，主要归功于内阁办公室专设的数字服务小组。该小组作为一个重要角色推动数字技术在英国政府中的应用，使得数字技术对政府转型的重要性得以被广泛接受。该小组的具体工作内容包括负责制定数字服务标准，开发、运营统一的通用技术平台和门户网站 GOV.UK，协助、支持其他部门提高数字能力，为部门管理层提供数字培训，搭建数字技术共享平台，为没有条件接触数字化的民众提供辅助支持，督促各部门按时发布部门数字战略，并及时总结战略实施成效等。

第二，要提升政府各部门主要负责人的数字素养。作为“一把手工程”，部门主要负责人的数字素养对部门的数字能力建设有重要影响。英国政府将提升各部门领导的数字素养作为提升部门数字能力的一条重要途径，对主要负责人进行数字培训，提升其数字技能，培养其数字化思维。通过设置招聘中心帮助各部门组建长期、稳定的数字团队，招聘技术和数字化专家担任各部门的领导职务。通过搭建政府部门领导进行沟通、交流的网络在线社区，为数字服务管理人员提供互相交流的渠道，使其成为探讨共同问题的最佳途径，间接促进各部门领导数字素养的提升。

第三，要广泛吸纳社会力量参与数字服务。在数字社会形态下，通过社会化方式提供政府公共服务的趋势日益明显。为鼓励更多的第三方力量参与政府数字化转型战略，英国政府改进了招标过程，降低了企业的进入门槛。更重要的是，英国政府将开放合作的理念践行于政府数字化转型的各个环节。例如，积极开放 API，将企业和第三方平台作为政府网站的延伸和扩展。此外，政府内阁办公室搭建的政务云平台也是一个开放的平台，吸引数千家的中小企业不断加入数字市场，从而为用户提供了多达两万余项的数字服务。

第四，要全面实践“数字政府即平台”的发展理念。“数字政府即平台”是英国政府数字服务建设的重要经验，英国政府内阁办公室与政府各部门协商、牵头制定和提供一系列通用的跨政府部门技术平台，范围覆盖数据开放、数据分析、身份认证、网络支付、云计算服务等，以支持新一代政府数字服务的运行。采用“数字政府即平台”模式，可以让政府部门的管理决策团队把更多时间和精力放在以用户为中心的服务设计上，而不是一切从最初的软硬件环境构建开始，从而使得政府的数字服务更容易创建，运行成本也更加低廉。

对中国数字政府建设的启示

信息技术的快速发展，使数字社会形态在全球范围内具有很强的关联性和同构性。因此，英国数字政府转型建设对我国具有较强的借鉴意义。基于上述分析，我们将对我国数字政府建设提出以下五条建议。

第一，中央统筹协调推进“数字政府即平台”的发展模式。借鉴英国政府数字化转型的经验，“数字政府即平台”并不是指政府数字服务组件或任何政府部门开发的一种技术，而是一系列可以供政府多个组成部门共同使用的共享组件、业务流程、技术平台和数据托管中心，平台就是系列标准和通用能力。因此，我国需要从中央层面推动政府数字化协同建设，实现打造整体数字政府的目标。通过密切联系国家各部委，充分吸纳地方政府的建议，统筹各部委之间、中央与地方之间的需求。通过在国家部委之间开放源代码，实现共性系统业务平台的大范围复用，推进“数字政府即平台”战略。从国家层面建立数字政府服务质量、服务内容、数据共享等国家标准，助推实现跨系统、跨部门、跨业务的互联互通。

第二，国家部委集约化建设全国通用性数字服务平台。在英国推进政府数字化转型战略过程中，政府内阁的组成部门密切结合相关业务制定了具体实施战略，从而成为政府数字化转型发展的中坚力量。国家部委是行业政策的发布或执行机构，具有熟悉政策目标、掌握业务流程的优势，有利于在全国范围内提高政策依据、办事指南、受理条件、办理流程、收费标准、办结时限、咨询反馈等数字服务的规范性，并且可以及时清理阻碍政府数字服务发展的政策法规。国家部委开发的全国通用性业务系统，采用统一规划、集中建设的模式，面向地方政府部门进行系统开放、组件开源，实现大范围、低成本的共享复用，在技术层面已具有可操作性。近年来，中国以“金税工程”“金保工程”“全国一体化在线政务服务平台”为代表、覆盖全国的垂直行业应用系统，用户规模大、黏性高，对政府业务支撑力度强，有利于直接实现全国范围内的跨层级、跨地域的服务提供，从而更好地发挥经济和社会效益。

第三，省级政府重点搭建基础网络软硬件设施共享平台。由于英国的国土面积较小、人口数量较少，地方政府在推进政府数字化转型战略过程中的作用相对薄弱。结合我国实际情况，省级政府部门具有承上启下的作用，可以发挥上下联动的优势。省级政府部门需要采用国家部委集中建设的业务应用系统，及时汇总、反映行业数字服务存在的问题，自下而上地提出业务改进需求，监督限制省级以下政府部门开发建设数字政府项目，无法在全国范围内推广复用的特殊业务系统须经国家部委批准后方可启动。同时，重点推进省级政府网络基础设施集约化建设，提供网络虚拟机、安全防护设施、操作系统、数据库、公共应用等软硬件资源服务，保证国家各部委提供的业务信息系统能够依托省级政府数据中心和省级政务云平台有效运行，实现政务信息系统整合和政务信息资源共享，消除区域范围内的“信息孤岛”，提升政务服务和社会治理能力。

第四，地市区县负责数字服务平台的日常运维和普及推广。根据英国政府的数字包容性战略，基层政府为租房住户提供廉价的网络连接，通过数字伙伴计划帮助非网民学习使用互联网，在图书馆和基层社区机构为其提供上网和培训服务，从而支持政府数字服务能力建设。从全球范围来看，基层政府开发建设的数字服务项目普遍存在用户数量少、使用频率低、更新维护慢、服务区域小、用户忠诚度差等问题。因此，我国基层政府部门应当主要承担数字系统运行维护的任务，负责信息内容及时更新，确保提供的在线服务准确可靠，并且具体办理需要线上、线下协同的政府数字服务事项。与此同时，通过设立专项扶持基金，依托基层现有的行政办事服务大厅、文化站、图书室等场所，提供无线互联网免费接入，在公共场所提供政府数字服务培训，加强农村地区的网络基础设施建设，普及计算机和网络知识的教育，提高农民上网的需求意愿和使用技能，培养其使用习惯，推动中老年人、农村人口等弱势群体使用政府数字服务平台。

第五，通过开放数据吸引社会力量共建政府数字服务平台。英国政府通过开放政府数据，在确保个人数据和敏感数据安全、符合社会公德的前提下，与私营企业、科研部门和志愿者等社会力量建立良好的合作伙伴关系。近年来，我国互联网企业也在不断加强与政府合作。政府部门基于腾讯微信平台开展了社保、交通、税务、教育、医疗、水电煤气缴费等在线服务；通过运行在阿里云计算平台上的“政务超市”，网民可以像逛淘宝一样“办政事”，并且实现在线支付缴费。目前，我国亟须在国家部委层面加强沟通协调，以数据集中和共享为途径，打通信息壁垒，形成覆盖全国、统筹利用、统一接入的数据共享大平台，构建全国信息资源共享体系。基于具体的业务需求驱动，在全国范围内实现数据开放和跨部门共享，缓解各级地方政府的主管领导在推动数据开放共享方面的压力，实现数据的增值利用。

OECD 对数字经济的相关研究

作为全球性重要智库，OECD 致力于提供政策研究和政策协调支持。长期以来，OECD 在数字经济领域持续发力，发布了若干在全球范围内具有影响力的研究报告，如《衡量数字经济：一个新的视角》《数据驱动创新：经济增长和社会福利中的大数据》、年度数字经济展望等。通过观察，在延续性基础上，OECD 近年来重点关注以下方面的政策研究。

数字经济政策研究

政策框架：Going Digital integrated policy framework

2020 年 2 月，OCED 发布《数字化的综合政策框架》。数字化转型对整个经济和社会产生了广泛而复杂的影响。数字化转型影响众多政策领域，使目标之间更加难以权衡。《数字化的综合政策框架》可帮助政府和利益相关者制定数字时代的政策，以实现富有包容性的数字未来。该报告概述了框架的七个相互关联的政策维度。

（1）访问通信基础设施、服务和数据；

（2）有效利用数字技术和数据；

（3）数字和数据驱动的创新；

（4）优化就业；

（5）社会繁荣与包容；

（6）信任的数字时代；

（7）数字商务环境中的市场开放性。

该报告还重点介绍了涉及多个政策层面的横向政策问题，如技能、数字政府、中小企业、数据等。最后，该报告为将框架付诸实践提供了指导。

政策框架：Vectors of digital transformation

2019 年 1 月，OECD 发布《数字化转型影响的评估框架》。该报告研究了从根本上影响经济社会数字化转型的关键属性，并分析了公共政策的设计和效力。该报告还探讨了数字化转型影响经济和社会运行的三个主要领域，如下所示。

（1）规模、范围和速度；

（2）所有权、资产和经济价值；

（3）关系、市场和生态系统。

该报告的目的是支持对现有政策和新政策的设计进行审查，以确保政策适合数字时代。

消费者保护：Consumer protection enforcement in a global digital marketplace

2018 年 3 月，OECD 发布《全球数字市场中的消费者保护》。该报告主要基于来自 31 个国家的问卷调查表，审查了有关 OECD 成员国和非成员国消费者保护执法机构的信息，尤其是这些机构跨界合作的能力。该报告为对理事会于 2003 年提出的 OECD 关于保护消费者免受跨境欺诈和欺骗性商业行为准则的建议的审查提供支持，也为实施 2016 年 OECD 电子商务中消费者保护委员会的建议提供信息，该建议包含执法合作方面的最新规定。

对数字经济征税的“统一方法”

规定了企业与市场新的实际联系规则和利润分配规则

2019 年 1 月 29 日，OECD 发布《政策简报——应对数字化经济的税收挑战》，该简报表示 OECD 就如何对数字经济征税的研究在以下两个领域进行：一是通过考虑实际联系规则和利润分配规则，特别是考虑对市场/用户国的回报，以解决征税权在国家间的分配问题；二是解决其他 BEPS（税基侵蚀与利润转移）问题，包括考虑建立提升国家对所得税实际税率较低的利润征税能力的规则。

2019 年 2 月 13 日，OECD 发布意见征询文件——《应对数字化经济的税收挑战——公开征询文件》。该征询文件共包括四个提案，其中三个提案旨在修正现有的关于实际联系和利润分配的规则，另外一个名为“全球防止税基侵蚀提案”。

2019 年 5 月 31 日，OECD 发布《工作计划——制定应对经济数字化带来的税收挑战的共识解决方案》，旨在对国际税收规则进行全面改革，应对经济数字化进程中逐渐凸显的各种税收问题，为在 2020 年交付长期共识解决方案提供了思路和计划，并真正付诸行动层面。

2020 年 3 月，OECD 表示，大约已有 110 个国家同意在 2020 年之前就如何对跨国数字企业征税问题达成国际共识。

扩大全球数字经济税收规模，改变税收结构

研究认为，新实际联系规则及新的利润分配规则可能会使全球整体税收金额略有提高，也会使应税利润在各国之间的分配方式产生重大的变化。中低收入国家将会获得更多的应税利润，而较大的市场国将可能受益最大，与此同时投资中心将会因此蒙受重大损失。

可能增加我国跨境企业的海外税收压力

我国作为资本输出大国，有大量的企业对境外投资、开展海外业务，如阿里巴巴、腾讯等，未来遇到的国际税收问题将越来越多。对这些“走出去”的企业而言，“统一方法”可能导致其在市场国被征税的利润增加；对境外面向中国消费者的大型企业而言，“统一方法”有可能增加他们需要在中国纳税的利润。对这两类企业而言，“统一方法”下应税利润的具体影响还要等“统一方法”中的细节公布后才能做出更准确的衡量。

创新技术

人工智能：Scoping the OECD AI principles

2019 年 5 月，OCED 发布《OECD AI 原则》。人工智能（AI）正在重塑经济，有望带来生产率的提高、效率的提高和成本的降低。同时，人工智能也催生了焦虑和道德问题。随着 AI 的影响渗透到我们的社会中，其变革力量必须为人类和地球服务。该报告介绍了 OECD 人工智能专家组开展的工作，其工作范围旨在扩大对 AI 的信任和采用。报告提出关于什么是 AI 系统及详细描述 AI 系统生命周期各个阶段的框架的共识。这项工作为人工智能理事会的建议书草案提供了依据。2019 年 5 月 22 日，OECD 理事会在部长级会议上通过了该建议书草案，即《OECD AI 原则》。

自动化：Determinants and impact of automation

2019 年 2 月，OECD 发布《自动化的决定因素和影响》，该报告基于 OECD 国家对机器人的采用情况，分析了自动化趋势及其对 OECD 国家就业的影响。平均而言，机器人与低技能职业的减少相关，与专业人员和技术人员等高技能职业的就业增加相关。对于在技能分布上处于中间的职业，机器人与其具有很强的负相关性。因此，研究结果不支持劳动力市场两极分化的假设，即高技能和低技能就业人数的增加。但是，在一些国家（尤其是美国），研究人员发现了劳动力市场两极分化的证据。

5G：The road to 5G networks

2019 年 7 月，OECD 发布《通往 5G 之路》，介绍 5G 的经验和未来的发展。该报告从投资、频谱管理优秀实践、竞争、覆盖及满足数字化转型下不断增长的需求等方面，研究了 5G 的未来对通信市场意味着什么。报告的重点是来自 OECD 国家的案例研究，从两个角度审视问题：5G 国家战略和技术试验。该报告还探讨了 5G 如何代表范式的转变，因为它是考虑到物联网的第一个标准，其中不同的连接设备具有不同的网络要求。

物联网

1）IoT measurement and applications

2018 年 10 月，OECD 发布《物联网测量和应用》。该报告针对建立 CDEP 工作的操作定义，审查了 IoT 的不同定义，并提出 IoT 测量的分类法。该报告还探讨了在互联网和自动化车辆上的物联网应用，该应用所呈现的指数级增长为通信基础设施带来了潜在挑战，选择这一领域是因为全自动车辆的数据传输要求可能会对网络基础架构产生重大影响，因此可能需要在测量方面进行优先级排序。

2）Consumer policy and the smart home

2018 年 4 月，OECD 发布《消费者政策与智能家居》。“智能家居”将成为许多人首次使用面向消费者的 IoT 技术的舞台。通过添加传感器、软件和 Internet 连接，熟悉的家用设备（如洗衣机）正变得“智能”。它们与创新的 IoT 时代的设备（如智能音箱）一起进入家中，形成智能住宅系统（如与能源、娱乐和家庭安全有关）。该报告概述了与“智能家居”中的 IoT 设备相关的主要消费者的利益和风险。利益包括方便、定制和控制。但是对用户而言，智能家居存在潜在的风险，如数据隐私和网络安全的威胁、互操作性限制、对终生产品支持的需求、复杂的供应链和责任制度及产品安全性。

上海市政府数据治理经验探索

上海在数据治理方面形成了“上海经验”，在推进政务数据开放共享、促进数据交易流通及促进大数据开发利用方面采取了一系列行动，构建了较为完善的数据治理体系，使上海在当今网络环境下实现了社会治理水平的跃升，对地方政府开展数据治理有着重要的借鉴意义。

上海市数据治理体系构建

为充分发挥大数据在互联网时代社会治理中的作用，《上海市国民经济和社会发展第十二个五年规划纲要》提出建设具有“数字化、网络化、智能化”主要特征的智慧城市，并明确智慧城市建设任务的系统安排。2016 年 9 月 19 日，上海市政府发布《上海市推进智慧城市建设“十三五”规划》，对“十三五”期间上海智慧城市的建设进行全面部署。作为智慧城市建设的关键性环节，运用大数据推进社会治理现代化一直是上海坚持实行的治理理念。为此，上海市在推进政务数据开放共享、促进数据交易流通及促进大数据开发利用方面采取了一系列的措施，构建了较为完善的数据治理体系，使上海的社会治理水平实现了跃升。

推进政务数据共享和开放

建立数据共享体系。根据对《上海市政务数据资源共享管理办法》（简称《共享管理办法》）的分析和整理，上海市建立的数据共享体系主要包括三方面的内容。首先，建立数据共享管理机制，明确了政务数据资源共享的领导机构、日常办事机构（市政府办公厅）、统筹规划和组织实施机构、资金保障机构，以及政务数据资源共享的责任主体，界定了工作职责，构建了多方参与的管理机制；其次，梳理数据资源目录，推动各行政部门对其存储的政务数据资源进行梳理，确定其共享及公开的属性，并按标准在资源管理平台进行目录编制，分为普遍共享、按需共享、不共享三类，以此构建分级分类的数据共享机制，保障政府数据的安全共享；最后，搭建数据共享平台，该平台能满足市级政务数据资源共享和业务协同的需求，由目录管理系统和交换系统两部分组成。作为政务数据资源共享的主要载体，该平台可为行政机构之间政务数据资源的共享和交换提供支撑，以确保全市性、跨领域性政府数据的统筹管理、实时连通和同步更新。另外，《共享管理办法》还明确了数据采集、共享使用、共享服务、共享更新、使用限制、安全保障等机制，为其他地方政府建立数据共享体系提供了有效范式。

建立数据开放体系。根据对《关于推进政府信息资源向社会开放利用工作的实施意见》（简称《开放实施意见》）的整理和分析，上海市建立的数据开放体系主要包括三方面的内容。首先，建立数据开放管理机制，明确了数据开放领导协调机制和项目考核机制，确定了负责统筹规划、组织实施、法制保障、资金保障、保密管理等工作的主体机构，构建了共同参与、工作联动的管理机制。其次，梳理数据资源目录。各政务部门根据“全面梳理、摸清家底”的要求及《政务信息资源共享与交换实施规范第 1 部分：目录元数据》等技术规范，全面梳理政府信息资源，确定开放属性，编制资源目录，确保政务数据资源的规范化开放。最后，开通数据开放渠道。通过市级政务数据资源管理平台与各区县政府建立的信息资源服务平台的对接，汇聚各区县、各部门的政府信息资源，并建立上海市政府数据服务网，由专业服务机构运行维护，形成统一的政府信息资源开放渠道。另外，《开放实施意见》还明确了开放范围、开放渠道、增值利用、考核机制、制度配套等内容，为其他地方政府建立数据开放体系提供了有效范式。

构建智慧政府体系。为完善上海市跨行业、跨区域数据资源的开放共享体系，2018 年 4 月 12 日，上海市大数据中心正式揭牌，标志着上海市智慧政府的重要基础设施落地。根据对《全面推进“一网通办”加快建设智慧政府工作方案》（简称《智慧政府工作方案》）的分析和整理，上海市建立的智慧政府体系主要包括三方面的内容。首先，建立数据开放共享管理机制，明确由市政务公开与“互联网+政务服务”领导小组统筹、由市政府办公厅牵头、相关部门参与的智慧政府建设的体制机制，并明确深化办事主体的信用奖惩机制和事中事后综合监管机制。组建上海市大数据中心，其承担全市政务数据、社会数据、行业数据的融合工作，并制定有关数据资源归集、共享、开放、治理、应用、安全等的技术标准及管理办法，指导各党政机关、群团组织的数据管理工作，从而打破 “数据孤岛”。其次，构建智慧城市治理机制。上海市大数据中心将开展数据挖掘、分析工作，研究以大数据技术为驱动的城市治理体系，并结合云计算、物联网、人工智能等先进技术和产品，提高城市管理服务能力。最后，搭建统一政务服务平台。以电子政务云为基础，上海市大数据中心将推进上海政务网的建设和管理，形成全覆盖的政务

“一网通办”的总门户，并打造以“12345”市民服务热线和“我要找茬”网上政务大厅栏目为基础的上海政府服务总客服，推进市区两级90%以上涉企审批事项实现“一次办成”。另外，《智慧政府工作方案》还明确了专项行动计划、常态宣传机制、数据安全、数据管理的绩效评估和督查工作等内容。

综上所述，政府大数据治理是智慧城市建设的核心问题之一，图9-7所示为上海市政府大数据治理模型，为其他地方政府构建以数据为驱动的智慧政府体系提供了借鉴。通过对政府数据实行分级分类管理，保障政府数据的安全共享及开放。通过对政府大数据的汇聚，增加数据的广度和深度，实现不同数据信息的互补，地方政府能够更加客观、全面地了解发展现状，推进实现智慧政府建设，提高政府服务水平及效率。

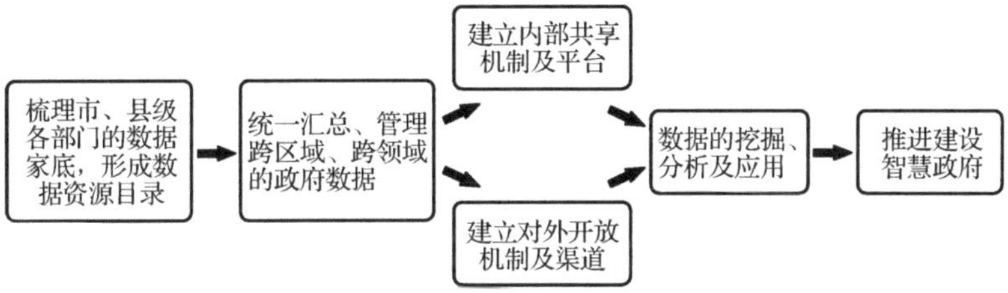

图9-7　上海市政府大数据治理模型

规范商业数据流通与交易

2016年1月，上海市经济和信息化委员会、上海市商务委员会联合批复成立“上海数据交易中心有限公司”，要求依法合规制定交易中心建设方案，授权开展面向应用的大数据衍生产品交易。需要说明的是，在上海市数据交易体系中，数据及数据衍生品流通的行为是指“数据互联”，在本书中等同于数据流通的概念。本书依据上海数据交易中心的《数据互联规则》等规范，对上海市数据交易体系进行描述。上海市数据交易体系主要包括以下内容。

一是建立数据交易运行机制。明确了由成员管理、标准建立、互联流程等方面组成的运行机制，如定义了供应方、需求方、运营方和监管方四个成员角色，规定了注册、挂牌、撮合、配送、清算五个数据互联环节，旨在实现系统化的数据交易管理。

二是明确数据交易原则。其中，个人数据保护原则包括：告知同意、禁止公开、选择退出、数据正确、维护权益、应急补救等。数据互联行为原则包括：使用权移转、有限互联、负责任、禁止再识别、权利穷竭等。数据权益保护原则包括：合法持有受保护、增值处理受保护、不法行为不受保护、数据权利可共存、数据权利有限、数据正当使用等。数据安全防控原则包括：数据持有人管理责任、管理系统合规、处理记录可查、数据持有人和受托处理人责任、与风险水平一致的安全措施、危机事件报告等。禁止清单包括：禁止制作、复制、发布、传播危害国家安全和社会稳定的、涉及个人具体权益的、涉及特定企业权益的数据。这些原则的建立为国家、企业、个人三个层级的数据流通和交易规定了边界线，为保障数据安全提供了准绳。

三是搭建数据交易平台。上海市数据交易体系中的数据互联服务平台主要提供成员注册、需求对接、数据配送、账户清算等服务，是支持成员开展数据互联、促进商业数据流通的技术服务平台，也是促进跨区域机构合作、跨领域数据融合应用的交流中心。

图 9-8 所示总结了上海市促进商业数据交易的相关工作，为其他地方政府通过促进商业数据流通盘活数据产业提供了有效借鉴。由此可见，建立健全数据交易互联相关机制及规范是促进数据安全流通、形成健康有序的数据流通环境的前提保障，而数据交易服务平台则是数据交易体系的核心载体，地方政府在重视软规则的同时也应夯实硬技术设施，软硬并重，构建良好的数据交易市场。

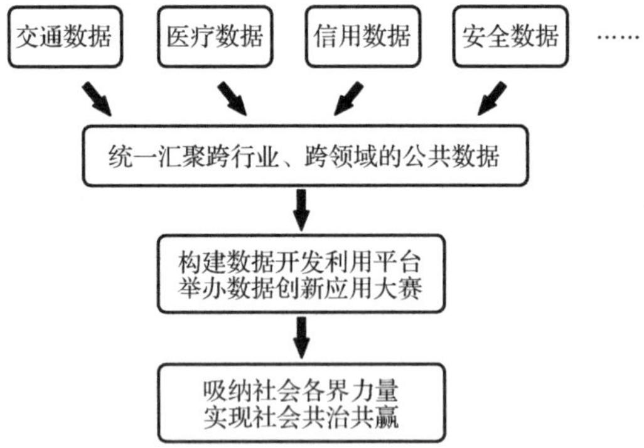

图 9-8　上海市商业数据治理模型

促进公共数据开发及利用

2015 年，上海市政府数据服务网 2.0 版正式开通，承担着对外数据开放、提供检索下载服务等功能。依托数据服务网丰富、全面的数据资源，上海着手开展“上海开放数据创新应用大赛（SODA 大赛）”系列赛事，秉持“数据众筹、应用众包、问题众治”等核心理念，率先将企业、高校及民间机构带入大数据生态建设和应用创新，以期突破公共大数据开发和利用的瓶颈问题。

2015 年，SODA 大赛以“城市交通”为主题，收到包括移动 App、网站、微信公众号和其他应用等多种类型的创意作品共计 505 个。2016 年，SODA 大赛以“城市安全”为主题，总计开放 29 项超过 2TB 的大赛专用数据，收到 212 个高质量参赛作品，涉及社会治安、商圈安全、金融安全、食品安全等多个领域。2017 年，SODA 大赛聚焦“城市管理”，吸引全球大数据爱好者共同挖掘数据价值，助力现代城市的精细化管理。此次共开放政、企、事业单位的数据集总计 23 个，其中摩拜单车、挚达充电桩、航旅纵横等的数据集首次在国内赛事中开放，吸引了海内外 1200 多名大数据应用爱好者报名参赛。可以说，上海市 SODA 大赛充分发挥了大数据的价值，为大数据产业的发展提供了创新驱动。

综上所述，上海市对公共数据开发和利用的经验为其他地方政府利用公共数据解决社会难题提供了宝贵经验。通过吸纳高校、企业及机构组织，开放数据接口，为其提供有价值的数据源，实现数据的多样化应用，是完成公共数据开发利用的“最后一公里”，地方政府要能够激发相关人才参与社会共治的热情，提高数据资源的利用度及增值性，丰富公共数据的应用场景，为社会治理提供助力。

上海市数据治理实践效果

近年来，上海市全面推进数据共享开放、流通交易及数据开发利用，并取得了显著成效。在当前网络环境下，大数据为上海市经济发展及社会治理水平提升发挥了巨大的推动作用。

政务数据共享开放的效果显著

一是建立了完善的工作机制，上海市经济和信息化委员会大数据处有专人负责监督数据开放工作的进展情况并指导工作开展，定期（每月）召开数据开放工作例会，不定期召开咨询专家专题讨论会。二是建立了政务数据开放目录，上海市每年编制数据开放计划（目录），根据编制的计划，按既定的频率对数据进行更新。三是建立了有效的数据开放平台，上海市公共数据开放平台是由上海市人民政府办公厅、上海市经济和信息化委员会牵头，相关部门共同参与建设的政府数据服务门户。经过近几年的不懈努力，截至 2021 年 7 月，已开放 51 个数据部门、100 个数据开放机构，在民生服务、道路交通、卫生健康、文化休闲、公共安全、信用服务、教育科技等众多领域逐步实现了从无到有、从少到多的数据开放。

商业数据流通交易逐渐活跃

截至 2017 年 12 月，上海数据交易中心的商业数据交易总量已突破 10 亿次。作为国内第一个“去中心化”的在线数据流通平台，上海数据交易中心联合运营商、SDK 服务商、金融征信服务商等各类机构，建设了三大基础数据库，形成标准化、规模化的数据运营能力，为 200 多家成员单位提供数据流通服务。其中，自试运行以来，面向市场营销行业四大类 23 项数据，日均流通量约 2000 万次，面向金融服务行业四大类 83 项数据，日均查询量约 10 万次。此外，2017 年，上海数据交易中心还开展了标准、规范、技术、法律等多方面的基础研究，参与了数据交易相关国家标准的制定，累计获得发明专利达 15 项。

公共数据开发利用成果喜人

根据《中国地方政府数据开放平台报告（2017）》的“开放数林”指数评估，上海市连续两年在政府数据开放方面位列全国第一。截至 2021 年 7 月，上海市通过全国首个政府数据服务网站——上海市公共数据开放平台，已开放 51 个数据部门、100 个数据开放机构、5232 个数据集（其中 2422 个数据接口）、45,268 个数据项，995,173,103 条数据，基本覆盖各市级部门的主要业务领域。同时，基于开放数据库举办的上海市 SODA 大赛不仅为公共数据的创新应用提供百家智慧和实践借鉴，还助力至少 2 家中国创业企业、1 家英国创业企业融资，融资金额累计超过千万美元，创造了可观的经济效益和社会价值。除宏观层面的成果外，上海市公共数据的开发和利用在重点行业领域也取得显著成效。

基于数据开展城市治理的思考

基于数据开展城市治理的价值

从对上海市数据治理案例的研究发现，智慧城市的建设需要创新的城市治理手段，而大数据正是创新治理手段的核心要素，对智慧城市建设中的数据进行管理、分析及应用，是建设智慧城市的关键所在，具有重要的价值意义。

经济价值：无论是政府数据的开放，还是商业数据的流通，都有助于打破“数据孤岛”，释放出巨大的数据潜能，为大数据产业的发展创造良好的环境，促进城市经济创新转型，推动城市经济高速发展。

社会价值：通过将海量、多样、动态的数据有效集成为极具价值的信息资源，地方政府能够分析过去、研判现在、预知未来，推动政府决策更加精细化、科学化，使城市治理更加现代化、智能化，从而提高政府公共服务水平，改善公民生活质量。

政治价值：大数据治理不仅能为政府管理理念和治理模式的转变提供强大的支撑，还能提高政府透明度及公信力，有利于政府与公众之间的交流互动，促进全民参与智慧城市建设。可以说，智慧城市的演变及实现过程就是不断对数据进行采集、共享、分析、开发、经营和利用的过程。与此同时，我们也不应忽视在运用大数据及相关技术进行城市治理的过程中也会遭遇种种风险，如数据泄露、数据被违规使用等安全风险，以及数据失真或过度迷信数据信息导致错误判断等。

大数据治理相关策略

结合上海市大数据治理案例，其他地方政府应采取相关措施，将可能出现的数据风险降到最低，保障城市数据治理的安全、高效。

建立并健全数据治理相关政策规范。政策规范是地方政府数据治理体系的顶层设计，是相关工作的全局规划及实施保障。地方地府应明确在数据治理过程中数据产生者、数据使用者、数据管理者的行为边界，以及数据分级分类使用原则、规范和相关技术标准，形成一个安全、健康、有序、和谐的数据治理环境。

构建并完善数据治理管理协调机制。管理协调机制是地方政府数据治理体系的组成框架，它的有效运行关乎数据治理的最终效果。地方政府应明确负责统一协调、法律保障、资金保障、具体实施等各项工作的主体责任，并制定相关监管考核措施，形成一个目标明确、团结协作的数据治理管理核心。

搭建并维护数据治理重要基础设施。作为地方政府数据治理体系的有效载体，统一的门户网站或网络平台为各级、各区域地方政府之间、政府与企业和公众之间的沟通合作提供渠道。地方政府应设立数据开放共享平台、大数据中心、政府服务网等数据治理基础设施，并持续维护完善，形成一个资源集成、互联互通的数据治理物理核心。

重视并推动数据治理主体参与共治。政府是城市数据治理的主导，企业及公众是城市治理的重要参与者，其共同组成了地方政府数据治理体系的助推动力。地方政府应积极推动科研机构、高校智库、企业人才、社会公众参与到城市数据治理工作中，集万家智慧、群体力量，形成一个共建共治、共享共赢的数据治理空间。数据横流、数据井喷的时代已经到来，数据的力量不可小觑。通过上海市大数据治理案例可以看出，数据是互联网时代极具价值的核心资产，城市治理的创新离不开大数据及技术的应用，政府应当及时转变理念，深刻认识到数据的价值与潜力，通过不断提高数据治理水平，逐步提升社会治理水平，为智慧城市的快速发展与城市服务能力提升做出更大贡献。

本章小结

本章围绕“数字化转型和数字治理经验”这一主题展开。

关键词：收放自如。

本章以共享单车为案例，验证了本书所构建的数字治理三层架构体系，实现了在理念层从管理为主到整体治理，在组织层从一方监管到协同共治，在行为层从依赖制度到多措并举。

此外，梳理了与数字治理相关的国际和国内的经验。在网络空间治理方面，世界主要大国均通过建立公共议程、推动区域合作等方式积极争取治理话语权。在政府数字化转型方面，英国将“数字政府即平台”作为核心理念，转换理念、优化制度，促进跨部门共享协作，提高政府服务和治理效能，对推进经济社会的数字化转型具有借鉴意义。在地方政府数据治理方面，上海市采取了一系列行动，大力推进政务数据开放共享，促进数据交易流通和开发利用，构建了较为完善的数据治理体系，促进地方治理水平的快速提升。同时也对 OECD 近年来的研究进行了初步梳理。

国内外围绕数字治理已经开展了大量有意义的探索，呈现出理念创新、组织调整、科技赋能、制度创新等特征，为开展数字治理提供了有益借鉴。

第十章

天人合一——数字化转型和数字治理展望

进入“十四五”，面对时代新使命、发展新阶段、转型新机遇，我们需要进一步践行新理念、看清新趋势、打造新格局。在此背景下，通过有效的政策组合，形成上下联动、凝聚多方合力，进一步贯彻“以人民为中心”的理念，尽可能实现经济效益最大化和社会发展均衡化，这是我国推动数字化转型和优化数字治理的重要任务。

第一节　数字化转型和数字治理的文化传承

从中国 20 多年互联网发展的历史来看，中国的数字化转型与发展始终秉持“和合”的理念，激发了无限的活力和潜能，这不仅成为构建全球网络空间命运共同体的文化自信，也是我们不断探索前行的底层智慧。

取势：以人为本、顺势而为

中国抓住机遇“顺势而为”，开启数字化转型之旅。1987 年 9 月，钱天白教授发出一封内容为“Across the Great Wall,we can reach every corner in the world.”（越过长城，走向世界。）的电子邮件，这成为中国的第一封电子邮件，迈出了中国连接世界、走向数字社会的第一步。经过中国科技工作者长期不懈的努力，1994 年 4 月 20 日，中国成为国际上第 77 个真正拥有全功能互联网的国家，在人类进入数字时代的特定历史阶段，中国积极推动接入互联网。从那一刻起，中国开启了追赶全球互联网发展的历史征程。未来，中国将进一步顺应全球科技发展趋势，牢牢把握时代发展机遇，顺势而为，推动数字化转型。

中国的数字化发展始终保持“以人为本”的初心。中国历来重视民本思想，“民为贵，社稷次之，君为轻”。互联网自引入中国以来迅速发展壮大，国家的数字化工程、政策均围绕服务民生、汲收民智、利民惠民的民本思想。一批互联网企业快速成长，围绕老百姓生活场景的应用百花齐放，消费互联网的崛起极大激发了网民“为美好生活而创造”的热情，中国网民数量持续增长。互联网发展同期伴随我国由温饱到小康社会的历史性跨越，民众一直将互联网作为获取信息、沟通交流、脱贫致富、学习进步、感受美好生活的重要途径和工具。数字化快速发展，中国一举成为数字经济大国，可以说，以人为本是中国数字化发展最根本的初心和愿景。

明道：同舟共济、和合共生

中国数字生态崇尚“互惠互利”“和合共生”的价值取向。“和，故能生万物。”儒家文化在中国历史上受到尊崇，儒家思想关于人际交往的基本准则是仁爱、礼让、互惠、互利等，长期处于农耕文明也使人与人之间在血缘和地缘的影响下较易建立起信任关系，这在一定程度上催生了目前在互联网生态中的“半熟人经济”和“信任经济”。基于圈层和熟人文化，中国在互联网发展中也发展出粉丝和用户的“在线社区”，大家相互交流心得、彼此进行评价。一些品牌也越来越注重倾听粉丝的声音，通过粉丝“口耳相传”形成口碑效应，从而迅速发展壮大。以网红电商直播、社区团购为代表的“信任经济”成为中国数字生态的一大特色，在信用机制不完全成熟的今天，“信任”的价值弥足珍贵，互惠互利成为隐含的价值取向，网络诚信也越来越成为数字生态的“压舱石”。未来，政府、企业、社会需要进一步深度协同，打造信任生态。

中国数字合作弘扬“和而不同”“同舟共济”的天下情怀。长期以来，儒家文化提倡家和万事兴。习近平总书记强调，要坚持“同舟共济、互信互利”的理念，他提出“共同构建和平、安全、开放、合作的网络空间，建立多边、民主、透明的国际互联网治理体系”的国际合作战略倡议，获得世界广泛认同。面对各国存在的差异，中国数字合作秉持“和合文化”精神，反对零和博弈思维，提倡不同数字文明之间应当平等交流、相互借鉴、求同存异、合作共赢，寻求合作的最大公约数。面对不确定的未来，中国也将长期致力于为人类创造互联互通、共生共荣的数字化繁荣，推动网络空间命运共同体的建设，实现和谐共生、合作共赢。

正法：德法并举、家国合一

中国数字治理采用“德法并举”“礼法并重”的治理模式。在历史长河中，中国的传统治理强调整体性，讲究系统着眼和辨证施治。在数字治理中，“法治”和“德治”也需要共同发挥作用，法治是国家秩序建立的基础，德治是和谐社会的内在要求。儒家思想尊崇“礼”，“礼”是一种秩序。在秩序的追求上，中国人做人“凭良心”，即注重道德自律、自省，同时也强调社会的教化遵从“礼”，并辅之以法律，“德刑相辅、儒法并用”。例如，在互联网发展初期，政府注重顶层设计碎片化和规划，采取包容审慎的监管态度，充分引导行业自律，随着我国互联网的发展，针对平台反垄断、数据治理、内容治理等重点领域的治理进程提速，一方面加强监管规范，另一方面加强行业自律和道德引领，多管齐下综合治理，构建和谐共生的数字世界秩序。

中国数字治理体现了“家国合一”的集体担当与天下情怀。“皮之不存，毛将焉附。”历史上，中国长期处于农耕社会，农耕文明时期的百姓安居乐业，邻里相对固定，彼此和谐共处，这是古代抵御自然危险、享受集体红利的基本条件。因此，中华民族历来注重集体、社会整体的价值，没有国哪有家，提倡“家国合一”。孔子所说的“仁”也是集体精神的体现。古代所谓的“人”也并非抽象的人和孤立的人，而是集体的、社会的人，个体是社会整体关系中的一部分，要不断控制和调节自己来适应和他人的相互依存关系。互联网发展对国家主权、安全、发展利益提出诸多不可预知的挑战，面对严峻复杂的国际形势，中国强调与各方共同维护网络安全的总体国家安全观。国家安全是必须坚守的底线，同时统筹兼顾发展，在产业发展、个体权益、安全保障及各方之间保持平衡与良性互动。

优术：整体施治、循数而治

中国数字治理体现 “天人合一”“整体施治”的包容之势。“天人合一”强调遵从天地万物规律来认识和改造自身，这为数字时代人类如何与自己、与社会、与宇宙和谐相处指明了方向。中国哲学重“整体分析的特殊性”，讲究对众多认识对象加以全面综合并挖掘其特殊性。中医诊断通过“望闻问切”多种手法辨证论治，讲究系统平衡。数字治理与其有共通之处，伴随数据的不可割裂性，伴随你中有我、我中有你的彼此利益嵌套，伴随网络空间的流动和不确定性，最需要的就是运用系统观念进行综合统筹和谋划，加大整体治理力度，提高整体治理效率。整体施治能够聚焦问题形成快速反应能力，是应对不确定性的有力举措，也是集中资源、集中发力的有力之举。整体施治要求从整体性出发，把握治理的系统性、协调性和开放性，注重数字治理各环节间的互动和网络空间主体的内在逻辑关系。

中国数字治理着力“循数而治”的精细之策。黄仁宇先生曾说过，中国过去百年多来的动乱，并不是（因为）所谓道德不良、人心不古，也不是（因为）全部军人专横、政客捣乱、人民流离，而是因为中国未能像西方那样实行“数目字管理”的现代治国手段。这里的“数目字管理”就是基于数据的精确管理能力，是数字时代之大势所趋，也是治理体系和治理能力现代化建设的基础。今天的中国已然是网络大国、产业大国、数据大国，大数据的作用也已经深入人心，数字治理文化盛行。相信在不久的将来，数据自动生成的实现将为智能经济提供扎实而良好的发展基础。循数而治，就是让数据取之于民、用之于民，让数据成为经济腾飞和生产、生活源源不竭的动能，提高科学决策水平和精细化管理能力，助力国家治理水平和能力的提升。

第二节　本书脉络梳理和部分观点回顾

从认识论看数字化转型特征

从认识论的视角来看，人类社会的文明进步需要顺应历史发展的潮流趋势。数字化转型绝非一日之功，数字治理绝非一时之力，发展与治理有机耦合、彼此促进，形成了经济社会发展的长期动力。

信息技术革命是数字化转型的根本动力，信息化、网络化、智能化彼此融合共同构成数字化转型的基础。随着信息化及互联网发展的进步，中国的数字化转型进程从无到有、从小到大，在基础设施、数字经济、数字社会、数字政府、网络文化、网络生态等方面取得了巨大成就，在从工业社会迈向信息社会的大背景下，我国正加快实现从网络大国到网络强国的升级转变，数字化转型正不断提速并向智能化迈进。

从最初的信息化到强调互联网的网络化，从形成数据流的数据化到数据驱动的智能化，数字化转型并非一个明显的阶段，而是基于中国长期信息化、网络化的发展与成就，更多体现为数字社会形态下的“技术侧”和“社会侧”两方面特征。这“双侧”的变化，一方面表现为生产力即生产过程的变化，另一方面表现为社会结构、权力主体和制度创新的变化，即生产关系的变化及对生产力的反作用，从而构成技术与社会互动的闭环。

从“技术侧”来看，数字化转型打造“智能世界”。网络推动社交、商业、政务等众多应用场景迁移到线上。“云网端”成为基础设施，数据成为生产资源，计算成为公共服务，广大用户成为网民。

从生产的组织方式来看，相比过去工业经济时代流水线的生产方式，数字时代大规模跨地域网络化生产成为可能。企业开始全力争夺网民在线时间，政府则通过在线办公提升治理效率。数据驱动的智能发展代表未来，一切产品都将向智能化方向迈进，人类生产生活决策过程也不断趋于智慧化。“技术侧”呈现实时在线化、业务数据化和生成智能化特征，其治理应围绕“数据自动生成、有序流动、驱动智能”打造一条治理主线，实质是围绕信息技术的应用打造极致化的数字体验，满足数字时代“人的需求”。

从“社会侧”来看，社会结构、权力结构等发生了深刻的变化，信息在网络空间中流动，跨越层级和边界，数字社会呈现结构扁平化、复杂网络化、社会微粒化的特征。单个物品或人的活动轨迹可以被记录、被追踪、被还原，整个社会进入以单个个体为粒度的“微观世界”。

从社会结构和权力结构的改变来看，网络通过赋权社会，使得传统社会的科层制、中心化的组织方式逐步向去中心化等社会结构转变。传统社会下在社会治理过程中政府包揽一切的状况发生改变，企业平台和网民的力量在提升，新的权力结构使得政府、企业、社会均成为数字治理的重要参与者。在“社会侧”，数字化转型放大“微观世界”，其治理的核心问题是针对碎片化的网络空间和微粒社会，加强公共价值的黏合，实质是形成与技术相适应的人文关怀与公共精神，形成数字时代“人的凝聚力”。同时，针对社会发展相对滞后技术发展的问题，需要提升社会数字化转型的就绪度，多管齐下，培养人的数字思维，将数字治理能力提升作为一项长期且重点的任务来抓。

可见，数字化转型不仅强调其理性、自动化的一面，也应重视感性、“人”的因素。中国是一个经由几千年感情教化而形成的传统国家，人们形成了一套固有的文化认同和价值取向，在网络空间这个我们赖以生存的精神家园中，应当融入这些强大的文化自信，形成同心圆和向心力。

以辩证法论数字发展与数字治理

数字化转型是数字治理的前提与基础。当前，我国数字化转型阶段的目标就是实现网络强国战略目标（见本书第五章），具体需要通过“数字中国”建设来实现。“数字中国”建设是我国信息化发展的高级阶段，其内涵丰富，包括了具体的国家信息化建设总体布局，我们可以从以下几方面进行勾勒。

从基础设施角度看，我国信息基础设施建设取得巨大成就，特别是新型基础设施建设提速，约 10 亿名网民在线形成庞大的“数字社会”。从产业应用角度看，生产方式、交易模式、创新机制不断变迁，数字产业化和产业数字化并肩同行，为数字化转型提供了强大的驱动力。平台经济迅速崛起，批量化且个性化的定制成为可能，敏捷柔性生产更多体现出“以人为本”，这些因素推动规模经济转向范围经济。从政府治理角度看，新一代信息技术改变了政府的治理模式，在线政务服务能力不断提升成为当前政府数字化转型的一大亮点。从传播角度看，互联网带来网络传播方式的改变和社交网络兴起，网络空间不仅具有“情绪”，也具有复杂网络的特点，即具有蝴蝶效应和不确定性。从生态角度看，自党的十八大以来，网络安全和网络生态治理成效显著，走出了一条中国特色治网之道。

数字治理旨在保证网络空间平衡稳定，并构建和谐有序的数字秩序，推动中国实现从网络大国走向网络强国的目标。数字治理为数字化转型保驾护航。本书对数字化转型进程中的风险进行初步梳理归纳，从以下四个方面阐述了当前“数字失衡”之问题所在。

一是数字鸿沟依然存在，其中包括互联网是渗透式发展这个原因，表现为网络接入不同步、技术使用不均衡、服务能力不均等，也包括不同网民群体的结构、使用、偏好存在差异，数字鸿沟带来社会分层的加剧。二是互联网行业不正当竞争频发，平台经济作为一种新业态，在发挥积极作用的同时，也引发数据安全、反垄断等亟待解决的问题。三是随着互联网媒介的快速发展，网络为民众赋权，放大了社会的声音，但伴随私人空间与公共空间之间的界限逐渐模糊，网络谣言、虚假新闻的传播也为社会带来信任危机。四是各类黑客活动日益猖獗，不断通过网络盗窃、勒索、攻击破坏等方式给个人、组织甚至国家安全带来重大威胁和侵害，特别是对国家关键基础设施运行安全等构成潜在风险。面对这些问题和风险挑战，需要全方位审视已有的治理范式，推动数字化转型从失衡走向均衡。

数字化转型和数字治理在“技术-社会”互构作用下循环演进，即在以信息技术发展为主的驱动力及社会结构调适的反作用力共同作用下向前发展。区别于技术决定论和社会建构论，本书更认同技术与社会的互构对数字化转型和数字治理的推动作用。信息技术对于社会发展具有革命性作用，引发从基础设施到经济、社会、文化、政治的变化，同时涌现出大量问题。数字治理即一种反馈机制，通过制度创新推动社会的变化，从而推动信息社会的发展。本书脉络梳理如图 10-1 所示。

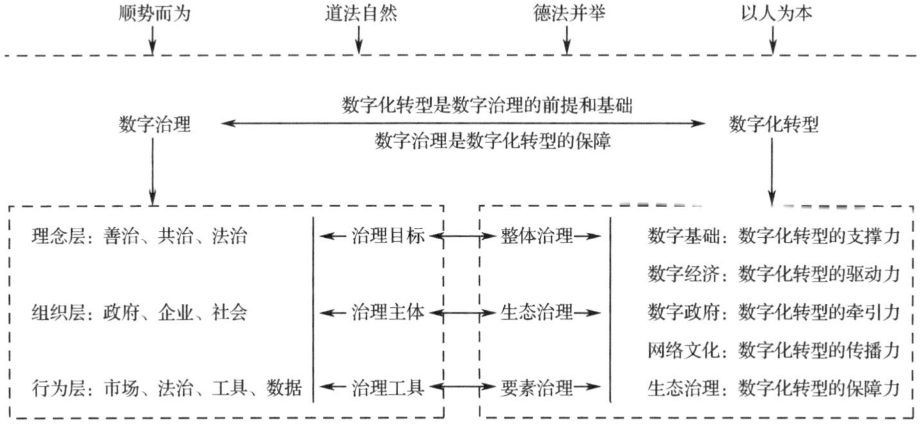

图 10-1　本书脉络梳理

数字化转型演进机制是以“技术—结构—制度”这一过程自下而上推动

的：信息技术是数字时代创新发展的根本动力，围绕信息技术发展形成了新的劳动分工、社会结构等变化；通过连接和在线，网络本身复杂、多层次而快速发展演进的灵活性被激发，网络空间形成新的权力，不同主体之间的关系被重塑，相关制度体系也面临变革和优化，与之相适应的数字治理体系和制度安排将进一步推动技术的变革和创新发展。“技术-社会”互构视角的数字化转型演进如图 10-2 所示。

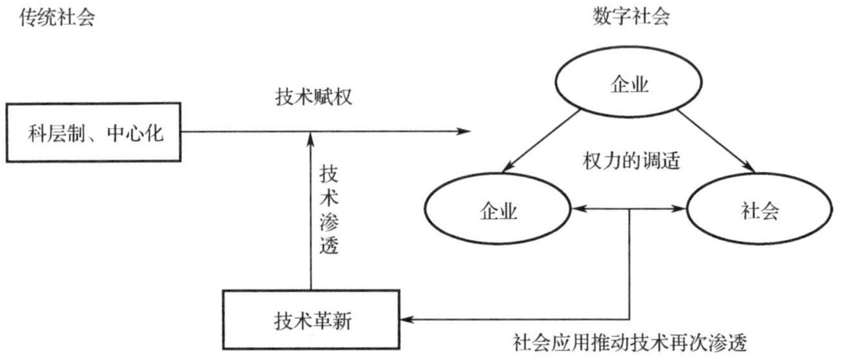

图 10-2 “技术-社会”互构视角的数字化转型演进机制

数字化转型在“发展—冲突—治理”的不断迭代中演进，表现为“动力机制—结构调适—制度创新”的闭环，其过程也表现为数据的生成、流动和驱动创新的过程，而这三个过程的统一，也是“技术-社会”互构视角下数字化转型与数字治理的互动过程。

以动态观把握数字治理问题

数字治理研究的根本在于还原数字化转型的过程、挖掘数字化转型的运行机制、找准问题和根源，认识发展规律和主体之间的相互作用。由于与新技术革新相适应的软性制度滞后于技术应用和生产变化，出现技术应用、社会结构变迁和制度文化之间的断裂，从而产生了数字化转型过程中的各种问题。

数字化转型过程中产生的问题大致可分为三类。第一类是“能力发展问题”，即发展中遇到的数字化转型升级的困难，如核心技术突破、网络安全保障能力提升、数字发展政策框架、下一代互联网架构设计、传统产业转型升级等，发展的问题必须由发展解决。第二类是“新旧业态摩擦”等数字化转型过程中的矛盾和热点问题。通常，这类问题发展快、蔓延广、关注度高、危害大，尤其是在网络空间内容治理方面尤为明显，这些问题需要行动迅速、平滑有效应对，线上、线下联动，守住安全底线已经成为共识。第三类是“新增业态监管”，诸如新出现的平台监管、金融科技、数字税收、数据治理等新业态监管，场景变化多、参与主体多、生命周期复杂，必须形成跨部门的集体行动和整体治理，且加强形势预判。这三类问题的出现并不分先后，现实中往往多层面、多类型纠缠在一起。相比工业时代发展风险的“可预期”、管理的“有章可循”，数字时代的发展呈现颠覆式创新与“野蛮生长”共存的状态，而治理也显得千头万绪、无从下手。

复杂现象总是大于因果链的孤立属性的简单之和，解释这些现象不仅需要研究其构成部分，还需要研究各部分之间的联系，践行“格物致知”的理念，辩证地看待数字化转型中的问题。分析得出，数字化转型中技术和社会互动的失衡，集中表现在异步性、结构性和竞合性三方面，具体内容如下所述。

首先，表现为“不同步的发展”。从“技术侧”和“社会侧”发展看，“技术”与“社会”之间的内在张力关系与发展步调不一致，这也成为各类转型中的问题之源。由于生产关系的调整和变化滞后于生产关系自身，因此与新技术革新相适应的制度、规则、文化等软性基础滞后于技术应用和生产变化，进而出现技术应用、社会结构变迁和制度文化之间的断裂。

其次，表现为“不重合的规则”。从结构角度看，数字世界具有二维性，是虚拟世界与现实世界的结合体，二者在割裂与融合中逐渐走向统一，这个过程充满了矛盾与冲突，即虚拟世界与现实世界之间的关系不重合、规则不统一，且技术发展整体落后于社会发展。

再次，表现为“不对等的利益”。从竞合角度看，政府、企业、社会三个主体同处一个网络空间，如信息不对称、权力不对等、利益不一致等问题都可能导致数字治理主体无法建立治理信任和激励，难以针对复杂多变的网络问题形成协调治理和保障，从而难以达到善治的目的。

总体而言，由于信息传递效率高、对经济社会渗透能力强，推动社会加速转型，问题易在短时间内更加集中地出现，这些因素导致数字治理通常处于“出现问题、解决问题”的滞后和被动状态。例如，网络越发达，其上承载的民众情绪和社会压力就越大，对技术发展的反作用力也就越大。而目前的治理理念、模式和手段等依托于工业社会的场景，已经变得较为被动，这些都对数字治理提出新的要求。

数字化转型带来的是社会“整体质变”和“化学反应”，人类的生产组织方式、治理方式和制度体系都将产生根本性的变化，治理若仅仅“修修补补”显然不可取，也无法适应数字时代的变革需求。因此，我们需要将整体性思维与治理方式合二为一，统筹考虑数字化对科技、经济、文化与社会的全方位影响，并在整体的秩序构建中寻找解决方案。

从整体性构建数字治理体系

作为一种新兴的整体性治理模式，数字治理是对传统公共行政衰落和新公共管理改革过程中造成的“碎片化”治理困境的有效回应。总体来看，数字经济时代的新问题、新业态、新挑战不断涌现，治理的边界不断扩大、复杂度大大提升、舆论监督明显增强，仅依靠单一治理主体明显难以胜任，政府、企业和社会等不同主体在数字治理体系中彼此需要、彼此影响、彼此协调、共同成长。在整个数字化发展演进中，已经有一些可循的机制规律，而数字治理的运行也需要一套机制来发挥组织、协调、保障的作用。

基于技术社会学、网络生态学、协同治理和整体性治理理论，笔者从技术、经济、文化、社会、制度等多个维度构建数字治理理论基础。

一是以数字基建、数字经济、数字政府、网络文化的发展切面为研究场域，将数字化转型视为一个由多种影响因素相互作用而形成的数字生态系统，从现象到本质、从问题到根源展开分析，客观要求实施系统性、整体性的数字治理。

二是以政府、企业、社会三个主体及其相互关系为研究视角，以“技术-社会”互构为研究理论，考察在数字化转型中所发生的主要变化，从而总结数字化转型的主要特征；同时，分析技术和社会两股力量在数字化转型演变中的相互影响（“互构”所发挥的作用），从而总结发展规律，概括数字化转型的演进机制，为解释数字化转型问题提供理论支撑，同时也为构建数字治理体系奠定分析基础。

三是以整体治理、协同治理为指导思想，针对数字化转型中从数字失衡到数字均衡提出解决措施，构建“三位一体”的数字治理体系，不仅包括问题切入和重点行动，也包括分层设计和要素治理。其中，分层设计包括理念层、组织层和行为层，既保障治理体系具有可靠的理论规范性，又保障治理体系具有一定的实践操作性。

数字化转型发展中会伴随着各种风险，需要加强整体设计，并体现几点原则，如处理好安全和发展的关系、统筹国际国内两个市场、推动技术和社会的同步发展、发展和规范要两手抓两手硬。据此，提出“问题切入+分层设计+重点行动+数据治理”的“三位一体”治理框架。数据要素是“三位一体”中的流动要素，围绕数据进行治理也是治理中的核心一环。

——问题切入。首先，针对梳理出来的数字化转型的三类问题，初步提出解决思路。第一类，能力发展问题，需要各参与主体根据职能和发展自行提升；第二类，新旧业态转换的摩擦问题，需要形成多主体协调机制，共同解决；第三类，新增业态监管问题，其涉及层面和领域较多，需要加强整体治理合力的形成和重点突破。此外，笔者认为还应就部分重点问题加强研究。

——分层设计。针对网络化、碎片化、不确定背景下的整体治理，强调数据智能的自我运行机制及公共价值对社会的黏合。从理念层、组织层和行为层来构建整体，三层之间也需要通过数据进行协调联动，如图 10-3 所示。

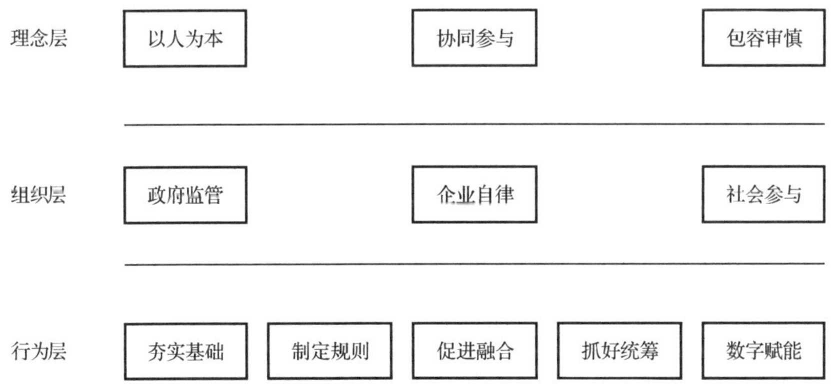

图 10-3　数字治理三层模型整体设计

在理念层，要以人民福祉为根本、以安全和发展协调一致为考量。数字治理的出发点必然是以“以人为本”，以最大限度激发数字化转型活力、满足人民对于数字公共产品和公共服务的需求为前提。面对数字时代大量的新技术、新业态、新模式的涌现，颠覆式创新可能随时到来。数字治理的理念层提出遵循“以人为本、协同参与、包容审慎”的理念，以期达到善治、共治、法治的目的。

在组织层要以战略目标为统领、以打造生态和调动各方积极性为考量。目前，各国都在探索建立政府、企业、社会共同参与的多方协同机制，并通过行业自律形成自我约束、自我监督的运行机制，在多元利益诉求中寻求最大公约数。围绕网络强国建设这一共同的目标，需要充分发挥市场作用打造和谐生态，充分发挥政府、企业、社会等参与主体在数字生态治理中的作用，根据不同主体在资源、信息等方面的优势，各司其职、发挥所长，深化协同治理的信任关系，弥补政府、企业和社会单一主体治理的局限性，以最低的成本实现社会各方共同的利益。在组织层，政府的统筹和引导作用十分重要。

在行为层要以制度创新为保障、以治理能力提升为主线。数字治理最终要落脚到对人的行为的治理，而这便是行为层治理所要关注的内容：夯实基础、制定规则、促进融合、抓好统筹、数字赋能。总体而言，数字治理要合理运用技术工具，充分发挥如大数据、人工智能、云计算等新一代信息技术的积极作用，但更为重要的是制度的创新，即要加强法治建设，做到依法治理。同时，数字治理既要充分利用市场自我调节、提高自我修复能力，也要做好生态的建设；既要强化基础，缩小数字鸿沟，也要做好数字化转型的能力储备，其中，最为重要的是提升人的认知水平、数字化思维和制度构建能力，这些都需要通过不断学习、实践、总结来提升。

——重点行动。在各类挑战中，作为数字化转型最鲜明的发展特征，“全球治理”“平台”“智能”是多方面利益和参与主体的博弈，也是数字治理的难点和关键词。一是网络空间权力的竞争加速了全球互联网治理体系的变迁，这对如何妥善处理相关国际规则问题提出了新的要求。当前，国际社会围绕网络空间之争多来源于国际规则之争。作为网民数量较多的国家，中国始终在为推进网络空间秩序变革不懈努力，一些发展中国家也越来越意识到当前网络空间资源分配不均的现状，努力提出新秩序、新规则、新议题，争取更多的话语权。二是“平台”为数字化转型带来包括垄断竞争、新旧更迭等现实问题。三是“智能”新方向带来的前瞻性问题，如人工智能带来伦理、就业等问题，算法技术的伦理观和价值观引发争议，也成为当前数字化转型中的热点和难点。

——数字治理。“数据”引发社会各界对数据治理的广泛关注。数据主权、数据安全、隐私保护及跨境数据流通规则等均是有待解决的重点问题。这些不仅涉及数据权属和数据全生命周期管理，也涉及从个人到国家等多个层面的权益问题，具有高度的复杂性。

需要强调的是，数字化转型几乎无所不包，数字治理几乎无处不在，而数据的流动构成了联系各方、保证网络空间平衡稳定并建立数字秩序的关键点。能否实现数字治理目标，在很大程度上取决于对数据的治理水平。当前，数字化转型演进也表现为技术驱动下数据的生成、流动、利用和全生命周期的过程，而数字治理可以厘清各方权责，强化流程梳理，创新体制机制。数据流动本身就是非常复杂的动态过程，涉及多场景、多主体、多领域、多重平衡，这本身就是多重利益的协调。

总而言之，数字化转型是一个复杂的动态进程，数字生态内部各要素不仅会随着时间的变化而发生演变，各参与主体之间也会产生互动和相互影响，这种作用将会影响数字治理系统内各要素的活动，从而影响数字化进程的未来。

本书采用“发展—冲突—治理”的分析思路，解构数字化转型内生演进规律，分析面临的数字失衡的问题及其产生的缘由，借鉴数字治理相关国内外经验，在此基础上系统提出数字治理架构，通过治理实现数字平衡，促进数字化转型有序进行。

事实上，数字化转型及其治理涵盖的内容非常广泛，不仅涉及诸多的理论框架，也需要大量的实证分析。限于篇幅，本书的研究难以面面俱到，而且信息技术发展日新月异，数字经济突飞猛进，当前的研究并没有全面覆盖所有乃至未来可能出现的一些问题，因此有待于我们随着数字化的深入发展进一步加强相关研究。

展望未来，全球资本和技术创新跃跃欲试，5G、空天网络、人工智能和芯片技术高速发展。数字创新应用已经触及数字治理的“肌理”，唤醒了国际、国内对数字治理的关注。数字人民币以多种技术路径在多地开展政策性试点；数字贸易、数字税收、数字反垄断、数据跨境流动、全球治理规则等博弈成为大国制度竞争的热点。然而，数字发展实力的“压舱石”依然基于核心技术突破发展、制造业智能化转型水平与整体数字治理能力的提升。随着全球化进程不断深化，大国博弈中数字科技的角色越来越重要。

第三节　数字化转型和数字治理的未来图景

数字化转型开启充满想象力的明天

21 世纪前 20 年，是中国厚积薄发的 20 年，经济发展上的中国速度，扶贫道路上的中国温度，对外关系上的中国力度，让“中国梦”一步步实现，这已然超出世人的想象。而面向未来，网络提速、数字赋能、智能加持，踩准了数字时代节拍的中国还将产生更大的想象空间。国家“十四五”规划纲要以浓墨重彩描绘了数字中国的美好远景，政治、经济、技术、文化、社会都将被数字化的浪潮重塑，一个充满科技感的数字明天正悄然而至。

智能技术从“脑洞大开”到“走向现实”

人工智能、大数据、物联网等新技术、新应用、新业态方兴未艾，人工智能正是未来数字化转型的重要方向。未来，人工智能有可能彻底改变人类历史。例如，生物医疗行业的数字化转型可能是翻天覆地的，生物科技的发展可能出现“奇点”的领域。又如，著名的神经科学公司 Neuralink 宣布自己在“脑机”的研究领域已经实现了重大突破。“脑机”就是利用一套接口系统将人脑与计算机连接，让使用者能够直接通过意识与计算机实现交互。再如，马斯克发布的脑机接口技术，则是用一款名为“缝纫机”的探针设备，将只有人类头发丝直径 1/4 宽的线路与芯片植入人脑。比起让人从内心拒绝的传统开颅植入芯片，马斯克的“缝纫机”可以避开软组织中的血管，降低大脑出现炎症和损伤的风险。未来数年，将知识芯片植入人脑或已不难，人与机器融合或将成为现实。智能社会素养将是未来社会我们需要具备的基础素养，也是未来人类永葆创新发展活力的源泉。

数字基建从“网络互联”到“万物智联”

随着5G、人工智能、工业互联网和物联网等新型基础设施建设不断推进，适应数字经济与实体经济融合发展需要的信息基础设施体系将逐渐形成，并最终向“万物智联”演进发展。未来，我国的5G技术将率先应用于增强移动宽带、超高可靠超低时延通信、海量机器类通信等领域，在大规模物联网、工业自动化、远程医疗等领域催生大量创新应用和业态，不断改变数字社会连接方式、提升全社会运行效率。此外，作为互联网的重要基础资源，IPv6 是发展移动互联网、大数据、人工智能、物联网、云计算等新兴技术和实现万物互联的基础条件之一，与5G一样是数字化转型的核心驱动力。未来，我国将围绕IPv6关键领域开展技术攻关突破，不断提升IPv6 网络质量和服务性能。基础设施和基础资源的突破发展，以及下一代互联网自主技术体系和产业生态加速形成，将为我国数字化转型和数字治理提供强大支撑。

网络文化从“圈层认同”到“价值凝聚”

自互联网步入人类的生活以来，时间和空间概念又一次发生了变化，地球逐步发展成为“村落”，无论何事、无论何时、无论何地，人们都可以通过网络获取相关资料。因为“连接”结识不同兴趣爱好的人，因为“在线”形成不同的文化社群，因为共同的兴趣爱好和心理特征进而形成“圈层文化”，大家各自在相应的文化圈层中形成共识。我国约有7.7%的网民至少是某一个文化圈层的忠实粉丝，他们根据自己的兴趣爱好投身其中，并有着明确的集体身份认同，可见圈层已经逐步大众化。然而，网民对信息的获取被“精准化”，较易形成“信息茧房”，或者“只见树木不见森林”。在建设数字文明的征程中，我们一方面要鼓励形成有特色的网络文化，另一方面要引导形成社会价值共识，在继承优秀文化的基础上，善用和激发圈层文化的内在创造力，破壁出圈，推动网络文化蓬勃发展，让数字激发的正能量和网民创造热情融入人民的整体文化生活。

数字经济从“个体消费”到“产业纵深”

2020年新冠肺炎疫情发生以来，以数字技术为基础的新产业、新业态、新模式异军突起，线上零售、线上教育、远程办公、视频会议等应用表现亮眼，成为对冲经济下行压力的“稳定器”。在新技术和新需求的驱动下，在敏捷式开发、并发式迭代的支撑下，互联网应用仍将保持快速增长，不断拓展覆盖广度和使用深度，助推数字经济高质量发展。一方面，5G、大数据、人工智能、区块链等技术融合将从消费端（C端）加速延伸至企业端（B端）、政府机构端（G端），催生大量个人级和行业级互联网新应用、新平台。另一方面，农村乡镇用户、低龄用户、“银发”用户和海外用户均将快速增长，既带动网络购物、网上支付、网络娱乐等已有应用类型的使用率持续攀升，为互联网企业贡献较大市场收入，也将推动更多细分垂直应用出现，释放互联网企业的创造力。此外，大数据、人工智能、物联网、区块链等技术的持续创新将释放巨大发展潜力，推动未来产业释放海量数字红利，成为经济增长的主要引擎。据此，我国经济结构将不断向线上迁移，数字经济占GDP的比重将持续上升，促使数字化转型不断加速，激发创新活力，释放国内外需求，创造更多投资机会，拓展生产可能性边界，形成比较优势，在数字时代的国际竞争中占据制高点、赢得主动权。

数字社会从“扁平微粒”到“立体和谐”

当前，数字化正以不可逆转的趋势改变人类社会，社会扁平化、自组织、弹性就业等正逐步成为现实。数字化已然成为推动社会“平台化、扁平化、网状化、微粒化”发展的驱动力，而社会关系的重构将进一步带来社会分化，全面重塑社会治理模式和生活方式。在城市数字化转型方面，通过数字化手段，基于巨量数据，对大型、超大型城市进行高效管理，使其成为真正“智慧”的城市。未来的城市将构建起政府与人民“共建共治共享”的全新运行生态。在农业社会，人类追求生存条件的改善；在工业社会，人类为追求最大的经济效益，不惜破坏生态环境；而进入数字社会后，人类开始重新审视人与自然的关系，更加注重人与自然的和谐发展，以数字生态的发展逐步实现经济效益、社会效益和生态效益的共同提高。

数字政府从“条块合作”到“三跨五融”

随着上网门槛的持续降低、上网技能的不断提升及上网场景的日益丰富，互联网的存量市场和增量市场均将不断拓展，推动数字红利进一步释放。庞大的网民群体从需求侧为公共服务数字化转型提供了不竭动力，围绕人们衣食住行、教育医疗、就业养老等生活场景的公共事业将更加便捷、高效，真正实现社会福利的普惠均等化。例如，数字化公共教育平台将不断扩大优质教育资源的覆盖范围，惠及边远贫困地区的学校；数字化远程医疗平台将加强对 5G 技术、全息影像技术、传感技术等的运用，助力缓解医疗资源总体供给不足等问题。未来，我国政府还将大力发展政府服务国家一体化平台建设，从国家层面建立数字政府服务质量、服务内容、数据共享等国家标准，助推跨系统、跨部门、跨业务的互联互通。通过密切联系国家各部委，统筹各部委之间、中央与地方之间的需求，加快形成覆盖全国、统筹利用、统一接入的数据共享平台，构建全国信息资源共享体系；同时，应基于具体的业务需求驱动，在更大范围内推动数据开放和跨部门共享，实现数据的增值利用、创新开发和价值释放。

数字治理将进一步支撑数字化转型

当今世界，网络改变了社会连接的主要方式，数据成为社会存在的要素，整个社会从宏观到微观的大多数行为和活动，正在被数据要素改造和重塑，国家治理体系也是如此。因此，具有多元参与、技术赋能、虚实结合、综合施策等特点的数字治理，就成为宏观治理体系中一个崭新且重要的内容与形态。在数字经济时代、信息技术革命、全球化进程变迁的大背景下，数字治理正在蓬勃发展和不断演进，并呈现出协同创新、智能的新图景。

治理主体深度协同，加快“两全”治理

数字治理的本质就是利用现代信息技术促进人民群众与政府之间的互动，构建以人民为中心、由政府提供便利化治理框架的多元协同治理体系。

未来，在现代信息技术的促进下，随着人民群众社会参与意识和能力的逐步提高，以及多元协同治理体制机制的持续完善，政府、企业、社会在治理决策、治理实施、治理监督等治理环节过程中的互动参与度将进一步提高，这也将进一步加快推动全主体、全过程参与的“两全”治理。

从“集中型治理”到“参与式治理”

近年来，我国政府快速响应、积极应对，开展了一系列专项行动，对网络发展过程中的突出问题进行了严厉打击。这种集中型治理具有“集中时间、集中人力及物力办大事”的优点，在短期内取得了立竿见影的效果，为维护网络环境的安全、健康、有序做出了巨大贡献。但事实上，数字化转型中的部分问题在本质上并没有得到有效解决。据此，我们还应建立一套长期且完善的治理体系，利用政府资源优势，吸纳行业、企业及人民群众的力量，进行长期的统筹协调和有效管理。一直以来，我国以建设服务型政府为目标，致力于推动政府职能转变，为发展参与式治理创造了有利的环境。从近几年的相关政策文件可以看出，数字治理不再仅仅依靠相关管理部门的力量，同时也更加注重对各平台企业及广大网民用户责任意识的培养。

未来，数字治理将从“以政府为主导的集中型治理”转变为“以人民为中心的参与式治理”。也就是说，治理主角不再仅仅是政府，而是集各级政府、行业、企业、社会组织、公众等多类主体之力，实现政府、企业与社会三个层面的有效合作。同时，参与式数字治理将不仅限于参与主体的多元化、参与方式的多元化，还将通过不断增强参与平台和途径的多元化，促使各类主体合理充分地参与数字治理。在此过程中，数字治理将有效消解行政壁垒，助力塑造透明、负责、公平和效能政府，明确各个参与主体的权益和责任制度，推动各个参与主体的沟通协作和互联互补，从而满足民众日益增长的参与诉求，推动国家治理体系和治理能力现代化。

从“单向型治理”到“交互型治理”

一直以来，公众参与不足是导致治理单向、低效的重要原因之一。数字政府不仅为公众提供了公开信息的平台，也为公众提供了一个开放、多元的反馈渠道和监管平台，让政府与公众之间的信息流从单向的“政府—公众”

走向双向交互、反复交互。这种交互型治理的常态化将有效推进数字治理质量的提升。总体来看，未来的交互型数字治理主要包括以下几个方面。

一是个体与个体的交互将更加平等。人民群众、社会精英与政府官员之间，将向“纵向沟通”与“横向互动”的治理模式转变，通过网络平台等渠道进行更加平等的对话和协商，为我国网络生态整治和网络政策制定等公共事务提供助力。二是个体与社会的交互将更加频繁。随着人们自身的网络参与和信息处理能力不断提高，个体通过与网络媒体等的交互，接收与分析网络信息，进行优化决策和及时反馈，并通过不同社会个体决策汇聚形成的社会集体行为的反应，从而凝聚为治理合力。三是人与计算机的交互将更加高效。人机交互（HCI）指人与计算机之间使用某种对话语言，以一定的交互方式，为完成确定任务而进行的信息交换过程。为适应网络发展的新变化，我国在推进数字中国建设和进一步深化机构改革的过程中，正在逐渐形成基于人机交互、协同工作的高效数字治理模式。

从“引导型治理”到“自发型治理”

我国历来就非常重视“礼”和“法”，认为二者均是治理国家的重要手段。事实上，“礼”讲究自省、自制和自律，是一种“自发的秩序”，这样产生的治理结构往往是一个从心理认同、行为规范到偏差矫正的治理系统；“法”讲究他省、他制和他律，是一种“建构的秩序”，这样产生的治理结构往往更加注重法律监管的严格执行。近年来，我国采取“礼法合治、德刑相辅”的治理思想，极大地促进了互联网的健康发展：一方面，净化生态，积极引导行业自律；另一方面，不断完善互联网法律体系，为监管和治理提供准绳。未来，在遵守法律的前提之下，我国的数字治理现代化转型将更加富含自发秩序因子，形成具有发展活力和内生动力的治理体系。

一是我国政府在数字治理中的权力让渡和制度保障，将为自发性治理提供良好环境。面对现代化背景下的动态复杂性，在法治、德治、自治尚不能单一发挥决定性作用的境况下，政府的权力分工体系和制度保障体系将进一步完善，为释放市场的自动调节作用和保障社会的自主调节作用提供助力。二是我国网络行业和网民群体逐渐形成的网络发展价值共识，将为自发性治理提供前提条件。柔性的价值共识（如文化认同、意见领袖的道德劝善等）

有望改变部分网民群体在心理上存在的被排斥感，以及权利没有得到尊重和满足的相对剥夺感，避免数字社会显性冲突；同时，网络公约的进一步加强和完善，也将进一步防范网络不正当竞争，以推动数字经济健康发展。

创新治理模式，加速“三融五跨”格局

近年来，互联网、大数据等信息技术高速发展，为数字治理变革创新带来源源不竭的动力。当前，人工智能、物联网、区块链技术日新月异，将再次改变数字治理的手段和方式，推动实现集成智治、高效精治。未来，在多元协同以外，数字治理将不断提升智能化、科学化、专业化、人性化水平，采用数据融合、平台融合、技术融合的“三融”治理手段，实现跨部门、跨地域、跨业务、跨层级、跨系统的“五跨”治理模式。

用好“精准化治理”这一绣花针

近年来，我国经历了从传统粗放型的治理服务模式到当前更加标准化的治理服务模式的转变，建立了制度规范化、流程一体化、资源集约化的网络数据平台和政务服务平台。未来，在“新基建”的大背景下，5G、城市物联网、人工智能等基础设施正在加速部署，标准化治理正在逐步向精准化治理升级：一是数据融通共享步伐加快，将助力政府挖掘海量“微数据”的价值，推动经济社会健康运行；二是共享服务平台加速互联互通，将推动不同层级、不同地域、不同领域的政务平台实现互信互认，以需求为导向、以问题为导向，为不同机构和群体提供更好的公共服务；三是前沿技术融合程度持续加深，通过集成应用，赋能数字治理创新。

“云时代”“码时代”正在加速到来，为公众提供更加个性化、精准化的治理服务已经成为可能。例如，2020 年抗击新冠肺炎疫情期间，根据活动轨迹智能生成“绿码、红码、黄码”的“健康码”系统先是在各地试行，后来实现了全国范围多平台的互认互通，助力精准防控和精准复工。又如，武汉在疫情防控中通过全流程引入智能技术，实现了疫情防控精细化排查；在体温信息采集阶段，使用机器人电话、人工智能随访系统；在信息处理阶段，开发智能数据处理技术自动生成统计表格。这些智能化的治理手段正在不断

推广应用和升级优化，并依据地方发展实际形成本土特色，有望促使数字治理焕发新生。

用好“大数据治理”这一预判器

一般来讲，法律政策本身就具有“滞后性”，在飞速发展的数字时代，这种滞后性更为明显。在某种意义上，当前的数字治理更多是一种“回应型治理”，往往是社会中出现了典型案例，经过发酵形成典型问题，各级政府再迅速加以规范、整治。政府对网络问题、民众关切的问题迅速做出回应，这是政府作为公共权力的行使者的价值和属性，但考虑到网络发展的速度，培养预见问题的能力相当重要，这就对数字治理者提出了极大的挑战和要求。未来，在新兴技术的帮助下，预判式治理将成为可能，助力数字治理者以有效防范各类网络问题的发生。

在“新基建”的大背景下，依托先进的数据资源融合共享、平台资源融合开放、新兴技术融合应用，网络世界的海量“微事件”“微信息”被发现和收集起来。同时，随着数据处理算法的软提升和计算机计算能力的硬提升，政府有能力处理和利用上述信息。例如，借助热力图、用电图、夜间光照图等分析不同区域居民的分布情况；通过对网络舆情数据进行分析，确定社会热点问题，并在多平台回应人民群众关心的问题等。大数据分析及其成果转化已成为决策者的重要参考。

用好“流动型治理”这一疏通器

2020 年，我国流动人口为 3.76 亿人，其中跨省流动人口为 1.25 亿人。人口的流动性和复杂性导致基层存在“陌生人社会”等现象，其特有的弹性和张力掩盖了常态时期的基层治理问题，但在特殊时期（如新冠肺炎疫情期间）就可能导致摸排困难、防疫漏洞等问题。不仅如此，活跃的“资金流”“货物流”“信息流”“意识流”，这些现实世界中各种流动着、时刻变化着的要素、事件或现象，与网络世界相对应，为数字治理带来了极大的挑战。

为进一步应对当今世界的高流动性，数字治理模式将逐渐趋向于基于数据流的流动型治理，其要素结构主要从治理主体、治理手段、治理场域等方面展开。从治理主体来看，其责任和权力的流动将促进跨域合作治理，形成一种多元主义的合作路径；从治理手段来看，流动型治理必须借助科学技术，构建网络平台，打破场域限制，营造共同场景，避免“治理缺位”等问题；从治理场域来看，不同部门、不同地域、不同领域、不同层级、不同系统的公共事务都可以通过一条数据链进行流动处理，实现高效协作。未来，随着数字治理模式的日渐成熟和推广普及，流动型治理将发挥其低成本、高效率、“跨域脱域”等诸多优势，为国家治理体系和治理能力现代化做出贡献。

用好“无边界治理”这一黏结剂

网络的发展、数字经济的发展，其本身就是无边界的，因此在网络世界、在数字经济时代的治理模式也应当是无边界的。在现代信息技术与数字政府建设的深度支持下，过去的组织化治理已被打破，新的、灵活的组织文化孕育出的无边界治理正在成为数字治理新的发展方向，其借助无边界数字治理平台，由物理空间的联合办公模式转变为职能无缝对接、业务无缝衔接的新型治理模式。

未来，无边界的数字治理平台将成为支持循环交互的开放系统，实现对内管理与对外服务的有机统一，使机构边界不再是各治理主体协同行动的阻碍。数字企业所掌握的数据可为政府决策提供科学依据，同时其储备的一大批具备数据挖掘和分析能力的人才，可基于“网络政府雇员制”，通过网络通道进入公共治理场域，提升公共事务处理和服务过程的信息能力、创新能力与协作能力。一旦无边界数字治理平台提出动态的任务、使命与目标，各部门的公共人才便可从条块分割的传统管理结构中流动而出，并根据治理需要组成不同的工作群组，实现低成本、高敏捷、更广泛的协同共治和自主治理。

随着数字经济的迅猛发展，人类社会的生存空间正加速由物理空间转向物理空间与虚拟空间双空间并重。在这个前提下，数据能够在政府、企业、社会及公众之间畅通、有序、可靠地发挥作用，促使数字治理逐步取代传统治理模式，不断提升经济社会治理效率、实现公共价值共创。当前，我国已成为当之无愧的互联网大国，在人工智能、无人机等前沿技术领域已处于世界领先地位，很多地区已初步具备经济发达、信息化基础好、人才聚集、网络企业带动作用强等特点，这为数字治理的发展提供了有利条件。未来，我们应运用新治理思维、新治理资源、新治理工具和新治理规则，构建多方参与、手段创新、模式灵活的数字治理大格局，有效解决数字化发展带来的问题，为推动数字化转型进程提供有力支撑。

本章小结

本章围绕“数字化转型和数字治理展望”这一主题展开。

关键词：天人合一。

本章从“取势、明道、正法、优术”几个方面讨论了数字化转型和数字治理的文化传承，特别是提出中国在数字化发展道路上始终秉持“和合”理念，激发了无限的活力和潜能，这是我们不断探索前行的底层智慧，相信在未来数字化转型与数字治理实践中能收到更好的效果。

从构建理论入手，从“技术-社会”互构角度出发，分析梳理了数字化转型内生的演进机制，并从经济、社会、文化等多个维度，展示了数字化进程的美好图景，归纳了数字失衡表现，分析了虚拟与现实的二元对立，政府、企业和社会等多方主体的竞合博弈等深层原因。从解决策略来看，数字治理是一个复杂系统，系统内部各要素之间相互影响不断变化，因此需要从理念、组织、行为等层面出发，从问题切入、整体设计、重点行动和数据治理共同着手，构建“三位一体”的治理体系，推动从数字失衡走向数字平衡。

从长远来看，伴随数字化转型的纵深发展，数字社会与现实社会重叠交织，形成线下、线上相互影响的新型公共空间，这也将对数字治理提出新要求。因此，我们应进一步聚焦与数字治理相关的重大问题和前沿问题，开展长期性、前瞻性、系统性研究，特别是创新方法路径，加强整体性治理，从而达到善治、共治、法治的目的。

结　语

伴随第四次工业革命的浪潮，生命科学、基因工程、新能源等领域与数字技术、智能科技深度融合，给人类和社会带来极大的影响。霍金曾表示："在我的一生中，我见证了社会深刻的变化，其中最深刻的，同时也是对人类影响与日俱增的变化是人工智能的崛起。" 50 年以后，智能机器人或许会全面进入我们的生活，智能交通工具将随处可见，人类探索太空移民火星或将成为现实，人类历史或被彻底改变。人类在科学研究上将开启全新篇章，我们需处理的不再是人与机器、机器与机器之间的关系，而是人类与自然、人类与宇宙之间的关系。面对大量存在的机器智能和失控风险，人类的行为将受到监控，尊严和伦理将受到挑战，安全存在隐患，科技向善的呼声也将越发高涨，而数字治理将引领我们一步步开启通往数字文明之路。

作为人类历史上最伟大的发明之一，互联网重构了世界的空间轴、时间轴和思想维度，对产业要素进行了从线上到线下的优化配置，对区域资源进行了从物理到逻辑的重新组合，从而带动了国民经济变革，创造巨大社会价值。自 1994 年接入国际互联网以来，我国在信息基础设施全面建设、数字经济健康快速发展、信息惠民/利民/便民推进、网络空间安全保障等方面取得了举世瞩目的成效。当前，我国正处于信息化、网络化、数字化、智能化快速发展的历史进程中，而数字化转型犹如一把双刃剑：一方面带动经济社会高质量发展，引领中国人民共享数字红利；另一方面也因社会数字化落后于发展产生了一些失衡问题，而网络空间不是"法外之地"，网民也不是"法外之民"，遵守法律是基本准则，底线不可逾越。面对百年未有之大变局，若不能充分抓住数字化转型发展机遇，积极开展善治，可能将再次落后于时代，与千载难逢的发展机遇失之交臂。

对于数字化转型，从不同视角、不同群体、不同行业出发，可能产生不一致的结论，这如同一个盲人摸象的过程，唯一能确定的是未来的不确定性。而与其说人类生活在"地球村"，不如说人类更像生活在一个基于比特的数字化小船上，在虚拟与现实交互的网络空间、波浪起伏的数据汪洋中飘向远方，成为网络空间命运共同体的一部分。即便面对如此不确定的未来，我们依然可以确定：智能时代比历史上任何时期更考验人类的智慧、勇气、价值和远见，而彼此帮扶、彼此依存、彼此协助、携手前行是这个时代的必然选择。

中国数字化转型的发展史不仅是一部技术发展史、产业变迁史、治理变革史，更是一部弘扬中华文明的历史。从数字化发展初期的"顺势而为""以人为本”到产业生态的“互惠互利”，从网络安全的“家国情怀”到数字治理的“礼法并重”，中国在数字化发展进程中一直保持着“和合文化”思想底色，这成为我们乘风破浪驾驭数字化转型的文化自信和智慧之源。而中国传统文化也在数字化转型进程中进一步发扬光大，并被赋予新的使命：构建以人为本、开放合作、互联互通、共治共享的网络空间命运共同体，创造属于全人类的数字文明。

中国有数千年生生不息的伟大文明，有强大的自我认同和家国情怀。我们期待这些珍贵的文化，伴随数据流动和代码浮现，在数字旅程中重焕光彩，成为引导我们前行的力量。同时，我们也期待心怀梦想的一代人，心系国之大者，踏“数”前行，探索人类生存的新空间、新文明，走出一条科学思想与人性光辉共同闪耀的数字繁荣之路。

道阻且长，行则将至。

后　　记

我国把“坚持新发展理念”作为“十四五”时期经济社会发展必须遵循的一条原则。新发展理念是推进治理体系与治理能力现代化的理论指南，而完善的治理体系与强大的治理能力是社会主义现代化强国的重要标志。这些无一离不开数字化转型的时代背景和强大助推。伴随中国互联网的蓬勃发展，我也亲历了数字化发展和转型的浪潮，目睹了中国数字经济发展取得的巨大成就，也有幸参与国家信息化相关政策的制定出台，这些形成了本书写作的实践基础。

在中国互联网络信息中心工作以来，研究工作成为我的日常。期间深感数字化转型已经无所不包，数字治理面临前所未有的挑战。由于数字化转型属于新生事物，对数字化转型和数字治理的研究具有政策范围跨度大、技术驱动因素明显、学科交叉性较强、研究视角和方法较为多元等特征，从不同行业、不同背景、不同视角出发，可能有着不同的认知和结论。在本书的写作过程中，我收录了部分已发表文章，梳理了部分理论知识、政策法规、治理案例等素材，研读了部分经济学、社会学、管理学等学科相关著作及文章，尝试从技术与社会互动角度，梳理对数字化转型与数字治理发展历程、特征挑战、发展规律的认知，并努力探寻其内在逻辑。一本书的写作就如同一个生命从孕育到出生，在这样一个慢慢“爬格子”的过程中，我体会到了文字工作之艰辛、生命之美，同时也发现了自己知识的欠缺和不足。这些都是未来鞭策自己不断前行的动力。

真诚感谢各位专家在此书写作过程中给予的指导和帮助!特别是邬贺铨、周宏仁、钱华林、朱民、李正茂、秦海、刘九如、薛澜、陆奇、张亚勤、贾开和鲁传颖，他们认真研读书稿，提出了非常中肯的修改建议。特别感谢我的博士生导师张秀兰女士，她帮助我梳理学术研究思路与方法，让我能在实践观察中不断提升理论思考的逻辑性和系统性。还有许多业内同行、专家学者在交流中给予我启发和指正，恕不一一列出。感谢接受访谈的有关专家，感谢他们富有洞见的观察与贡献。同时，感谢我所在单位的领导、同事对我的鼓励和支持！感谢电子工业出版社编辑团队的辛勤付出！更要感谢我的家人，一直以来给予我巨大的精神鼓励和督促支持！

最后，感谢阅读本书的每一位读者，感谢每一位给予我指导、关心的同行者，感恩与您同行！数字化转型和数字治理是数字时代的重要课题，囿于我的认识能力和理论素养，目前对它的论述可能还不够系统、深入。希望拙朴的研究能够抛砖引玉，有更多的同行者加入数字化转型和数字治理的研究和实践中，为数字化价值释放和网络强国建设贡献力量。

参 考 文 献

[1] BAKER K S, Bowker G C. Information ecology: Open system environment for data, memories, and knowing[J]. Journal of Intelligent Information Systems, 2007, 29(1): 127-144.
[2] BARNEY D. The network society: Vol. 2[M]. Cambridge, MA: Polity Press, 2004.
[3] BIJKER W E. Sociohistorical technology studies[M]//JASANOFF S, MARKLE G E, PETERSEN J C, et al. Handbook of science and technology studies. London: Sage Publication, 1995: 229-256.
[4] BIMBER B. Karl Marx and the three faces of technological determinism[J]. Social Studies of Science, 1990(20): 333-351.
[5] BRYNJOLFSSON E, HU Y, SMITH M D. Consumer surplus in the digital economy: Estimating the value of increased product variety at online booksellers[J]. Management Science, 2003, 49(11): 1580-1596.
[6] CALLON M. The Sociology of an actor-network: The case of the electric vehicle[M]// CALLON M, LAW J, RIP A. Mapping the dynamics of science and technology. London: Palgrave Macmillan, 1986: 19-34.
[7] CASTELLS M. The rise of the network society: Vol. 1[M]. Oxford: Blackwell, 1996.
[8] CASTELLS M. The power of identity: Vol. 2[M]. Oxford: Blackwell, 1997.
[9] CASTELLS M. End of millennium: Vol. 3[M]. Cambridge MA: Blackwell, 1998.
[10] CASTELLS M. The contours of the network society[J]. Foresight, 2000, 2(2): 151-157.
[11] CASTELLS M. Toward a sociology of the network society[J]. Contemporary Sociology, 2000, 29(5): 693-699.
[12] CASTELLS M. Local and global: Cities in the network society[J]. Tijdschrift voor Economische en Sociale Geografie, 2002, 93(5): 548-558.
[13] CASTELLS M. Communication, power and counter-power in the network society[J]. International Journal of Communication, 2007, 1(1): 238-266.
[14] CASTELLS, M, CARDOSO, G. The network society: From knowledge to policy[M]. Washington DC: Johns Hopkins Center for Transatlantic Relations, 2006.
[15] CHANG K J. Digital governance: New technologies for improving public

service and participation[J]. International Review of Public Administration, 2012, 17(2): 175-178.

[16] CHRISTENSEN C M, BAUMANN H, RUGGLES R, et al. Disruptive innovation for social change[J]. Harvard Business Review, 1984(12): 94.

[17] Commission on Global Governance. Our global Neighborhood: The report of the commission on global governance[M]. Oxford: Oxford University Press, 1995.

[18] COYLE D. The weightless world: Strategies for managing the digital economy [M]. Cambridge, MA: MIT Press, 1999.

[19] DAHLBERG L. The internet deliberative democracy and power: Radicalizing the public sphere[J]. International Journal of Media and Cultural Politics, 2007, 3(1): 47-64.

[20] DAY P, SCHULER D. Community practice in the network society: Local action/global interaction[M]. London: Routledge, 2004.

[21] DAY P, SCHULER D. Prospects for a new public sphere[M]// SCHULER D, DAY P. Shaping the Network Society. Cambridge, MA: MIT Press, 2004: 353-375.

[22] DON T. The digital economy: Promise and peril in the age of networked intelligence[M]. New York: McGraw-Hill, 1996.

[23] DUTTON W H. The Oxford handbook of internet studies[M]. Oxford: Oxford University Press, 2013.

[24] EVA S, JACOB T. Theories of democratic network governance[M]. New York: Palgrave Macmillan, 2008.

[25] FINNEMORE M, SIKKINK K. International norm dynamics and political change[J]. International Organization, 1998, 52(4): 887-917.

[26] FRISCHMANN B. Infrastructure: The social value of shared resources[J]. Social Science Electronic Publishing, 2012, 32(1): 118-121.

[27] MODELSKI G, THOMPSON W R. Seapower in global politics, 1494-1993[M]. Seattle: University of Washington Press, 1988: 11.

[28] GIBSON D V, HEITOR M V, IBARRA-YUNEZ A. Learning and knowledge for the network society[M]. West Lafayette, IN: Purdue University Press, 2005.

[29] GILLMOR D. We the Media: Grassroots Journalism by the people, for the

people[M]. Sebastopol, CA: O'Reilly, 2004.
[30] GREENAN N, L'HORTY Y, MAIRESSE J. Productivity, inequality, and the digital economy[M]. Cambridge, MA: MIT Press.
[31] HAJER M A,WAGENAAR H. Deliberative policy analysis: Understanding governance in the network society[M]. Cambridge, MA: Cambridge University Press, 2003.
[32] HAJER M, ZONNEVELD W. Spatial planning in the network society-rethinking the principles of planning in the Netherlands[J]. European Planning Studies, 2000, 8(3): 337-355.
[33] HARGITTAI E. The digital divide and what to do about it[M]// JONES D C. New economy handbook. San Diego, CA: Academic Press, 2003: 821-839.
[34] HARGITTAI E, HINNANT A. Digital inequality differences in young adults'use of the Internet[J]. Communication Research, 2008, 35(5): 602-621.
[35] HARRIET M. The application of international law to state cyberattacks sovereignty and non-intervention[M]. London: Chatham House, 2019.
[36] HASSAN R. Media, politics and thc network society[M]. New York: McGraw-Hill Education, 2004.
[37] HEMPHILL T A. Electronic commerce and consumer privacy: Establishing online trust in the US digital economy[J]. Business and Society Review, 2002, 107(2): 221-239.
[38] IGBARIA M. The driving force in the virtual society[J]. Communications of the ACM, 1999, 42(12): 64-70.
[39] JENNINGS M K, ZEITNER V. Internet use and civic engagement: A longitudinal analysis[J]. Public Opinion Quarterly, 2003, 67(3): 311-334.
[40] VOLKMER I. The global network society and the global public sphere[J]. Development, 2003, 46(1): 9-16.
[41] SIMPSON L C. Technology, time, and the conversations of modernity[M]. New York: Routledge, 1995.
[42] LEVI-FAUR D. The Oxford handbook of governance[M]. Oxford: Oxford University Press, 2012.
[43] SMITH M R, MARX L. Does technology drive history? the dilemma of technological determinism[M]. Cambridge, MA: The MIT Press, 1994.

[44] GRANOVETTER M. Economic action and social structure: The problem of embeddedness[J]. American Journal of Sociology, 1985, 91(3): 481-510.
[45] MASLOW A H. A theory of human motivation[J]. Psychological Review, 1943, 50(4): 370-396.
[46] MÊGNIGBÊTO E. Information policy: Content and challenges for an effective knowledge society[J]. International Information and Library Review, 2010, 42(3): 144-148.
[47] PEGUERA M. The DMCA safe harbors and their European counterparts: A comparative analysis of some common problems[J]. Columbia Journal of Law & The Arts, 481-512.
[48] MITCHELL R B, CARPENTER C. Norms for the earth: Changing the climate on "climate change"[J]. Journal of Global Security Studies, 2019, 4(4): 413-429.
[49] OOSTERVEER P J M. Environmental governance of global food flows: The case of labeling strategies[M]// MOL A P J, MOL A P J, BUTTEL F H. Governing environmental flows: Global challenges to social theory. Cambridge, MA: MIT Press, 2006: 267-301.
[50] DUNLEAVY P, MARGETTS H, BASTOW S, et al. Digital era governance: IT corporations, the state, and e-government[M]. Oxford: Oxford University Press, 2006: 227-229, 234, 237.
[51] PEREIRA T P. A vontadegeral: do século XVII àdemocracia digital[D]. Porto Alegre: Pontifícia Universidade Católica do Rio Grande do Sul, 2016.
[52] PERRI 6 P, LEAT D, SELTZER K, et al. Towards holistic government: The new reform agenda[M]. New York: Palgrave, 2002: 237.
[53] PINCH T, BIJKER W. The social construction of facts and artifacts[M]// JOHNSON D G, WETMORE J. Technology and society: Building our sociotechnical future. Cambridge, MA: MIT Press, 1984.
[54] PINHO I, CLAUDIA P. Linking networks governance and Knowledge Management as support to knowledge valorization[J]. International Journal of Knowledge Engineering and Management, 2014, 3(6): 31-45.
[55] KLINE R. Technological determinism[M]// WRIGHT J. The international encyclopedia of the social & behavioral sciences: Vol. 24[M]. 2th ed. Oxford: Elsevier Science Ltd, 2015.

[56] REED C. Transaction costs and differential growth in seventeenth century western Europe[J]. Journal of Economic History, 1973(33): 177-190.

[57] RHEINGOLD H. The virtual community: Homesteading on the electronic frontier[M]. Reading, Massachusetts: Addison-Wesley, 1993: 5.

[58] ROCHET J, TIROLE J. Two-sided markets: A progress report, the RAND[J]. Journal of Economics, 2006, 37(3): 645-667.

[59] RON W. Technology and social change[M]// PERRUCCI R, POTTER H R. Sociology: Basic Structures and Processes[M]. Dubuque, IO: Brown Company Publishing, 1977: 43-46.

[60] WYATT S. Technological determinism is dead: Long live technological determinism[M]// FELT U, FOUCHÉ R, MILLER C A, et al. The handbook of science and technology studies[M]. 3th ed. Cambridge, MA: MIT Press, 2008: 165-176.

[61] SCHARL A, Tochtermann K. The geospatial web: How geobrowsers, social software and the Web 2.0 are shaping the network society[M]. Berlin: Springer, 2007: 153-158.

[62] SCHOLZ T. Digital labor: The Internet as playground and factory[M]. New York: Routledge, 2012.

[63] SCHULER D, DAY P. Shaping the network society: The new role of civil society in cyberspace[M]. Cambridge, MA: The MIT Press, 2004.

[64] SELWYN N. Reconsidering political and popular understandings of the digital divide[J]. New Media & Society, 2004, 6(3): 341-362.

[65] SREEKUMAR T T. ICTS and development in India: Perspectives on the rural network society[M]. New York: Anthem Press, 2011.

[66] SUBHAN A. Multidirectional networks of government transparency: A preliminary model[J]. Jurnal Bina Praja, 2016, 8(2): 209-219.

[67] SYLVESTER D E, MCGLYNN A J. The digital divide, political participation, and place[J]. Social Science Computer Review, 2010, 28(1): 64-74.

[68] THOMAS E, GEOFFREY P, MARSHALL V A. Platform envelopment[J]. Strategic Management, 2011, 32(12): 1270-1285.

[69] TRAVERS J, MILGRAM S. An experimental study of the small world problem[J]. Sociometry, 1969, 32(4): 425-443.

[70] VAN DIJK R. De Netwerkmaatschappij: Sociale aspecten van nieuwe

media[M]. Houten NL: Bohn Stafleu van Loghum, 1991.
[71] VAN DIJK J, HACKER K. The digital divide as a complex and dynamic phenomenon[J]. The Information Society, 2003, 19(4): 315-326.
[72] VAN DIJK P J A G M. The network society[M]. 2th ed. New York: Sage Publications, 2012.
[73] ZHU Y H, ZHANG S Y, MA J G, et al. On education information ecosystem structure[J]. Procedia Engineering, 2012(29): 3537-3541.
[74] 阿尔弗雷德 • D. 钱德勒. 信息改变了美国[M]. 上海：上海远东出版社，2008：43.
[75] 阿尔文 •托夫勒. 第三次浪潮[M]. 黄明坚，译. 北京：中信出版社，2006.
[76] 阿尔文 • 托夫勒. 权力的转移[M]. 刘江，等译. 北京：中央党校出版社，1991.
[77] 阿弗里德 • 马歇尔. 经济学原理[M]. 廉运杰，译. 北京：华夏出版社，2006：5.
[78] 安小米，宋懿，郭明军，等. 政府大数据治理规则体系构建研究构想[J]. 图书情报工作，2018，9（9）：14-20.
[79] 柏杨. 中国人史纲[M]. 北京：人民文学出版社，2011：35.
[80] 包亚明. 后现代性与地理学的政治[M]. 上海：上海教育出版社，2001：29.
[81] 保罗 • 萨缪尔森，威廉 • 诺德豪斯. 经济学（上册）[M]. 萧琛，译. 19 版. 北京：商务印书馆，2016.
[82] 全球网民数量达46.6亿 中国人每天上网5小时22分[DB/OL]. [2021-01-27].https://finance.sina.com.cn/tech/2021-01-27/doc-ikftpnny2352791. shtml.
[83] 鲍静，贾开. 数字治理体系和治理能力现代化研究：原则、框架与要素[J]. 政治学研究，2019（3）：23-32，125-126.
[84] 鲍静，张勇进. 政府部门数据治理：一个亟需回应的基本问题[J].中国行政管理，2017，4（4）：28-34.
[85] 北京市第四中级人民法院. 北京市第四中级人民法院互联网民商事审判年度报告暨十大典型案例[R]. 2019.
[86] 伯特 • D. 帕特南. 使民主运转起来：现代意大利的公民传统[M].王列，赖海榕，译. 江西：江西人民出版社，2001.
[87] 蔡方鹿. 中华和合文化研究及其时代意义[J]. 社会科学研究，1997（6）：67-74.

[88] 蔡文之. 国外网络社会研究的新突破——观点评述及对中国的借鉴[J]. 社会科学，2007，11（11）：96-103.
[89] 蔡文之. 自律与法治的结合和统一[J]. 社会科学，2004，1（1）：72-78.
[90] 陈昌曙，陈红兵. 技术哲学基础研究的 35 个问题[J]. 哈尔滨工业大学学报（社会科学版），2001，2（2）：6-12.
[91] 陈成文，赵杏梓. 社会治理：一个概念的社会学考评及其意义[J].湖南师范大学社会科学学报，2014，5（5）：11-18.
[92] 陈凤鸣. 国家治理现代化语境下的社会治理探析[J]. 达州新论，2014，2（2）：11-12.
[93] 陈红兵，唐淑凤. 新老卢德运动比较研究[J]. 科学技术哲学研究，2003，20（2）：56-59.
[94] 陈劲松. 网络社会的特征及其社会管理创新[J]. 广东工业大学学报（社会科学版），2013，13（06）：12-19，101.
[95] 陈联俊，李萍. 网络社会中的“网络公民”及其教育[J]. 学术论坛，2009，32（5）：198-201.
[96] 陈联俊. 网络社会中公民意识的缺失与培养[J]. 首都师范大学学报（社会科学版），2010，2（2）：70-74.
[97] 陈胜云. 网络社会的主体性危机[J]. 现代哲学，2001，1（1）：36-39.
[98] 陈水生. 新公共管理的终结与数字时代治理的兴起[J]. 理论导刊，2009，4（4）：98-101.
[99] 陈维新. 中华民族与和合文化[J]. 中央民族大学学报（哲学社会科学版），2008（6）：118-124.
[100] 陈伟. 建设数字政府 推进网络理政[J]. 先锋，2017，2（2）：30-31.
[101] 陈文化，李立生. 马克思主义技术观不是“技术决定论”[J]. 科学技术哲学研究，2001，18（6）：34-37.
[102] 陈永伟. 如何治理平台？平台时代寻找奥斯特罗姆[DB/OL]. [2017-08-22]. http://opinion.caixin.com/2017-08-22/101133612. html.
[103] 陈远，邹晶. 网络实名制：规范网络信息传播的必由之路[J]. 山东社会科学，2009，1（1）：66-69.
[104] 陈章群. 未成年人使用共享单车出事谁担责？[J]. 公民与法（综合版），2017，6（6）：49-50.
[105] 程琳. 加快信息网络法治建设 维护网络社会安全秩序[J]. 中国人民公

安大学学报（社会科学版），2013，29（1）：1-9.

[106] 程琳. 加强网络社会治理 创建文明网络环境[J]. 中国人民公安大学学报（社会科学版），2014，30（3）：1-5.

[107] 程士强. 网络社会与社会分层：结构转型还是结构再生产？——基于CGSS2010 数据的实证分析[J]. 兰州大学学报（社会科学版），2014，42（2）：1-9.

[108] 程啸. 论大数据时代的个人数据权利[J]. 中国社会科学，2018（3）：102-122.

[109] 程玉红，曾静平. 论虚拟网络社会对我国政治发展的影响[J]. 现代传播（中国传媒大学学报），2011（09）：110-113.

[110] 崔会敏. 整体性治理：超越新公共管理的治理理论[J]. 辽宁行政学院学报，2011（07）.

[111] 达雷尔・韦斯特. 数字政府：技术与公共领域绩效[M]. 郑钟扬，译.北京：科学出版社，2011.

[112] 代玉梅. 自媒体的传播学解读[J]. 新闻与传播研究，2011（5）：4-11.

[113] 邓伟志，范建伟，施蕾生. 关于建立中国网络社会学的问题[J]. 江海学刊，2001（4）：17-24.

[114] 丁道群，肖宁，张湘一. 生活事件、网络社会支持与网络成瘾倾向的关系[J]. 湖南师范大学教育科学学报，2013，12（6）：118-121，126.

[115] 丁义浩，陈国秋. 构筑“网络社会”合理的伦理空间[J]. 东北大学学报（社会科学版），2003（1）：66-69.

[116] 丁元竹. 推进社会治理现代化的基本思路[J]. 北京师范大学学报（社会科学版），2016（2）：108-117.

[117] 杜骏飞. 网络社会管理的困境与突破——“艳照门”解析[J]. 传媒，2008（04）：20-22.

[118] 杜瑶，赵凌. 我国网络新闻道德失范问题浅析[J]. 黑龙江科技信息，2008（35）：199-200.

[119] 段存广. 论网络社会问题及其社会控制[J]. 重庆邮电学院学报（社会科学版），2003（01）：95-99.

[120] 费孝通. 乡土中国[M]. 北京：三联书店，2013.

[121] 冯江平，史俊洋，陈虹，等. 网络社会事件发展过程中的舆情心理分析——以“躲猫猫”事件为例[J]. 云南师范大学学报（哲学社会科学版），2012，44（4）：60-70.

[122] 冯娟. 基于网络社会关系结构的传播策略研究——从“微信红包”谈起[J]. 东南传播，2014（4）：80-82.

[123] 冯鹏志. 数字化的“泡沫”：网络社会张力及其表现形式[J]. 天津社会科学，2000（3）：28-32.

[124] 冯鹏志. 网络社会规范的形构基础及其涵义[J]. 学海，2001（6）：62-65，207-208.

[125] 冯鹏志.“数字化乐园”中的“阴影”：网络社会问题的面相与特征[J]. 自然辩证法通讯，1999（5）：35-44.

[126] 冯鹏志.“虚拟安全阀”：网络社会张力的根源及其调适[J]. 自然辩证法研究，2000（4）：32-36，45.

[127] 冯务中，李艳艳.“网络社会”概念辨析[J]. 广西社会科学，2008（9）：175-178.

[128] 冯晓青. 互联网法院助力司法审判体制改革[J]. 网络传播，2017（7）：22-23.

[129] 冯颜利，吴兴德. 中国社会诚信体系建设的问题与对策[J]. 廉政文化研究，2012（1）：1-6.

[130] 冯瑛，陈坚. 浅析网络社会及网络社会问题的特征[J]. 湖北成人教育学院学报，2004（4）：11-13.

[131] 弗兰克·韦伯斯特. 信息社会理论[M].曹晋，等译. 北京大学出版社，2011：67.

[132] 符安平. 基础设施对我国区域经济增长的影响研究[D]. 武汉：华中科技大学，2011.

[133] 符星宇，车俊良，林睿璇. 浅谈“互联网+”时代的兴起及发展现状[J]. 数码世界，2017（7）：261.

[134] 福柯. 规训与惩罚[M]，刘北成，杨远婴，译. 北京：三联书店，2004.

[135] 富金鑫，孙笑宇，季忠洋. 信息生态研究的整体演化视角[J]. 情报科学，2015（11）：9-13.

[136] 高芳英. 美国医疗保障服务体系的形成、发展与改革[J]. 史学集刊，2010（11）.

[137] 高宏存，张朝霞. 多管齐下治理网络不良信息：基于国外经验的思考[J]. 行政管理改革，2012，34（6）：44-48.

[138] 高文静，张军，网络社会治理中的政府角色困境及其超越——基于多元治理的理论视角[J].合肥师范学院学报，2016，34（5）：81-85.

[139] 高献忠. 社会治理视角下网络社会秩序生成机制探究[J]. 哈尔滨工业大学学报（社会科学版），2014，16（03）：57-61.

[140] 格兰特. 近代科学在中世纪的基础[M]. 长沙：湖南科学技术出版社，2010：198.

[141] 顾爱华，陈晨. 网络社会公共秩序管理存在的问题及对策[J]. 中国行政管理，2013（05）：69-72.

[142] 关晓兰，李孟刚. 网络社会生态系统形成机理研究[M]. 北京：经济科学出版社，2016.

[143] 郭玲. 网络社会背景下政府公信力研究[D]. 长春：吉林大学，2010.

[144] 郭秋萍. 网络社会问题的探讨[J]. 郑州航空工业管理学院学报，2001（03）：31-36.

[145] 郭晓兵，龙云. 中导条约与全球战略稳定论析[J]. 国际安全研究，2020（2）：49-72.

[146] 郭颖，唐智. 虚拟现实和网络社会的虚拟性[J]. 黄石高等专科学校学报，2002（1）：69-71.

[147] 郭玉锦，王欢. 网络社会学[M]. 北京：中国人民大学出版社，2005.

[148] 郭悦. 共享单车蓬勃发展，行业规范亟待出台[J]. 信息化建设，2017（6）：41.

[149] 国务院新闻办公室新闻发布会[DB/OL]. [2020-10-23]. http: //www.scio.gov.cn/XWFBH/xwbfbh/wqfbh/42311/44045/wz44047/Document/1690332/1690332.htm.

[150] 哈尔福德·麦金德. 历史的地理枢纽[M]. 林尔蔚，译. 北京：商务印书馆，1985.

[151] 哈肯. 协同学及其最新应用领域[J]. 自然杂志，1983（6）：5-12.

[152] 韩朝华. 利益多元化与社会治理结构转型[J]. 中国特色社会主义研究，2007（01）：49-54.

[153] 韩冬. 网络社会治理：传统思维与现实困境[J]. 社会科学战线，2016（4）：269-272.

[154] 韩立丰，王重鸣，许智文. 群体多样性研究的理论述评——基于群体断层理论的反思[J]. 心理科学进展. 2010，18（2）：374-384.

[155] 韩兆柱，单婷婷. 网络化治理、整体性治理和数字治理理论的比较研究[J]. 学习论坛，2015. 31（07）：44-49.

[156] 韩兆柱，马文娟. 数字治理理论研究综述[J]. 甘肃行政学院学报，2016（1）：23-35.

[157] 韩兆柱，杨洋. 整体性治理理论研究及应用[J]. 教学与研究，2013（6）.

[158] 汉斯・萨克塞. 生态哲学[M]，文韬，佩云，译. 北京：东方出版社，1991：1-2.

[159] 何芬芳. 试论技术的社会构建[J]. 商，2016（29）：55.

[160] 何明升. 虚拟社会治理的概念定位与核心议题[J]. 湖南师范大学社会科学学报，2014（6）：5-12.

[161] 何水. 协同治理及其在中国的实现——基于社会资本理论的分析[J]. 西南大学学报（社会科学版），2008，34（3）：102-106.

[162] 何薇. 行政法上的第三方义务在网络交易平台监管中的应用[D]. 北京：北京外国语大学，2017.

[163] 何枭吟. 美国数字政府透视[J]. 边疆经济与文化，2006（5）：110-112.

[164] 何哲. 国家数字治理的宏观架构[J]. 电子政务，2019（01）：32-38.

[165] 何哲. 网络社会的基本特性及其公共治理策略[J]. 甘肃行政学院学报，2014（3）：56-66.

[166] 何哲. 网络社会时代的政府组织结构变革[J]. 甘肃行政学院学报，2015（03）：18-28，126.

[167] 何哲. 网络社会治理的若干关键理论问题及治理策略[J]. 理论与改革，2013（3）：108-111.

[168] 何哲. 在新时代与旧时代之间——主要发达国家网络社会治理的逻辑与借鉴[J]. 国外理论动态，2016（8）：117-125.

[169] 贺佐成. 网络社会互动——一个基于结构与行为视角的文献综述[J]. 长春工程学院学报（社会科学版），2010，11（1）：15-18，29.

[170] 胡晨. 基于公共治理理论的网络社会治理问题及对策研究[J].中国市场，2017（5）：104-105.

[171] 胡泳. 众声喧哗：网络时代的个人表达与公共讨论[M]. 桂林：广西师范大学出版社，2008.

[172] 胡正荣. 权利表达与协商民主：辨析新媒体时代的公民网络社会参与[J]. 郑州大学学报（哲学社会科学版），2012，45（6）：5-7.

[173] 黄超. 建构主义视野下的国际规范扩散[J]. 外交评论，2008（8）：59-65.

[174] 黄东桂. 关于网络社会的伦理思考[J]. 学术论坛，2000（6）：40-43.

[175] 黄锫坚. 技术决定论的多种面貌与技术概念的多重含义[J]. 自然辩证法研究，2000，16（6）：14-18.

[176] 黄坡，陈柳钦. 政府规制与行业自律的辩证关系研究[J]. 学习论坛，2005，21（12）：43-46.

[177] 黄少华. 论网络社会的结构转型[J]. 淮阴师范学院学报（哲学社会科学版），2005（6）：764-768，839.

[178] 黄晓伟，张成岗. 技术决定论形成的历史进路及当代诠释[J]. 南京师范大学学报（社会科学版），2017（3）：59-66.

[179] 黄哲. 网络社会分层与地位不平等[J]. 云南民族大学学报（哲学社会科学版），2004（3）：77-78.

[180] 黄志雄. 网络空间国际规则制定的新趋向[J]. 厦门大学学报，2018（1）：1-11.

[181] 黄志雄. 网络主权论——法理、政策与实践[M]. 北京：社会科学文献出版社，2017.

[182] 贾开. 数字治理的反思与改革研究：三重分离、计算性争论与治理融合创新[J]. 电子政务，2020（5）：40-48.

[183] 简 •E. 芳汀. 构建虚拟政府：信息技术与制度创新[M]. 邵国松，译. 北京：中国人民大学出版社，2010.

[184] 江小涓. 高度联通社会中的资源重组与服务业增长[J]. 经济研究，2017（3）：4-17.

[185] 姜飞，黄廓. 把握大数据时代契机 推动我国网络社会管理更加科学化[J]. 中国广播，2013（5）：56-58.

[186] 蒋爱华，陈芳."网络社会"道德建设初探[J]. 南京社会科学，2000（06）：73-75.

[187] 金蕊. 中外互联网治理模式研究[D]. 上海：华东政法大学，2016.

[188] 金晓燕. 基于个体偏好和信念的网络社会治理研究[J]. 电子政务，2016（7）：57-62.

[189] 景天魁，高和荣. 探索复杂社会的治理之道——中国社会治理的情境、逻辑与策略[J]. 人民论坛 • 学术前沿，2016（1）：75-82.

[190] 居斯塔夫 • 勒庞. 乌合之众——群体心理研究[M]. 胡小跃，译. 杭州：浙江文艺出版社，2015.

[191] 凯斯 • 桑斯坦. 网络共和国——网络社会中的民主问题[M]. 黄维明，译. 上海：上海人民出版社，2004.

[192] 康健. 试论网络社会及其特殊的现实性[J]. 中共中央党校学报，2002（3）：22-25.

[193] 克劳德 • 斯莫茨. 治理在国际关系中的正确运用[J]. 肖孝毛，译. 国际社会科学，1999（2）：81-88.

[194] 克里斯多夫 • 库克里克. 微粒社会：数字化时代的社会模式[M]. 黄昆，夏柯，译. 北京：中信出版社，2017.

[195] 拉古拉迈 •拉詹. 断层线：全球经济潜在的危机[M]. 刘念，等译. 北京：中信出版社，2011.

[196] 莱斯特 • M. 萨拉蒙. 全球公民社会——非营利部门视界[M]. 贾西津，等译. 北京：社会科学文献出版社，2007.

[197] 李传军. 论网络空间的合作治理[J]. 广东行政学院学报，2015，27（4）：5-10.

[198] 李丰. 社会治理模式嬗变中的“总与分”[J]. 理论月刊，2013（1）：139-142.

[199] 李钢. 网络社会与网络伦理[J]. 中国出版，2001（05）：41-43.

[200] 李贵成. 论网络社会与网络公民意识的培育[J]. 湖北行政学院学报，2010（6）：78-81.

[201] 李汉卿. 协同治理理论探析[J]. 理论月刊，2014（1）：138-142.

[202] 李晖. 美国宽带计划逐步实施成效显著[J]. 世界电信，2012（4）：48-54.

[203] 李慧龙，于君博. 数字政府治理的回应性陷阱——基于东三省“地方领导留言板”的考察[J]. 电子政务，2019（3）：72-87.

[204] 李乃青. 强化平台内部治理塑造自律发展机制 万众创新支撑平台的指导意见解读[J]. 电信网技术，2015（12）：18-20.

[205] 李鹏. 数字内容产业的平台治理及规制研究[J]. 科技管理研究，2015（6）：140-144.

[206] 李萍. 推进网络伦理建设[N]，光明日报，2015-12-23（2）.

[207] 李琪，等. 基于商务链的网上网下交易欺诈比较研究[M]. 北京：电子工业出版社，2014.

[208] 李倩倩，黄远，姜景，等. 中国网络社会治理的舆论指数[J].中国科学院院刊，2015（1）：90-96.

[209] 李强. 创新社会治理体制[J]. 求是，2013（24）：14-18.

[210] 李飒. 浅析人的个性与普遍性[J]. 学理论，2011，（23）：25-26.

[211] 李世安. 从中西比较的角度看儒家文化中的人权思想[J]. 史学理论研究，2014（3）：29-34.

[212] 李硕. 技术决定论浅析[J]. 哈尔滨工业大学学报（社会科学版），2001，3（3）：27-28.

[213] 李涛. 网络社会伦理：一种基于责任伦理的建构[J]. 道德与文明，2007（01）：103-107.

[214] 李湘洲. 协同学的产生与现状[J]. 科技导报，1997，15（4）：38-40.

[215] 李啸英. 网络社会的政府治理[D]. 北京：北京邮电大学，2008.

[216] 李亚妤. 互联网使用、网络社会交往与网络政治参与——以沿海发达城市网民为例[J]. 新闻大学，2011（01）：69-81.

[217] 李一. 网络社会治理的逻辑起点、运作机制和界域指向[J]. 中共杭州市委党校学报，2015，1（3）：40-46.

[218] 李一. 网络社会治理的目标取向和行动原则[J]. 浙江社会科学，2014（12）：87-93.

[219] 李一. 再析“网络社会治理”的概念指称和基本意涵[J]. 贵州省党校学报，2016（5）：79-84.

[220] 李荫榕，高献中. 试论网络社会的实践与人的主体性[J]. 学习与探索，1999（4）：59-60.

[221] 历史终结论由日裔美籍学者法兰西斯 • 福山于 1988 年提出.

[222] 莉诺 •奥斯特罗姆. 公共事务治理之道[M]. 余逊达，陈旭东，译. 上海：上海译文出版社，2012.

[223] 梁漱溟. 中国文化要义[M]. 上海：上海人民出版社，2011.

[224] 梁芷铭. 大数据治理——国家治理能力现代化的应有之义[J]. 吉首大学学报（社会科学版），2015（2）：34-41.

[225] 廖佩玉，周云. 论商业秘密的保护[J]. 企业经济，2011，30（02）：190-192.

[226] 林健，范佳凤. 民营企业集群恶性竞争及集群升级研究——恩平麦克风及电声集群案例[J]. 中国企业管理研究会年度报告. 2006：131-135.

[227] 林尚立. 现代国家认同建构的政治逻辑[J]. 中国社会科学，2013（8）：22-46.

[228] 刘斌，程亮. 网络社会组织培育与监管研究[J]. 社团管理研究，2011（10）：43-44.

[229] 刘冰. 互联网发展的中国智慧[J]. 党建，2016（2）：29-30.

[230] 刘从德，吴晓波. 不变的公式？——哈尔福德 • 麦金德对“心脏地带”理论的三次论证[J]. 华中师范大学学报（人文社会科学版），2001（05）：52-56.

[231] 刘东杰. 建构“权威”多中心社会结构实现社会治理模式的平稳过渡[J]. 乌蒙论坛，2014（2）：32-36.

[232] 刘国建. “网络社会”的特性及其哲学思考[J]. 学术研究，2002（2）：51-55.

[233] 刘建华. 论网络社会的政治权力转移[J]. 广西师范大学学报（哲学社会科学版），2012，48（3）：25-28.

[234] 刘菁，邹大鹏. 揭秘网络黑色产业链[J]. 瞭望，2007（51）：8-9.

[235] 刘娟. 网络社会生态系统的稳定性评价研究[D]. 北京：北京交通大学，2010.

[236] 刘明达，顾强. 从供给侧改革看先进制造业的创新发展——世界各主要经济体的比较及其对我国的启示[J]. 经济社会体制比较，2016（1）：19-29.

[237] 刘能. 等级制和社会网络社会场域中的权力与交换关系[J]. 河南社会科学，2004（1）：25-31.

[238] 刘少杰. 网络化时代的社会结构变迁[J]. 学术月刊，2012（10）：14-23.

[239] 刘少杰. 网络社会的感性化趋势[J]. 天津社会科学，2016（3）：64-71.

[240] 刘天骄，数据主权与长臂管辖的理论分野与实践冲突[J]. 环球法律评论. 2020（2）：180-192.

[241] 刘伟，杨益哲. 网络治理：网络社会视阈下治理范式跃迁的新愿景[J]. 晋阳学刊，2008（04）：15-20.

[242] 刘伟忠. 我国协同治理理论研究的现状与趋向[J]. 城市问题，2012（5）：81-85.

[243] 刘艳红，无罪的快播与有罪的思维——“快播案”有罪论之反思与批判[J]. 政治与法律，2016（12）：104-112.

[244] 刘艳艳. 底特律汽车产业转型失败及启示[J]. 世界地理研究，2012（3）：101-110.

[245] 刘义，陶飞亚. 从基要主义到恐怖主义全球化时代的宗教政治[J]. 社会，2007，27（5）：47-65.

[246] 刘正荣. 从非理性网络舆论看网民群体心理[J]. 现代传播（中国传媒大学学报），2007（3）：167-168.

[247] 卢安宁. 关于网络社会学研究的几点思考[J]. 前沿，2008（6）：151-154.

[248] 卢斌. 哲学视域下的网络社会交往[D]. 北京：中共中央党校，2011.

[249] 卢梭. 论人类不平等的起源和基础[M]. 陈伟功，吴金生，译. 北京：北京出版社. 2010.

[250] 卢显良，卢军. 网络技术和网络社会[J]. 电子科技大学学报（社科版），2000（1）：16-20.

[251] 芦琦. 网络社会中的法律文化及网络亚文化问题探析[J]. 华东政法学院学报，2006（3）：27-33.

[252] 鲁兴虎. 论网络社会交往中的个人诚信缺失现象及其治理[J]. 道德与

文明，2006（5）：55-58.

[253] 罗纳德 •英格尔哈特. 发达工业社会的文化转型[M]. 张秀琴，译. 北京：社会科学文献出版社，2013.

[254] 罗艳梅. 浅谈黑客攻击与防范技术[J]. 网络安全技术与应用，2009（02）：31-33.

[255] 吕新杰. 抽丝剥茧教你如何勘破共享经济发展困局[J]. 通信世界，2017（30）：57-58.

[256] 吕岩梅. 大数据与现代视听传媒建构思考[J]. 西部广播电视，2013（10）：5-8.

[257] 马汉. 海权论[M]，萧伟中，梅然，译. 北京：中国言实出版社，1997：35.

[258] 马新福. 社会主义法治必须弘扬契约精神[J]. 中国法学，1995（1）：41-47.

[259] 麦肯锡. 数字全球化[R]. 2016.

[260] 曼纽尔 • 卡斯特. 认同的力量[M]. 夏铸九，等译. 北京：社会科学文献出版社，2003.

[261] 曼纽尔 • 卡斯特. 网络社会：跨文化的视角[M]. 周凯，译. 北京：社会科学文献出版社，2009.

[262] 曼纽尔 • 卡斯特. 网络社会的崛起[M]. 夏铸九，王志弘，等译. 北京：社会科学文献出版社，2003.

[263] 孟卧杰. 论我国网络社会治理的三个有效结合[J]. 天津行政学院学报，2015（6）：89-97.

[264] 孟卧杰. 网络社会治理中的单边主义思维批判[J]. 社会治理，2015（3）：125-133.

[265] 孟昭华. 关于协同学理论和方法的哲学依据与社会应用的探讨[J]. 内蒙古社会科学（文史哲版），1997（6）：10-13.

[266] 米歇尔 • 福柯. 必须保卫社会[M]. 钱翰，译. 上海：上海人民出版社，1997.

[267] 苗东升. 协同学的辩证思想[J]. 中国人民大学学报，1990（3）：45-52.

[268] 莫少群. 技术社会学研究的兴起与现状[J]. 南京师大学报（社会科学

版），2003（4）：55-61.

[269] 牟焕森. 存在“马克思主义的技术决定论”吗？[J]. 自然辩证法研究，2000，16（9）：32-37.

[270] 南都个人信息保护研究中心. 第 40 次 2017 个人信息保护年度报告[J]. 中国信息安全，2018（1）.

[271] 尼古拉•尼格庞罗迪. 数字化生存[M]. 胡泳、范海燕，译. 海口：海南出版社，1997.

[272] 尼古拉斯•克里斯塔基斯，詹姆斯 · 富勒. 大连接：社会网络是如何形成的以及对人类现实行为的影响[M]. 简学，译. 北京：中国人民大学出版社，2013.

[273] 倪宁，金韶. 大数据时代的精准广告及其传播策略——基于场域理论视角[J]. 现代传播（中国传媒大学学报），2014（2）：99-104.

[274] 欧仕金. 网络社会的哲学解析[J]. 唐山师范学院学报，2004（1）：46-49.

[275] 潘小娟. 市政管理体制改革：理论与实践[M]. 北京：社会科学文献出版社. 1998.

[276] 潘亚玲. 国际规范生成：理论反思与模型建构[J]. 欧洲研究，2019（5）：45-67.

[277] 彭慧波，周亚建. 数据定价机制现状及发展趋势[J]. 北京邮电大学学报，2019，42（1）：120-125.

[278] 彭景阳. 网络社会的道德失范与个体的自我异化[J]. 江苏广播电视大学学报，2007（1）：61-64.

[279] 彭兰. 从网络媒体到网络社会——中国互联网 20 年的渐进与扩张[J]. 新闻记者，2014（4）：15-21.

[280] 彭兰. 网络社会的网民素养[J]. 国际新闻界，2008（12）：65-70.

[281] 彭兰. 自组织与网络治理理论视角下的互联网治理[J]. 社会科学战线，2017（4）：168-175.

[282] 彭美，夏燕. 全球化视野中的网络社会及其法律建构问题[J]. 学术论坛，2010，33（5）：161-163.

[283] 彭小兰，陶韶菁. 网络社会组织的管理研究[J]. 华南师范大学学报（社会科学版），2013（3）：80-84，163.

[284] 皮埃乐·布迪厄. 实践与反思：反思社会学导引[M]. 李猛，李康，译. 北京：中央编译出版社，1998 年.

[285] 戚攻. 从社会学理论域考察网络社会群体[J]. 探索，2001（2）：77-80.

[286] 戚攻. 社会转型·社会治理·社会回应机制链[J]. 西南大学学报（人文社会科学版），2006（6）：109-114.

[287] 戚攻. 网络社会的本质：一种数字化社会关系结构[J]. 重庆大学学报（社会科学版），2003（1）：148-151.

[288] 戚攻. 网络社会——社会学研究的新课题[J]. 探索，2000（3）：87-89.

[289] 戚攻. 网络社会在社会结构中的“位置”[J]. 社会，2004（2）：50-52.

[290] 戚学祥，钟红. 从社会管理走向社会治理[J]. 探索，2014（02）：66-69.

[291] 钱飞龙. 网络不良信息治理研究[D]. 北京：中央民族大学，2009.

[292] 乔治·S. 布莱尔. 社区权利与公民参与[M]. 尹佩庄，张雅竹，译. 北京：中国社会出版社，2003.

[293] 秦浩，刘红波. 国外电子政务绩效评估的最新进展及启示——以埃森哲和联合国为例[J]. 电子政务，2013（2）：80-86.

[294] 秦继伟，陈成文. 从“行政治理”到“社会治理”：长株潭试验区治理模式的转型[J]. 经济地理，2013，33（12）：73-76.

[295] 裘伟廷. “网络社会”概念刍议[J]. 宁波广播电视大学学报，2005，3（1）：1-5.

[296] 冉连. 虚拟社会治理创新：内涵、挑战与实现路径[J]. 情报杂志，2017（2）：48-52.

[297] 人民网舆情监察室. 2016 网络谣言传播以及成年人认知研究报告[R]. 2016.

[298] 任国库. 网络盗窃案件的问题研究[J]. 法制与社会，2010（27）：59-60.

[299] 任莉莎. 论网络社会的自由与秩序[J]. 电子科技大学学报（社科版），2002（4）：68-69.

[300] 沙勇忠，解志元. 论公共危机的协同治理[J]. 中国行政管理，2010（4）：73-77.

[301] 邵静野. 中国社会治理协同机制建设研究[D]. 长春：吉林大学，2014.

[302] 邵培仁. 大众传播中的信息污染及其治理[J]. 新闻与写作，2007（3）：22-23.

[303] 沈逸. 为全球网络空间治理良性变革贡献中国方案[J]. 学术前沿，2020（1）：36-42.

[304] 盛学军. 政府监管权的法律定位[J]. 社会科学研究，2006（1）：100-107.

[305] 史云贵，周荃. 整体性治理：梳理、反思与趋势[J]. 天津行政学院学报，2015.

[306] 中国网络空间研究院. 世界互联网发展报告[R]. 乌镇：世界互联网大会，2020.

[307] 数字经济欣欣向荣，为高质量发展开辟新局[DB/OL]. [2021- 02-03]. http://www.cac.gov.cn/2021-02/01/c_1613751826995469. htm.

[308] 苏涛. 缺席的在场：网络社会运动的时空逻辑[J]. 当代传播，2013（01）：23-26.

[309] 苏彦捷，张慧，张康. 社会决策：自我利益与他人利益的权衡[J]. 心理科学，2012，35（06）：1423-1428.

[310] 孙嘉明，杨雄. 全球化进程中的跨国界交往现象——试论“海外关系”对本土经济、社会转型的影响[J]. 社会科学，2007（6）：141-151.

[311] 孙伟平，贾旭东. 关于“网络社会”的道德思考[J]. 哲学研究，1998（8）：10-16.

[312] 孙伟平. 信息网络技术与“网络社会”的崛起[J]. 河北学刊，2004（1）：46-49.

[313] 孙晓光，李忠伟. 网络社会治理的困境与对策研究[J]. 吉林广播电视大学学报，2016（9）：113-114.

[314] 孙晓莉. 西方国家政府社会治理的理念及其启示[J]. 社会科学研究，2005（2）：7-11.

[315] 唐一之，李伦. “网络生态危机”与网络生态伦理初探[J]. 湖南师范大学社会科学学报，2000（6）：15-20.

[316] 唐雨. 我国网络社会治理模式演进分析[J]. 南京邮电大学学报（社会科学版），2015，17（3）：18-23.

[317] 陶鹏. 当代中国虚拟社会治理中的信任图景重构[J]. 征信，2015（11）：

23-27.

[318] 陶蕴芳. 网络社会中群体政治认同机制的发生与引导[J]. 中州学刊，2012（1）：207-210.

[319] 腾讯研究院. 中国网络生态安全报告（2015）[R]. 2016.

[320] 田培杰. 协同治理概念考辨[J]. 上海大学学报（社会科学版），2014，31（1）：124-140.

[321] 田征宇. 网络生态[J]. 软件世界. 1998（2）：3-5.

[322] 童拿云. 大数据时代的个人隐私保护[D]. 上海：上海师范大学，2015.

[323] 童星，罗军. 网络社会：一种新的、现实的社会存在方式[J]. 江苏社会科学，2001（5）：116-120.

[324] 童星，罗军. 网络社会及其对经典社会学理论的挑战[J]. 南京大学学报（哲学·人文科学·社会科学版），2001（5）：96-102.

[325] 童星，严新明. 网络社会控制的悖论[J]. 社会科学研究，2003（2）：101-106.

[326] 托马斯·弗里德曼. 世界是平的：21 世纪简史[M]. 何帆，等译. 3 版. 湖南：湖南科技出版社，2012.

[327] 万云波. 中国古代治理思想对现代企业管理的影响[J]. 潍坊学院学报，2014，14（1）：44-46.

[328] 汪晓风. 网络恐怖主义与“一带一路”网络安全合作[J]. 国际展望，2016（4）：116-132.

[329] 王朝明. 政府转型与构建和谐社会——兼论社会政策改革的滞后性[J]. 财经科学，2006（1）：99-106.

[330] 王晨. 和谐社会视域下虚拟社会的治理研究[D]. 北京：中国石油大学（华东），2015.

[331] 王传薇，田雨. 关于共享单车押金的法律思考[J]. 中国市场，2017（17）：113-114.

[332] 王芳. 论政府主导下的网络社会治理[J]. 人民论坛·学术前沿，2017（07）：42-53，95.

[333] 王冠. 网络社会的流动空间集聚与扩散[J]. 人文杂志，2013（3）：111-115.

[334] 王国敏. 善政：构建和谐社会的政治基础[J]. 社会科学研究，2005（6）：23-25.

[335] 王焕斌. “网络社会”：内涵及其特征探析[J]. 江西社会科学，2003（02）：149-151.

[336] 王坚. 在线[M]. 北京：中信出版社，2017.

[337] 王建民. 转型期中国网络社会治理：内涵与主要议题[J]. 科学社会主义，2017（2）：103-108.

[338] 王建设. “技术决定论”与“社会建构论”：从分立到耦合[J]. 自然辩证法研究，2007，23（5）：61-64.

[339] 王建设. 技术决定论与社会建构论：对立抑或分立？[J]. 河南师范大学学报（哲学社会科学版），2007，34（2）：36-40.

[340] 王节祥. 互联网平台企业的边界选择与开放度治理研究——平台二重性视角[D]. 杭州：浙江大学，2017.

[341] 王敬伟. 我国征信体系建设理论及现实分析[J]. 征信，2009，27（5）：46-50.

[342] 王君君. 当政府公信力遭遇塔西佗陷阱：当下中国网络社会的公信力反思[J]. 广州大学学报（社会科学版），2014，13（03）：5-9.

[343] 王俊勇. 共享单车应告别“围城发展”[N]. 杭州日报. 2017- 08-28.

[344] 王敏，覃军. 网络社会政府危机信息传播管理的困境与对策[J].当代世界与社会主义，2012（1）：127-132.

[345] 王明国. 全球互联网治理的模式变迁、制度逻辑与重构路径[J]. 世界经济与政治，2015（3）：47-73.

[346] 王浦劬，季程远. 新时代国家治理的良政基准与善治标尺——人民获得感的意蕴和量度[J]. 中国行政管理，2018（1）：6-12.

[347] 王浦劬. 国家治理、政府治理和社会治理的含义及其相互关系[J]. 国家行政学院学报，2014（3）：11-17.

[348] 王浦劬. 国家治理、政府治理和社会治理的基本含义及其相互关系辨析[J]. 社会学评论，2014，2（3）：12-20.

[349] 王浦劬. 科学把握“国家治理”的含义[N]. 光明日报. 2013-12-29（7）.

[350] 王启亮，陈霞. 中国共产党对网络社会的治理：价值取向、核心问题和

战略目标[J]. 湖湘论坛，2017，30（2）：36-42.

[351] 王珊. 基于自组织理论的网络社会生态系统演化研究[D]. 北京：北京交通大学，2010.

[352] 王水雄. 结构博弈：互联网导致社会扁平化的剖析[M]. 北京：华夏出版社，2003.

[353] 王炜. 网络社会——人类生存理想的乌托邦[J]. 情报科学，2001（10）：1017-1021.

[354] 王学风. 论网络社会中人的主体性的丧失与提升[J]. 华南师范大学学报（社会科学版），2002（5）：27-31.

[355] 王益民. 全球电子政务发展现状、特点趋势及对中国的启示——《2016年联合国电子政务调查报告》解读[J]. 电子政务，2016（9）：62-69.

[356] 王永梅. 网络社会与老龄问题：机遇与挑战[J]. 学术交流，2014（8）：202-206.

[357] 王玉瑶. 互联网时代平台企业价值生态系统构建与治理机制研究[D]. 郑州：郑州大学，2017.

[358] 王育平，吴志杰. 中国传统“和合”文化探源[J]. 南京理工大学学报（社会科学版），2009，22（1）：86-91，124.

[359] 威廉·庞德斯通. 无价：洞悉大众心理玩转价格游戏[M]. 闾佳，译. 北京：华文出版社，2011：53.

[360] 魏礼群. 积极推进社会治理体制创新[J]. 行政管理改革，2014，8（8）：17-23.

[361] 魏小雨. 互联网平台经济与合作治理模式[J]. 黑龙江社会科学，2017（1）：105-111.

[362] 文明冲突论由美国政治家塞缪尔·亨廷顿于 1993 年提出.

[363] 翁士洪. 整体性治理模式的兴起——整体性治理在英国政府治理中的理论与实践[J]. 上海行政学院学报，2010（2）.

[364] 吴夺. 对网络技术“双刃剑”性质的认识[J]. 沈阳师范大学学报（社会科学版），2008，32（3）：39-41.

[365] 吴关龙，马宁，王新雷. 网络社会治理的路径选择——以身份映射关系为视角的考量[J]. 内蒙古社会科学（汉文版），2013，34（5）：84-87.

[366] 吴剑平. 大学的革命——MOOC 时代的高等教育[M]. 北京：清华大学出版社，2014：98.

[367] 吴克昌，闫心瑶. 数字治理驱动与公共服务供给模式变革——基于广东省的实践[J]. 电子政务，2020（1）：76-83.

[368] 吴绍山. 网络实名制：自由与秩序的对垒[J]. 理论与改革，2010（5）：133-136.

[369] 吴彤. 论协同学理论方法——自组织动力学方法及其应用[J]. 内蒙古社会科学（汉文版），2000（6）：19-26.

[370] 仵志忠. 信息不对称理论及其经济学意义[J]. 经济学动态，1997（1）：66-69.

[371] 夏德元. 全球媒介化社会电子空间与现实空间的互扰[J]. 东吴学术，2013（4）：68-74.

[372] 夏鹏，张志刚. 微时代背景下政府网络社会治理的挑战、转型与对策[C]. 决策论坛——管理科学与工程研究学术研讨会，2016.

[373] 夏学銮. 网络社会学建构[J]. 北京大学学报（哲学社会科学版），2004，41（1）：85-91.

[374] 肖峰. 论技术的社会形成[J]. 中国社会科学，2002（6）：68-77.

[375] 肖清华. 电信诈骗机制及防控措施分析[J]. 移动通信，2016，40（19）：27-29.

[376] 肖婷，翟怡文，等. 论网络服务提供商的责任承担问题——以魏则西事件为切入点[J]. 法制与社会，2017（8）：71-72.

[377] 谢金林. 网络舆论社会管理新课题——培育良好的网络社会心态[J]. 中国青年研究，2012（03）：18-24.

[378] 谢俊贵. 当代社会变迁之技术逻辑——卡斯特尔网络社会理论述评[J]. 学术界，2002（4）：191-203.

[379] 谢尚果. 网络社会反腐的法律困境与出路[J]. 中国行政管理，2014（2）：91-94.

[380] 谢耘耕，刘锐，刘怡，等. 网络社会治理研究综述[J]. 新媒体与社会，2014（4）：91-132.

[381] 邢怀滨，陈凡. 社会建构论的技术政策观[J]. 自然辩证法研究，2003，

19（3）：81-85.

[382] 邢怀滨. 社会建构论的技术观[M]. 沈阳：东北大学出版社，2005.

[383] 熊光清. 十八大以来党对网络社会治理的探索[J]. 理论与改革，2017（2）：9-14.

[384] 熊光清. 推进中国网络社会治理能力建设[J]. 社会治理，2015（2）：65-72.

[385] 熊光清. 网络社会治理能力建设研究（专题讨论）[J]. 哈尔滨工业大学学报（社会科学版），2017（6）：29.

[386] 熊光清. 中国网络社会治理与国家政治安全[J]. 社会科学家，2015（12）：29-33.

[387] 徐国虎，许芳. 网络生态平衡理论探讨[J]. 情报理论与实践，2006，29（2）：168-171.

[388] 徐凌霄，陈国忠. 网络社会的道德自律[J]. 思想战线，2001（4）：36-38.

[389] 徐晓林，陈强，曾润喜. 中国虚拟社会治理研究中需要关注的几个问题[J]. 中国行政管理，2013（11）：7-11.

[390] 徐晓林，刘勇. 数字治理对城市政府善治的影响研究[J]. 公共管理学报，2006（1）：13-20，107-108.

[391] 徐晓林，周立新. 数字治理在城市政府善治中的体系构建[J]. 管理世界，2004（11）：140-141.

[392] 徐燕锋，雷洪. 网络社会问题的特征分析[J]. 湖北社会科学，2002（9）：63-64.

[393] 许凤，戚湧. 基于贝叶斯网络的互联网协同治理研究[J]. 管理学报，2017（11）：1718-1727.

[394] 许晓冰. 网络赌博犯罪现状分析与法律探讨[J]. 信息网络安全，2011（2）：60-63.

[395] 薛国中. 社会的形成及其发展[J]. 社会科学论坛. 2013（3）：4-24.

[396] 薛小荣. 信息时代中国共产党的网络社会治理能力[J]. 探索与争鸣，2014（5）：88-92.

[397] 薛兆丰：网络平台治理的“三律”[DB/OL]. http://money.163.com/16/0411/18/BKD2RN0J00253B0H.html.

[398] 亚伯拉罕·马斯洛. 动机与人格[M]. 许金声，等译. 3 版. 北京：中国人民大学出版社，2012.

[399] 亚当·斯密. 国富论[M]. 北京：商务印书馆，2016.

[400] 严学钧. 网络社会中道德原则的演变[J]. 社会科学，2000（06）：52-55.

[401] 杨斌成. 群体心理学视域中的网民群体心理与舆论引导[J]. 东南传播，2014（4）：77-79.

[402] 杨怀中. “网络社会”的伦理分析及对策[J]. 武汉理工大学学报（社会科学版），2001（1）：14-17.

[403] 杨礼富. 网络社会的伦理问题探究[D]. 苏州：苏州大学，2006.

[404] 杨柳. 网络社会的群体行为研究[D]. 南昌：江西师范大学，2009.

[405] 杨文圣，闫涛. 马克思生产力社会形态思想新探[J]. 学术论坛，2016，38（1）：21-24.

[406] 杨雪冬. 全球治理的四个原则[J]. 国外理论动态，2002（3）：1-23.

[407] 杨雁斌. 千年之交的社会形态——《网络社会的崛起》一书评介[J]. 国外社会科学，2001（06）：62-66.

[408] 姚利权. 网络生态的研究源起、研究脉络及结构特点[J]. 青年记者，2017（3）：37-38.

[409] 姚敏. 网络社会生态系统的驱动力机制研究[D]. 北京：北京交通大学，2010.

[410] 叶春涛. 网络社会视域下党的执政能力面临的挑战与应对[J]. 中州学刊，2009（2）：20-22.

[411] 叶开. 粉丝经济[M]. 北京：中国华侨出版社，2014.

[412] 叶战备. 网络问政的阙如与进路[J]. 学习与探索，2012（12）：44-47.

[413] 佚名. 12377 盘点 2 月份十大网络谣言[J]. 中国信息安全，2017（3）：14-15.

[414] 易作连. 虚拟与真实：网络社会中的人类生存方式[J]. 湘潭师范学院学报（社会科学版），2002（5）：89-92.

[415] 尹长青. 传统伦理哲学与网络社会建设[J]. 湖湘论坛，2000（3）：59-60.

[416] 尤红斌. 网络社会——虚拟与实在的互动[J]. 上海大学学报（社会科学

版），2003（5）：78-85.

[417] 于志刚. 互联网法院的历史意义和时代价值[N]. 人民法院报，2017-08-19（2）.

[418] 余国磊. 浅析“共享单车”运营和管理中存在的问题与对策[J]. 知识经济，2017（9）：87-88.

[419] 余建华. 网络社会研究将向何处去？——兼评近十年来国内网络社会研究成果[J]. 未来与发展，2007（6）：2-6.

[420] 俞可平. 社会自治与社会治理现代化[J]. 社会政策研究，2016（1）：73-76.

[421] 俞可平. 治理和善治：一种新的政治分析框架[J]. 南京社会科学 2001（9）：40-44.

[422] 俞可平. 治理与善治[M]. 北京：社会科学文献出版社，2000.

[423] 俞可平. 中国社会治理评价指标体系[J]. 中国治理评论，2012（2）：2-29.

[424] 郁建兴，关爽. 从社会管控到社会治理——当代中国国家与社会关系的新进展[J]. 探索与争鸣，2014（12）：7-16.

[425] 喻国明. 直面数字化：媒介市场新趋势研究[J]. 国际新闻界，2006（6）：18-20.

[426] 喻浩哲，浅谈互联网时代电信网络诈骗的法律规制——以徐玉玉案为例[J]，法制与社会，2017（3）：69-70.

[427] 苑雪. 大数据时代网络社会管理中的政府行为模式创新[J]. 广东行政学院学报，2013，25（4）：25-30.

[428] 曾润喜，王国华，陈强. 国家与社会关系视角下的网络社会治理[J]. 北京理工大学学报（社会科学版），2010，12（5）：121-125.

[429] 曾维和. 当代西方政府治理的理论化系谱——整体政府改革时代政府治理模式创新解析及启示[J]. 湖北经济学院学报，2010，8（1）：72-78.

[430] 曾莹. 远离骑车隐患，做好安全骑行[J]. 初中生之友•快乐号：上，2017（12）：44-45.

[431] 曾玉梅. 公民社会与网络社会两种理论路径下网络社会交往的结构分析[D]. 武汉：武汉大学，2010.

[432] 詹姆斯•N. 罗西瑙. 没有政府的治理[M]. 张胜军，等译. 南昌：江西

人民出版社. 2001.
[433] 张帆，赵金涛. 交通需求控制：缓解城市交通压力的策略选择[J]. 城市问题，2002（1）：65-68.
[434] 张桂君. 双边市场理论视角的网络平台企业治理研究述评[J]. 知识经济，2016（16）：58-59.
[435] 张虎祥，仇立平. 社会治理辨析：一个多元的概念[J]. 江苏行政学院学报，2015（1）：63-71.
[436] 张虎祥，仇立平. 中国社会治理的转型及其三大逻辑[J]. 探索与争鸣，2016（10）：57-63.
[437] 张建光. 智慧政务信息生态协同演化机制研究[D]. 北京：中央财经大学，2016.
[438] 张康之. 社会治理中的价值[J]. 国家行政学院学报，2003（5）：20-23.
[439] 张康之. 基于契约的社会治理及其超越[J]. 江苏社会科学，2006（03）：101-107.
[440] 张康之. 论"后国家主义"时代的社会治理[J]. 江海学刊，2007（1）：93-99.
[441] 张康之. 论高度复杂性条件下的社会治理变革[J]. 国家行政学院学报，2014（4）：52-58.
[442] 张康之. 论社会治理中的协作与合作[J]. 社会科学研究，2008（1）：49-54.
[443] 张康之. 走向合作治理的历史进程[J]. 湖南社会科学，2006（4）：31-36.
[444] 张雷. 网络社会的本质及其发展历程与趋势论析[J]. 天津行政学院学报，2008（4）：23-26.
[445] 张立荣，冷向明. 协同治理与我国公共危机管理模式创新——基于协同理论的视角[J]. 华中师范大学学报（人文社会科学版），2008，47（2）：11-19.
[446] 张宁，袁勤俭. 数据治理研究述评[J]. 情报杂志，2017（5）：129-134，163.
[447] 张庆峰. 网络生态论[J]. 情报资料工作，2000（4）：2-4.
[448] 张锐昕，刘红波. 联合国电子政务调研评估体系的特点和启示[J]. 情报

科学，2010，28（3）：344-348.

[449] 张书琴. 网络谣言刑法治理的反思[J]. 学海，2014（2）：160-168.

[450] 张桐. “处处是中心，无处是边缘”：后工业化进程中社会治理的变革指向[J]. 党政研究，2017（6）：108-114.

[451] 张伟，金蕊. 中外互联网治理模式的演化路径[J]. 南京邮电大学学报（社会科学版），2016，18（4）：14-20.

[452] 张文桥，王浣尘，陈明义. 网络社会初探[J]. 上海交通大学学报（社会科学版），2001（3）：74-78.

[453] 张显龙. 中国互联网治理原则与模式[J]. 中国青年，2013（14）：64-65.

[454] 张小锋，张涛. 社会组织在中国网络社会治理中的作用[J]. 哈尔滨工业大学学报（社会科学版），2017（6）：36-42.

[455] 张晓娟，谭婧. 我国省级政府数据开放平台元数据质量评估研究[J]. 电子政务，2019（3）：66-79.

[456] 张新红，高太山，于凤霞，等. 专题报告认识共享经济——认识共享经济：内涵特征、驱动力、影响力、认识误区与发展趋势[J]. 电子政务，2016（4）：1-10.

[457] 张新明，王振，张红岩. 以人为本的信息生态系统构建研究[J]. 情报理论与实践，2007（7）：103-105.

[458] 张星昭. 网络社会的现实伦理重构[J]. 理论探讨，2004（05）：36-38.

[459] 张瑶瑶. 数字经济正在成为经济增长与发展的重要驱动力[N]. 中国财经报，2017-06-24.

[460] 张一洲. 基于“权威”多中心的社会治理模式过渡[J]. 云南行政学院学报，2014（4）：62-65.

[461] 张真继. 网络社会生态学[M]. 北京：电子工业出版社，2008.

[462] 赵晨. 特朗普政府美国国家网络战略评析[J]，国际研究参考，2018(12)：8-12.

[463] 赵晓红，安维复. 网络社会：一种共享的交往模式[J]. 自然辩证法研究，2003（10）：60-63，80.

[464] 赵永青. 浅谈信息技术革命与社会变革[J]. 哈尔滨市委党校学报，2010（3）：48-49.

[465] 赵振.“互联网+”跨界经营：创造性破坏视角[J]. 中国工业经济，2015（10）：146-160.

[466] 郑称德，于笑丰，等. 平台治理的国外研究综述[J]. 南京邮电大学学报（社会科学版），2016，18（3）：26-41.

[467] 郑春勇，张苏敏. 宽容视域下的网络社会治理——基于网络宽容度测量的实证研究[J]. 公共管理学报，2013，10（1）：98-106.

[468] 郑大庆，黄丽华，张成洪，等. 大数据治理的概念及其参考架构[J]. 研究与发展管理，2017（4）：65-72.

[469] 郑洁. 网络社会的伦理及构建[J].学术论坛，2008，31（12）：61-63.

[470] 郑钧蔚. 社会治理理论的基本内涵及主要内容[J]. 才智，2015（5）：262.

[471] 郑磊，熊久阳. 中国地方政府开放数据研究：技术与法律特性[J]. 公共行政评论，2017，10（1）：53-73.

[472] 郑磊. 中国政府开放数据现状、问题与建议[J]. 复旦公共行政评论，2017（1）：209-210.

[473] 郑璐. 网络社会与“理想的话语环境”[J]. 社会科学，2005（1）：119-123.

[474] 郑巧，肖文涛. 协同治理：服务型政府的治道逻辑[J]. 中国行政管理，2008（7）：48-53.

[475] 郑少翀，陈凤. 网络社会的哲学思考[J]. 东南学术，2001（2）：102-106.

[476] 郑永年. 技术赋权：中国的互联网、国家与社会[M]. 北京：东方出版社，2014.

[477] 郑永年. 生存 vs 征服：中西方两种哲学及其结果[N]. 联合早报. 2018-05-29.

[478] 郑志平. 国家与社会关系视角下的中国虚拟社会治理方式创新研究[D]，湘潭：湘潭大学，2016.

[479] 郑中玉，何明升. “网络社会”的概念辨析[J]. 社会学研究，2004（1）：13-21.

[480] 中共中央马克思恩格斯列宁斯大林著作编译局. 马克思恩格斯全集[M]. 北京：人民出版社，1956.

[481] 中共中央马克思恩格斯列宁斯大林著作编译局. 马克思恩格斯选集[M]. 北京：人民出版社，1995.

[482] 中国互联网络信息中心. 第 39 次中国互联网络发展状况统计报告[R]. 2017.

[483] 中国互联网络信息中心. 第 40 次中国互联网络发展状况统计报告[R]. 2017.

[484] 中国互联网络信息中心. 第 41 次中国互联网络发展状况统计报告[R]. 2018.

[485] 中国互联网络信息中心. 第 48 次中国互联网络发展状况统计报告[R]. 2021.

[486] 中国互联网络信息中心. 全国未成年人互联网使用情况研究报告[R]. 2019.

[487] 中国外交部. 网络主权和信息自由流动并不对立[DB/OL]. [2017- 03-02]. http://www.cankaoxiaoxi.com/china/20170302/1731577. shtml..

[488] 钟雅琴. 网络社会的崛起与文化公民身份建构[J]. 江苏行政学院学报，2010（3）：48-53.

[489] 周成龙. 网络社会的价值认同与价值冲突[J]. 理论探索，2009（2）：26-28.

[490] 周红云. 从社会管理走向社会治理：概念、逻辑、原则与路径[J]. 团结，2014（1）：28-32.

[491] 周辉. 平台在网络治理中的义务和责任[N]. 中国社会科学报. 2017-10-16.

[492] 周庆智. 社会治理体制创新与现代化建设[J]. 南京大学学报（哲学·人文科学·社会科学），2014，51（4）：148-156，160.

[493] 周兴茂，汪玲丽. 人类学视野下的网络社会与虚拟族群[J]. 黑龙江民族丛刊，2009（1）：128-132.

[494] 周运清，彭剑波. 网络社会崛起与网络道德建设研究[J]. 湖北社会科学，2003（1）：99-101.

[495] 朱海龙. 场域、动员和行动：网络社会政治参与研究[D]. 上海：上海大学，2011.

[496] 朱海龙. 人际关系、网络社会与社会舆论——以社会动员为视角[J]. 湖南师范大学社会科学学报，2011，40（04）：95-98.

[497] 朱海龙. 网络社会信息嬗变对政治参与动员的影响[J]. 湖南师范大学社会科学学报，2010，39（03）：58-61.

[498] 朱纪华. 协同治理：新时期我国公共管理范式的创新与路径[J]. 上海市经济管理干部学院学报，2010，8（1）：5-10.

[499] 朱莎，杨浩，冯琳. 国际“数字鸿沟”研究的现状、热点及前沿分析——兼论对教育信息化及教育均衡发展的启示[J]. 远程教育杂志，2017，35（1）：82-93.

[500] 朱卫国. 数字经济时代 呼唤协同共治[N]. 人民日报. 2017- 11-24.

[501] 朱晓红，伊强. 论社会治理的多元主体结构[J]. 学习论坛，2007（08）：51-54.

[502] 竺乾威. 从新公共管理到整体性治理[J]. 中国行政管理，2008（10）：52-58.

[503] 竺乾威. 公共行政理论[M]. 上海：复旦大学出版社，2008.

[504] 谢勇. 整体性治理理论视角下——浙江省“最多跑一次”改革的经验和启示[D]. 贵州：贵州民族大学，2018.

[505] 闫德利. 数字中国的由来和内涵[D]. 腾讯研究院，2018-10-01.

[506] 姚利权. 网络生态的研究源起、研究脉络及结构特点[D]. 杭州：浙江工业大学人文学院，2017.

[507] 李艳. 网络空间治理的学术研究视角及评述[D]. 北京：中国现代国际关系研究院信息与社会研究所，2017.

[508] 李齐，贾开，曹胜. 数字治理时代公共管理学科的回应与发展——第三届数字政府治理学术研讨会会议综述[D]. 济南：山东师范大学公共管理学院，2018.

[509] 王瑾昭. 合肥地区高等学校社会舆情的应对研究[D]. 合肥：安徽大学，2019.

[510] 陈强. 基于央企信息化对标体系设计探讨数字企业模型研究[D]. 北京：北京国网信通埃森哲信息技术有限公司，2019.

[511] 杨振宏. 当代中国政府转型中的公民参与问题研究[D]. 苏州：苏州大学，2010.

[512] 李蓉. 湖南省非政府组织统一战线问题研究[D]. 长沙：湖南大学，2009.

[513] 周宏仁. 网络空间的崛起与战略稳定[D]. 北京：国家信息化专家咨询委员会，2019.

[514] 李艳，李茜. 国际互联网治理规则制定进程及对中国的启示[D]. 北京：中国现代国际关系研究院信息与社会发展研究所，2016.

[515] 任贤良. 扎实推动网络空间治理体系和治理能力现代化[D]. 北京：全国人大社会建设委员会，2019.

[516] 任敏. “四直为民”机制：基层整体性治理的新探索[J]. 探索，2018（2）.

[517] 王春晖. 2018 年我国网信领域十大法治事件[D]. 北京：工业和信息化部信息通信专家委员会，2019.

[518] 夏少君. 我国政府社会治理问题研究[D]. 石家庄：河北师范大学，2014.

[519] 支振锋. 提升网络生态治理效能的制度探索[D]. 北京：中国社会科学院法学研究所，2020.

[520] 周林彬，蔡文静. 社会治理角度下的民间规范与地方立法[D]. 兰州：甘肃社会科学院，2018.

[521] 车前程. 长江六圩河口水域通航管理的研究[D]. 大连：大连海事大学，2017.

[522] 向蓓. 村级民主治理创新实践中的协同机制研究——基于沙洋县寿庙村的调查[D]. 武汉：华中农业大学，2015.

[523] 郭广宗. 成品油长输管道系统中输油泵故障诊断技术应用研究[J]. 智能城市，2018（04）：117.

[524] 侯梦羽. 上海市社保业务经办中的各政府部门间协同机制优化研究[D]. 上海：上海师范大学，2020.

[525] 刘建荣，林卓. 基于信息生态学的高校网络舆情研究[D]. 福州：福建农林大学金山学院，2018.

[526] 赵锴. 我国城市治理中的公民参与问题研究[D]. 郑州：河南大学，2008.

[527] 舒洁. 推进数字政府建设优化政府行政生态[D]. 西安：西安市行政学院，2020.

[528] 张化冰. 中国互联网治理的困局与逻辑重构[D]. 北京：中国社会科学院，2017.

[529] 张晓. 抓住特征与趋势推动数字经济快速发展[D]. 北京：中国互联网

络信息中心，2017.
[530] 黄红生. 论虚拟技术的人文价值[D]. 沈阳：东北大学硕士论文，2008.
[531] 刘亮. 弥合数字鸿沟把握数字化机遇——英美远程高等教育之比较[D]. 南京：南京师范大学教育科学学院，2007.
[532] 娄源勇. 我国中小企业出口贸易风险管理研究[D]. 北京：首都经济贸易大学，2009.
[533] 张晓. 网络社会治理的四个维度[D]. 北京：中国互联网络信息中心，2017.
[534] 李颖. 我国企业开展微博营销的问题探析[D]. 北京：对外经济贸易大学，2013.
[535] 陈一丹. 打击网络盗窃建安全互联网社会[D]. 深圳：腾讯公司，2007.
[536] 杨峰. 全球互联网治理、公共产品与中国路径[D]. 成都：四川大学公共管理学院，2016.
[537] 熊翔. 微博环境下基于BP神经网络的肉制品企业网络舆情危机预警研究[D]. 武汉：华中师范大学，2014.
[538] 马欣. 略论我国政府的互联网治理[D]. 成都：西南财经大学，2007.
[539] 周和军. 空间与权力——福柯空间观解析[D]. 成都：四川大学，2007.
[540] 段颖群. 网络新闻采集研究[D]. 长沙：湖南大学，2008.
[541] 杨玲，于艳红. 马汉的“海权论”及其对美国海外扩张政策的影响[D]. 通辽：内蒙古民族大学，2015.
[542] 高家坤. 算法合谋的反垄断法规制研究[D]. 郑州：郑州大学，2020.
[543] 李东荣. 积极发展监管科技保障金融业高质量发展[D]. 北京：中国互联网金融协会，2019.
[544] 王崇敏. 论新时代中国特色社会主义法治建设新目标、新举措[D]. 海口：海南大学，2017.
[545] 姜颖. 自媒体背景下的新闻传播[J]. 新闻研究导刊，2015（13）.
[546] 胡蝶. 自媒体对高校思想政治教育的影响及对策研究[D]. 重庆：西南大学，2018.
[547] 徐溢蔓. 运用自媒体提高新闻传播能力的研究[J]. 新闻研究导刊，2014

（12）.

[548] 杨龙飞. 自媒体传播时代受众媒介素养中信息观的构建研究[D]. 芜湖：安徽师范大学，2014.

[549] 佚名，信息化社会[M]. 南京：南京大学出版社，2001.

[550] 尹琴容. 现代科技革命对社会形态理论的挑战[J]. 山西高等学校社会科学学报，2006（7）.

[551] 魏新龙,张红岭. 论历史进程中的文化演进规律[J]. 兰州学刊,2008(3).

[552] 李翔宇，刘大为，杨艳. 论科学管理中的专家治国论[J]. 广西师范大学学报（哲学社会科学版），2011（1）：23.

[553] 吴奎豪. 当代技术革命与社会形态变革[M]. 沈阳：辽宁大学出版社，2007.

[554] 赵宝军. 马克思主义技术社会形态思想及其当代价值[J]. 宝鸡文理学院学报（社会科学版），2017（5）.

[555] 赵家祥，聂锦芳，张立波. 马克思主义哲学教程[M]. 北京：北京大学出版社，2004.

[556] 余丽. 奈斯比特的信息社会理论及对社会现代化的启示[J]. 辽宁教育学院学报，2002（5）.

[557] 刘挺. 丹尼尔·贝尔的“后工业社会”理论探析[J]. 佛山科学技术学院学报（社会科学版），2015（3）.

[558] 刘雪影. 服务型领导的理论与实践[M]. 成都：电子科技大学出版社，2010-09-01.

[559] 刘柯. 行动主义：基于合作治理的新型制度模式[J]. 公共管理与政策评论，2018（5）.

[560] 马民虎，互联网信息内容安全管理教程[M]. 北京：中国人民公安大学出版社，2007.

[561] 信息产业部电信经济专家委员会. 新电信经济论坛[M]. 北京：北京邮电大学出版社，2006.

[562] 刘晗，任启明. 简析如何在 ICANN 新机制下维护我国网络主权[J]. 中国信息安全，2017（5）.

[563] 王左利. 创新思维打造有序网络[J]. 中国教育网络，2008（1）.

[564] 李宝进. 互联网治理三重门——访中国科协副主席、中国互联网协会理事长胡启恒院士[J]. 中国教育网络，2005（7）.

[565] 佚名. “互联网+”润物无声传统企业顺势而为[J]. 网印工业，2015（4）.

[566] 张晓冬. 论网络思想政治教育的 SoLoMo 模式[J]. 东华大学学报（社会科学版），2017（1）.

[567] 张艳玲. 中国接入互联网年且行且融合[J]. 计算机与网络，2014（8）.

[568] 夏燕. 鼠标撬动世界中国互联网二十年脉动[J]. 观察与思考，2007(24).

[569] 陈钧. 以互联网思维看医疗[J]. 中国信息界 e 医疗，2014（5）.

[570] 杨文义. 社会治理创新背景下网络空间法治新秩序研究[J]. 科技与法律，2017（5）.

[571] 徐洪祥. 计算机应用基础教程[M]. 北京：清华大学出版社，2004.

[572] 蔡翠红. 中国参与网络空间全球治理的世界意义[J]. 信息安全与通信保密，2017（12）.

[573] 佚名，全球互联网治理中国方案[J]. 中国信息安全，2016（1）.

[574] 佚名，打造普惠共享的国际网络空间[J]. 杭州（党政刊），2016（4）.

[575] 张佑任. 树立网络合作意识　推进网络强国建设[J]. 中国信息安全，2015（7）.

[576] 刘延强. 公民参与涉政网络事件的有序性[D]. 苏州：苏州大学，2017.

[577] 佚名. 全球互联网治理、公共产品与中国路径[J]. 区域治理，2017（6）.

[578] 安筱鹏. 工具的革命与信息社会的黎明[D]. 北京：中国电子信息产业发展研究院，2005.

[579] 王文，刘玉书. 论数字中国社会：发展演进、现状评价与未来治理[D]. 北京：中国人民大学重阳金融研究院，2020.

[580] 卢志朋. 技术性协同治理：机制、限度与修复——以浙江省衢州市为例[D]. 杭州：浙江工商大学，2020.

[581] 张晓，鲍静. 数字政府即平台：英国政府数字化转型战略研究及其启示[D]. 北京：北京师范大学，2018.

[582] 安筱鹏. 工具的革命与社会形态的演变[D]. 北京：中国电子信息产业发展研究院规划研究所，2005.

[583] 徐庚保，曾莲芝. 数字仿真术语集[J]. 计算机仿真，2014.

[584] 周子学. 信息社会的基本特征和趋势探讨[D]. 北京：信息产业部经济运行司，2004.

[585] 张红琼. 汽车新能源与节能技术应用研究[D]. 贵阳：贵州电子科技职业学院，2020.

[586] 赵斌，陈成天，孙倩. 数字财政：转型制约因素与全面数字化对策[J]. 地方财政研究，2020（10）.

[587] 顾金喜. 生态治理数字化转型的理论逻辑与现实路径[J]. 治理研究，2020（3）.

[588] 李晶. 借助互联网+做好备件管理[J]. 现代工业经济和信息化，2016（24）.

[589] 贺一镔. 烟台市牟平区诚信体系建设研究[D]. 哈尔滨：哈尔滨工程大学，2016.

[590] 陈希. 网络虚拟社会治理能力提升研究[D]. 长沙：湖南大学，2017.

[591] 程维. 互联网思维对思想政治教育载体创新的影响与实践研究[D]. 新乡：河南师范大学，2016.

[592] 王水兴，周利生. 十八大以来党对互联网治理的新认识[J]. 武汉科技大学学报（社会科学版），2016.

[593] 王遥. 公民网络政治参与研究——基于枣庄政务网公民参与状况的分析[D]. 苏州：苏州大学，2017.

[594] 杨莉平，贾娟娟. 国家治理体系和治理能力实现路径探究[J]. 人间，2016.

[595] 魏鲁彬. 数据资源的产权分析[D]. 济南：山东大学，2018.

[596] 周清香，何爱平. 数字经济赋能黄河流域高质量发展[J]. 经济问题，2020（11）.

[597] 刘学涛，李月. 大数据时代被遗忘权本土化的考量——兼以与个人信息删除权的比较为视角[J]. 科技与法律，2020（2）.

[598] 余茜. 数字群团组织：理论逻辑、战略意蕴及实践路径[J]. 北京航空航天大学学报（社会科学版），2020（11）.

[599] 常亮. 从数字经济看计算机与信息安全学院的发展[EB/OL].

（2018-06-16）. https://www.guet.edu.cn/info/1151/45919.htm.

[600] 陈雳，方科，傅欣璐，周紫瑞. 科技行业深度报告：要素市场化改革助推数字经济发展[R]. 川财证券，2020.

[601] 李伟. 驱动转型升级 中国数字经济时代来临[EB/OL]. （2017-04-12）. http://www.cinic.org.cn/xw/schj/1922.html.

[602] 数字经济迎来新机遇 [EB/OL]. （2020-04-02）. https://www.sohu. com.

[603] 中国电子信息产业发展研究院. 2019 年中国数字经济发展指数白皮书[R]. 2019.

[604] 开源：数字技术扩散促进数字技术创新[EB/OL]. （2019-09-10）. http://theory.people.com.cn.

[605] 马蕾. 符号—信仰：以国家仪式为载体的政治认同[J]. 云南行政学院学报，2019（5）.

[606] 王海峰. 从群众到公民：基层民主发展的主体归位[J]. 中共云南省委党校学报，2015，16（3）.

[607] 林尚立.现代国家认同建构的政治逻辑[J]. 中国社会科学，2013（8）.

[608] 论商业银行供应链金融发展方向[DB/OL]. [2018]. http://www.sinotf.com.

[609] 乘风破浪时 扬帆济沧海 [EB/OL]. [2019]. http://paper.people. com.cn.

[610] 论商业银行供应链金融发展方向[EB/OL]. [2018-01-26]. https://mp.weixin.qq.com.

[611] 筑牢网络安全防线，走好互联网促扶贫之路[EB/OL]. [2019]. https://www.sohu.com.

[612] 2018 年中国互联网金融行业运行情况及发展趋势分析，互联网金融应加强监管和防范风险[DB/OL]. [2019].https://www.huaon. com.

[613] 王斐兰. 福建发展更高层次的开放型经济研究——改革开放 40 年的回顾与展望[J]. 福建商学院学报，2018（5）.

[614] 荣朝和，李星潺，王学成，颜飞. 论分布式运输供给的转型趋势[J]. 北京交通大学学报（社会科学版），2020（3）.

[615] 容志. 推动城市治理重心下移：历史逻辑、辩证关系与实施路径[J]. 上海行政学院学报，2018（4）.

[616] 郑红玲. 数字经济赋能经济发展的对策研究[J]. 唐山师范学院学报，2020，42（5）.

[617] 罗念，李德英，蓝骁. 广西贵港多式联运物流体系发展研究[J]. 市场论坛，2019（7）.

[618] 任兰. 民主法治建构下的信访制度与实践[J]. 法制与社会，2011（20）.

[619] 戴长征，鲍静. 数字政府治理——基于社会形态演变进程的考察[J]. 中国行政管理，2017（9）.

[620] 从"五度"看我国数字化转型：10亿网民构成全球最大数字社区[DB/OL]. [2021]. https://www.thepaper.cn.

[621] "数据驱动创新"的政策研究：来自 OECD 的经验 [EB/OL]. [2020]. http://www.doczj.com.

[622] 传统行业的互联网+时代背景[EB/OL]. [2016]. https://zhuanlan. zhihu. com.

[623] 李曼. 网络环境中的信息消费研究[D]. 中山：中山大学，2004.

[624] 陆西. 基于互联网思维的产品创新设计方法研究[D]. 武汉：武汉理工大学，2014.

[625] 许静. 提高辽宁工业创新能力的对策[J]. 现代商贸工业，2017.

[626] 刘新. ICT 创新理论研究与实证分析[D]. 北京：北京邮电大学，2009.

[627] 唐冰寒. 网络广告定向传播研究[D]. 成都：电子科技大学，2007.

[628] 邓瑛. 精准广告的传播模式与策略研究[D]. 长沙：湖南大学，2008.

[629] 衡家博. 河南 X 公司郑州市场广告策略研究[D]. 郑州：郑州大学，2018.

[630] 张晓. 数字经济发展的重要意义[EB/OL].[2017]. https://www. sohu.com.

[631] 跟每个人息息相关！政府数据开放的边界在哪里[EB/OL]. [2017]. http://auto.jschina.com.cn.

[632] 充分发挥数字经济对供给侧改革的驱动和支撑作用[EB/OL]. [2020]. http://www.cnii.com.cn.

[633] 数字经济包括哪些[EB/OL]. [2019]. http://www.gaosan.com.

[634] 全球电子政务发展与中国实践——《2020 联合国电子政务调查报告》解读 [EB/OL]. [2020]. http://echinagov.com.

[635] 国家互联网信息办公室. 数字中国建设发展报告（2017 年）[R]. 2018.
[636] 加速推动数字经济创新与规范发展[DB/OL]. [2020]. https:// www.sohu.com.
[637] 毕武毅. 电子政务中云和大数据的应用与发展——以大连海关为例[D]. 大连：辽宁师范大学，2016.
[638] 周倩文. 人类命运共同体理念的四重维度[J]. 法制与社会，2018（30）.
[639] 鲁春丛. 中国互联网治理的成就与前景展望[J]. 人民论坛，2016（4）.
[640] 孙敬鑫. 借“中国方案”提升国际话语权[J]. 理论视野，2016（04）.
[641] 许俊伟. 论“领网”纳入国家主权范畴的必要性研究[J]. 梧州学院学报，2017（4）.
[642] 陈沛. 重塑网络文明 从净化网络环境开始[DB/OL]. [2015-01- 08]. http://roll.sohu.com.
[643] 朱剑秋. 互联网治理中的不良信息治理[D]. 北京：北京邮电大学，2008-11-7.
[644] “网络暴力”当警醒[DB/OL]. [2017].http://www.qstheory.cn.
[645] 丁冠勇. 网络犯罪及其立法问题研究[D]. 济南：山东大学，2009.
[646] 赵永华. 构建网络空间命运共同体的必要性与合理性[J]. 人民论坛，2020（7）.
[647] 鲁传颖. 移动互联网治理挑战与话语权提升[J]. 信息安全与通信保密，2017.
[648] 刘志云，刘盛. 基于国家安全的互联网全球治理[J]. 厦门大学学报（哲学社会科学版），2016（02）.
[649] 李鹏. 当代我国青年网络政治参与问题研究[D]. 保定：华北水利水电学院，2012.
[650] 传媒论道 ｜ 算法要发扬科技向善之力[DB/OL].[2018-05-30]. https://www.sohu.com.
[651] 上海公安学院智慧公安研究课题组. 大数据应用的法治保障[J]. 上海公安高等专科学校学报（公安理论与实践），2018（03）.
[652] 价值创造和捕获：对发展中国家的影响[DB/OL].[2019-09-04]. https://baijiahao.baidu.com.

[653] 个人信息保护与社会公共利益关系如何平衡[DB/OL].[2020]. http://www.rmlt.com.cn.

[654] 朱军. 个人信息保护与社会公共利益关系如何平衡[J]. 人民论坛，2020（6）.

[655] 王国刚，潘登. 完善制度抑制资本无序扩张[J]. 中国金融，2021（3）.

[656] 陆书春：金融科技的发展需要强化监管的技术支撑[DB/OL]. [2019-08-21]. https://baijiahao.baidu.com.

[657] 互金协会秘书长陆书春：金融科技国际监管协作提上日程 [DB/OL]. [2019-08-22]. https://baijiahao.baidu.com.

[658] 联合国. 2019 年数字经济报告[R]. 2019.

[659] 陆书春：金融科技发展要紧扣金融供给侧结构性改革等主题[DB/OL]. [2019]. http://finance.eastmoney.com.

[660] 赵精武. 网络安全漏洞挖掘的法律规制研究[J]. 暨南学报（哲学社会科学版），2017（5）.

[661] 张建文，贾章范. 法经济学视角下数据主权的解释逻辑与制度构建[J]. 重庆邮电大学学报（社会科学版），2018（6）.

[662] 王春晖.《网络安全法》六大法律制度解析[J]. 南京邮电大学学报（自然科学版），2017（01）.

[663] 李玉秀. 数字公民视角下社区精细化治理研究——以郑州 S 社区为例[D]. 郑州：郑州大学，2018.

[664] 张正平，卢欢. 数字鸿沟研究进展[J]. 武汉金融，2020（3）.

[665] 李艳，李茜. 国际互联网治理规则制定进程及对中国的启示[J]. 信息安全与通信保密，2016（11）.

[666] 韩兆柱，翟文康. 西方公共治理前沿理论述评[J]. 甘肃行政学院学报，2016（4）.

[667] 唐冉熊. 透明政府及其在我国的建构[D]. 成都：四川大学，2005.

[668] 方丽娟，张荣刚. 一带一路数字经济治理逻辑、问题及应对[J]. 理论导刊，2020-11-10.

[669]《中华人民共和国国民经济和社会发展第十四个五年规划和 2035 年远景目标纲要（草案）》（摘编）[DB/OL]. http://lianghui. people.com.cn.

[670] 薄磊. 西咸新区管理体制研究[D]. 西安：西安理工大学，2010.
[671] 庄刘成. 运动式治理模式的困境与转型——以北京、上海整治群租房行动为例[D]. 苏州：苏州大学，2013.
[672] 邹阳. 常州市数字化城市管理研究[D]. 上海：上海交通大学，2010.
[673] 任志儒. 数字化城市管理模式研究[D]. 北京：北京工业大学，2007.
[674] 杜海明. 数字城市政府管理研究[D]. 重庆：重庆大学硕士论文，2009.
[675] 王大伟. 人本思想在金融企业文化创新中的运用——以平安集团文化建设为例[D]. 武汉：武汉理工大学，2015.
[676] 祝璐. 上海市司法社工领域政府购买服务研究[D]. 上海：上海交通大学，2012.
[677] 陈正华. 现阶段我国铁路货运管理体制改革研究[D]. 武汉：华中师范大学，2010.
[678] 张燕华. 妇联组织参与社会公共事务管理的对策研究[D]. 上海：上海交通大学，2008.
[679] 张吟. 治理视角下的政府与非营利组织合作模式研究[D]. 上海：上海交通大学，2008.
[680] 长城、大运河、长征国家文化公园建设方案. [EB/OL]. [2019].http://www.cinn.cn.
[681] 新时代网信工作为“网络强国”再添新色 [DB/OL]. [2021]. http://www.wxrb.com.
[682] 网娱大趴. 加强网络治理、未成年人网络保护，中央将有所行动[EB/OL]. [2019]. http://www.ciwen.com.cn.
[683] 网络强国战略思想的四梁八柱[DB/OL]. [2017]. http://theory. people.com.cn.
[684] 国家公务员考试申论热点：包容审慎发展经济新业态[EB/OL]. [2017]. http://www.offcn.com.
[685] 平台在网络治理中的义务和责任 [EB/OL]. [2018]. http://www. cssn.cn.
[686] 数据共享、数据安全多管齐下　数字经济鲲鹏展翅[EB/OL]. [2020]. https://www.sohu.com.
[687] 安全、发展两手抓，共迎数字经济繁荣时代[EB/OL]. [2020]. https://

xueqiu.com.

[688] 梅鹏超，陈培浩. 自媒体时代党的政治建设面临的风险与对策[J]. 湖北行政学院学报，2020（2）.

[689] 中国记者协会. 中国新闻事业发展报告（2017 年）[R]. 2017.

[690] 闵婉. 虚拟社会的治安问题及防控对策研究[J]. 湖北警官学院学报，2018（1）.

[691] 网信中国 9 大看点 网络零售塑造新格局[EB/OL]. [2020-10-12]. http://www.gov.cn/xinwen/2020-10/12/content_5550461.htm.

[692] 周定平. 论虚拟社会管控的法律规制[J]. 中国人民公安大学学报：社会科学版，2011（5）.

[693] 中国互联网发展之 5G、人工智能、云计算、大数据等新兴科技发展状况[DB/OL]. [2019]. https://www.douban.com.

[694] 中国互联网络信息中心. 第 43 次中国互联网络发展状况统计报告[R]. 2019.

[695] 佘余熠熠. 论我国直播平台网络直播违法行为的法律规制[D]. 湘潭：湘潭大学，2017.

[696] 中国互联网络信息中心. 第 46 次中国互联网络发展状况统计报告[R]. 2020.

[697] 张新宝，林钟千. 互联网有害信息的依法综合治理[J]. 现代法学，2015（2）.

[698] 向“数字经济”和“数字社会”转型[EB/OL]. [2020]. http://ent. cnr.cn.

[699] 宜安科技 2018 年半年度董事会经营评述[EB/OL]. [2018]. http://yuanchuang.10jqka.com.cn.

[700] 互联网法院助力司法审判体制改革[EB/OL]. [2017]. http://www. cac.gov.cn.

[701] 2017 年互联网与社会治理十大热点领域 [DB/OL]. [2018]. http://yuqing.people.com.cn.

[702] 工业和信息化部关于开展纵深推进 APP 侵害用户权益专项整治行动的通知[DB/OL]. [2020]. http://www.gov.cn.

[703] 互联网法院助力司法审判体制改革[EB/OL]. [2017]. http://media. people.

com.cn.
[704] 2020 年度 APP 治理监管要点回顾[EB/OL]. [2021]. https://www. sohu. com，2021.
[705] 网民散播不实消息损害政府形象被公安局依法约谈[EB/OL]. [2019]. https://news.sina.cn.
[706] 中关村科创智慧军工产业技术创新战略联盟[EB/OL]. [2021]. http://www.zhjglm.cn.
[707] App 收集使用个人信息法律合规问题研究[EB/OL]. [2019]. https://zhuanlan.zhihu.com.
[708] 2017 年中国新材料行业市场规模 3.1 万亿元，细分市场表现突出，但增速近 20%的背景下依旧存在诸多问题[EB/OL]. [2017]. http://www.chyxx.com.
[709] 三部门关于深入推进信息化和工业化融合管理体系的指导意见[EB/OL]. [2017]. http://www.gov.cn.
[710] 刘太刚. 从审慎监管到包容审慎监管的学理探析——基于需求溢出理论视角下的风险治理与监管[J]. 理论探索，2019，236（2）.
[711] 关于加快培育共享制造新模式新业态・促进制造业高质量发展的指导意见[EB/OL]. [2019]. https://zhuanlan.zhihu.com.
[712] 从灵活就业到共享用工[EB/OL]. [2020]. http://www.xinhuanet. com.
[713] 国家监管出台，行业利好不断，新的金融形势下比银行理财更安全！[EB/OL]. https://www.wdzj.com.
[714] 张履正. 浅谈法律对新事物的容忍与规制——以新生互联网产品为例[J]. 法制与社会，2018（1）.
[715] 数字政府即平台：英国政府数字化转型战略研究及其启示 [EB/OL]. [2018]. http://www.echinagov.com.
[716] 上海数据治理的经验探索[EB/OL]. [2018]. https://www.sohu. com.
[717] 数字政府即平台：英国政府数字化转型战略研究及其启示[EB/OL]. [2020]. https://www.doc88.com.
[718] 被疫情唤醒的共享单车，2020 年能翻身吗？[EB/OL]. [2020]. https://www.huxiu.com.

[719] 共享单车企业应为用户买人身意外伤害险[EB/OL]. [2017]. http:// beijing. qianlong.com.

[720] 王煜斐. 共享单车政府监管研究[D]. 烟台：烟台大学，2019.

[721] 浅谈政府数字化转型[EB/OL]. [2020]. https://zhuanlan.zhihu. com.

[722] 郭香利. 我国互联网租赁自行车的协同治理研究[D]. 南京：南京师范大学，2017.

[723] 北京出台共享单车新规：承租人违规列入黑名单[EB/OL]. [2017]. https:// www.chinanews.com.

[724] 《北京市鼓励规范发展共享自行车的指导意见（试行）》出台[EB/OL]. [2017]. http://www.beijing.gov.cn.

[725] 曾荣汉. 莆田市共享单车管理研究[D]. 福州：福建农林大学，2018.

[726] 谭波. 我国“共享单车”监管的城市立规反思——基于十多个城市样板对比[J]. 江汉大学学报（社会科学版），2017（6）.

[727] 信息社会的发展趋势[EB/OL]. https://zhidao.baidu.com.

[728] 新冠疫情防控下的数字治理实践及未来趋势[EB/OL].[2020]. https:// www.sohu.com.

[729] 科技日报：新冠疫情下，国家高新区都在做什么？[EB/OL]. [2020]. https://baijiahao.baidu.com.

[730] 政务大数据与社会治理. [EB/OL]. [2019]. http://www.echinagov. com.

[731] 坚持尊重网络主权原则　推动构建网络空间命运共同体[EB/OL]. [2016]. http://theory.people.com.cn.

[732] 周宏仁. 网络空间的崛起与战略稳定[J]. 国际展望，2019（3）：23.

[733] 王慧茹. 欧盟《数字服务法》《数字市场法》简评. “网安寻路人”公众号，2020-12-22.

[734] 陈少威，范梓腾. 数字平台监管研究：理论基础、发展演变与政策创新[J]. 中国行政管理，2019（6）：30.